U0754255

中華古籍保護計劃

·成果·

浙江大學圖書館
古籍碑帖研究與保護中心
成果之二

浙江大學圖書館
古籍善本書目

楊國富
主編

高明　程惠新　鄭穎
副主編

國家圖書館出版社

圖書在版編目(CIP)數據

浙江大學圖書館古籍善本書目／楊國富主編. —北京：國家圖書館
出版社，2016.10
ISBN 978-7-5013-5839-7

Ⅰ．①浙…　Ⅱ．①楊…　Ⅲ．①院校圖書館—古籍—善本—圖書館
目錄—浙江省　Ⅳ．①Z838

中國版本圖書館 CIP 數據核字(2016)第 137290 號

書　　名	浙江大學圖書館古籍善本書目	
著　　者	楊國富　主編	
責任編輯	黄　靜	
封面設計	翁　涌	

出　　版　國家圖書館出版社(100034　北京西城區文津街 7 號)
　　　　　　(原書目文獻出版社　北京圖書館出版社)
發　　行　010—66114536　66126153　66151313　66175620
　　　　　　　　66121706(傳真)　66126156(門市部)
E-mail　nlcpress@ nlc. cn(郵購)
Website　www. nlcpress. com→投稿中心
經　　銷　新華書店
印　　裝　河北三河弘翰印務有限公司
版　　次　2016 年 10 月第 1 版　2016 年 10 月第 1 次印刷
開　　本　787×1092　1/16
印　　張　25
字　　數　240 千字
書　　號　ISBN 978-7-5013-5839-7
定　　價　220.00 圓

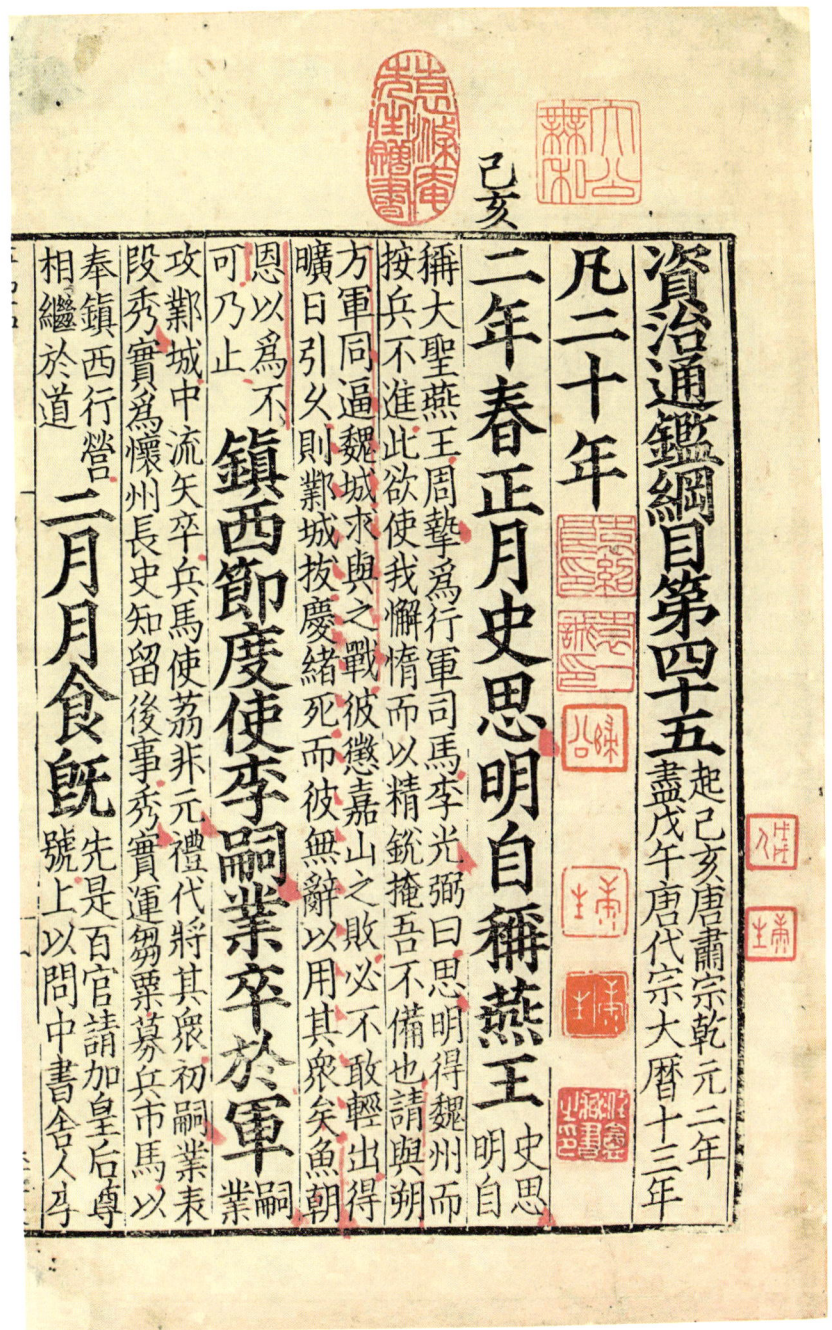

資治通鑑綱目第四十五 起己亥唐肅宗乾元二年 盡戊午唐代宗大曆十三年

凡二十年

己亥

二年春正月史思明自稱燕王 史思明自

稱大聖燕王周摯為行軍司馬李光弼曰思明得魏州而
按兵不進此欲使我懈惰而以精銳掩吾不備也請與朔
方軍同逼魏城求與之戰彼懲嘉山之敗必不敢輕出得
曠日引久則鄴城拔而彼無辭以用其眾矣魚朝
恩以為不
可乃止

鎮西節度使李嗣業卒於軍 嗣業
攻鄴城中流矢卒兵馬使荔非元禮代將其眾初嗣業表
段秀實為懷州長史知留後事秀實運籌募兵市馬以
相繼於道

奉鎮西行營 二月月食既

先是百官請加皇后尊
號上以問中書舍人李

資治通鑑綱目五十九卷　（宋）朱熹撰　宋刻本

　　框高22.0釐米，寬16.3釐米。半葉八行十五字，小字雙行二十二字，白口，左右雙邊，有刻工。
存一卷（卷四十五）。袁氏贈書。有"戊戌人""潑盦藏書之印""袁一誠印""袁紹良印""大公
無私""康生"等印。

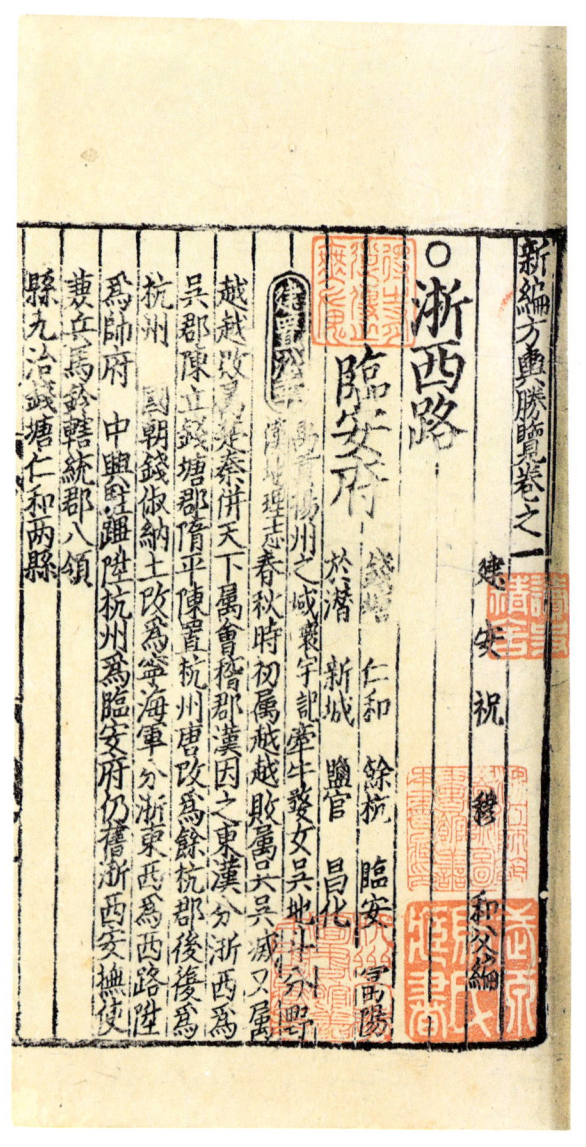

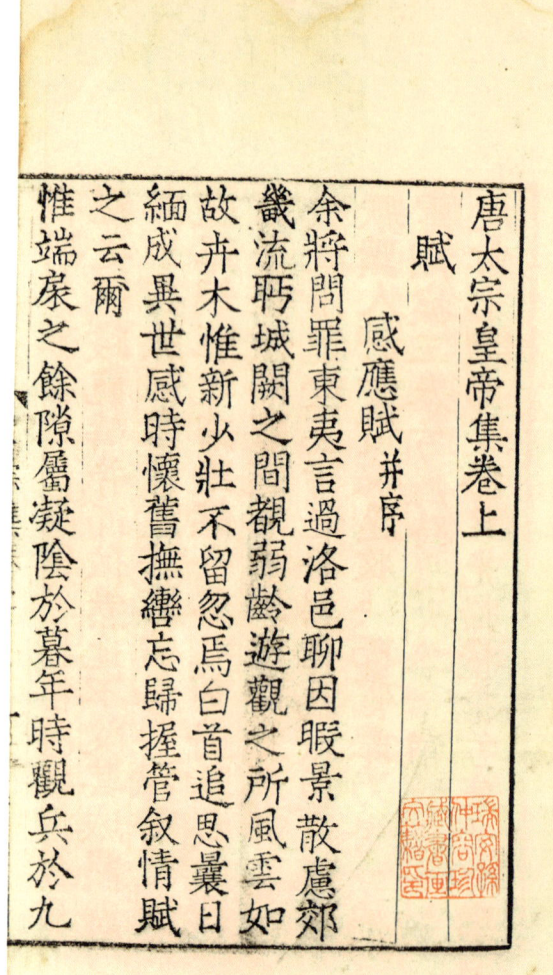

新編方輿勝覽七十卷　（宋）祝穆輯　元刻本

框高17.4釐米，寬11.7釐米。半葉大字七行十五字，小字十四行二十三字，小黑口，雙黑魚尾，左右雙邊。有"瑞安孫仲容珍臧書畫文籍印""讀史精舍""武原馬氏臧書""得之有道傳之無愧""漢唐齋""馬玉堂""筍齋"等印。

唐人集□□種□□卷　明銅活字印本

框高18.9釐米，寬12.8釐米。半葉九行十七字，小字雙行同，小黑口，左右雙邊。存三十八種一百十七卷。有"瑞安孫仲容珍臧書畫文籍印"印。

其三

正一作忽

仰天歎四坐淚縱橫
息兒童盡東征請
父老歌艱難媿深情歌罷
柴荊父老四五人問我久遠行手中各有攜傾
榼濁復清苦辭酒粟薄黍地無人耕兵革既未
皇帝二載秋閏八月初吉杜子將北征蒼茫問

北征

羣雞正亂叫客至雞鬬爭驅雞上樹木始聞扣

家室維時遭艱危朝野少暇日顧慙恩私被詔
許歸蓬蓽拜辭詣闕下怵惕久未出雖乏諫諍
姿恐君有遺失君誠中興主經緯固密勿東胡
反未已臣甫憤所切揮涕戀行在道途猶恍惚
乾坤含瘡痍憂虞何時畢靡靡踰阡陌人煙眇
蕭瑟所遇多被傷呻吟更流血回首鳳翔雄
旗晚明滅前登寒山重得飲馬窟邠郊入地
底涇水中蕩潏猛虎立我前蒼崖吼時裂菊垂
今秋花石戴古車轍青雲動高興幽事亦可悅

杜工部全集六十六卷目錄六卷　（唐）杜甫撰　明劉世教輯　**年譜一卷**（宋）黃鶴撰　明萬曆四十年（1612）刻合刻分體李杜全集本　清呂留良批　清呂葆中跋

　　框高20.1釐米，寬14.8釐米。半葉九行十八字，小字雙行同，白口，單白魚尾，左右雙邊。有"呂葆中""天蓋樓""樂在其中""諦禪""獨山莫氏收藏經籍記""問月軒印密圖書記""如燻之印""獨山莫氏藏書""華山馬仲安家藏善本""吳興劉氏嘉業堂臓""張叔平"等印。

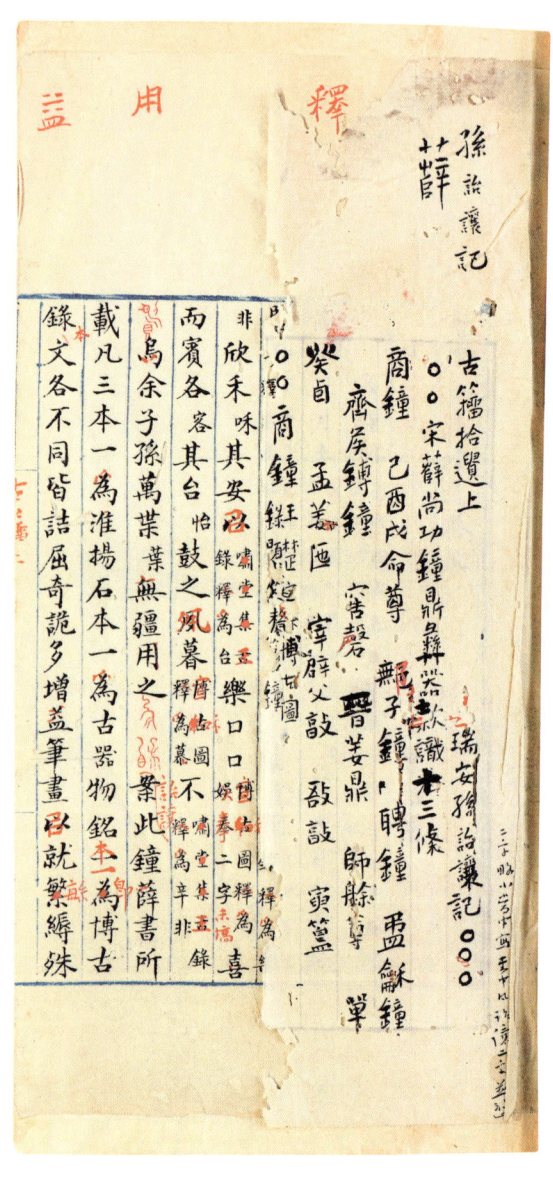

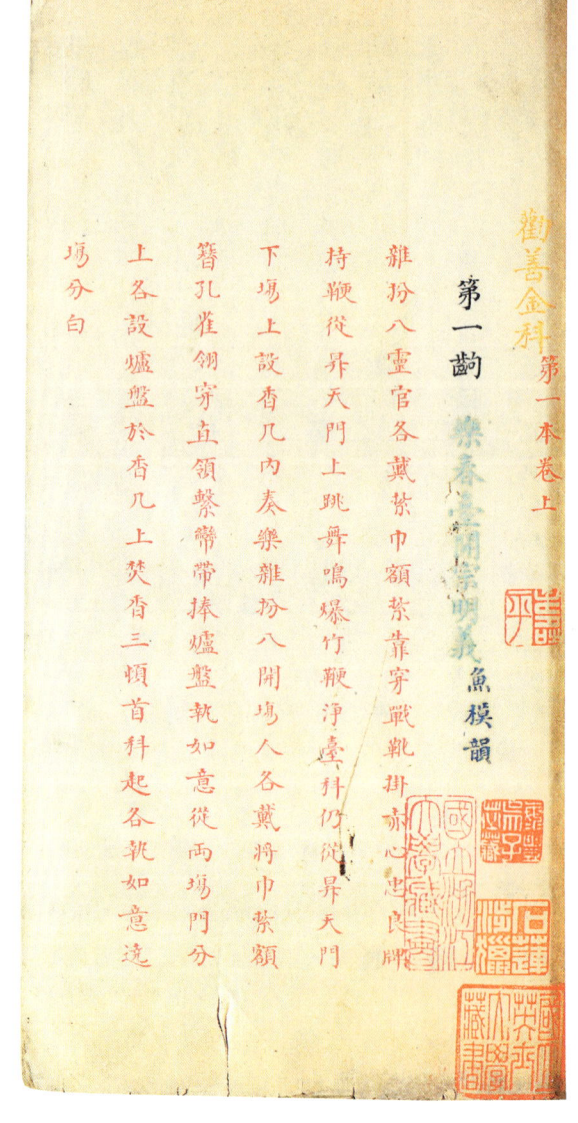

古籀拾遺三卷 （清）孫詒讓撰 稿本

框高14.7釐米，寬10.5釐米。半葉十行行字不等，藍格，小黑口，左右雙邊。

勸善金科十本二十卷首一卷 （清）張照等撰 清乾隆內府五色抄本 聖藩居士跋

半葉八行二十一字，小字雙行同，無版框。有"海豐吳子苾藏""石蓮涉獵""壽平""海豐吳氏珍藏""山東海豐吳式芬誦孫""子苾""式芬""吳式芬""吳式芬印""頌孫""誦孫""聖藩居士"等印。

前　言

　　浙江大學是一所歷史悠久、聲譽卓著的高等學府，前身求是書院，創辦於 1897 年，是中國人自己創建的最早的新式高等學校之一。

　　高等學府之強，標志之一是圖書館。浙江大學圖書館藏書宏富，門類齊全，尤以綫裝古籍最具特色。浙大圖書館古籍藏書的歷史，可追溯到求是書院藏書室，至今已跨越三個世紀。建校百餘年來，圖書館人克服諸多困難，廣開搜求書籍門路，除四處採購之外，還走訪名家，先後獲贈或購得劉大白、章俊之、潘國綱、馬敘倫、邵裴子、任銘善、張蔭麟諸先生藏書。1945 年，購入劉氏嘉業堂藏書兩萬四千餘冊，其中善本三百八十四種八千三百四十四冊，以明刻本居多。1947 年，又獲贈孫氏玉海樓藏書兩千九百七十二冊，其中以孫氏父子稿本、批校題跋本、玉海樓抄本最有特色，是玉海樓藏書中最爲精華的部分。1952 年院系調整後，國立浙江大學大部分藏書歸入杭州大學圖書館（1952—1958 稱爲浙江師範學院圖書館），期間購入古籍數萬冊，包括孫世偉、屈燨、薛聲震諸先生舊藏及高氏梅王閣藏書。上世紀 60 年代，又從江浙滬等地的古舊書店採購大量的古籍，加之胡士瑩、方令孺等先生的贈書，古籍藏量已達十二萬餘冊。1986 年，袁氏後人將袁滌庵先生部分舊藏贈予浙大圖書館。這批古籍中，不乏宋元珍槧。1998年，同根同源的四校實現合併，各校區古籍融合一體，達十八萬餘冊，其中善本兩萬餘冊，可謂古書盈架，規模可觀。從昔日的求是書院藏書室到如今的浙江大學圖書館，一代又一代浙大圖書館人窮搜極訪，苦心經營，又蒙社會各界名流的大力支持，終成現有的古籍藏書規模，其藏書品質在國內高校圖書館中居於上乘，在繁榮浙大人文學科建設、爭創一流哲學社會科學成果中，發揮了極爲重要的作用。

浙大圖書館收藏了大量的善本佳槧，其中宋元刻本八部，如宋刻本《資治通鑑綱目》，爲浙大圖書館所藏最早的刻本，與元中統刻本《史記》（清楊紹和跋），同爲袁滌庵舊藏。顧廷龍先生在《袁氏贈書記》中題："其中最珍貴者，一爲宋刻《資治通鑑綱目》，一爲元中統刻《史記》。《綱目》雖屬殘本，而字大悅目，刻印精良，紙質瑩潔，實爲希世之珍。"元刻本《新編方輿勝覽》，小開本，字體古拙，版面疏闊有致，頗得宋刻神韻，清人馬玉堂、孫詒讓遞藏。元後至元六年（1340）慶元路儒學刻本《玉海附刻十三種》，廖世陰舊藏。元集慶路儒學刻本《樂府詩集》，雖經明代補板，元刻風貌仍保存完好，孫詒讓舊藏。明代刻印本共計八百十二部，海內稀見之本如明代銅活字本《唐人集》，前人視此集源出宋、元舊本，皆珍視之，存世極少，《國家珍貴古籍名錄》僅收錄浙大一部。又如明成化十九年（1483）刻本《畏菴集》，承元本風格，黑口趙字，可謂明初刻本的典型代表，《國家珍貴古籍名錄》及《中國古籍善本書目》均僅收錄浙大一部。

浙大圖書館收藏了一大批明清稿抄本、名家批校題跋本，其中稿本六十六部、抄本三百五十三部、名家批校題跋本二百九十一部。稿本如《乾象坤圖格鏡》，是清人王宏翰研究天文坤輿精奧之秘三十餘年之心血結晶。書內有手繪圖多幅，極精細，此書係海內外孤本，且未見刻本傳世，具有重要的學術價值與文物價值。稿本中最值得珍視的是孫詒讓的《古籀拾遺》《古籀餘論》《契文舉例》《籀廎述林》《六曆甄微》等二十二種稿本，它們準確地記載了作品創作的過程、修改的情況，是研究孫詒讓生平和學術成就的重要資料。其他如明代韓錫編的《古樂苑》、清代李象坤輯的《鴈山志稿》、吳榮光的《歷代名人年譜》、戴熙的《鹿牀小稿》等，均具有極高的文獻價值。抄本中明清著名學者或藏書樓抄本約占近三分之一，如明代祁氏澹生堂抄本《范德機詩集》、清代鮑氏知不足齋抄本《龍洲道人集》、厲鶚小玲瓏山館抄本《白石道人歌曲》等等，大多有名人題跋、藏印，殊可寶貴。又如清代內府抄本《勸善金科》，全書五色精寫，字體娟秀，墨色精純，裝幀考究，是內府抄本中的精品。批校題跋本內留有眾多名家的手迹，如丁耀亢、呂留良、呂葆中、何焯、顧嗣立、鮑廷博、何紹基、孫衣言、孫詒讓、方成珪、戴望、莫友芝、譚獻、葉德輝、傅增湘、馬敘倫等，這些名家的批校題跋本身具有重要的學術價值，是學術研究的第一手資料。

　　古代典籍是中華民族寶貴的精神財富，是繼承和發揚優秀傳統文化的重要載體。開展古籍整理是當前古籍保護的一項重要工作，也是浙大古籍工作者的一種歷史責任和擔當。浙大圖書館歷任館長及古籍同仁，對於浙大珍貴古籍資源的整理和保護是不遺餘力的。早在 1965 年 7 月，在原杭州大學圖書館翟墨新和王駕吾兩位館長的主持下，楊渭生、周采泉、洪湛侯等前輩編印了《杭州大學圖書館善本書目》，收錄善本一千三百五十種、一萬五千二百二十四册。多年來，該《書目》受到學術界和圖書館界的充分肯定和好評。如今，距舊版《書目》編印已過去半個世紀，其間，浙大圖書館藏書聚散離合，其面目已發生很大的變化，因而有必要重新整理出版一部新的古籍善本書目。

2005 年以來，浙大圖書館陸續參加了 CALIS 古籍編目、全國古籍普查、《國家珍貴古籍名錄》申報等工作，大規模的古籍整理工作爲編撰古籍書目奠定了堅實的基礎。爲進一步反映館藏善本的整體收藏情況、揭示新增善本的書目信息、編製新的古籍善本書目，2014 年，我們成立了編纂小組，由我擔任組長，高明負責經部和子部，鄭穎負責史部，程惠新負責集部和叢部。經過一年多的努力，一部新的《浙江大學圖書館古籍善本書目》即將出版問世。新編的書目共計收錄古籍善本一千八百三十三種一千八百七十四部，兩萬一千七百餘册。其中經部二百四十八種二百六十二部，史部四百八十種四百九十六部，子部三百一十種三百十七部，集部七百七十五種七百七十九部，叢部二十種二十部。

顯然，如果沒有老一輩古籍工作者長期艱苦細緻的整理、著錄及文獻的選擇工作，沒有他們的辛勤付出，書目出版不可能如此順利地進行。因此，本書是集本館幾代古籍工作者艱辛努力的成果，是新老同仁心血的結晶，是對近幾年古籍整理工作的系統總結。期望《書目》的出版，能讓更多人瞭解浙大藏書文化之底蘊，在推動古籍保護、發揮古籍之獨特價值、促進學術之研究與文化之交流等方面都能發揮其應有的寶貴作用！

楊國富

2016 年 7 月

編　例

收錄範圍

本目錄收錄浙江大學圖書館藏古籍善本一千八百三十三種一千八百七十四部,兩萬一千七百餘冊。

一、清乾隆六十年(1795)以前刻印抄寫的古籍。包括刻本、稿本、抄本、批校題跋本、活字本、套印本等。

二、清嘉慶元年(1796)至辛亥革命以前的稿本、抄本、批校題跋本、流傳較少且文獻史料價值較高的刻本、名人拓印題跋的拓本等。

三、辛亥革命以後至1949年以前的抄本、名人批校題跋本亦酌情收入。

四、域外刻印的綫裝漢籍,包括日本和朝鮮刻本。

分類與編排

一、本目錄依中國古籍傳統分類法,按經、史、子、集、叢五部編排,具體類目參照《中國古籍善本書目》和《中國古籍總目》,並依據實際情況對細目略作調整。

二、各類書籍之排列,按著者時代爲序,同時代著者,以生年先後爲序。唯紀傳、編年、紀事本末等類,以記事時代爲序。

著錄規則與格式

一、本書目著錄順序：書名、著者、版本、册數、版框尺寸、行款、存卷（缺卷）、藏印、子目等，缺項不錄。

二、書名原則上據首卷卷端所題著錄，首卷卷端缺失或不能反映全書內容者，則據各卷卷端、卷末、目次、版心、內封、凡例、序跋、內容等著錄。

三、卷數均著錄全書卷數，不全之書，書名下仍著錄原卷數，於附注項著錄本館存缺情況。

四、著者均著錄本名，本名不可考或待考者，照原題著錄；集體著作者，著錄主持人姓名；著者不詳者從闕。

五、版本可考者，均據以著錄；難以確定具體抄刻年者，依版刻風格及相關參考文獻略加界定其時代。叢書零種者，於版本項中著錄叢書名。有批校題跋可考者，於版本後著錄其朝代、姓名；不詳者，但題佚名批校題跋，於附注項著錄。

六、版框尺寸以半葉計，以釐米爲單位，精確到小數點後一位。

七、藏印可辨識者均予以著錄。

八、叢書著錄實存子目，唯《徑山藏》情況較爲複雜，子目暫從略。

索引

爲了便於讀者檢索利用，書後附書名、著者及藏印索引，各索引以序號爲檢索。

目　錄

經　部

叢編

0001

九經

明刻本

十二册

框高 15.6 釐米,寬 10.2 釐米

半葉二十行二十七字,黑口,雙黑魚尾,左右雙邊,有刻工

存五種五卷

子目:

周易一卷

毛詩一卷

尚書一卷

禮記一卷

春秋左傳一卷　　　　　　　善 1/250

0002

重栞宋本十三經注疏四百十六卷附十三經注疏校勘記四百十六卷

(清)阮元撰　　(清)盧宣旬摘錄

清嘉慶二十年(1815)南昌府學刻道光六年(1826)重校正本　清孫詒讓批校

一百八十四册

框高 17.6 釐米,寬 12.9 釐米

半葉十行十八字,小字雙行二十四字,黑口,雙黑魚尾,左右雙邊

有"經籹室""瑞安孫仲容珍藏書畫文籍印"印

子目:

周易兼義九卷　(魏)王弼　(晉)韓康伯注　(唐)孔穎達正義　音義一卷

(唐)陸德明撰　注疏校勘記九卷　釋文校勘記一卷

附釋音尚書注疏二十卷附校勘記二十卷　(漢)孔安國傳　(唐)陸德明音義　(唐)孔穎達疏

附釋音毛詩注疏七十卷附校勘記七十卷　(漢)毛亨傳　(漢)鄭玄箋　(唐)陸德明音義　(唐)孔穎達疏

附釋音周禮注疏四十二卷附校勘記四十二卷　(漢)鄭玄注　(唐)陸德明音義　(唐)賈公彥疏

儀禮注疏五十卷附校勘記五十卷　(漢)鄭玄注　(唐)陸德明音義　(唐)賈公彥疏

附釋音禮記注疏六十三卷校勘記六十三卷　(漢)鄭玄注　(唐)陸德明音義　(唐)孔穎達疏

附釋音春秋左傳注疏六十卷附校勘記六十卷　(晉)杜預注　(唐)陸德明音義　(唐)孔穎達疏

監本附音春秋公羊注疏二十八卷附校勘記二十八卷　(漢)何休撰　(唐)陸德明音義　(唐)徐彥疏

監本附音春秋穀梁注疏二十卷附校勘記二十卷　(晉)范甯集解　(唐)陸德明音義　(唐)楊士勛疏

論語注疏解經二十卷附校勘記二十卷　(魏)何晏集解　(宋)邢昺疏

孟子注疏解經十四卷附校勘記十四卷　(漢)趙岐注　(宋)孫奭疏並音義

孝經注疏九卷附校勘記九卷　(唐)玄宗李隆基注　(宋)邢昺注疏

爾雅注疏十卷附校勘記十卷　(晉)郭

璞注　（宋）邢昺疏　　善 1/144

0003
十三經註疏三百三十五卷
明嘉靖李元陽刻本
一百零四冊
框高 19.8 釐米,寬 13.2 釐米
半葉九行二十一字,小字雙行同,白口,四周單邊
有"莫繩孫字仲武""伯邕圖書""莫彝孫印""邵亭眅叟""莫友芝印""吳興劉氏嘉業堂藏書印"等印
子目:
周易兼義九卷　（魏）王弼　（晉）韓康伯注　（唐）孔穎達正義　周易畧例一卷　（魏）王弼撰　（唐）邢璹注
周易音義一卷　（唐）陸德明撰
尚書註疏二十卷　（漢）孔安國傳　（唐）孔穎達疏　（唐）陸德明音義
毛詩註疏二十卷　（漢）毛亨傳　（漢）鄭玄箋　（唐）孔穎達疏　（唐）陸德明音義
周禮註疏四十二卷　（漢）鄭玄註　（唐）賈公彥疏　（唐）陸德明音義
儀禮注疏十七卷　（漢）鄭玄註　（唐）賈公彥疏　（唐）陸德明音義
禮記註疏六十三卷　（漢）鄭玄註　（唐）孔穎達疏　（唐）陸德明音義
春秋左傳註疏六十卷　（晉）杜預註　（唐）孔穎達疏　（唐）陸德明音義
春秋公羊註疏二十八卷　（漢）何休註　（唐）徐彥疏　（唐）陸德明音義
春秋穀梁註疏二十卷　（晉）范甯集解　（唐）楊士勛疏　（唐）陸德明音義
論語註疏解經二十卷　（魏）何晏集解　（宋）邢昺疏
孝經註疏九卷　（唐）唐玄宗李隆基注　（宋）邢昺註疏
爾雅註疏十一卷　（晉）郭璞註　（宋）

邢昺疏
孟子註疏解經十四卷　（漢）趙岐註　（宋）孫奭疏　　善 1/251

0004
兩蘇經解六十四卷
（宋）蘇軾　蘇轍撰　（明）焦竑編
明萬曆二十五年(1597)金陵畢氏刻本
十三冊
框高 22.7 釐米,寬 15.2 釐米
半葉十行二十一字,小字雙行同,白口,單黑魚尾,左右雙邊
有"蔣光煦印""生沐祕臧"等印
子目:
東坡先生易傳九卷　（宋）蘇軾撰
東坡先生書傳二十卷　（宋）蘇軾撰
潁濱先生詩集傳十九卷　（宋）蘇轍撰
潁濱先生春秋集解十二卷　（宋）蘇轍撰
論語拾遺一卷　（宋）蘇轍撰
孟子解一卷　（宋）蘇轍撰
潁濱先生道德經解二卷　（宋）蘇轍撰
　　　　　　　　　　　善 1/252

0005
石齋先生經傳九種
（明）黃道周撰
清康熙三十二年(1693)晉安鄭開極刻本
三十冊
框高 20.1 釐米,寬 15.2 釐米
半葉九行十八字,小字雙行同,白口,單黑魚尾,左右雙邊
子目:
孝經集傳四卷
易象正十二卷初二卷終二卷
三易洞璣十六卷
宓圖經緯三卷
文圖經緯三卷
孔圖經緯三卷

雜圖經緯三卷

貞圖經緯三卷

餘圖總經餘圖總緯一卷

洪範明義二卷初一卷終一卷

月令明義四卷

表記集傳二卷春秋表記問業一卷

坊記集傳二卷坊記春秋問業一卷

緇衣集傳四卷

儒行集傳二卷　　　　　善 1/253

0006

萬充宗先生經學五書

（清）萬斯大撰

清乾隆二十四至二十六年（1759–1761）萬福辨志堂刻本

四冊

框高 18.4 釐米，寬 13.0 釐米

半葉十一行二十一字，小字雙行同，黑口，雙黑魚尾，左右雙邊

有"曹仁虎""習庵""康綸鈞字鵬書號伊山""講幄詞臣""經敃室""中容過眼"等印

子目：

學禮質疑二卷　乾隆二十四年（1759）刻

禮記偶箋三卷　乾隆二十四年（1759）刻

儀禮商二卷附錄一卷　乾隆二十六年（1761）刻

周官辨非一卷　乾隆二十六年（1761）刻

學春秋隨筆十卷　乾隆二十六年（1761）刻　　　善 1/254

0007

萬充宗先生經學五書

（清）萬斯大撰

清乾隆二十四至二十六年（1759–1761）萬福辨志堂刻本

三冊

框高 18.3 釐米，寬 13.0 釐米

半葉十一行二十一字，小字雙行同，黑口，雙黑魚尾，左右雙邊

有"守拙""慎恕堂""春""熙"等印

子目：

學禮質疑二卷　乾隆二十四年（1759）刻

禮記偶箋三卷　乾隆二十四年（1759）刻

儀禮商二卷附錄一卷　乾隆二十六年（1761）刻

周官辨非一卷　乾隆二十六年（1761）刻

學春秋隨筆十卷　乾隆二十六年（1761）刻　　　善 1/254/C1

0008

五雅五種七十三卷

（明）畢效欽輯

明刻本

九冊

框高 19.6 釐米，寬 14.3 釐米

半葉十一行二十二字，小字雙行同，白口，單黑魚尾，左右雙邊

有"普定姚大榮字儷桓號芷澧金石書畫""姚大榮印""儷桓祕笈"印

存四種五十六卷

子目：

新刊爾雅翼三十二卷　（宋）羅願撰

新刻釋名八卷　（漢）劉熙撰

廣雅十卷　（魏）張揖撰　（隋）曹憲音釋

新刊爾雅三卷音釋三卷　（晉）郭璞注　　　善 1/256

0009

七緯三十八卷

（清）趙在翰輯

清嘉慶十四年（1809）侯官趙氏小積石山
房刻本　清孫詒讓批校
　十冊
　　框高 19.8 釐米,寬 13.9 釐米
　　半葉十行二十三字,小字雙行同,黑口,
單黑魚尾,四周雙邊
　　有"愻學齋收藏圖籍""中容點勘"印
　子目:
　　易緯
　　　易乾坤鑿度一卷
　　　易乾鑿度一卷　（漢）鄭玄注
　　　易稽覽圖一卷　（漢）鄭玄注
　　　易辨終備一卷　（漢）鄭玄注
　　　易乾元序制記一卷　（漢）鄭玄注
　　　易通卦驗一卷　（漢）鄭玄注
　　　易是類謀一卷　（漢）鄭玄注
　　　易坤靈圖一卷　（漢）鄭玄注
　　尚書緯
　　　尚書琔機鈐一卷附補遺
　　　尚書攷靈曜一卷附補遺
　　　尚書刑德放一卷附補遺
　　　尚書帝命驗一卷
　　　尚書運期授附補遺
　　　尚書緯附錄附補遺　（以上兩種合一
　　　　卷）
　　詩緯
　　　詩推度災一卷附補遺
　　　詩汎曆樞一卷附補遺
　　　詩含神霧附補遺
　　　詩緯附錄附補遺　（以上兩種合一
　　　　卷）
　　禮緯
　　　禮含文嘉一卷附補遺
　　　禮稽命徵一卷附補遺
　　　禮斗威儀附補遺
　　　禮緯附錄附補遺　（以上兩種合一
　　　　卷）
　　樂緯
　　　樂動聲儀一卷附補遺

　　　樂稽耀嘉一卷附補遺
　　　樂叶圖徵附補遺
　　　樂緯附錄附補遺　（以上兩種合一
　　　　卷）
　　春秋緯
　　　春秋演孔圖一卷附補遺
　　　春秋元命苞一卷附補遺
　　　春秋文耀鉤一卷附補遺
　　　春秋運斗樞一卷附補遺
　　　春秋感精符一卷附補遺
　　　春秋合誠圖一卷附補遺
　　　春秋考異郵一卷附補遺
　　　春秋保乾圖一卷附補遺
　　　春秋漢含孳一卷附補遺
　　　春秋佐助期一卷附補遺
　　　春秋握誠圖一卷
　　　春秋潛潭巴一卷附補遺
　　　春秋說題辭附補遺
　　　春秋緯附錄附補遺　（以上兩種合一
　　　　卷）
　　孝經緯
　　　孝經援神契一卷附補遺
　　　孝經鉤命決附補遺
　　　孝經緯附錄附補遺　（以上兩種合一
　　　　卷）
　　敘錄敘目一卷　　　　　　善 1/257

易類

0010
蘇長公易解八卷
　（宋）蘇軾撰
　明萬曆二十四年（1596）吳之鯨刻本
　八冊
　　框高 21.2 釐米,寬 15.0 釐米
　　半葉九行十九字,白口,單白魚尾,左右
雙邊　　　　　　　　　　　　善 1/001

0011

易傳八卷

（宋）蘇軾撰

王輔嗣論易一卷

（魏）王弼撰

明末閔齊伋刻朱墨套印本

十二冊

　　框高 20.4 釐米,寬 14.6 釐米

　　半葉八行十八字,小字雙行同,白口,四

周單邊　　　　　　　　　　　　　善 1/002

0012

伊川易傳四卷

（宋）程頤撰

上下篇義一卷

清康熙呂氏寶誥堂刻二程全書本

二冊

　　框高 17.5 釐米,寬 13.8 釐米

　　半葉十二行二十二字,黑口,雙黑魚尾,

左右雙邊

　　馬敘倫先生贈書　　　　　　善 1/003A

0013

吳園周易解九卷附錄一卷

（宋）張根撰

清乾隆武英殿聚珍版書本

四冊

　　框高 19.3 釐米,寬 12.5 釐米

　　半葉九行二十一字,小字雙行同,白口,

單黑魚尾,四周雙邊　　　　　　善 1/002A

0014

周易傳義十卷易說綱領一卷

（宋）程頤　朱熹撰

上下篇義一卷

（宋）程頤撰

易圖集錄一卷易五贊一卷筮儀一卷

（宋）朱熹撰

明刻本

十冊

　　框高 22.2 釐米,寬 16.4 釐米

　　半葉八行十四字,小字雙行十八字,黑

口,雙黑魚尾,四周雙邊

　　有"守瓶齋珍藏印"印　　　　善 1/003

0015

周易義海撮要十二卷

（宋）李衡撰

清康熙十九年(1680)刻通志堂經解本

八冊

　　框高 19.7 釐米,寬 14.8 釐米

　　半葉十三行二十三字,小字雙行字數不

等,白口,單黑魚尾,左右雙邊

　　有"虞山毛氏汲古閣收藏""道州何氏收

藏""綏稛"等印　　　　　　　　善 1/004

0016

周易傳義大全二十四卷上下篇義一卷周易
朱子圖說一卷易五贊一卷筮儀一卷易說綱
領一卷

（明）胡廣等輯

明永樂十三年(1415)內府刻本

十二冊

　　框高 26.8 釐米,寬 18.0 釐米

　　半葉十行二十二字,小字雙行同,黑口,

雙黑魚尾,四周雙邊

　　有"吳興劉氏嘉業堂藏書記"印

　　　　　　　　　　　　　　　　善 1/007

0017

周易傳義大全二十四卷上下篇義一卷易五
贊一卷筮儀一卷綱領一卷易朱子圖說一卷

（明）胡廣等輯　（日）石菴鵜信之訓點

日本國慶安五年(1652)銅駝坊書肆村上

平樂寺刻本

二十五冊

　　框高 20.5 釐米,寬 15.5 釐米

　　半葉八行二十二字,小字雙行同,黑口,

四周雙邊

　　有朱墨筆批校　　　　　　　善 1/008

0018

新刻來瞿唐先生易註十五卷首一卷末一卷圖一卷

　　(明)來知德撰

　　清朝爽堂刻本

　　十六冊

　　　　框高 19.2 釐米,寬 13.8 釐米

　　　　半葉九行二十二字,小字雙行同,眉上鐫注行四字,白口,單黑魚尾,四周單邊

　　　　有"吳興劉氏嘉業堂藏書印""劉承幹字貞一號翰怡"印　　　　善 1/009

0019

重鑴蘇紫溪先生易經兒說八卷

　　(明)蘇濬撰

　　清乾隆五十五至五十六年(1790–1791)陳紹翔師儉堂木活字印本

　　八冊

　　　　框高 21.0 釐米,寬 14.5 釐米

　　　　半葉九行二十字,小字雙行同,白口,單黑魚尾,四周雙邊　　　　善 1/010A

0020

易說醒四卷

　　(明)洪守美撰

易旨醒四卷

　　(明)洪守美　鄭林祥撰

　　明末東吳銘新齋刻本

　　四冊

　　　　框高 23.8 釐米,寬 14.4 釐米

　　　　上下兩欄,上欄二十二行十七字,下欄十行二十字,小字雙行同,四周單邊

　　　　佚名朱筆批點,有"吳興劉氏嘉業堂藏書印""劉承幹字貞一號翰怡"等印

　　　　　　　　　　　　　　　善 1/010

0021

象數論六卷

　　(清)黃宗羲撰

　　清康熙汪瑞齡西麓堂刻本

　　一冊

　　　　框高 20.4 釐米,寬 14.8 釐米

　　　　半葉十二行二十四字,小字雙行同,大黑口,雙黑魚尾,左右雙邊

　　　　有"葉德輝煥彬甫藏閱書"印

　　　　　　　　　　　　　　　善 3/268

0022

周易本義辯證五卷

　　(清)惠棟撰

　　清乾隆蔣光弼刻省吾堂四種本

　　二冊

　　　　框高 18.0 釐米,寬 13.2 釐米

　　　　半葉十行二十一字,小字雙行同,大黑口,單黑魚尾,左右雙邊

　　　　陶在東先生贈書,有"畫隱詩禪"印

　　　　　　　　　　　　　　　善 1/011A

0023

易漢學八卷

　　(清)惠棟撰

　　清刻清來堂印本　屈彊(屈爔)過錄沈紹勳批並曹源跋

　　二冊

　　　　框高 18.7 釐米,寬 14.8 釐米

　　　　半葉十一行二十二字,小字雙行同,黑口,雙黑魚尾,四周單邊

　　　　有"屈彊""絜芳小圃"等印　　善 1/011

0024

干常侍易注疏證一卷集證一卷

　　(清)方成珪撰

　　清光緒七年(1881)孫氏玉海樓抄本　清孫詒讓朱筆批校並跋

　　一冊

框高 17.1 釐米,寬 11.9 釐米

半葉十二行二十四字,小字雙行同,小黑口,左右雙邊

有"經敳室"印　　　善 1/012

0025

讀易管窺四卷

(清)朱金卿撰

清道光間稿本　馬一浮　張宗祥跋

八册

框高 22.5 釐米,寬 12.2 釐米

半葉十行行字不等,白口,四周單邊,稿紙版心鐫"紅海書屋"　　　善 1/013

0026

周易詁辭四卷

范耕研撰

民國抄矞硯齋叢書本

四册

框高 16.8 釐米,寬 12.0 釐米

半葉十行二十字,黑口,單黑魚尾,左右雙邊　　　　　　　　　　善 1/014

0027

易學啓蒙通釋二卷圖一卷

(宋)胡方平撰

清嘉慶十七年(1812)慶餘堂刻本　清孫衣言批並跋

二册

框高 19.2 釐米,寬 13.7 釐米

半葉九行十九字,小字雙行同,白口,單黑魚尾,左右雙邊

有"經敳室"印　　　善 1/005

0028

周易圖說二卷

(元)錢義方撰

清文瀾閣四庫傳抄本

二册

半葉八行二十一字,無版框

有"經敳室""江東羅氏所藏"等印

　　　善 1/006

0029

圖學辨惑一卷

(清)黃宗炎撰

清孔氏嶽雪樓抄本

一册

半葉八行二十一字,小字雙行同,無版框

有"孔氏嶽雪樓影鈔本"印　善 1/006A

0030

易林釋文二卷

(清)丁晏撰

清光緒十六年(1890)廣雅書局刻廣雅叢書本　清孫詒讓批

一册

框高 20.6 釐米,寬 15.3 釐米

半葉十一行二十四字,小字雙行同,黑口,單黑魚尾,四周單邊

有"瑞安孫仲容珍藏書畫文籍印"印

　　　善 3/269

0031

易緯通義八卷

(清)莊忠棫撰

清光緒五年(1879)玉海樓抄本　清孫詒讓批並題識

二册

框高 16.8 釐米,寬 11.8 釐米

半葉十二行二十四字,小字雙行同,藍格,小黑口,左右雙邊

有"經敳室"印　　　善 1/016

0032

周易乾鑿度二卷

(漢)鄭玄注

清玉海樓抄本　清孫詒讓校

一冊

　框高 16.8 釐米,寬 11.9 釐米

　半葉十行二十四字,小字雙行同,藍格,
小黑口,左右雙邊

　有"經敳室"印　　　　　　善 1/017

0033

周易乾鑿度殷術一卷

（清）孫詒讓撰

稿本

一冊

　框高 16.8 釐米,寬 11.9 釐米

　半葉十二行二十二字,小字雙行同,藍
格,細黑口,左右雙邊　　　善 1/015

書類

0034

古文尚書十卷

（漢）馬融 鄭玄注　（宋）王應麟撰集
（清）孫星衍補集

尚書逸文二卷

（清）江聲輯　（清）孫星衍補訂

　清乾隆六十年（1795）孫星衍刻岱南閣叢
書本

　二冊

　框高 17.5 釐米,寬 12.2 釐米

　半葉九行二十一字,小字雙行同,白口,
單黑魚尾,四周雙邊

　佚名墨筆眉批,有"絜芳小圃所蘐""屈
彊""昆山趙詒琛號學南印""趙學南劫後
藏書"等印　　　　　　善 1/019A

0035

尚書大傳三卷

（漢）鄭玄注

補遺一卷

（清）孫之騄輯

　清乾隆刻晴川八識本

一冊

　框高 19.1 釐米,寬 14.2 釐米

　半葉十行二十字,小字雙行同,大黑口,
單黑魚尾,左右雙邊

　有"德輝之印""葉氏麗廔臧印"等印

　　　　　　　　　　　　善 1/020

0036

書集傳六卷圖一卷

（宋）蔡沈撰　（元）鄒季友音釋

朱子說書綱領一卷

（宋）朱熹撰

　明正統十二年（1447）內府刻本

八冊

　框高 23.0 釐米,寬 16.4 釐米

　半葉八行十四字,小字雙行十八字,大
黑口,雙黑魚尾,四周雙邊

　有"吳興劉氏嘉業堂臧書記""張叔平"
等印　　　　　　　　善 1/021

0037

書傳大全十卷書說綱領一卷書圖一卷

（明）胡廣等輯

　明內府刻五經大全本

十冊

　框高 27.5 釐米,寬 18.1 釐米

　半葉十行二十二字,小字雙行同,黑口,
雙黑魚尾,四周雙邊

　有"吳興劉氏嘉業堂臧書記""張叔平"
等印　　　　　　　　善 1/022

0038

晚書訂疑三卷

（清）程廷祚撰

　清三餘書屋刻本　葉德輝跋

一冊

　框高 19.7 釐米,寬 13.5 釐米

半葉九行二十一字,小字雙行同,白口,雙黑魚尾,左右雙邊

有"麗廔珍藏""煥彬父""葉德輝印""煥份"等印　　　　　善 1/024

0039

尚書大傳考纂三卷補遺一卷備考一卷附錄一卷源委一卷

(清)董豐垣撰

清乾隆刻本

一冊

框高 17.9 釐米,寬 14.5 釐米

半葉十一行二十一字,小字雙行同,白口,單黑魚尾,左右雙邊

有"經𣢠室""中容"印　　　善 1/023

0040

尚書後案三十卷附後辨一卷

(清)王鳴盛撰

清乾隆四十五年(1780)王鳴盛禮堂刻本

八冊

框高 23.2 釐米,寬 15.9 釐米

半葉十四行三十字,小字雙行四十五字,小黑口,單黑魚尾,四周單邊

有"昆山趙詒琛號學南印""趙學南劫後藏書""沈韻齋藏書記""絜芳小圃所鹽""平湖屈彊"等印　　　善 1/030

又一部,八冊　　　　　善 1/030/C1

0041

尚書記七卷校定逸書二卷

(清)莊述祖撰

清光緒二十二年(1896)玉海樓抄本　清孫詒讓批並跋

一冊

框高 19.9 釐米,寬 11.8 釐米

半葉十行二十一字,藍格,小黑口,雙黑魚尾,左右雙邊

有"經𣢠室"印　　　　善 1/025

0042

尚書記七卷校定逸書二卷

(清)莊述祖撰

清末繆荃孫雲輪閣抄本　繆荃孫校

一冊

框高 20.2 釐米,寬 16.0 釐米

半葉十二行二十二字,小字雙行同,大黑口,單黑魚尾,四周單邊

有署名"藻"者校(浮籤)　　善 1/026

0043

尚書曆譜二卷

(清)成蓉鏡撰

清光緒四年(1878)孫氏玉海樓抄本

一冊

半葉十行二十字,小字雙行同,無版框

有"經𣢠室"印　　　　善 1/030A

0044

尚書舊疏考正一卷

(清)劉毓崧撰

清抄本

一冊

框高 16.9 釐米,寬 11.3 釐米

半葉十行二十一字,小字雙行同,白口,四周單邊　　　　　善 1/023A

0045

禹貢錐指二十卷圖一卷

(清)胡渭撰

清康熙四十四年(1705)漱六軒刻本

十二冊

框高 18.8 釐米,寬 14.6 釐米

半葉十一行二十一字,小字雙行三十一字,白口,單黑魚尾,左右雙邊　善 1/027

又一部八冊,係汪伯唐先生之遺書,由其哲嗣彥儒先生贈送之江大學圖書館,有"達齋珍藏""錢塘徐氏求是堂藏書印"印

善 1/027A

0046

禹貢註節讀一卷

（清）馬俊良撰

清乾隆五十四年（1789）端溪書院刻本

一冊

　框高 19.6 釐米，寬 14.0 釐米

　半葉八行十八字，小字雙行同，大黑口，
單黑魚尾，四周單邊　　　　　善 1/028A

0047

禹貢地理考不分卷

（清）李兆洛錄

清李兆洛抄本　清李兆洛題識

二冊

　框高 20.8 釐米，寬 13.0 釐米

　半葉九行二十四字，小字雙行同，藍格，
白口，單黑魚尾，四周雙邊

　有"兆洛"印　　　　　　　　善 1/028

0048

禹貢地名集說二卷

（清）洪符孫撰

清玉海樓抄本

一冊

　半葉十二行二十五字，小字雙行同，無
版框

　有"經散室"印　　　　　　　善 1/029

詩類

0049

毛詩註疏二十卷

（漢）毛亨傳　（漢）鄭玄箋　（唐）孔穎達
疏　（唐）陸德明音義

明崇禎三年（1630）海虞毛氏汲古閣刻十
三經註疏本

二十冊

　框高 17.9 釐米，寬 12.7 釐米

　半葉九行二十一字，小字雙行同，白口，
左右雙邊

　佚名朱筆批校，有抄配，有"郘亭眗叟"
"莫友芝印""莫友芝圖書印""莫彝孫印"
"莫繩孫印""柳蓉春經眼印""仲武""莫
氏圖書之印""影山艸堂""莫刅""朱濂"
"莫俊農字德保""莫經廌字筱農""獨山
莫繩孫字仲武號省教印""藕莊""張叔
平""伯彊圖書""莫繩孫""獨山莫繩孫字
仲武印""吳興劉氏嘉業堂藏書記"等印
　　　　　　　　　　　　　善 1/031

0050

**詩集傳二十卷詩序辨說一卷詩傳綱領一卷
詩圖一卷**

（宋）朱熹撰

明正統十二年（1447）司禮監刻本

六冊

　框高 22.9 釐米，寬 16.3 釐米

　半葉八行十四字，小字雙行十九字，大
黑口，雙黑魚尾，四周雙邊

　有"吳興劉氏嘉業堂藏書印""郁氏仁
澍""霖蒼""張叔平""何瑗玉印""端谿何
卡子瑗玉號蓮盦過眼經籍金石書畫印記"
等印　　　　　　　　　　　　善 1/033

0051

詩經集傳八卷

（宋）朱熹撰

清康熙四年（1665）敬業堂刻本

四冊

　框高 19.7 釐米，寬 14.6 釐米

　半葉九行十七字，小字雙行同，白口，單
黑魚尾，左右雙邊　　　　　　善 1/033A

0052

詩經集傳八卷

（宋）朱熹撰

清博古堂刻本

四册

　　框高 19.7 釐米,寬 14.3 釐米

　　半葉九行十七字,小字雙行同,白口,單黑魚尾,左右雙邊　　　　　善 1/033B

0053

呂氏家塾讀詩記三十二卷

（宋）呂祖謙撰

明嘉靖十年(1531)南昌傅鳳翱刻本

二十册

　　框高 14.5 釐米,寬 12.2 釐米

　　半葉十四行十九字,小黑口,左右雙邊

　　有"倪粲""闇公""倪師霍字師霍""吳興劉氏嘉業堂藏書印""文章大守""經筵史官""陽城張氏省訓堂經籍記"等印

　　　　　　　　　　　善 1/034

0054

詩傳大全二十卷詩圖一卷綱領一卷

（明）胡廣等輯

詩序辨說一卷

（宋）朱熹撰

明永樂十三年(1415)內府刻本

十一册

　　框高 27.6 釐米,寬 17.9 釐米

　　半葉十行二十二字,小字雙行同,黑口,雙黑魚尾,四周雙邊

　　缺二卷(詩圖一卷、綱領一卷)

　　有"劉承幹字貞一號翰怡""吳興劉氏嘉業堂藏書印""張叔平"等印　　善 1/036

0055

詩經說約二十八卷

（明）顧夢麟撰　　（明）楊彝參訂

日本寬文九年(1669)芳野屋權兵衞覆刻明顧夢麟織簾居本

十四册

　　框高 19.6 釐米,寬 14.4 釐米

　　半葉十一行二十五字,白口,單黑魚尾,

四周單邊

　　有"吉川氏圖書記"印　　　善 1/037

0056

毛詩草木鳥獸蟲魚疏廣要二卷

（明）毛晉撰

明崇禎十二年(1639)汲古閣刻津逮秘書本

二册

　　框高 19.0 釐米,寬 14.5 釐米

　　半葉九行十九字,白口,左右雙邊

　　有"劉承幹字貞一號翰怡""吳興劉氏嘉業堂藏書印""張叔平"等印　　善 1/038

0057

毛詩鄭箋纂疏補協二十卷

（明）屠本畯撰

詩譜一卷

（漢）鄭玄撰

明萬曆二十二年(1594)玄鑒室刻本

十六册

　　框高 21.8 釐米,寬 14.5 釐米

　　半葉十行二十字,小字雙行同,白口,單黑魚尾,左右雙邊

　　有"張叔平""鎦承幹印""求恕齋藏"等印　　　　　　　　　　　善 1/032

0058

詩說十二卷總說一卷

（宋）劉克撰

清抄本

四册

　　半葉九行二十二字,無版框

　　缺三卷(卷二、九、十)

　　有"思簡樓""莘鄉文氏舟虛鑑臧""文素松印""文淯之印""禮培私印""埽塵齋積書記""雪吟""雪吟過眼""仁豐字號"等印　　　　　　　　　善 1/035

0059

詩說三卷附錄一卷

（清）惠周惕撰

清抄本

一冊

　　半葉九行二十一字,小字雙行同,無版
框　　　　　　　　　　　　　善 1/035A

0060

詩學緒餘一卷

（清）張廷儀撰

清乾隆四十年(1775)刻本

四冊

　　框高 17.3 釐米,寬 12.9 釐米

　　半葉九行二十字,小字雙行同,大黑口,
單黑魚尾,左右雙邊　　　　善 1/039A

0061

詩瀋二十卷

（清）范家相撰

清乾隆三十九年(1774)古趣亭刻本

四冊

　　框高 17.7 釐米,寬 12.8 釐米

　　半葉十行二十二字,小字雙行同,黑口,
雙黑魚尾,左右雙邊　　　　善 1/041B

0062

草木疏校正二卷

（清）趙佑撰

清乾隆白鷺洲書院刻本

一冊

　　框高 21.0 釐米,寬 14.8 釐米

　　半葉九行二十字,白口,單黑魚尾,四周
雙邊

　　有"葉德輝奐彬甫藏閱書"印

　　　　　　　　　　　　　　善 1/041

0063

草木疏校正二卷

（清）趙佑撰

清乾隆五十六年(1791)刻清獻堂全編本

一冊

　　框高 19.6 釐米,寬 13.1 釐米

　　半葉九行二十字,小字雙行同,白口,單
黑魚尾,左右雙邊

　　有"薛聲震印""印心石屋""資江陶氏
雲汀藏書"印　　　　　　　善 1/041A

0064

**韓詩內傳并薛君章句考四卷附錄一卷二雨
堂筆談一卷附編一卷**

（清）錢玫撰　（清）錢世敫編

清抄本

四冊

　　框高 18.9 釐米,寬 12.8 釐米

　　半葉九行二十一字,小字雙行同,大黑
口,單黑魚尾,左右雙邊　　善 1/042

0065

**齊魯韓三家詩釋十四卷詩原流一卷詩疑一
卷**

（清）朱士端撰

民國抄本

十二冊

　　框高 15.8 釐米,寬 11.9 釐米

　　半葉十行二十字,小字雙行同,紫格,白
口,雙魚尾,四周單邊

　　佚名朱筆校　　　　　　　善 1/040

0066

詩經叶音辨譌八卷首一卷

（清）劉維謙撰

清乾隆三年(1738)壽峯書屋刻本

四冊

　　框高 18.8 釐米,寬 14.7 釐米

　　半葉八行十九字,小字雙行同,白口,單
黑魚尾,四周單邊

　　有"孫氏珍藏"印　　　　善 1/039

周禮類

0067
周禮六卷附考工記二卷
　清抄本　清吳引孫題識
　二冊
　　半葉九行二十字,小字雙行同,無版框
　　有朱筆圈點、批校,有"真州吳氏有福讀
書堂藏書""六有室主人印""獨坐幽篁裏
彈琴復長嘯深林人不知明月來相照"等印
　　　　　　　　　　　　　　善 1/050

0068
纂圖互註周禮十二卷
　(漢)鄭玄註
周禮經圖一卷
　清康熙四十五年(1706)朝鮮刻五十二年
(1713)高靈補刊本
　十冊
　　框高 20.0 釐米,寬 15.3 釐米
　　半葉九行十五至十六字,小字雙行同,
白口,雙花魚尾,四周單邊間雙邊
　　　　　　　　　　　　　　善 1/051

0069
禮經會元四卷
　(宋)葉時撰
　明嘉靖五年(1526)蕭梅林刻本
　八冊
　　框高 20.7 釐米,寬 14.3 釐米
　　半葉十一行二十四字,白口,左右雙邊
　　有"承幹鈐記""劉翰怡印""吳興劉氏
嘉業堂藏書印""張叔平"等印　善 1/052

0070
周禮集說十一卷綱領一卷
　(元)陳友仁編
復古編一卷

　(宋)俞庭椿撰
周禮集說編補二卷
　(明)劉儲秀輯
　明刻本
　十二冊
　　框高 20.0 釐米,12.7 釐米
　　半葉十一行二十二字,小字雙行同,白
口,雙白魚尾,四周單邊,有刻工
　　有"瑞安孫仲容珍藏書畫文籍印""蒙
叟"等印　　　　　　　　　　善 1/053

0071
周禮集說十一卷綱領一卷
　(元)陳友仁編
復古編一卷
　(宋)俞庭椿撰
周禮集說編補二卷
　(明)劉儲秀輯
　清末孔氏嶽雪樓抄本
　十二冊
　　框高 20.0 釐米,寬 13.0 釐米
　　半葉十一行二十二字,小字雙行同,白
口,雙黑魚尾,四周雙邊
　　佚名朱筆校　　　　　　　善 1/054

0072
周禮補亡六卷
　(元)丘葵撰
　明李緝刻本
　十二冊
　　框高 19.5 釐米,寬 12.1 釐米
　　半葉十行二十三字,小字雙行同,白口,
雙黑魚尾,四周單邊
　　有"瑞安孫仲容珍藏書畫文籍印""莊有
恭印""青宮少保"等印　　　　善 1/055

0073
周禮疑義四十四卷
　(清)吳廷華撰

清光緒四年（1878）孫氏玉海樓抄本　清
孫詒讓校並題識
　　四册
　　　半葉十行二十字,小字雙行同,無版框
　　　存十八卷（卷三至六、二十三至三十、三
十三至三十六、四十一至四十二）
　　　有"仲頌""經散室"等印　　善 1/056

0074
周官記六卷
（清）莊存與撰
清玉海樓抄本　清孫詒讓校
　　一册
　　　框高 19.2 釐米,寬 11.6 釐米
　　　半葉十行二十字,小字雙行同,藍格,小
黑口,雙黑魚尾,左右雙邊
　　　有"經散室"印　　善 1/057

0075
周官集說十二卷
（清）莊有可撰
清光緒二年（1876）孫氏玉海樓抄本　清
孫詒讓題識
　　五册
　　　半葉十行二十五字,無版框
　　　有"中容過眼"印　　善 1/060

0076
周官指掌五卷
（清）莊有可撰
清同治十一年（1872）孫氏玉海樓抄本
清孫詒讓題識
　　一册
　　　框高 19.3 釐米,寬 11.8 釐米
　　　半葉十行二十一字,藍格,小黑口,雙黑
魚尾,左右雙邊
　　　有"經散室"印　　善 1/059

0077
重雕嘉靖本挍宋周禮札記一卷
（清）黃丕烈撰
清玉海樓抄本　清孫詒讓校並跋
　　一册
　　　半葉八行十七字,小字雙行同,無版框
　　　有"瑞安孫仲容斠讀四部羣書之印""經
散室"印　　善 1/063

0078
周官精義十二卷
（清）連斗山撰
清乾隆四十一年（1776）刻本
　　六册
　　　框高 18.5 釐米,寬 13.2 釐米
　　　半葉九行二十三字,小字雙行同,白口,
單黑魚尾,左右雙邊
　　　有"提督學院頒行""歸安朱氏四樂堂
藏"等印　　善 1/063A

0079
周禮凝粹六卷
（清）宋嘉德撰
清抄本
　　四册
　　　框高 17.8 釐米,寬 11.4 釐米
　　　半葉八行二十二字,小字雙行同,大黑
口,單黑魚尾,四周雙邊
　　　有"思簡樓""莘鄉文氏舟虛鑑藏""文
素松印""吳家竹葉園審定書畫記"等印
　　　　　　　　　　　　　善 1/062

0080
周禮注疏獻疑七卷
（清）許珩撰
清孫氏玉海樓抄本　清孫詒讓校並跋
　　二册
　　　框高 16.9 釐米,寬 11.8 釐米
　　　半葉十行十九字,小字雙行同,藍格,黑

口,左右雙邊

有"經敖室"印　　　　　善 1/061

0081

周禮馬融鄭玄敘一卷附山海經錯簡一卷商子境內篇一卷唐代碑志目一卷

(清)孫詒讓輯

稿本

一冊

框高 14.8 釐米,寬 10.5 釐米

半葉十行行字不等,藍格,小黑口,雙黑魚尾,左右雙邊　　　　　善 1/069

0082

周官說不分卷

(清)□□撰

清抄本　清孫詒讓跋

二冊

半葉八行二十二字,無版框

有"經敖室"印　　　　　善 1/064

0083

考工記考辨八卷

(清)王宗涑撰

清抄本　清孫詒讓校

二冊

半葉十行二十一字,小字雙行同,無版框

有"經敖室"印　　　　　善 1/068

0084

考工記圖二卷

(清)戴震撰

清乾隆聚奎樓刻本　清孫詒讓批校

二冊

框高 12.6 釐米,寬 9.6 釐米

半葉九行二十一字,小字雙行同,白口,單黑魚尾,左右雙邊

有"仲容"印　　　　　善 1/065

0085

考工記集說二卷

(清)莊有可撰

清抄本

一冊

半葉十行二十五字,無版框

有"籀廎"印　　　　　善 1/066

0086

考工記車制圖解二卷

(清)阮元撰

清乾隆七錄書館刻本　清孫詒讓批

一冊

框高 18.2 釐米,寬 13.8 釐米

半葉十行二十字,小字雙行同,白口,單黑魚尾,四周單邊

有"阮元印""瑞安孫仲容珍藏書畫文籍印"等印　　　　　善 1/067

0087

周禮漢讀考六卷

(清)段玉裁撰

清嘉慶三年(1798)金壇段氏刻經韻樓叢書本　清王琨校　清伊桑跋

三冊

框高 17.6 釐米,寬 13.2 釐米

半葉十行二十一字,小字雙行同,白口,單黑魚尾,左右雙邊

有"柘湖丁氏珍藏""王懿榮""經敖室""瑞安孫仲容珍藏書畫文籍印"等印

善 1/058

儀禮類

0088

儀禮十七卷

(漢)鄭玄註

明正德十六年(1521)陳鳳梧刻本

四册
　框高 20.3 釐米,寬 14.3 釐米
　半葉十行二十字,小字雙行同,黑口,雙黑魚尾,四周單邊
　有"中牟倉兆彬圖書"印　　善 1/075

0089
儀禮十七卷
　(漢)鄭玄註
嚴本儀禮鄭氏註校錄一卷
　(清)黃丕烈撰
　清嘉慶二十年(1815)黃氏讀未見書齋刻士禮居黃氏叢書本
　八册
　框高 21.3 釐米,寬 14.8 釐米
　半葉十四行二十四字,小字雙行字數不等,白口,單黑魚尾,四周單邊　善 1/076

0090
儀禮註疏十七卷
　(漢)鄭玄註　(唐)陸德明音義　(唐)賈公彦疏
　明萬曆二十一年(1593)北京國子監刻清康熙二十五年(1686)重修十三經註疏本
清彭元瑞跋並臨明末張爾岐句讀
　十册
　框高 22.6 釐米,寬 15.0 釐米
　半葉九行二十一字,小字雙行同,白口,單黑魚尾,左右雙邊
　有"結弌盧藏書印""吳興劉氏嘉業堂藏書記""吳興劉氏嘉業堂藏書印""劉承幹字貞一號翰怡""張叔平"等印　善 1/077

0091
儀禮商二卷附錄一卷
　(清)萬斯大撰
　清乾隆二十六年(1761)萬福刻萬充宗先生經學五書本
　一册

框高 18.5 釐米,寬 13.1 釐米
　半葉十一行二十一字,小字雙行同,大黑口,雙黑魚尾,左右雙邊　善 1/077A

0092
嚴本儀禮鄭氏注校錄一卷
　(清)黃丕烈撰
　清嘉慶二十年(1815)黃氏讀未見書齋刻士禮居黃氏叢書本
　一册
　框高 21.2 釐米,寬 14.7 釐米
　半葉十四行二十四字,小字雙行三十一至三十六字,白口,單黑魚尾,左右雙邊
　有"莫友芝圖書印""莫繩孫印"等印
　　善 1/078

0093
禮經釋例十三卷首一卷
　(清)凌廷堪撰
　清嘉慶十四年(1809)刻文選樓叢書本
清孫詒讓批校
　四册
　框高 18.3 釐米,寬 13.5 釐米
　半葉十行二十一字,小字雙行同,白口,單黑魚尾,四周雙邊
　有"經敓室"印　　善 1/079

禮記類

0094
禮記集說三十卷
　(元)陳澔撰
　明嘉靖十一年(1532)建寧府刻本
　八册
　框高 20.6 釐米,寬 13.9 釐米
　半葉九行十七字,小字雙行同,黑口,雙黑魚尾,四周雙邊
　有"朱兆盧藏書""觀古堂""葉德輝鑒

臧善本書籍”“于省吾印”“郋園過目”等
印　　　　　　　　　　　　　善 1/085

0095
新刊禮記正蒙講意三十八卷
（明）陳襄撰
明嘉靖十六年（1537）左序刻本
八册
　　框高 18.9 釐米,寬 12.5 釐米
　　半葉十行二十二字,白口,雙黑魚尾,四
周雙邊　　　　　　　　　　善 1/087

0096
禮記日録三十卷附圖解一卷
（明）黄乾行撰
明抄本
七册
　　半葉十一行二十五字,小字雙行同,無
版框
　　存十五卷（卷一至十四、圖解一卷）
　　有“項子京家珍藏”“御賜介景堂印”
“南昌彭氏”“知聖道齋臧書”“遇讀者善”
等印　　　　　　　　　　　善 1/086

0097
禮記偶箋三卷
（清）萬斯大撰
清乾隆二十四年（1759）萬福刻萬充宗先
生經學五書本
　　一册
　　框高 18.2 釐米,寬 13.0 釐米
　　半葉十一行二十一字,小字雙行同,大
黑口,雙黑魚尾,左右雙邊　　善 1/088A

0098
檀弓記一卷
（宋）謝枋得評點　（明）楊慎附註
明末盧之頤溪香書屋合刻周秦經書十種
本

一册
　　框高 20.3 釐米,寬 14.5 釐米
　　半葉九行二十字,小字雙行同,眉上鐫
評行五字,白口,單白魚尾,四周單邊
　　舊目題何焯批並題識,有“孟博”“何焯
之印”“觀心所藏”“屺瞻”等印　善 1/088

0099
深衣釋例三卷
（清）任大椿撰
清乾隆四十八年（1783）刻燕禧堂五種本
清孫詒讓批並跋
　　一册
　　框高 17.4 釐米,寬 13.8 釐米
　　半葉九行二十字,小字雙行同,白口,單
黑魚尾,左右雙邊
　　有“瑞安孫仲容珍藏書畫文籍印”“汪喜
荀印”“孟慈”“揚州汪喜孫孟慈之印”“周
玉齊金漢石之館”等印　　　　善 1/089

0100
大戴禮記補注十三卷序録一卷
（清）孔廣森撰
清同治十三年（1874）淮南書局刻本　清
孫詒讓校並跋並録丁杰、嚴元照、趙鉞等諸
家校語
　　四册
　　框高 18.4 釐米,寬 15.1 釐米
　　半葉十行二十字,小字雙行同,大黑口,
雙黑魚尾,左右雙邊
　　有“瑞安孫仲容珍藏書畫文籍印”“仲
頌”“經敳室”等印　　　　　　善 1/090

0101
大戴禮記斠補三卷
（清）孫詒讓撰
稿本
　　二册
　　框高 17.0 釐米,寬 11.9 釐米

半葉十二行二十四字,小字雙行同,小
黑口,左右雙邊　　　　　　善 1/091

0102
夏小正正義不分卷
　(清)王筠撰
　稿本　姜亮夫　埜束題識
　二冊
　　半葉十行二十四字,小字雙行同,無版
框
　　有"亮夫""姜寅清"印　　　善 1/092

0103
夏小正集說四卷
　(清)程鴻詔撰
　清同治十一年(1872)汪啓蘭等刻有恒心
齋集本　清孫詒讓批
　二冊
　　框高 19.5 釐米,寬 13.8 釐米
　　半葉十行二十二字,小字雙行同,單黑
魚尾,黑口,左右雙邊
　　有"瑞安孫仲容珍藏書畫文籍印"印
　　　　　　　　　　　　　善 1/093

三禮總義類

0104
三禮纂註四十九卷
　(明)貢汝成撰
　明萬曆刻本
　二十七冊
　　框高 19.4 釐米,寬 13.5 釐米
　　半葉八行十八字,小字雙行同,白口,單
黑魚尾,左右雙邊,有刻工
　　存四十七卷(卷一至四十七)
　　有"經敩室"印　　　　　善 1/100

0105
明堂大道錄八卷禘說二卷
　(清)惠棟撰
　清乾隆鎮洋畢氏刻經訓堂叢書本
　四冊
　　框高 17.8 釐米,寬 14.0 釐米
　　半葉十行二十二字,小字雙行同,白口,
單黑魚尾,左右雙邊
　　有"真州吳氏有福讀書堂藏書"印
　　　　　　　　　　　　善 1/100A

0106
三禮陳數求義三十卷
　(清)林喬蔭撰
　清嘉慶八年(1803)誦芬堂刻本　清孫詒
讓批校
　十冊
　　框高 20.0 釐米,寬 13.3 釐米
　　半葉十行二十二字,白口,單黑魚尾,四
周雙邊
　　有"瑞安孫仲容珍藏書畫文籍印"印
　　　　　　　　　　　　　善 1/101

0107
周人禮說八卷
　(清)王紹蘭撰
　稿本
　三冊
　　框高 19.0 釐米,寬 14.5 釐米
　　半葉十行二十三字,小字雙行同,藍格,
白口,單黑魚尾,四周雙邊
　　存三卷(卷二至四)　　　善 1/102

0108
禮堂集義四十二卷
　(清)王紹蘭撰
　稿本
　三冊
　　框高 19.5 釐米,寬 14.3 釐米

半葉十行二十一字,小字雙行同,藍格,
白口,單黑魚尾,四周雙邊

存三卷(卷四、七、十七)　　　善 1/103

0109
禘祫辨誤二卷
(清)程廷祚撰
清道光五年(1825)東山草堂刻本　葉德
輝跋
一冊
框高 18.6 釐米,寬 13.8 釐米
半葉九行二十字,小字雙行同,白口,單
黑魚尾,四周單邊
有"德輝""元尚州""葉氏麗廔藏書"
"吏部郎""臣德輝"等印　　　善 1/104

0110
**明堂之祀一卷吉禮郊祭一卷周禮雜義鈔一
卷**
清玉海樓抄本
一冊
框高 16.8 釐米,寬 12.0 釐米
半葉十二行二十四字,小字雙行同,小
黑口,左右雙邊
有"瑞安孫仲容珍藏書畫文籍印"印
　　　　　　　　　　　　　　善 1/105

0111
禮書一百五十卷
(宋)陳祥道撰
明崇禎張溥刻本　清孫詒讓校
二十冊
框高 19.6 釐米,寬 14.2 釐米
半葉十行二十字,小字雙行同,白口,單
黑魚尾,左右雙邊,有刻工
有"中容點勘""秀水盛氏柚堂圖書"等
印　　　　　　　　　　　　善 1/106

0112
禮書一百五十卷
(宋)陳祥道撰
明崇禎張溥刻本
六冊
框高 19.4 釐米,寬 14.3 釐米
半葉十行二十字,小字雙行同,白口,單
黑魚尾,左右雙邊,有刻工
有"結弌廬藏書印""劉承幹字貞一號翰
怡""吳興劉氏嘉業堂藏書印""張叔平"
等印　　　　　　　　　　　　善 1/107

0113
儀禮經傳通解三十七卷
(宋)朱熹撰
續二十九卷
(宋)黃榦　楊復撰
清康熙呂留良寶誥堂刻本
十八冊
框高 19.6 釐米,寬 14.9 釐米
半葉十二行二十五字,小字雙行同,白
口,左右雙邊　　　　　　善 1/078A
又一部,二十冊　　　善 1/078A/C1

0114
朱子儀禮經傳通解六十九卷
(宋)朱熹撰　(宋)黃榦續撰
清乾隆刻聚錦堂印本
四十六冊
框高 21.7 釐米,寬 15.1 釐米
半葉十行二十五字,小字雙行同,白口,
單黑魚尾,左右雙邊
有"張學武圖記""晉陽古陶人氏""學
武張氏珍藏圖書章""張學武印""願後人
永保珍藏之章"等印　　　善 1/078B

0115
儀禮經傳續二十九卷
(宋)黃榦撰　(宋)楊復續撰

明刻本

五册

　　框高 20.2 釐米,寬 14.6 釐米

　　半葉十一行二十字,小字雙行同,白口,左右雙邊

　　有"劉承幹字貞一號翰怡""吳興劉氏嘉業堂藏書印""張叔平"等印　　善 1/108

0116

讀禮通考一百二十卷

　（清）徐乾學輯

　清康熙三十五年（1696）徐氏刻乾隆十八年（1753）味經窩印本

　二十册

　　框高 18.9 釐米,寬 14.2 釐米

　　半葉十三行二十一字,小字雙行三十一字,白口,單黑魚尾,左右雙邊　善 1/110

0117

五禮通考二百六十二卷目錄二卷首四卷

　（清）秦蕙田撰

　清乾隆十八年（1753）秦氏味經窩刻本

　八十册

　　框高 18.4 釐米,寬 14.7 釐米

　　半葉十三行二十一字,小字雙行三十一字,白口,單黑魚尾,左右雙邊　善 1/109

　　又一部,六十四册　　　　善 1/109A

樂類

0118

樂律全書三十九卷

　（明）朱載堉撰

　明萬曆三十四年（1606）鄭藩刻本

　二十册

　　框高 24.9 釐米,寬 19.9 釐米

　　半葉十行二十五字,小字雙行同,黑口,雙黑魚尾,四周雙邊

子目:

　律學新說四卷

　樂學新說一卷附樂經古文一卷

　筭學新說一卷

　律呂精義內篇十卷

　律呂精義外篇十卷

　操縵古樂譜一卷

　旋宮合樂譜一卷

　鄉飲詩樂譜六卷

　六代小舞譜一卷

　小舞鄉樂譜一卷

　二佾綴兆圖一卷

　靈星小舞譜一卷　　　　　善 1/255

0119

大樂律呂元聲六卷

　（明）李文利撰　　（明）李元校補

　明嘉靖十四年（1535）浙江布政司刻本

　二册

　　框高 21.0 釐米,寬 14.5 釐米

　　半葉十行二十一字,小字雙行同,白口,四周雙邊

　　有"劉承幹字貞一號翰怡""吳興劉氏嘉業堂藏書印""張叔平"等印　　善 1/115

0120

律呂新義四卷附錄一卷

　（清）江永撰

　清同治十一年（1872）孫氏玉海樓抄本

　清孫詒讓校並跋

　一册

　　半葉十行二十五字,小字雙行同,無版框

　　有"經散室""中容"印　　　　善 1/116

春秋左傳類

0121
春秋經傳集解三十卷
（晉）杜預撰　（唐）陸德明釋文
明刻本
三十册
　　框高 20.2 釐米,寬 14.0 釐米
　　半葉八行十七字,小字雙行同,白口,雙
白魚尾,左右雙邊間四周雙邊
　　有"天籟閣""吳寬""項墨林父祕笈之
印""筱漁張氏手校藏書""篤素堂張曉漁
校藏圖籍之章""張謹夫圖書印""養雲石
山房珍藏書籍""小漁藏書""靈巇山人"
等印　　　　　　　　　　　　善 1/117

0122
春秋左氏傳雜論二卷
（宋）晁補之撰
清影宋抄本
一册
　　半葉八行十九字,小字雙行同,無版框
　　有"瑞安孫仲容珍藏書畫文籍印""江東
羅氏所藏"等印　　　　　　　善 1/118

0123
春秋左傳詳節句解三十五卷
（宋）朱申撰
朝鮮覆明刻本
八册
　　框高 22.4 釐米,寬 18.4 釐米
　　半葉十二行二十一字,小字雙行同,白
口,雙花魚尾,四周雙邊
　　存二十八卷（卷一至二十八）
　　有"洪嘉裕印"印　　　　　善 1/119

0124
春秋左翼四十三卷首一卷

（明）王震輯
明萬曆三十一年(1603)刻本
十册
　　框高 22.6 釐米,寬 13.7 釐米
　　半葉九行十九字,小字雙行同,白口,單
白魚尾,左右雙邊
　　有"吳興劉氏嘉業堂藏書印""劉承幹字
貞一號翰怡""子完氏讀""味齋淡味""張
叔平"等印　　　　　　　　　善 1/120

0125
春秋左傳標釋三十卷
（明）戴文光撰
明天啓五年(1625)戴氏必有齋刻本
十册
　　框高 22.4 釐米,寬 13.7 釐米
　　半葉九行十九字,小字雙行同,白口,單
黑間單白魚尾,四周單邊　　　善 1/121

0126
左傳事緯十二卷前書八卷
（清）馬驌撰
清康熙刻本
十六册
　　框高 18.6 釐米,寬 14.1 釐米
　　半葉九行二十二字,小字雙行同,眉上
鐫評行三字,白口,單黑魚尾,左右雙邊
　　　　　　　　　　　　　　善 1/122A
　　又一部,四册,存前書八卷
　　　　　　　　　　　　　善 1/122A/C1

0127
左傳事緯十二卷字釋一卷
（清）馬驌撰
清乾隆四十九年(1784)黃暹懷澄堂刻本
十册
　　框高 19.3 釐米,寬 14.1 釐米
　　半葉九行二十二字,小字雙行同,眉上
鐫評行三字,白口,單黑魚尾,左右雙邊

有"懷澄書屋圖章"印　　　善 1/122B

0128

春秋大事表五十卷讀春秋偶筆一卷輿圖一卷附錄一卷

（清）顧棟高撰

清乾隆十三至十四年（1748–1749）顧棟高萬卷樓刻本

二十冊

　框高 21.6 釐米,寬 15.0 釐米

　半葉十一行二十五字,白口,四周單邊

　缺一卷（輿圖一卷）

　有"屈爔所藏""絜芳小圃所鑒"印

　　　　　　　　善 1/129

　又一部,十六冊,有"山陰孫世偉藏"印

　　　　　　　　善 1/129/C1

0129

春秋左氏傳補注十卷

（清）沈欽韓撰

清抄本

四冊

　半葉九行二十七字,小字雙行同,無版框

　存六卷（卷一至六）

　有"中容過眼"印　　　善 1/122

春秋公羊傳類

0130

公羊傳十二卷

（明）鍾惺評

明崇禎九年（1636）陶珽刻鍾伯敬評公羊穀梁二傳合刻本

二冊

　框高 19.5 釐米,寬 13.8 釐米

　半葉九行十八字,小字雙行同,白口,單黑魚尾,左右雙邊,眉上鐫評

有"亦隆""字鳥千"等印　　　善 1/123A

0131

春秋公羊傳箋十一卷

王闓運撰

近代溫故知新書屋抄本

十二冊

　框高 18.8 釐米,寬 12.7 釐米

　半葉八行十七字,小字雙行同,白口,單黑魚尾,四周雙邊

　有粘簽,有"裕德堂珍藏書畫之印"印

　　　　　　　　善 1/124

0132

春秋公羊傳曆譜不分卷

（清）包慎言撰

清玉海樓抄本

二冊

　半葉八行二十六字,小字雙行同,無版框

　有"經敔室"印　　　善 1/124A

0133

春秋繁露十七卷

（漢）董仲舒撰

附錄一卷

清乾隆五十年（1785）盧文弨刻抱經堂叢書本　清孫詒讓校

四冊

　框高 18.5 釐米,寬 13.2 釐米

　半葉十行二十字,小字雙行同,白口,單黑魚尾,左右雙邊

　有"經敔室"印　　　善 1/125

0134

董子定本二十篇

（清）譚獻撰

稿本　清鄒祺批

一冊

以崇文書局春秋繁露爲底本校改,半葉
行字數不等　　　　　　　　善 1/126

春秋穀梁傳類

0135
穀梁傳十二卷
（明）孫鑛　張榜評
明末刻本
一册
　框高 19.7 釐米,寬 14.2 釐米
　半葉九行二十字,白口,單白魚尾,左右
雙邊,眉上鐫評　　　　　善 1/123B

春秋總義類

0136
春秋集註三十卷首一卷
　（宋）胡安國撰　　（宋）林堯叟音註
　明嘉靖三十年（1551）倪淑刻萬曆二十三
年（1595）倪甫英　倪家胤重修本
　八册
　框高 20.2 釐米,寬 14.1 釐米
　半葉九行十八字,小字雙行同,白口,單
黑魚尾,左右雙邊
　有"呂氏書巢珍藏""中原文獻之裔"
"吳興劉氏嘉業堂藏書記""張叔平"等印
　　　　　　　　　　　善 1/127

0137
三正考二卷
（清）吳鼐撰
清抄本
一册
　半葉九行二十一字,無版框
　　　　　　　　　　　善 1/130A

0138
春秋正宗十二卷
（清）呂文櫺撰
清乾隆二年（1737）清稿本
八册
　半葉八行二十二字,小字雙行同,無版
框
　有"四樂堂""呂文櫺印""無蹊""仲魚
圖象""陳仲魚讀書記""古韻閣""雲輪
閣""荃孫"等印　　　　　善 1/128

四書類

0139
論語正義二十四卷
　（清）劉寶楠撰
　清同治八年（1869）刻本　清孫詒讓校
　六册
　框高 19.2 釐米,寬 13.9 釐米
　半葉十行二十三字,小字雙行同,白口,
單黑魚尾,左右雙邊
　有"瑞安孫仲容珍藏書畫文籍印"印
　　　　　　　　　　　善 1/135

0140
論語正義補一卷
　（清）劉恭冕撰　劉文興輯
　民國抄本
　一册
　框高 16.7 釐米,寬 11.9 釐米
　半葉十行二十字,小字雙行同,小黑口,
單黑魚尾,左右雙邊
　有朱筆點校　　　　　　善 1/136

0141
鄉黨圖考十卷
　（清）江永撰
　清乾隆五十二年（1787）致和堂刻本

四册

　　框高 19.3 釐米,寬 14.1 釐米

　　半葉九行二十五字,小字雙行同,白口,單黑魚尾,左右雙邊　　　　善 1/136A

0142

孟子大文二卷

　(戰國)孟軻撰

　朝鮮刻本

　二册

　　框高 25.2 釐米,寬 18.1 釐米

　　半葉十行十七字,小字雙行同,白口,雙花魚尾,四周雙邊

　　有"尹行恁氏"印　　　　善 1/137

0143

孟子註疏解經十四卷

　(漢)趙岐註　　(宋)孫奭疏

　明嘉靖李元陽刻十三經註疏本

　八册

　　框高 20.5 釐米,寬 13.1 釐米

　　半葉九行二十一字,小字雙行同,白口,四周單邊　　　　善 1/138

0144

四書集註二十八卷

　(宋)朱熹撰

　明刻本

　十四册

　　框高 23.5 釐米,寬 16.3 釐米

　　半葉八行十四字,小字雙行十八字,黑口,雙黑魚尾,四周雙邊

　　有"古香樓""休寧汪季青家藏書籍""柳蓉春經眼印""劉承幹字貞一號翰怡""吳興劉氏嘉業堂藏書印""張叔平""博古齋收藏善本書籍"等印　　善 1/131

0145

學庸章句指南二卷

　(明)胡謐編

　明朝鮮銅活字本

　一册

　　框高 22.5 釐米,寬 15.8 釐米

　　半葉十二行二十字,小字雙行同,黑口,雙花魚尾,四周單邊

　　子目:

　　大學通旨一卷　(明)蔣文質撰

　　中庸章句詳說一卷　(明)劉清撰

　　　　　　　　　　　　善 1/134

0146

四書圖史合攷二十四卷

　(明)蔡清輯

　明金閶擁萬堂刻本

　十六册

　　框高 21.4 釐米,寬 12.6 釐米

　　半葉九行二十二字,小字雙行同,白口,四周單邊,眉欄鐫評

　　有"船山""阮亭""張照之印""吳興劉氏嘉業堂藏書印""張叔平""吳龍文印"印　　　　善 1/132

0147

增補四書人物聚考十二卷圖考一卷

　(明)鍾惺　(清)汪份增定　(清)黃澍參訂

　清乾隆四十年(1775)帶月樓刻本

　十六册

　　框高 21.7 釐米,寬 14.4 釐米,上欄高 2.1 釐米

　　半葉十一行三十字,小字雙行同,眉欄鐫注行四字,白口,單黑魚尾,四周單邊

　　有"兩如""魯青書畫"等印　善 1/133B

0148

四書考二十八卷考異一卷

　(明)陳仁錫撰

　明崇禎七年(1634)自刻清康熙五十七年

(1718)寶翰樓重修本

　十八冊

　　　框高 21.2 釐米,寬 14.2 釐米

　　　半葉九行十九字,小字雙行同,眉上鐫評行四字,白口,單黑間單白魚尾,四周單邊

　　　有"寶翰樓藏書記"印　　　善 1/132A

0149

四書近指二十卷

　(清)孫奇逢撰

　清康熙刻本

　五冊

　　　框高 18.0 釐米,寬 12.6 釐米

　　　半葉九行二十字,白口,單黑魚尾,四周單邊　　　　　　　　　　　善 1/133C

0150

呂晚邨先生四書講義四十三卷

　(清)呂留良撰　　(清)陳鑨編次

　清康熙二十五年(1686)天蓋樓刻本

　八冊

　　　框高 17.7 釐米,寬 13.7 釐米

　　　半葉十一行二十一字,小字雙行同,大黑口,雙花魚尾,左右雙邊　　　善 1/133

0151

四書釋地一卷續一卷又續一卷三續一卷孟子生卒年月考一卷

　(清)閻若璩撰

　清乾隆五十二年(1787)東湣王氏刻本

　四冊

　　　框高 19.2 釐米,寬 14.8 釐米

　　　半葉十一行二十字,小字雙行字數不等,白口,單黑魚尾,左右雙邊

　　　　　　　　　　　　　　　善 1/133D

0152

此木軒四書說九卷

　(清)焦袁熹撰

　清乾隆刻本

　四冊

　　　框高 17.4 釐米,寬 12.9 釐米

　　　半葉十行二十字,白口,單黑魚尾,左右雙邊　　　　　　　　　　善 1/133A

群經總義類

0153

唐石經考正一卷

　(清)王朝渠撰

　清嘉慶五年(1800)寧州學署刻達淦就正編本　葉德輝跋

　三冊

　　　框高 19.5 釐米,寬 12.6 釐米

　　　半葉八行二十字,小字雙行同,白口,單黑魚尾,四周雙邊

　　　有"奐份宷定""葉德輝煥彬甫藏閱書""惟書不借人觀借則必失""福薄人""金氏雲卿珍藏"等印　　善 1/146

0154

宋太學石經考一卷附魯齋先生武林金石錄校跋一卷

　(清)羅以智撰

　稿本

　一冊

　　　半葉九行行字不等,無版框

　　　有"瑞安孫仲容珍藏書畫文籍印"印

　　　　　　　　　　　　　　　善 1/147

0155

駁五經異義一卷

　(漢)鄭玄撰

補遺一卷

　清四庫傳抄本

　一冊

半葉八行二十一字,小字雙行同,無版框

有"揚州汪喜孫孟慈父印""古潭州袁臥雪廬收藏""長白端方藏記""周玉齊金漢石之館"等印　　　　　善 1/140

0156

泉齋簡端錄十二卷

(明)邵寶撰

明崇禎九年(1636)刻清康熙十二年(1673)重修邵文莊公經史全書本

四冊

框高 20.9 釐米,寬 14.6 釐米

半葉十行二十字,白口,單黑魚尾,四周單邊

有"莊鳴昌珍藏"印　　　　　善 1/142

0157

稽古日鈔八卷

(清)張方湛等輯

清乾隆二十九年(1764)秋曉山房刻本

四冊

框高 17.5 釐米,寬 12.6 釐米

半葉十行二十四字,小字雙行同,白口,單黑魚尾,左右雙邊

佚名墨筆眉批,有"鏡涵""泰谷開聆私印"印　　　　　善 1/149

0158

松源經說四卷

(清)孫之騄撰

清乾隆三十一年(1766)春草園刻本

四冊

框高 18.3 釐米,寬 14.2 釐米

半葉十行二十字,小字雙行同,大黑口,單黑魚尾,左右雙邊

有"敦好齋藏書印""古黟明經胡氏毋自欺齋藏書印""穀士""古畹擁百城慶主人

珍藏書畫印記""廖世蔭印"印

善 1/142A

0159

說經二十卷說騷一卷說文一卷

(清)韓泰青撰　(清)洪照輯

清乾隆三十四年(1769)漪園刻本

八冊

框高 18.7 釐米,寬 14.0 釐米

半葉九行二十字,小字雙行同,白口,單黑魚尾,左右雙邊

存十四卷(說經卷一至十四)

有"明辨晢也"印　　　　　善 1/142B

0160

張卅甫經說一卷

(清)張履撰

清光緒十二年(1886)孫氏玉海樓抄本

清孫詒讓校並題識

一冊

框高 17.1 釐米,寬 11.8 釐米

半葉十二行二十二字,小字雙行同,藍格,黑口,左右雙邊

有"瑞安孫仲容珍藏書畫文籍印"印

善 1/143

0161

經迻節本不分卷

(清)孫詒讓撰

稿本

一冊

框高 14.8 釐米,寬 10.5 釐米

半葉十行行字不等,藍格,小黑口,雙黑魚尾,左右雙邊　　　　　善 1/145

0162

六經圖六卷

(宋)楊甲撰　(宋)毛邦翰補

明萬曆四十三年(1615)吳繼仕熙春樓刻

本

六册

框高 36.1 釐米,寬 24.5 釐米

半葉行字數不等,白口,上下兩欄,四周單邊

有"承幹鈐記""劉翰怡印""吳興劉氏嘉業堂藏書印""劉承幹字貞一號翰怡""張叔平"等印　　　善 1/148

0163

六經圖二十四卷

(清)鄭之僑編

清乾隆九年(1744)鄭氏述堂刻本

十二册

框高 20.6 釐米,寬 14.5 釐米

半葉九行二十二字,小字雙行同,白口,單黑魚尾,四周雙邊

有"山陰孫世偉藏"印　　　善 1/148A

0164

經典釋文三十卷

(唐)陸德明撰

攷證三十卷

(清)盧文弨撰

清乾隆五十六年(1791)常州龍城書院刻本　屈彊(屈爔)批校並題跋

十二册

框高 19.1 釐米,寬 14.7 釐米

半葉十一行二十二字,小字雙行同,黑口,雙黑魚尾,四周單邊

有"屈彊""彊山劫後僅存之書""彊山一民""平湖屈氏一卷書塾所藏""蘇州讀物"等印　　　善 1/141

小學類

說文之屬

0165

說文解字十五卷

(漢)許慎撰　(宋)徐鉉等校定

清初毛氏汲古閣刻本

六册

框高 21.1 釐米,寬 15.8 釐米

半葉七行篆字七字,中字單行十五字,小字雙行二十一至二十二字,白口,單黑魚尾,左右雙邊

有"瑞安孫仲容珍藏書畫文籍印"印　　　善 1/150

0166

說文解字十五卷

(漢)許慎撰　(宋)徐鉉等校定

清初毛氏汲古閣刻本

六册

框高 21.1 釐米,寬 15.9 釐米

半葉七行篆字七字,中字單行十五字,小字雙行二十一至二十二字,白口,單黑魚尾,左右雙邊　　　善 1/151

0167

說文解字十五卷標目一卷

(漢)許慎撰　(宋)徐鉉等校定

清乾隆三十八年(1773)朱筠椒華吟舫刻本

八册

框高 20.4 釐米,寬 15.8 釐米

半葉七行十五字,小字雙行二十一至二十二字,白口,單黑魚尾,左右雙邊

馬敘倫先生贈書　　　善 1/151B

0168

說文解字十五卷

（漢）許慎撰　（宋）徐鉉等校定

民國上海商務印書館石印本　馬敘倫墨筆批注

四册

　　框高 16.1 釐米,寬 11.8 釐米

　　半葉十行行字不等,小字雙行,白口,單黑魚尾,左右雙邊　　　　善 1/151A

0169

說文解字繫傳四十卷

（南唐）徐鍇傳釋　（南唐）朱翱反切

附錄一卷

（清）朱文藻編

清乾隆四十七年（1782）新安汪啓淑刻本

八册

　　框高 20.3 釐米,寬 15.4 釐米

　　半葉七行七字,小字雙行二十一字,黑口,單黑魚尾,左右雙邊

　　有"彈山劫後僅存之書""絜芳小圃所藏"印　　　　　　　　善 1/151D

0170

說文長箋一百卷首二卷解題一卷六書長箋漢義七卷凡例一卷

（明）趙宦光撰

明崇禎四年（1631）趙均小宛堂刻本

五十六册

　　框高 21.3 釐米,寬 14.7 釐米

　　半葉十行二十字,小字雙行同,白口,單白魚尾,左右雙邊

　　有"經州袁氏藏書之印""青箱樓藏書""袁氏""聖虔齋藏"等印　　善 1/153

0171

說文引經攷二卷補遺一卷

（清）吳玉搢撰

清道光十五年（1835）上元張寶德鐵硯齋

抄本

四册

　　半葉十一行二十字,小字雙行同,無版框

　　有"張寶德印""亮夫"等印　　善 1/160

0172

說文古本攷十四卷

（清）沈濤撰

清光緒十年（1884）江蘇吳縣潘氏滂喜齋刻本　馬敘倫校補並跋

十二册

　　框高 17.3 釐米,寬 13.3 釐米

　　半葉十行二十四字,白口,單黑魚尾,左右雙邊

　　馬敘倫先生贈書,有"馬敘倫印""天馬山房藏書印"印　　　善 1/162

0173

說文解字注三十卷六書音均表五卷

（清）段玉裁撰

說文部目分韻一卷

（清）陳煥編

清乾隆嘉慶段氏經韻樓刻同治六至十一年（1867–1872）蘇州保息局修補本　屈彊（屈爔）批並題識並過錄常熟楊沂孫批

十六册

　　框高 21.8 釐米,寬 15.6 釐米

　　半葉九行二十二字,小字雙行同,白口,單黑魚尾,左右雙邊

　　有"屈彊""當湖讀書人家""絜芳小圃所藏""彈山劫後僅存之書"等印

　　　　　　　　　　　　　善 1/154

0174

說文解字注三十二卷

（清）段玉裁撰

說文部目分韻一卷

（清）陳煥編

說文通檢十四卷首一卷末一卷

　（清）黎永椿編

說文提要一卷

　（清）陳建侯撰

徐星伯說文段注札記一卷

　（清）徐松撰　　（清）劉肇隅編

龔定菴說文段注札記一卷

　（清）龔自珍撰　　（清）劉肇隅編

桂未谷說文段注鈔一卷補鈔一卷

　（清）桂馥撰

　民國九年（1920）上海掃葉山房石印本
馬敘倫校

　十二冊

　　框高 16.1 釐米,寬 11.8 釐米

　　半葉十四行大字不等,小字雙行三十六
字,白口,單黑魚尾,左右雙邊

　　缺十七卷（說文部目分韻一卷、說文通
檢十四卷首一卷末一卷）

　　馬敘倫先生贈書　　　　　善 1/155

0175

段氏說文注訂八卷

　（清）鈕樹玉撰

　清同治十三年（1874）湖北崇文書局刻本

　二冊

　　框高 17.9 釐米,寬 13.3 釐米

　　半葉九行二十二字,小字雙行同,白口,
單黑魚尾,四周雙邊

　　佚名朱筆批校並墨筆錄清同治五年
（1866）金蘭跋

　　馬敘倫先生贈書　　　　　善 1/156

0176

說文注補鈔不分卷

　（清）嚴可均撰

　稿本　　清王筠跋　　劉峙題識

　一冊

　　框高 19.5 釐米,寬 14.2 釐米

　　半葉十行二十九至三十字,小字雙行字

數不等,紅格,白口,四周雙邊

　　殘本,有浮簽,有"可均""劉峙""固安
劉峙珍藏印記"印　　　　　善 1/157

0177

說文辨疑一卷

　（清）顧廣圻撰

　清同治十二年（1873）遜學齋抄本　清孫
詒讓題識

　一冊

　　框高 19.5 釐米,寬 11.9 釐米

　　半葉十行二十字,藍格,小黑口,雙黑魚
尾,左右雙邊

　　有"經散室"印　　　　　　善 1/158

0178

說文引經攷證七卷說文引經互異說一卷

　（清）陳瑑撰

　清同治十三年（1874）湖北崇文書局刻本
清潘鍾瑞校　　清雷浚批並跋　　屈彊（屈
爔）跋

　二冊

　　框高 19.0 釐米,寬 13.4 釐米

　　半葉十行二十三字,白口,單黑魚尾,四
周雙邊

　　有"長洲潘鍾瑞麐生所得""曾臧吳趨潘
氏香禪精舍""昆山趙詒琛號學南印""趙
學南劫後藏書""甘谿過眼""平湖屈氏一
卷書塾所藏"等印　　　　　善 1/159

0179

重刊許氏說文解字五音韻譜十二卷

　（宋）李燾撰

　明刻本

　十冊

　　框高 22.8 釐米,寬 18.4 釐米

　　半葉七行十四字,小字雙行約二十字,
白口,單黑間雙黑魚尾,左右雙邊,有刻工

　　存七卷（卷一至七）　　　善 1/152

0180

六書精蘊六卷

（明）魏校撰

音釋舉要一卷

（明）徐官撰

明嘉靖十九年（1540）魏希明刻本

十二冊

框高 18.4 釐米，寬 14.0 釐米

半葉五行十字，小字雙行二十字，小黑口，單白魚尾，左右雙邊

有“諸城孟氏臧”印　　　　善 1/173

0181

諧聲補逸十四卷

（清）宋保撰

清嘉慶八年（1803）志學堂刻本　清戴望校　清孫詒讓跋

二冊

框高 19.8 釐米，寬 14.5 釐米

半葉十行二十字，小字雙行同，白口，單黑魚尾，左右雙邊

有“子高”“瑞安孫仲容珍藏書畫文籍印”“仲頌”等印　　　　善 1/161

0182

轉注新攷四卷

（清）趙怡撰

民國抄本

一冊

框高 22.4 釐米，寬 18.2 釐米

半葉十一行二十五字，紅格，四周單邊

善 1/241

0183

說文字原考略六卷

（清）吳照輯

清乾隆五十七年（1792）吳照南昌刻本

四冊

框高 21.4 釐米，寬 16.0 釐米

半葉七行行字不等，白口，單黑魚尾，左右雙邊　　　　善 1/164

0184

說文楬原二卷

（清）張行孚撰

清光緒十一年（1885）維揚識小居刻本

屈彊（屈爔）校

一冊

框高 18.5 釐米，寬 14.2 釐米

半葉七行十二字，小字雙行字數不等，黑口，單黑魚尾，左右雙邊

有“彈山”“彈山一民”“絜芳小圃所豎”“儀許廬”“叔西曾觀”等印　　善 1/163

0185

印林文稿一卷

（清）許瀚撰

清玉海樓抄本

一冊

框高 16.4 釐米，寬 11.9 釐米

半葉十二行二十字，黑口，左右雙邊

有“經斅室”印　　　　善 1/179

文字之屬

0186

字林考逸八卷

（晉）呂忱撰　（清）任大椿輯

清抄本　清陳倬過錄鈕樹玉、顧廣圻、馮桂芬校並續校

二冊

框高 18.5 釐米，寬 13.6 釐米

半葉九行十九字，小字雙行同，白口，單黑魚尾，左右雙邊

有“臣陳倬印”“培之”“歸安陸樹聲臧書之記”“歸安陸樹聲叔桐父印”“叔桐”“半生知己是鳶魚”“高君定”“家在苕溪山水間”等印　　善 1/236

0187

字林考逸八卷

（晉）呂忱撰　（清）任大椿輯

清乾隆刻燕禧堂五種本

二冊

　　框高 17.7 釐米,寬 14.4 釐米

　　半葉八行十九字,小字雙行同,白口,單黑魚尾,四周單邊

　　有"絜芳小圃所蔵""彈山劫後僅存之書""屈彊""人如澹菊""陳師廉"等印

善 1/236A

0188

大廣益會玉篇三十卷

（梁）顧野王撰　（唐）孫強增字　（宋）陳彭年等重修

玉篇廣韻指南一卷

明初刻本

六冊

　　框高 21.4 釐米,寬 13.1 釐米

　　半葉十二行二十字,小字雙行二十八至三十字,黑口,雙黑魚尾,四周雙邊

　　有"延古堂李氏珍藏""葉文莊公家藏""不可損壞不還""子孫保之"等印

善 1/170

0189

大廣益會玉篇三十卷

（梁）顧野王撰　（唐）孫強增字　（宋）陳彭年等重修

玉篇廣韻指南一卷

明刻本

八冊

　　框高 24.6 釐米,寬 18.0 釐米

　　半葉九行十七字,小字雙行字數不等,大黑口,雙黑魚尾,四周雙邊

　　有"瑞安孫仲容珍藏書畫文籍印"印

善 1/171

0190

玉篇三十卷

（梁）顧野王撰　（唐）孫強增字　（宋）陳彭年等重修

清康熙四十三年(1704)張士俊刻澤存堂五種本

三冊

　　框高 20.7 釐米,寬 15.4 釐米

　　半葉十一行二十字,小字雙行二十八字,白口,單黑魚尾,左右雙邊

　　有"常塾曾之傑讀書記""暨陽趙一"等印

善 1/171A

0191

正字通十二集三十六卷首一卷

（明）張自烈撰　（清）廖文英輯

清康熙二十四年(1685)吳源起清畏堂刻本

二十七冊

　　框高 20.3 釐米,寬 14.0 釐米

　　半葉八行行字不等,小字雙行二十四字,白口,單黑魚尾,四周雙邊

　　缺一卷(申集上)　　善 1/169A

0192

汗簡七卷

（宋）郭忠恕撰

清康熙四十二年(1703)汪立名一隅草堂刻本

二冊

　　框高 21.5 釐米,寬 15.5 釐米

　　半葉八行,篆字約十字,大字約十八字,小字雙行約三十字,白口,左右雙邊

　　有"南陵徐乃昌校勘經籍記""積學齋徐乃昌藏書"印　　善 1/172

0193

漢隸字源六卷碑目一卷附字一卷

（宋）婁機撰

明末毛氏汲古閣刻本

六册

　　框高 24.1 釐米,寬 16.9 釐米

　　半葉五行行字不等,小字雙行,白口,左右雙邊

　　有"柳蓉春經眼印""博古齋收藏善本書籍""吳興劉氏嘉業堂藏書印""劉承幹字貞一號翰怡""張叔平"等印　　善 1/174

0194

漢隸字源六卷碑目一卷附字一卷

　　(宋)婁機撰

　　明末毛氏汲古閣刻受恒堂印本

六册

　　框高 24.1 釐米,寬 16.3 釐米

　　半葉五行行字不等,小字雙行,白口,左右雙邊

　　有"漢鹿齋藏書印"印　　善 1/174A

0195

篆體異同歌二卷

　　(元)應在撰　　(日)廣澤細井訂正箋注

篆髓附錄一卷

　　(日)池永榮春撰

　　日本享保十年(1725)刻本

二册

　　框高 22.3 釐米,寬 15.3 釐米

　　半葉五行行字不等,小字雙行,白口,上下兩欄,四周單邊

　　日本后農美題記,有"川口萬之助藏書之章"等印　　善 1/174B

0196

隸辨八卷

　　(清)顧藹吉撰

　　清康熙五十七年(1718)項絪玉淵堂刻本

八册

　　框高 19.2 釐米,寬 14.7 釐米

　　半葉六行行字不等,小字雙行二十字,

小黑口,單黑魚尾,四周單邊

　　有"伯剛""屈燦之印""絮芳小圃所藏"等印　　　善 1/175、善 1/176

0197

隸辨八卷

　　(清)顧藹吉撰

　　清乾隆八年(1743)黄晟刻本

八册

　　框高 18.8 釐米,寬 14.7 釐米

　　半葉六行行字不等,小字雙行二十字,小黑口,單黑魚尾,四周單邊

　　有"花落家僮未埽""振藻""楚州童氏收藏圖書""潘墉""崇如"印　　善 1/176A

0198

鐘鼎字源五卷附錄一卷

　　(清)汪立名撰

　　清康熙五十五年(1716)汪氏一隅草堂刻本

三册

　　框高 17.5 釐米,寬 13.2 釐米

　　半葉六行十字,小字雙行二十字,白口,單黑魚尾,左右雙邊　　善 1/172A

0199

隸篇十五卷續十五卷再續十五卷

　　(清)翟云升撰

　　清道光十七至十八年(1837–1838)翟云升五經歲徧齋刻本

八册

　　框高 23.6 釐米,寬 16.7 釐米

　　半葉十四行二十五字,白口,單黑魚尾,左右雙邊

　　有"絮芳小圃所藏"印　　　善 1/177

0200

隸篇十五卷續十五卷再續十五卷

　　(清)翟云升撰

清抄本

十册

　半葉小字十四行二十五字,大字雙鉤,無版框

　有"開卷有益""吳平齋讀書記""幼梅藏書""歸安吳氏二百蘭亭齋藏書之印"等印　　　　　　　　　善 1/177A

0201

篆字類鈔不分卷

（清）王筠撰

稿本　劉峙題識

二册

　框高 19.9 釐米,寬 14.7 釐米

　半葉八行十二字,小字雙行二十五字,白口,單魚尾,四周雙邊

　有"劉峙""固安劉峙珍藏印記"印

　　　　　　　　　　　　善 1/178

0202

古籀答問二卷

（清）鄭知同撰

稿本　王煥鑣跋

一册

　半葉九行二十二字,小字雙行同,無版框

　殘本,有"定君"印　　　善 1/190

0203

古籀拾遺三卷

（清）孫詒讓撰

稿本

二册

　框高 14.7 釐米,寬 10.5 釐米

　半葉十行行字不等,藍格,小黑口,左右雙邊　　　　　　　　　善 1/192

0204

古籀餘論一卷

（清）孫詒讓撰

稿本

二册

　框高 16.8 釐米,寬 11.8 釐米

　半葉十二行二十三字,小字雙行同,藍格,小黑口,左右雙邊　　　善 1/191

0205

契文舉例二卷

（清）孫詒讓撰

稿本

二册

　框高 16.9 釐米,寬 11.8 釐米

　半葉十二行二十三字,小字雙行同,藍格,小黑口,左右雙邊

　有"經敳室"印　　　　　善 1/193

0206

名原二卷

（清）孫詒讓撰

清光緒三十一年（1905）刻本　孫延釗校並題識

一册

　框高 23.5 釐米,寬 16.9 釐米

　半葉十五行二十五字,小字雙行同,小黑口,左右雙邊

　有"經敳室"印　　　　　善 1/240

0207

三續千字文注一卷

（宋）葛剛正撰

清抄本

一册

　半葉七行十七字,無版框

　有"吳興抱經樓臧""抱經樓臧善本""壽"印　　　　　　　善 1/195

0208

千字文集字彙六卷

（清）嵇仰洙撰

清抄本

六冊

　半葉六行十二字,小字雙行二十四字,無版框　　　　　　　　善 1/196

0209

新刻增訂釋義經書便用通考雜字二卷外卷一卷

（清）徐三省編輯　　（清）戴啓達增訂

清乾隆刻本

一冊

　框高 20.0 釐米,寬 13.1 釐米

　上欄十二行十二字,下欄十行二十二字,小字雙行同,眉欄行三字,白口,單黑魚尾,四周單邊　　　善 3/362E

音韻之屬

0210

廣韻五卷

（宋）陳彭年等撰

清康熙四十三年(1704)張士俊刻澤存堂五種本

五冊

　框高 21.0 釐米,寬 15.1 釐米

　半葉十行二十字,小字雙行二十六字,白口,單黑魚尾,左右雙邊

　有"竹景盦""清籟軒收藏記""長白姜氏珍藏書畫印""吳樓張氏""丞澤堂圖書印""輯盦""舫齋"等印　　善 1/200

0211

廣韻五卷

（宋）陳彭年等撰

清康熙四十三年(1704)張士俊刻澤存堂五種本

五冊

　框高 21.0 釐米,寬 15.1 釐米

　半葉十行二十字,小字雙行二十六字,白口,單黑魚尾,左右雙邊

　有"雲華仙館珍蟺""暨陽趙一""常熟曾之譔讀書記"印　　　善 1/200A

0212

廣韻姓氏刊誤不分卷

（清）孫詒讓撰

稿本

一冊

　半葉十行二十二字,小字雙行同,無版框

　有"仲容""詒讓""好古"等印

　　　　　　　　　　　　善 1/220

0213

廣韻姓氏刊誤二卷

（清）孫詒讓撰

稿本

一冊

　半葉八行二十字,小字雙行同,無版框

　有"仲容""述舊齋""詒讓""德涵""好古""孫詒讓印"印　　善 1/221

0214

集韻十卷

（宋）丁度等撰

清康熙四十五年(1706)曹寅揚州使院刻嘉慶十九年(1814)重修本　清方成珪朱墨筆批校

二十冊

　框高 16.1 釐米,寬 11.5 釐米

　半葉八行十六字,小字雙行二十字,小黑口,左右雙邊　　　　善 1/201

0215

集韻考正十卷

（清）方成珪撰

清光緒五年(1879)孫氏詒善祠塾刻永嘉

叢書本　清孫詒讓校
　一册
　　框高 16.8 釐米,寬 13.3 釐米
　　半葉十三行二十二字,黑口,單黑魚尾,
左右雙邊
　　存一卷(卷九)
　　有"經敳室"印　　　　　　　善 1/217

0216
集韻正誤合鈔十卷
　(清)鄭知同撰
　清同治元年(1862)稿本
　一册
　　半葉八行十二字,小字雙行二十四字,
無版框
　　有"葉氏德輝鑒藏"印　　　善 1/218

0217
集韻校勘記十卷
　(清)馬釗撰
　清同治十二年(1873)孫氏玉海樓抄本
清孫詒讓校並跋
　一册
　　框高 19.3 釐米,寬 11.7 釐米
　　半葉十行二十四字,小字雙行同,小黑
口,雙黑魚尾,左右雙邊
　　有"愻學齋收藏圖籍""經敳室""中容"
等印　　　　　　　　　　　善 1/219

0218
韻補五卷
　(宋)吳棫撰
　清抄本　清張穆題識　姜亮夫題識
　五册
　　半葉八行二十字,小字雙行同,無版框
　　有"詩庭謹藏""亮夫"印　　善 1/202

0219
附釋文互註禮部韻略五卷

清康熙四十五年(1706)曹寅揚州使院刻
曹楝亭五種本　清唐仁壽批校並題識　佚
名批並過錄清周錫瓚跋
　二册
　　框高 16.2 釐米,寬 11.6 釐米
　　半葉九行行字不等,小字雙行,小黑口,
雙黑魚尾,左右雙邊
　　有"諷字室藏""唐端甫手校本""海昌
唐仁壽印""唐氏端父手校"等印
　　　　　　　　　　　　　善 1/199Z

0220
增修校正押韻釋疑五卷條例一卷
　(宋)歐陽德隆撰　　(宋)郭守正增修
　清四庫傳鈔本
　五册
　　半葉八行二十一字,小字雙行同,無版
框
　　有"古韻閣"印　　　　　　善 1/203

0221
**大明成化丁亥重刊改併五音類聚四聲篇十
五卷**
　(金)韓孝彦　韓道昭撰
　明成化七年(1471)金臺大隆福寺釋文儒
募刻本
　十六册
　　框高 23.8 釐米,寬 15.7 釐米
　　半葉十行行字不等,大黑口,雙黑魚尾,
四周雙邊
　　有"劉承幹字貞一號翰怡""吳興劉氏嘉
業堂藏書印""張叔平"等印　　善 1/204

0222
**大明正德乙亥重刊改併五音類聚四聲篇十
五卷**
　(金)韓孝彦　韓道昭撰
五音集韻十五卷
　(金)韓道昭撰

新編經史正音切韻指南一卷

（元）劉鑑撰

新編篇韻貫珠集八卷直指玉鑰匙門法一卷

（明）釋真空撰

明正德十一年（1516）金臺衍法寺釋覺恒募刻嘉靖三十八年（1559）釋本贊重修本

十二冊

框高 30.4 釐米，寬 19.4 釐米

半葉十行十六字，小字雙行三十二字，大黑口，三黑間雙黑魚尾，四周雙邊

缺一卷（新編經史正音切韻指南一卷）

有“季振宜字詵兮號滄葦”“佩金之印”“季振宜印”“滄葦”等印　　善 1/205

0223

古今韻會舉要小補三十卷

（明）方日升編輯

明萬曆三十四年（1606）周士顯刻本

二十冊

框高 20.9 釐米，寬 14.6 釐米

半葉八行十二字，小字雙行二十四字，白口，單黑魚尾，四周單邊

有“九峰舊廬珍璽書畫之記”“九峰舊廬藏書記”“杭州王氏九峰舊廬藏書之章”“綏珊六十以後所得書畫”“朱遂翔所見善本”等印　　善 1/210

0224

洪武正韻十六卷

（明）樂韶鳳 宋濂等撰

明嘉靖二十七年（1548）衡藩刻藍印本

五冊

框高 21.5 釐米，寬 14.8 釐米

半葉八行十二字，小字雙行二十四字，黑口，雙黑魚尾，四周雙邊

卷一至三墨印，四至十六藍印，有“歸安朱氏六樂堂藏”印　　善 1/207

0225

洪武正韻十六卷

（明）樂韶鳳 宋濂等撰

明萬曆三年（1575）司禮監刻本

五冊

框高 22.4 釐米，寬 14.2 釐米

半葉八行十二字，小字雙行二十四字，黑口，雙黑魚尾，四周雙邊

有“承幹鈐記”“劉翰怡印”“張叔平”等印　　善 1/208

0226

洪武正韻十六卷

（明）樂韶鳳 宋濂等撰

明刻本

五冊

框高 22.1 釐米，寬 14.6 釐米

半葉八行十二字，小字雙行二十四字，大黑口，雙黑魚尾，四周雙邊

有“孫氏雒卿所藏”“孫雒卿”“曾在紅芙山館”等印　　善 1/206

0227

洪武正韻十卷

（明）樂韶鳳 宋濂等撰　（明）楊時偉補箋

明崇禎四年（1631）金閶申用楙刻本

十冊

框高 21.4 釐米，寬 14.0 釐米

半葉八行十三字，小字雙行二十六字，白口，四周單邊

有“陳寶泉印”“退思齋”等印

善 1/209

0228

音學五書三十八卷

（清）顧炎武撰

清康熙六年（1667）張弨符山堂刻本

七冊

框高 20.4 釐米,寬 14.5 釐米

正文半葉八行十二字,小字雙行二十四字,白口,單黑魚尾,左右雙邊

子目:

音論三卷

詩本音十卷

易音三卷

唐韻正二十卷

古音表二卷　　　　　　　善 1/211A

0229

古今韻略五卷

(清)邵長蘅撰

清康熙刻乾隆後印本

二册

框高 20.0 釐米,寬 14.4 釐米

半葉九行十四字,小字雙行二十八字,黑口,單黑魚尾,四周單邊

有"介菴""衲愚子"印　　　善 1/216A

0230

古今韻略五卷

(清)邵長蘅撰

清康熙刻乾隆後印本

五册

框高 20.0 釐米,寬 14.4 釐米

半葉九行十四字,小字雙行二十八字,黑口,單黑魚尾,四周單邊

有抄配　　　　　　　　　善 1/216B

0231

韻字辨同五卷

(清)彭元瑞撰　　(清)翁方綱參校補正

清乾隆三十年(1765)羊城試署刻本

四册

框高 14.0 釐米,寬 10.4 釐米

半葉六行十六字,小字雙行同,白口,單黑魚尾,四周雙邊　　　善 1/223A

0232

聲韻訂訛一卷

(清)曠敏本撰

清抄本

一册

半葉八行十六字,小字雙行三十二字,無版框

本書係章俊之教授遺贈　　善 1/223D

0233

聲韻攷四卷

(清)戴震撰

清乾隆四十四年(1779)曲阜孔氏刻微波榭叢書本

一册

框高 18.0 釐米,寬 14.6 釐米

半葉十一行二十一字,小字雙行同,白口,單黑魚尾,四周雙邊

有"絮芳小圃所鬻""彈山劫後僅存之書""屈彊"等印　　　　善 1/223B

0234

字音正謁正編一卷次編一卷補編一卷

(明)張位撰　　(清)丁湘錦(丁序賢)重訂

清乾隆二十年(1755)丁氏刻本

三册

框高 20.0 釐米,寬 12.9 釐米

半葉九行二十字,小字雙行同,白口,四周雙邊　　　　　　　善 1/223C

0235

古韻論三卷

(清)胡秉虔撰

清抄本　清孫詒讓批校

一册

半葉十行二十一字,小字雙行同,無版框

有"瑞安孫仲容珍藏書畫文籍印"印

善 1/215

0236

歌麻古韻考四卷

（清）吳樹聲撰

清抄本　姜亮夫跋

二冊

　　半葉六行十二字,小字雙行二十四字,
無版框

　　有"亮夫""姜寅清"印　　　　善 1/216

0237

三韻聲彙二卷補一卷

（朝鮮）洪啓禧撰

朝鮮英祖二十七年（1751）刻本

三冊

　　框高 22.6 釐米,寬 17.1 釐米

　　半葉九行十四字,小字雙行二十八字,
白口,單花魚尾,四周雙邊　　　善 1/222

訓詁之屬

0238

爾雅註疏十一卷

（晉）郭璞註　（宋）邢昺疏

　　明萬曆二十一年（1593）北京國子監刻十
三經註疏本

　　三冊

　　框高 23.0 釐米,寬 15.1 釐米

　　半葉九行二十一字,小字雙行同,白口,
單黑魚尾,左右雙邊　　　　　善 1/232

0239

爾雅注疏參義六卷

（清）姜兆錫撰

　　清雍正十至十一年（1732–1733）寅清樓刻
九經補注本

　　一冊

　　框高 20.3 釐米,寬 15.3 釐米

　　半葉十行二十五字,小字雙行同,白口,
單黑魚尾,四周單邊　　　　善 1/232B

0240

爾雅正義二十卷

（清）邵晉涵撰

釋文三卷

（唐）陸德明撰

　　清乾隆五十三年（1788）邵氏家塾刻本

　　八冊

　　框高 17.4 釐米,寬 12.3 釐米

　　半葉九行二十一字,小字雙行同,白口,
單黑魚尾,四周雙邊

　　有"洞庭王氏藏書畫印"印　善 1/232A

　　複本二部:一部六冊,佚名墨筆批,缺爾
雅釋文三卷;又一部四冊,有"屈彊""絜芳
小圃所鏨"等印

0241

爾雅音圖三卷

（晉）郭璞註　（清）姚之麟摹圖

　　清嘉慶六年（1801）曾燠藝學軒影宋刻本

　　三冊

　　框高 28.2 釐米,寬 23.1 釐米

　　半葉十二行二十字,小字雙行同,黑口,
雙黑魚尾,四周雙邊　　　　　善 1/230

0242

釋名八卷

（漢）劉熙撰

　　明嘉靖三年（1524）儲良材　程鴻刻本

　　二冊

　　框高 20.4 釐米,寬 13.3 釐米

　　半葉九行二十字,白口,四周單邊

　　有"瑞安孫仲容珍藏書畫文籍印"印

　　　　　　　　　　　　　　善 1/234

0243

新刻釋名八卷

（漢）劉熙撰

　　明萬曆十六年（1588）瑞桃堂刻五雅本

　　二冊

框高 19.7 釐米,寬 14.7 釐米

半葉十一行二十二字,白口,單黑魚尾,左右雙邊

有"平陽汪氏藏書印""憲奎""秋浦"等印　　　　　善 1/234B

0244

釋名疏證八卷補遺一卷續釋名一卷

(清)畢沅撰

清乾隆五十五年(1790)畢氏靈巖山館刻經訓堂叢書本

一册

框高 19.7 釐米,寬 14.7 釐米

半葉十一行二十二字,小字雙行同,大黑口,雙黑魚尾,四周單邊

有"福海春長之署""德福壽安甯署齋""德福壽安甯署周氏珍藏"等印

善 1/234A

0245

廣雅十卷

(魏)張揖撰　(隋)曹憲音解

明嘉靖畢效欽刻五雅本

二册

框高 18.0 釐米,寬 11.4 釐米

半葉九行十八字,小字雙行同,白口,單白間單黑魚尾,四周雙邊

有"彦荀持贈""吳興劉氏嘉業堂藏書印""張叔平"等印　　　　　善 1/235

0246

埤雅二十卷

(宋)陸佃撰

清康熙顧棫刻本

四册

框高 18.7 釐米,寬 13.8 釐米

半葉十行二十一字,白口,雙黑魚尾,四周雙邊

有"趙學南劫後藏書""昆山趙詒琛號學

南印""絜芳小圃所甄""卑牧齋""以此延年"等印　　　　　善 1/235B

又一部,有"筠菴"印　　善 1/235B/C1

0247

新刊埤雅二十卷

(宋)陸佃撰

明刻本

六册

框高 20.5 釐米,寬 14.6 釐米

半葉十一行二十二字,小字雙行同,白口,單黑魚尾,四周雙邊

佚名朱墨筆批點,有"溫氏丹銘""古萬川溫氏藏""溫廷敬印""平陽汪氏藏書印""秋浦""憲奎"等印　　　　　善 1/235A

0248

駢雅七卷

(明)朱謀㙔撰

明萬曆十七年(1589)朱統鎪玄湛堂刻本

二册

框高 21.0 釐米,寬 13.6 釐米

半葉八行十八字,白口,單黑魚尾,四周雙邊,有刻工

有"陶廬監製""豫章熊曰睿棇思氏書畫之印"印　　　　　善 1/237

0249

釋穀四卷

(清)劉寶楠撰

清咸豐五年(1855)刻本　清孫詒讓批校

二册

框高 19.2 釐米,寬 13.4 釐米

半葉十行二十三字,小字雙行同,白口,單黑魚尾,左右雙邊

有"瑞安孫仲容珍臧書畫文籍印"印

善 1/239

0250

字詁一卷

（魏）張輯撰　（清）黃生輯

清光緒八年（1882）王廷鼎抄本　清王廷鼎跋　馬敘倫批校

四册

　半葉八行二十一字,小字雙行同,無版框

　馬敘倫先生贈書　　　　善 1/238

0251

增訂金壺字考十九卷

（宋）釋適之編　（清）田朝恒增訂

金壺字考二集二十一卷補錄一卷補註一卷

（清）田朝恒編

清乾隆二十四至二十七年（1759–1762）貽安堂刻本

二册

　框高 16.4 釐米,寬 12.9 釐米

　半葉八行十六字,小字雙行三十二字,白口,單黑魚尾,左右雙邊

有"石林後裔""東明所藏""葉啟發讀書記""葉啟勳""定侯所藏""葉啟蕃""華鄂堂箸錄""葉啟發家藏書""葉啟發藏書記""葉氏啟發""東明鑑藏""啟勳珍賞""定侯""拾經樓""葉啟發藏"等印

　　　　　　　　　　善 1/238D

0252

輶軒使者絕代語釋別國方言十三卷

（漢）揚雄撰　（晉）郭璞注　（清）盧文弨校正

校正補遺一卷

（清）盧文弨撰

清乾隆四十九年（1784）盧文弨刻抱經堂叢書本　清勞權朱墨筆精校

一册

　框高 18.4 釐米,寬 13.2 釐米

　半葉十行二十字,小字雙行同,白口,單黑魚尾,左右雙邊

　有"天倪閣""計深過眼"等印

　　　　　　　　　　善 1/233

史　　部

紀傳類

通代之屬

0253
史記索隱三十卷
（唐）司馬貞撰
明末毛氏汲古閣刻本
一册
　　框高 21.8 釐米,寬 15.3 釐米
　　半葉十四行二十七字,小字雙行四十字,白口,單黑魚尾,左右雙邊
　　有"吳郡橫山陽人錢綺過眼經籍書畫金石""傳厚堂泉琢生所藏秘籍""西圃藏書""絜芳小圃所暨"等印　　善 2/003

0254
史記一百三十卷
（漢）司馬遷撰　　（南朝宋）裴駰集解
（唐）司馬貞索隱
元刻本　　清楊紹和跋
三十二册
　　框高 21.1 釐米,寬 14.7 釐米
　　半葉十四行二十五字,小字雙行同,黑口,雙黑魚尾,四周雙邊
　　袁滌庵先生遺書,由其哲嗣袁紹文先生等捐贈浙江大學圖書館,有"彥合主人""聊城楊氏所藏""楊紹和審定""徐室秘室""大公無私""康生"等印

0255
史記一百三十卷

（漢）司馬遷撰　　（南朝宋）裴駰集解
（唐）司馬貞索隱
明天順游明刻本
三十二册
　　框高 20.0 釐米,寬 14.0 釐米
　　半葉十四行二十五字,小字雙行同,黑口,雙黑魚尾,四周雙邊
　　佚名朱筆批點,有"袁若冑印""吳興劉氏嘉業堂藏""張叔平"等印　　善 2/002

0256
史記一百三十卷
（漢）司馬遷撰　　（明）鍾惺評
明天啓五年(1625)沈國元大來堂刻本
三十二册
　　框高 19.9 釐米,寬 13.9 釐米
　　半葉九行十八字,小字雙行同,眉批行六字,白口,單白間黑魚尾,四周單邊
　　佚名朱筆批,有"劉承幹字貞一號翰怡""吳興劉氏嘉業堂藏書印""張叔平"印
　　　　　　　　　　　　　　　善 2/001

0257
史記題評一百三十卷
（明）楊慎　李元陽輯
明嘉靖十六年(1537)胡有恒　胡瑞刻本
六十四册
　　框高 17.6 釐米,寬 12.7 釐米
　　半葉九行二十字,小字雙行同,白口,單白魚尾,左右雙邊
　　佚名朱筆批校,有"伯寅之印""吳興劉氏嘉業堂藏書印""嚴蔚""伯寅印信""秦伯寅印""汝敏""求恕居士""劉翰怡印"

“蝶栩書屋”等印　　　　　　善 2/004

0258

史記評林一百三十卷

（明）凌稚隆輯

明萬曆二至四年（1574–1576）凌稚隆刻史漢評林本

二十冊

框高 24.5 釐米,寬 14.8 釐米

半葉十行十九字,小字雙行同,白口,單黑魚尾,左右雙邊,有刻工

有“曾藏黄石廬家”“吳興劉氏嘉業堂藏書印”“劉翰怡印”“求恕居士”“張叔平”等印　　　　　　善 2/005

又一部,三十冊,有“山陰孫世偉藏”印　　　　　　善 2/006

0259

南史八十卷

（唐）李延壽撰

明萬曆十六至十九年（1588–1591）南京國子監刻明清遞修二十一史本

二十冊

框高 20.2 釐米,寬 15.0 釐米

半葉九行十八字,小字雙行同,白口,雙黑間單黑魚尾,四周雙邊

有“張叔平”“積學齋徐乃昌藏書”“劉承幹字貞一號翰怡”“吳興劉氏嘉業堂藏書印”“南陵徐乃昌校勘經籍記”等印　　　　　　善 2/065

0260

南史八十卷

（唐）李延壽撰

明崇禎十三年（1640）毛氏汲古閣刻十七史本　清張世準題識

十六冊

框高 21.9 釐米,寬 15.1 釐米

半葉十二行二十五字,白口,單黑魚尾,

左右雙邊

有“瑞安孫仲容珍藏書畫文籍印”印　　　　　　善 2/066

0261

北史一百卷

（唐）李延壽撰

明萬曆十九至二十一年（1591–1593）南京國子監刻二十一史本

三十冊

框高 20.0 釐米,寬 14.8 釐米

半葉九行十八字,小黑口,雙黑魚尾,四周雙邊,有刻工

有“受周”“詒穀堂沈”“張叔平”“積學齋徐乃昌藏書”“劉承幹字貞一號翰怡”“吳興劉氏嘉業堂藏書印”等印

　　　　　　善 2/068

0262

北史一百卷

（唐）李延壽撰

明萬曆十九至二十一年（1591–1593）南京國子監刻清順治十六年（1659）重修二十一史本

三十冊

框高 19.4 釐米,寬 14.9 釐米

半葉九行十八字,白口間小黑口,雙黑魚尾,四周雙邊

有“明善堂覽書畫印記”“簹廎”等印

　　　　　　善 2/069

0263

五代史記七十四卷

（宋）歐陽修撰　　（宋）徐無黨注

明萬曆四至五年（1576–1577）南京國子監刻二十一史本

十二冊

框高 21.1 釐米,寬 14.9 釐米

半葉十行二十一字,小字雙行同,小黑

口,雙黑魚尾,四周雙邊

　有"張叔平""劉承幹字貞一號翰怡"
"吳興劉氏嘉業堂藏書印""積學齋徐乃昌
藏書"等印　　　　　　善2/076

0264

弘簡錄二百五十四卷

（明）邵經邦撰

續弘簡錄元史類編四十二卷

（清）邵遠平撰

清康熙刻本

七十册

　框高20.5釐米,寬15.1釐米

　半葉十二行二十四字,白口,單黑魚尾,
四周單邊

　有"大興朱氏竹君藏書之印""四印齋中
長物""王鵬運訪碑讀畫藏書印""山陰孫
世偉藏"等印　　　　善2/168

0265

弘簡錄二百五十四卷

（明）邵經邦撰

續弘簡錄元史類編四十二卷

（清）邵遠平撰

清康熙邵遠平刻雍正乾隆遞修本

九十九册

　框高20.5釐米,寬15.1釐米

　半葉十二行二十四字,小字雙行同,白
口,單黑魚尾,四周單邊　　善2/168A

斷代之屬

0266

漢書一百卷

（漢）班固撰　　（唐）顏師古注

元大德刻元明遞修本

六十册

　框高20.7釐米,寬14.7釐米

　半葉十行行字不等,小字雙行,雙黑魚

尾,四周單邊四周雙邊左右雙邊兼有

　有抄配(目錄、卷一至五),佚名朱筆批
點,有"御賜抗心希古""吳興劉氏嘉業堂
藏書記""翰怡欣賞"等印　　善2/010

0267

漢書評林一百卷

（明）凌稚隆輯

明萬曆九年(1581)凌稚隆刻史漢評林本

四十册

　框高24.0釐米,寬14.7釐米

　半葉十行二十字,小字雙行同,白口,單
黑魚尾,左右雙邊,有刻工

　有"吳興劉氏嘉業堂藏書印""張叔平"
"得此書不甚易願後人勿輕棄"等印

　　　　　　　　　　善2/011

0268

漢書評林一百卷

（明）凌稚隆輯

明萬曆書林余彰德等刻本

二十册

　框高23.4釐米,寬14.6釐米

　半葉十行二十字,白口,單黑魚尾,左右
雙邊

　有"山陰劉鳴亞望云堂珍藏書印""山陰
孫世偉藏"等印　　　　善2/012

0269

班馬異同三十五卷

（宋）倪思撰　　（宋）劉辰翁評

明嘉靖十六年(1537)福建李元陽刻本

四册

　框高16.8釐米,寬12.7釐米

　半葉九行十九字,白口,單白魚尾,左右
雙邊

　有"劉翰怡印""吳興劉氏嘉業堂藏書
印""求恕居士""張叔平"等印　善2/015

0270

班馬異同三十五卷

（宋）倪思撰　（宋）劉辰翁評

明天啓四年（1624）楊人駒刻宋劉須溪先生較書本

十册

　框高 20.8 釐米，寬 14.2 釐米

　半葉九行二十字，小字雙行或單行同，書眉鐫評行六字，白口，單白魚尾，四周單邊　　　　善 2/016

0271

後漢書九十卷

（南朝宋）范曄撰　（唐）李賢注

志三十卷

（晉）司馬彪撰　（梁）劉昭注

明覆宋刻本

四十册

　框高 21.0 釐米，寬 15.3 釐米

　半葉十行十八至二十字，小字雙行二十二至二十五字，黑口間白口，雙黑魚尾，左右雙邊間四周單邊，有刻工

　有"吳興劉氏嘉業堂藏書記""劉承幹字貞一號翰怡""翰怡欣賞""御賜抗心希古"等印　　　　善 2/020

0272

後漢書九十卷

（南朝宋）范曄撰　（唐）李賢注

志三十卷

（晉）司馬彪撰　（梁）劉昭注

明萬曆二十四年（1596）北京國子監刻二十一史本

三十册

　框高 22.8 釐米，寬 15.5 釐米

　半葉十行二十一字，小字雙行同，白口，單黑魚尾，左右雙邊

　佚名朱筆批，有"莫彝孫印""莫繩孫字仲武""吳興劉氏嘉業堂藏書印""劉承幹

字貞一號翰怡"等印　　　　善 2/021

0273

後漢書九十卷

（南朝宋）范曄撰　（唐）李賢注　（明）陳仁錫評

志三十卷

（晉）司馬彪撰　（梁）劉昭注　（明）陳仁錫評

明天啓七年（1627）雲林積秀堂刻本

十九册

　框高 21.5 釐米，寬 14.9 釐米

　半葉九行二十字，小字雙行同，眉上鐫評行四字，白口，左右雙邊

　缺六卷（卷六十三至六十八）

　　　　善 2/021A

0274

後漢書六卷

（吳）謝承撰　（清）王謨輯

清嘉慶十二年（1807）西齋刻本　葉德輝校

二册

　框高 17.4 釐米，寬 12.1 釐米

　半葉九行二十字，小字雙行同，黑口，單黑魚尾，四周雙邊

　有"葉德輝煥彬甫藏閱書"印

　　　　善 2/165

0275

三國志六十五卷

（晉）陳壽撰　（南朝宋）裴松之注

元刻明嘉靖萬曆南京國子監遞修本

十二册

　框高 20.9 釐米，寬 15.1 釐米

　半葉十行十九至二十字，小字雙行二十一至二十三字，白口，單黑魚尾，左右雙邊間四周雙邊

　佚名朱筆批，有"秀川王景曾所藏金石

書籍印""吳興劉氏嘉業堂藏書印""劉承幹字貞一號翰怡""張叔平"等印

善 2/024

0276

三國志六十五卷

（晉）陳壽撰 （南朝宋）裴松之注

清同治六年（1867）金陵書局活字本 屈彊（屈爔）過錄趙一清補注

二十册

框高 20.6 釐米,寬 14.5 釐米

半葉十行二十字,白口,單黑魚尾,四周單邊

有"彈山一民""屈彊""秀水莊氏蘭味軒收藏印"等印   善 2/026

0277

三國志六十五卷

（晉）陳壽撰 （南朝宋）裴松之注 （明）陳仁錫評

明天啓六年（1626）雲林積秀堂刻本

二十册

框高 21.4 釐米,寬 15.8 釐米

半葉十行二十字,白口,單黑魚尾,四周單邊

有"吳興劉氏嘉業堂藏書印""劉翰怡印""張叔平"等印   善 2/025

0278

晉書一百三十卷

（唐）房玄齡等撰

明崇禎元年（1628）毛氏汲古閣刻十七史本

二十四册

框高 21.2 釐米,寬 15.2 釐米

半葉十二行二十五字,白口,單黑魚尾,左右雙邊

有"瑞安孫仲容珍藏書畫文籍印"印

善 2/030

0279

晉書一百三十卷

（唐）房玄齡等撰

音義三卷

（唐）何超撰

明萬曆二十四年（1596）北京國子監刻二十一史本

十六册

框高 22.6 釐米,寬 15.0 釐米

半葉十行二十一字,小字雙行同,白口,單黑魚尾,左右雙邊

有"劉承幹字貞一號翰怡""吳興劉氏嘉業堂藏書印"印   善 2/029

0280

晉書一百三十卷

（唐）房玄齡等撰 （唐）何超音義 （明）鍾人傑輯評

明鍾人傑刻本

二十册

框高 21.0 釐米,寬 15.0 釐米

半葉十行二十字,小字雙行同,白口,單白魚尾,四周單邊

佚名朱墨筆批點,有"經敃室"印

善 2/028

0281

宋書一百卷

（梁）沈約撰

明萬曆二十二年（1594）南京國子監刻二十一史本

二十四册

框高 22.3 釐米,寬 16.3 釐米

半葉九行十八字,白口,三黑間雙黑魚尾,四周雙邊,有刻工

有"吳興劉氏嘉業堂藏書印""張叔平"印   善 2/033

0282

宋書一百卷

（梁）沈約撰

明萬曆二十二年（1594）南京國子監刻清順治康熙遞修二十一史本

二十四冊

框高 22.2 釐米，寬 16.3 釐米

半葉九行十八字，小字雙行同，白口，三黑間雙黑魚尾，四周雙邊

有"瑞安孫仲容珍藏書畫文籍印"印

善 2/034

0283

南齊書五十九卷

（梁）蕭子顯撰

明萬曆三十三年（1605）北京國子監刻二十一史本

十冊

框高 23.2 釐米，寬 15.2 釐米

半葉十行二十一字，小字雙行同，白口，單黑魚尾，左右雙邊

有"吳興劉氏嘉業堂藏書印""劉承幹字貞一號翰怡"印　　善 2/037

0284

南齊書五十九卷

（梁）蕭子顯撰

明萬曆三十三年（1605）北京國子監刻清康熙二十五年（1686）重修二十一史本

十冊

框高 23.2 釐米，寬 15.2 釐米

半葉十行二十一字，白口，單黑魚尾，左右雙邊

有"瑞安孫仲容珍藏書畫文籍印"印

善 2/038

0285

梁書五十六卷

（唐）姚思廉撰

明萬曆三年（1575）南京國子監刻清順治康熙遞修二十一史本

八冊

框高 20.9 釐米，寬 14.8 釐米

半葉十行二十一字，小字雙行同，白口，雙黑間單黑魚尾，四周雙邊

佚名批，有"積學齋徐乃昌藏書""山東洣源書院""吳興劉氏嘉業堂藏書印"印

善 2/040

0286

梁書五十六卷

（唐）姚思廉撰

明崇禎六年（1633）毛氏汲古閣刻十七史本

六冊

框高 21.0 釐米，寬 15.3 釐米

半葉十二行二十五字，白口，單黑魚尾，左右雙邊

佚名朱筆批點，有"瑞安孫仲容珍藏書畫文籍印"印　　善 2/041

0287

陳書三十六卷

（唐）姚思廉撰

明萬曆十六年（1588）南京國子監刻二十一史本

十二冊

框高 20.7 釐米，寬 14.8 釐米

半葉九行十八字，白口，雙黑魚尾，四周雙邊

有"吳興劉氏嘉業堂藏書印""劉承幹字貞一號翰怡"印　　善 2/045

0288

陳書三十六卷

（唐）姚思廉撰

明萬曆三十三年（1605）北京國子監刻清康熙二十五年（1686）重修二十一史本

六册
　　框高 22.9 釐米,寬 15.2 釐米
　　半葉十行二十一字,小字雙行同,白口,
單黑魚尾,左右雙邊
　　有"瑞安孫仲容珍藏書畫文籍印"印
　　　　　　　　　　　　　　　　善 2/046

0289
魏書一百十四卷
　　(北齊)魏收撰
　　明萬曆二十四年(1596)北京國子監刻二
十一史本
　　二十四册
　　　　框高 22.3 釐米,寬 15.2 釐米
　　　　半葉十行二十一字,白口,單黑魚尾,左
右雙邊
　　　　有"經散室"印　　　　　善 2/049

0290
魏書一百十四卷
　　(北齊)魏收撰
　　明萬曆二十四年(1596)南京國子監刻二
十一史本
　　二十四册
　　　　框高 20.5 釐米,寬 15.0 釐米
　　　　半葉十行二十一字,白口,單黑魚尾,左
右雙邊
　　　　有"吳興劉氏嘉業堂藏書印""劉承幹字
貞一號翰怡"印　　　　　　善 2/050

0291
西魏書二十四卷敘錄一卷
　　(清)謝啓昆撰
　　清乾隆六十年(1795)謝啓昆刻樹經堂集
本
　　十册
　　　　框高 19.2 釐米,寬 13.9 釐米
　　　　半葉十一行二十三字,小字雙行同,白
口,單黑魚尾,左右雙邊　　善 2/165A

0292
北齊書五十卷
　　(唐)李百藥撰
　　明萬曆三十四年(1606)北京國子監刻二
十一史本
　　八册
　　　　框高 22.1 釐米,寬 14.9 釐米
　　　　半葉十行二十一字,白口,單黑魚尾,左
右雙邊
　　　　有"經散室"印　　　　　善 2/052

0293
北齊書五十卷
　　(唐)李百藥撰
　　明崇禎十一年(1638)毛氏汲古閣刻十七
史本
　　八册
　　　　框高 21.3 釐米,寬 15.2 釐米
　　　　半葉十二行二十五字,小字雙行同,白
口,單黑魚尾,左右雙邊
　　　　佚名墨筆批　　　　　善 2/053

0294
周書五十卷
　　(唐)令狐德棻等撰
　　明萬曆十六年(1588)南京國子監刻明崇
禎七年(1634)清順治十六年(1659)重修二
十一史本
　　八册
　　　　框高 19.9 釐米,寬 14.6 釐米
　　　　半葉九行十八字,黑口,雙黑間單黑魚
尾,四周雙邊
　　　　有"仁和蔡氏滋齋珍藏""滋齋珍藏書畫
之章""吳興劉氏嘉業堂藏書印""劉承幹
字貞一號翰怡""積學齋徐乃昌藏書"等印
　　　　　　　　　　　　　　　　善 2/056

0295
周書五十卷

（唐）令狐德棻等撰

明萬曆十六年（1588）南京國子監刻明崇禎清順治康熙遞修二十一史本

八冊

框高 19.8 釐米,寬 14.9 釐米

半葉九行十八字,白口,雙黑魚尾,四周雙邊

有"瑞安孫仲容珍藏書畫文籍印"印

善 2/057

0296

隋書八十五卷

（唐）魏徵等撰

明萬曆二十二至二十三年（1594–1595）南京國子監刻二十一史本

三十二冊

框高 21.2 釐米,寬 15.2 釐米

半葉九行十八字,小字雙行同,小黑口,雙黑魚尾,四周雙邊

有"廣運之寶""劉承幹字貞一號翰怡""吳興劉氏嘉業堂藏書印"印　善 2/060

0297

隋書八十五卷

（唐）魏徵等撰

明萬曆二十二至二十三年（1594–1595）南京國子監刻二十一史本

二十冊

框高 21.2 釐米,寬 15.2 釐米

半葉九行十八字,小黑口,雙黑魚尾,四周雙邊

有"山陰孫世偉藏""嬾邨""是園""借堂""克恕"印　　　　善 2/061

0298

隋書八十五卷

（唐）魏徵等撰

明萬曆二十二至二十三年（1594–1595）南京國子監刻二十一史本

二十冊

框高 21.2 釐米,寬 15.2 釐米

半葉九行十八字,小黑口,雙黑魚尾,四周雙邊

有"福鼎縣印""瑞安孫仲容珍藏書畫文籍印""平湖縣儒學記"印　　　善 2/062

0299

唐書二百卷

（後晉）劉昫等撰

明嘉靖十四至十八年（1535–1539）吳郡聞人詮刻本

八十冊

框高 21.7 釐米,寬 14.9 釐米

半葉十四行二十六字,小字雙行同,白口,雙黑魚尾,左右雙邊

有"古修堂珍藏圖書""石璧方柱山藏""張叔平""共語齋"等印　　　善 2/071

0300

唐書二百二十五卷

（宋）歐陽修 宋祁等撰

釋音二十五卷

（宋）董衝撰

元大德九年（1305）建康路儒學刻明成化弘治嘉靖南京國子監遞修本

五十冊

框高 22.3 釐米,寬 15.9 釐米

半葉十行二十二字,小字雙行同,白口間黑口,雙黑魚尾,四周雙邊間左右雙邊

有"瑞安孫仲容珍藏書畫文籍印"印

善 2/072

0301

唐書二百二十五卷

（宋）歐陽修 宋祁等撰

釋音二十五卷

（宋）董衝撰

明萬曆二十三年（1595）北京國子監刻二

十一史本

　五十二册

　　框高 22.5 釐米,寬 15.3 釐米

　　半葉十行二十一字,小字雙行同,白口,單黑魚尾,左右雙邊

　　有"張叔平""劉承幹字貞一號翰怡""吳興劉氏嘉業堂藏書印"印　　　善 2/073

0302

南唐書三十卷

　(宋)馬令撰

　明末刻本

　六册

　　框高 19.9 釐米,寬 14.6 釐米

　　半葉九行二十字,白口,單白魚尾,四周單邊

　　馬敘倫先生贈書,有"槐榮堂珍賞""勿菴老人"等印　　　善 2/223

0303

南唐書十八卷

　(宋)陸游撰

音釋一卷

　(元)戚光撰

　明萬曆刻祕册彙函本

　四册

　　框高 19.6 釐米,寬 13.8 釐米

　　半葉九行十八字,小字雙行同,白口,單白魚尾,左右雙邊

　　有"經敬室"印　　　善 2/224

0304

南唐書十八卷

　(宋)陸游撰

音釋一卷

　(元)戚光撰

　明崇禎三年(1630)毛氏汲古閣刻陸放翁全集本

　三册

　　框高 18.8 釐米,寬 14.4 釐米

　　半葉八行十八字,小字雙行同,白口,左右雙邊

　　有"經敬室"印　　　善 2/225

0305

南唐書十八卷

　(宋)陸游撰

音釋一卷

　(元)戚光撰

　明崇禎三年(1630)毛氏汲古閣刻陸放翁全集本

　六册

　　框高 18.8 釐米,寬 14.4 釐米

　　半葉八行十八字,小字雙行同,白口,單白魚尾,左右雙邊

　　有"吳興劉氏嘉業堂藏書印""張叔平"等印　　　善 2/226

0306

南唐書十八卷

　(宋)陸游撰

音釋一卷

　(元)戚光撰

　明天啓三年(1623)鮑山香雪林刻本

　四册

　　框高 19.4 釐米,寬 13.5 釐米

　　半葉九行十八字,小字雙行同,白口,單黑間單白魚尾,四周單邊間左右雙邊

　　佚名朱墨筆點校,有"風月平園"印

　　　　　　　　　　善 2/227

0307

南唐書注十八卷附錄一卷

　(宋)陸游撰　(清)周在浚注

　民國四年(1915)吳興劉氏嘉業堂刻嘉業堂叢書本

　五册

　　框高 18.5 釐米,寬 13.2 釐米

半葉十一行二十一字,小字雙行同,黑口,單黑魚尾,左右雙邊

書内有近人陳光漢朱筆迻錄《南唐書合訂》(明末李清撰),陳光漢題識,有"陳光漢印""雁迅""慈竹平安館"等印

善 2/228

0308

宋史四百九十六卷目錄三卷

(元)脱脱等撰

明成化七至十六年(1471–1480)朱英刻嘉靖南京國子監重修本

二百册

框高 22.3 釐米,寬 15.6 釐米

半葉十行二十字,小字雙行同,黑口,雙黑間白魚尾,四周雙邊

缺三卷(目錄三卷)

有"劉承幹字貞一號翰怡""吳興劉氏嘉業堂藏書印""張叔平"等印　善 2/078

0309

東都事略一百三十卷

(宋)王偁撰

清寶華堂影宋刻本

八册

框高 18.7 釐米,寬 12.9 釐米

半葉十二行二十四字,小黑口,雙黑魚尾,左右雙邊

有"經敂室"印　　　　善 2/166

0310

東都事畧一百三十卷

(宋)王偁撰

日本天保十三年(1842)至弘化三年(1846)進脩館刻本

十二册

框高 21.7 釐米,寬 14.8 釐米

半葉十二行二十五字,白口,單黑魚尾,四周單邊　　　　善 2/167

0311

遼史一百十六卷

(元)脱脱等撰

明嘉靖八年(1529)南京國子監刻明清遞修二十一史本

十四册

框高 21.0 釐米,寬 15.7 釐米

半葉十行二十二字,白口間小黑口,雙黑間單黑魚尾,左右雙邊間四周雙邊

有抄配,有"劉承幹字貞一號翰怡""吳興劉氏嘉業堂藏書印""張叔平"等印

善 2/080

0312

遼史一百十六卷

(元)脱脱等撰

明嘉靖八年(1529)南京國子監刻明清遞修二十一史本

八册

框高 21.0 釐米,寬 15.7 釐米

半葉十行二十二字,白口間小黑口,雙黑間單黑魚尾,左右雙邊間四周雙邊

有"籀廎"印　　　　善 2/081

0313

遼史一百十六卷

(元)脱脱等撰

明萬曆三十四年(1606)北京國子監刻崇禎重修二十一史本

七册

框高 23.3 釐米,寬 15.0 釐米

半葉十行二十一字,白口,單黑魚尾,左右雙邊

有"日華印信""子穆題籤之章""查日華印""師白""子穆""松森居士家臧""麗圃""查日華""酉山手校""濟陽經訓堂查氏圖書""古歊州查子穆藏書印""樬子穆父祕笈之印""查日華子穆父審定羣籍金石書畫之印""彈山劫後僅存之書""屈

彊”“絜芳小圃所蟶”“涇川櫺氏紫藤華館藏書之印”“麗圃審定”“子穆流覽所及”“子子孫孫其永寶用”等印　善2/082

0314

金史一百三十五卷目錄二卷

（元）脫脫等撰

明嘉靖八年（1529）南京國子監刻二十一史本

二十冊

框高21.4釐米，寬15.9釐米

半葉十行二十二字，小字雙行同，小黑口，雙黑魚尾，左右雙邊

佚名朱筆批點，有“籀廎”印　善2/085

0315

金史一百三十五卷目錄二卷

（元）脫脫等撰

明嘉靖八年（1529）南京國子監刻清順治遞修二十一史本

二十四冊

框高21.2釐米，寬15.6釐米

半葉十行二十二字，小字雙行同，白口，雙黑魚尾，左右雙邊

有“張叔平”“吳興劉氏嘉業堂藏書印”“劉承幹字貞一號翰怡”等印　善2/086

0316

金史一百三十五卷

（元）脫脫等撰

明萬曆三十四年（1606）北京國子監刻二十一史本

十五冊

框高23.6釐米，寬14.9釐米

半葉十行二十一字，白口，單黑魚尾，左右雙邊

有“查日華印”“師白”“紫藤華館”“子穆父”“子穆”“查日華子穆父審定羣籍金石書畫之印”“古歙州查子穆藏書印”“查

日華”“濟陽經訓堂查氏圖書”“櫺子穆父秘笈之印”“涇川櫺氏紫藤華館藏書之印”“子子孫孫其永寶用”“麗圃”“麗圃審定”“絜芳小圃所蟶”“彈山劫後僅存之書”“酉山手校”“松森居士家臧”等印

善2/087

0317

元史二百十卷目錄二卷

（明）宋濂等撰

明萬曆三十年（1602）北京國子監刻崇禎重修二十一史本

二十六冊

框高22.8釐米，寬14.8釐米

半葉十行二十一字，白口，單黑魚尾，左右雙邊

有“劉承幹字貞一號翰怡”“吳興劉氏嘉業堂藏書印”“張叔平”等印　善2/090

0318

元史二百十卷目錄二卷

（明）宋濂等撰

明萬曆三十年（1602）北京國子監刻崇禎重修二十一史本

二十六冊

框高23.3釐米，寬15.1釐米

半葉十行二十一字，白口，單黑魚尾，左右雙邊

查子穆手書内封。有“查日華印”“師白”“子穆”“紫藤花館”“櫺子穆父祕笈之印”“查日華子穆父審定羣籍金石書画之印”“濟陽經訓堂查氏圖書”“酉山手校”“松森居士家臧”“古歙州查子穆藏書印”“麗圃”“查日華”“涇川櫺氏紫藤華館藏書之印”“子穆流覽所及”“麗圃審定”“子子孫孫其永寶用”等印　善2/091

0319

元史譯文證補三十卷

（清）洪鈞撰

清光緒二十三年（1897）陸潤庠刻本　屈彊（屈爔）題識

四冊

框高21.1釐米，寬15.3釐米

半葉十二行二十五字，小字雙行三十七字，白口，單黑魚尾，四周單邊

缺十卷（卷七至八、十三、十六至十七、十九至二十一、二十五、二十八）

有“屈彊”“絮芳小圃所毓”“伯剛”“以此延年”等印　　　　善2/092

0320

名山藏一百九卷

（明）何喬遠撰

近代抄本

三冊

半葉十行二十字，小字雙行同，無版框

存五卷（卷一百五至一百九）

善2/205

0321

明史擬稿六卷外國傳八卷藝文志五卷

（清）尤侗撰

清康熙刻西堂全集本

四冊

框高17.8釐米，寬13.9釐米

半葉十行二十一字，白口，單黑魚尾，左右雙邊

存八卷（外國傳八卷）

本書由齊兆昌先生捐贈　　　善2/096

0322

明史藁三百十卷目錄三卷

（清）王鴻緒撰

清雍正敬慎堂刻本

八十冊

框高19.9釐米，寬14.6釐米

半葉十一行二十三字，小字雙行同，白

口，單黑魚尾，左右雙邊

有“山陰孫世偉藏”印　　　善2/095

又一部，六十四冊，有“珊瑚閣珍藏印”印　　　　善2/095/C1

編年類

通代之屬

0323

資治通鑑考異三十卷

（宋）司馬光撰

明嘉靖二十三至二十四年（1544-1545）孔天胤刻本

七冊

框高20.6釐米，寬15.3釐米

半葉十行二十字，小字雙行同，白口，單黑魚尾，左右雙邊，有刻工

缺三卷（卷二十四至二十六）

有“秀水楊氏”“楊氏家藏圖書”“梅竹雙清館”“易鶴軒印”“竹坡居士”等印

善2/101

0324

資治通鑑釋文三十卷

（宋）史炤撰

清抄本

六冊

半葉九行十九字，小字雙行二十八字，無版框

有“錢塘何元錫字敬祉號夢華又號蟪隱”“瑞安孫仲容珍藏書畫文籍印”“布衣暖菜根香詩書滋味長”等印　　　善2/108

0325

通鑑地理通釋十四卷

（宋）王應麟撰

元後至元六年（1340）慶元路儒學刻明正

德二年(1507)重修玉海附刻本

四册

框高 22.3 釐米,寬 13.9 釐米

半葉十行二十字,小字雙行同,白口,雙黑魚尾,左右雙邊

有抄配,有"經散室""錢大昭印""可廬"印　　　　　　　　　善 2/109

0326

司馬溫公經進稽古錄二十卷

(宋)司馬光撰

明弘治十四年(1501)山西楊璋刻本

二册

框高 21.0 釐米,寬 15.0 釐米

半葉十行二十一字,小字雙行同,黑口,雙黑魚尾,四周雙邊

有抄配,有"武昌柯氏""柯逢時印""武昌柯逢時收藏圖記""柯氏珍玩"等印

善 2/100

0327

資治通鑑綱目五十九卷

(宋)朱熹撰

宋刻本

二册

框高 22.0 釐米,寬 16.3 釐米

半葉八行十五字,小字雙行二十二字,白口,左右雙邊,有刻工

存一卷(卷四十五)

袁滌庵先生遺書,由其哲嗣袁紹文先生等捐贈浙江大學,有"戊戌人""滌盦藏書之印""袁一誠印""袁紹良印""大公無私""康生"等印

0328

資治通鑑綱目前編十八卷舉要三卷

(宋)金履祥撰

外紀一卷

(明)陳桱撰

明嘉靖三十九年(1560)書林楊氏歸仁齋刻通鑑綱目全書本

十五册

框高 25.3 釐米,寬 18.3 釐米

半葉十行二十二字,小字雙行同,黑口,雙黑魚尾,四周雙邊

有"家承賜書""萬卷藏書宜子弟"等印

善 2/110

0329

資治通鑑綱目發明五十九卷

(宋)尹起莘撰

明內府刻本

三册

框高 27.5 釐米,寬 18.5 釐米

半葉八行十八字,小字雙行二十一字,黑口,雙花魚尾,四周雙邊

缺十三卷(卷一至十三)

有"表章經史之寶""張叔平""吳興劉氏嘉業堂藏書印""劉承幹字貞一號翰怡"等印　　　　　　善 2/106

0330

資治通鑑綱目集覽五十九卷

(元)王幼學撰　　(明)陳濟正誤

明內府刻本

四册

框高 27.2 釐米,寬 18.4 釐米

半葉八行十八字,小字雙行二十一字,黑口,雙花魚尾,四周雙邊

缺十八卷(卷四至八、十五至二十七)

有"表章經史之寶""廣運之寶""劉承幹字貞一號翰怡""吳興劉氏嘉業堂藏書印""陳氏瞂書""張叔平"等印　　善 2/107

0331

資治通鑑綱目五十九卷首一卷

(宋)朱熹撰　　(宋)尹起莘發明　　(元)劉友益書法　　(元)汪克寬考異　　(元)徐昭文

考證　（元）王幼學集覽　（明）陳濟正誤（明）馮智舒質實

明嘉靖三十九年（1560）書林楊氏歸仁齋刻通鑑綱目全書本（首一卷以明刻本配補）

清顧嗣立校並跋

六十冊

　框高 19.5 釐米,寬 13.4 釐米

　半葉十行二十二字,小字雙行同,黑口,雙黑魚尾,四周單邊

　有"王澍之印""虛舟""顧嗣立印""半哭半笑慶""劉承幹字貞一號翰怡""吳興劉氏嘉業堂藏書印""張叔平"等印

善 2/102

0332

資治通鑑綱目五十九卷

（宋）朱熹撰　（宋）尹起莘發明　（元）劉友益書法　（元）汪克寬考異　（元）徐昭文考證　（元）王幼學集覽　（明）陳濟正誤（明）馮智舒質實

明萬曆二十一年（1593）蜀藩刻通鑑綱目全書本

七十八冊

　框高 25.4 釐米,寬 18.2 釐米

　半葉十行二十二字,小字雙行同,黑口,雙黑魚尾,四周雙邊　　善 2/104

0333

資治通鑑綱目五十九卷首一卷

（宋）朱熹撰　（宋）尹起莘發明　（元）劉友益書法　（元）汪克寬考異　（元）徐昭文考證　（元）王幼學集覽　（明）陳濟正誤（明）馮智舒質實

明嘉靖三十九年（1560）書林楊氏歸仁齋刻通鑑綱目全書本（卷九以明刻本配補,卷十八至十九、三十七以明嘉靖十三年江西按察司刻十四年張鯤重修本配補）

五十八冊

　框高 20.0 釐米,寬 13.5 釐米

　半葉十行二十二字,小字雙行同,黑口,雙黑魚尾,四周單邊

　缺二卷（卷首、卷一）

　有"襟江帶海黃如山之印"印

善 2/105

0334

資治通鑑綱目集說五十九卷前編二卷

（明）扶安輯　（明）晏宏校補

明嘉靖晏宏刻本

七十二冊

　框高 25.7 釐米,寬 17.3 釐米

　半葉十行二十一字,小字雙行同,書眉鐫評行四字,白口,三黑魚尾,四周雙邊

　有"張叔平""吳興劉氏嘉業堂藏書記"等印　　　　　　　　　　善 2/103

0335

續資治通鑑綱目二十七卷

（明）商輅等撰

明成化十二年（1476）內府刻本

十四冊

　框高 27.4 釐米,寬 17.7 釐米

　半葉八行十八字,小字雙行二十一字,黑口,雙黑魚尾,四周雙邊

　有"張叔平"印　　　　　善 2/117

0336

續資治通鑑綱目二十七卷

（明）商輅等撰　（明）周禮發明　（明）張時泰廣義

明萬曆二十一年（1593）蜀藩刻通鑑綱目全書本

二十七冊

　框高 24.0 釐米,寬 18.2 釐米

　半葉十行二十二字,小字雙行同,黑口,雙黑魚尾,四周雙邊　　善 2/118

0337

通鑑綱目釋地糾謬六卷

（清）張庚撰　　（清）杭世駿參訂

釋地補註六卷

（清）張庚撰　　（清）徐以坤參訂

圖畫精意識一卷

（清）張庚撰　　（清）馮溥　馮詢參訂

清乾隆十八年（1753）浙江秀水張庚強恕齋刻本

二册

框高 18.2 釐米，寬 13.3 釐米

半葉十行二十一字，黑口，單黑魚尾，四周單邊

缺一卷（圖畫精意識一卷）

有“葉德輝煥彬甫藏閱書”“紹仁之印”“張紹仁讀書記”等印　　　善 2/121

0338

資治通鑑節要續編三十卷

（明）張光啟撰

明正德九年（1514）司禮監刻本

二十册

框高 22.2 釐米，寬 15.7 釐米

半葉九行十五至十六字，小字雙行同，黑口，雙黑魚尾，四周雙邊

有“廣運之寶”“張叔平”“吳興劉氏嘉業堂藏書印”“劉承幹字貞一號翰怡”等印　　　善 2/120

0339

新刊四明先生高明大字續資治通鑑節要二十卷

（明）劉剡輯　　（明）蔡亨嘉校正

明嘉靖三十七年（1558）南陽葉氏翠軒刻本

二十册

框高 18.0 釐米，寬 12.7 釐米

半葉十二行二十六字，小字雙行同，白口，四周雙邊

有朱筆圈點，有“張叔平”“吳興劉氏嘉業堂藏書記”等印　　　善 2/115

0340

宋元通鑑一百五十七卷

（明）薛應旂撰　　（明）陳仁錫評

明天啟六年（1626）陳仁錫刻本

二十二册

框高 21.2 釐米，寬 14.9 釐米

半葉十行二十字，小字雙行同，白口，單黑魚尾，四周單邊　　　善 2/116

0341

宋元資治通鑑六十四卷

（明）王宗沐撰

明末刻本

六十四册

框高 19.7 釐米，寬 14.0 釐米

半葉十行二十字，白口間小黑口，單黑魚尾，左右雙邊

有“張叔平”“吳興劉氏嘉業堂藏書印”“劉承幹字貞一號翰怡”等印　　　善 2/129

0342

歷代通鑑纂要九十二卷

（明）李東陽　劉機等撰

明正德二年（1507）內府刻本

六十册

框高 24.6 釐米，寬 16.9 釐米

半葉十行二十字，小字雙行同，大黑口，雙黑魚尾，四周雙邊

有“餘學齋圖書記”“石倉藏書之印”“張叔平”“吳興劉氏嘉業堂藏書印”“劉承幹字貞一號翰怡”“長沙赤山張氏小梅華墅主人珍藏”等印　　　善 2/126

0343

通鑑直解二十八卷

（明）張居正撰

明末豹變齋刻本

十二冊

　　框高 20.8 釐米,寬 13.8 釐米

　　半葉八行十八字,小字雙行同,白口,四

周單邊,眉上鐫評　　　　　　　善 2/127

0344

通鑑箋註七十二卷

　　題(明)王世貞輯　(明)汪明際評　(明)

鍾人傑箋註

　　明崇禎二年(1629)刻本

　　三十二冊

　　框高 21.3 釐米,寬 14.9 釐米

　　半葉十行二十二字,小字雙行同,白口,

單白魚尾,四周單邊

　　有抄配(卷四十二至四十五),有"心存

之印""遂菴""高擴之印""劉承幹字貞一

號翰怡""吳興劉氏嘉業堂藏書印""張叔

平"等印　　　　　　　　　善 2/128

0345

諸史會編大全一百十二卷

　　(明)金嫌撰

　　明嘉靖四年(1525)金壇縣刻本

　　一百冊

　　框高 20.3 釐米,寬 15.6 釐米

　　半葉九行二十二字,小字雙行同,大黑

口,三黑魚尾,四周單邊

　　有"劉承幹字貞一號翰怡""吳興劉氏嘉

業堂藏書印""張叔平"等印　　善 2/535

0346

資治歷朝紀政綱目前編八卷正編四十卷續編二十六卷

　　(明)黃洪憲編纂　(明)許順義註補

　　明萬曆建陽余彰德刻本

　　三十一冊

　　框高 23.3 釐米,寬 12.5 釐米

　　半葉十一行二十四字,小字雙行同,白

口,單黑魚尾,四周雙邊間單邊

　　有"嘉業堂藏四庫缺佚書""張叔平"等

印　　　　　　　　　　　　善 2/123

0347

新刻九我李太史編纂古本歷史大方綱鑑三十九卷首一卷

　　(明)李廷機輯

　　明萬曆二十八年(1600)雙峰堂余文台刻本

　　二十冊

　　框高 23.6 釐米,寬 14.7 釐米

　　半葉十行三十字,小字雙行同,眉欄鐫

評行四字,黑口,單黑魚尾,四周雙邊

　　有"張叔平""吳興劉氏嘉業堂藏書印"

印　　　　　　　　　　　　善 2/122

0348

鼎鍥葉太史彙纂玉堂鑑綱七十二卷

　　(明)葉向高撰

　　明萬曆書林種德堂熊成冶刻本

　　三十六冊

　　框高 23.2 釐米,寬 15.7 釐米

　　半葉十二行二十五字,小字雙行同,白

口,單黑魚尾,四周單邊

　　有"張叔平""吳興劉氏嘉業堂藏書印"

"劉承幹字貞一號翰怡"等印　　善 2/132

0349

歷代帝王曆祚考八卷音釋一卷

　　(明)程揚撰

　　明崇禎十二年(1639)刻本

　　四冊

　　框高 20.6 釐米,寬 14.7 釐米

　　半葉九行十八字,小字雙行同,白口,單

白魚尾,四周單邊

　　有"張叔平""吳興劉氏嘉業堂藏書記"

等印　　　　　　　　　　　善 2/131

0350

統系備覽一卷

清乾隆抄本

一册

半葉六行二十字,小字雙行同,無版框

有"乾隆御覽之寶"印　　　　善 2/133

斷代之屬

0351

兩漢紀六十卷

(宋)王銍輯

明嘉靖二十七年(1548)黃姬水刻本

十册

框高 19.3 釐米,寬 14.8 釐米

半葉十一行二十字,白口,單白魚尾,左右雙邊

有抄配(前漢紀卷一至三、後漢紀卷二十五至三十),有"張叔平""鎦承幹印""兩川孫氏珍藏""南林劉氏求恕齋璽"等印

子目:

前漢紀三十卷　(漢)荀悅撰

後漢紀三十卷　(晉)袁宏撰

善 2/136、2/140

0352

兩漢紀六十卷字句異同考一卷

(宋)王銍輯

清康熙三十五年(1696)蔣氏刻乾隆重修本

十六册

框高 17.7 釐米,寬 14.0 釐米

半葉十一行二十一字,黑口,單黑魚尾,左右雙邊

有"馬笏齋臧書記""瑞安孫仲容珍藏書畫文籍印""經籹室"等印

子目:

前漢紀三十卷　(漢)荀悅撰

後漢紀三十卷　(晉)袁宏撰

兩漢紀字句異同考一卷　(清)蔣國祚撰　　　　善 2/137、2/141

0353

袁宏後漢紀補證三十卷

(清)王紹蘭撰

稿本

一册

框高 19.5 釐米,寬 14.4 釐米

半葉十行二十四字,小字雙行同,白口,單黑魚尾,四周雙邊

存一卷(卷七)　　　　善 2/144

0354

皇朝傳信録十卷

題(宋)鮮于綽撰

清抄本

一册

半葉十行十九字,小字雙行同,無版框

有"瑞安孫仲容珍藏書畫文籍印"印

本書係從《三朝北盟會編》卷一四四至卷一五四中抄出　　　　善 2/148

0355

兩朝綱目備要十六卷

清孔氏嶽雪樓抄本

六册

半葉八行二十字,小字雙行同,無版框

佚名朱筆校　　　　善 2/149

0356

重鎸朱青巖先生擬編明紀輯畧十六卷

(清)朱璘撰

清康熙聚錦堂刻本

八册

框高 21.2 釐米,寬 14.8 釐米

半葉十行二十字,小字雙行同,眉上鎸

評行三字,白口,單黑魚尾,四周單邊

善 2/155A

紀事本末類

0357

憲章錄四十六卷

(明)薛應旂撰

明萬曆二年(1574)陸光宅刻本

二十二冊

　　框高 19.5 釐米,寬 14.3 釐米

　　半葉十行二十字,小字雙行同,單黑魚尾,白口,四周單邊,有刻工

　　有"明倫館印""安政七改""吳興劉氏嘉業堂藏書印""劉承幹字貞一號翰怡"等印

善 2/150

0358

皇明資治通紀三十卷

(明)陳建撰　　(明)岳元聲訂

明末刻本

十六冊

　　框高 22.4 釐米,寬 14.4 釐米

　　半葉十行二十二字,小字雙行同,白口,單黑魚尾,四周單邊,有刻工

　　佚名批,有"吳興劉氏嘉業堂藏書記""張叔平"印

善 2/151

0359

御撰資治通鑑綱目三編不分卷

(清)張廷玉等奉敕撰

清抄本

六冊

　　半葉九行二十五字,小字雙行同,無版框

　　有朱墨筆校改

善 2/152

0360

通鑑紀事本末四十二卷

(宋)袁樞撰

宋寶祐五年(1257)趙與篹刻元明遞修本

四十二冊

　　框高 24.3 釐米,寬 19.7 釐米

　　半葉十一行十九字,白口,單黑魚尾,左右雙邊,有刻工

　　有"鄭氏注韓居珍藏記""鄭杰之印""注韓居士""吳興劉氏嘉業堂藏書印""劉承幹字貞一號翰怡""張叔平"等印

善 2/160

0361

三朝北盟會編二百五十卷

(宋)徐夢莘撰

清抄本

四十二冊

　　半葉十行二十四字,小字雙行同,無版框

　　有朱、墨、藍筆三色校

善 2/161

0362

皇明大事記五十卷

(明)朱國禎輯

明崇禎刻皇明史概本

四十冊

　　框高 21.6 釐米,寬 14.8 釐米

　　半葉十行二十一字,小字雙行同,白口,單黑魚尾,左右雙邊

　　缺三卷(卷四十三、四十五、四十八)

　　有"莫友芝圖書印""莫彝孫印""莫繩孫印""吳興劉氏嘉業堂藏書印""劉承幹字貞一號翰怡""張叔平""博古齋收藏善本書籍"等印

善 2/170

0363

東征集六卷平臺紀略一卷

（清）藍鼎元撰　　（清）王者輔評

清雍正十年（1732）王者輔刻鹿洲全集本

五册

框高18.7釐米,寬14.0釐米

半葉九行十九至二十字,白口,單黑魚
尾,左右雙邊

有"張之銘珍藏"印　　　　善2/210A

0364

綏寇紀畧十二卷補遺三卷

（清）吳偉業撰

清抄本

八册

半葉九行二十四字,小字雙行同,無版
框

有"十經齋藏書"印　　　　善2/211

0365

綏寇紀略補遺不分卷

（清）吳偉業撰

清抄本

一册

半葉十行二十四字,無版框

佚名朱筆校,有缺葉　　　　善2/212

0366

征回戰勝紀畧不分卷

（清）余步雲撰

民國抄本

一册

半葉十行二十二字,無版框　善2/162

0367

庫倫戰事紀錄一卷

民國抄本

一册

半葉十行二十二字,無版框　善2/163

雜史類

0368

逸周書十卷附錄一卷

（晉）孔晁注

校正補遺一卷

（清）盧文弨撰

清乾隆五十一年（1786）盧文弨刻抱經堂
叢書本　清孫詒讓校

二册

框高17.9釐米,寬13.2釐米

半葉十行二十字,小字雙行同,白口,單
黑魚尾,左右雙邊

有"瑞安孫仲容珍藏書畫文籍印"印

善2/175

0369

逸周書集訓校釋十卷逸文一卷

（清）朱右曾撰

清光緒三年（1877）湖北崇文書局刻崇文
書局彙刻本　清孫詒讓校

二册

框高19.4釐米,寬15.0釐米

半葉十二行二十四字,小字雙行同,大
黑口,雙黑魚尾,四周雙邊

有"瑞安孫仲容珍藏書畫文籍印"印

善2/176

0370

國語二十一卷

（吳）韋昭注

明嘉靖七年（1528）金李澤遠堂刻本

十册

框高22.0釐米,寬16.0釐米

半葉十行二十字,小字雙行同,白口,單
黑魚尾,左右雙邊

有"瑞安孫仲容珍藏書畫文籍印""經敳

室""東吳王功懋家臧印""王功茂印"印

善 2/177

0371

國語二十一卷

（吳）韋昭注

明嘉靖七年（1528）金李澤遠堂刻本

八冊

　框高 22.0 釐米,寬 16.0 釐米

　半葉十行二十字,小字雙行同,白口,單

黑魚尾,左右雙邊　　　　　善 2/178

0372

國語二十一卷

（明）陳仁錫　鍾惺評

明崇禎刻本

八冊

　框高 21.0 釐米,寬 14.7 釐米

　半葉九行十八字,小字雙行同,白口,單

黑魚尾,左右雙邊　　　　　善 2/179

0373

鮑氏國策十卷

（宋）鮑彪校注

明嘉靖三十一年（1552）杜詩刻本

八冊

　框高 21.1 釐米,寬 14.9 釐米

　半葉十一行二十字,小字雙行同,白口,

單黑魚尾,左右雙邊,有刻工

　有"瑞安孫仲容珍臧書畫文籍印"印

善 2/183

0374

鮑氏國策十卷

（宋）鮑彪校注

明嘉靖三十一年（1552）杜詩刻本

八冊

　框高 21.1 釐米,寬 14.9 釐米

　半葉十一行二十字,小字雙行同,白口,

單黑魚尾,左右雙邊,有刻工

　有"周氏公建""晉閩兩梟幕長""仰父"

等印　　　　　　　　　　善 2/184

0375

戰國策十卷

（宋）鮑彪校注　　（元）吳師道補正

明刻本

十六冊

　框高 22.0 釐米,寬 15.1 釐米

　半葉九行二十字,小字雙行同,白口,單

黑魚尾,四周單邊

　有"周鋐之印""予立"等印　善 2/185

0376

戰國策譚棷十卷

（宋）鮑彪校注　　（元）吳師道補正　　（明）

張文爓集評

附錄一卷

（明）張文爓輯

明萬曆刻本

七冊

　框高 21.7 釐米,寬 14.7 釐米

　半葉九行十八字,小字雙行同,白口,左

右雙邊

　有"鄭端生書畫記""瑞安孫仲容珍臧書

畫文籍印"印　　　　　　　善 2/186

0377

戰國策釋地二卷

（清）張琦撰

清抄本

二冊

　半葉十一行二十三字,小字雙行同,無

版框

　存一卷（卷一）

　佚名校,有"旗人紹諴""長白山嘉里庫

馬佳氏""紹諴之印""雲龍舊衲"等印

善 2/188

0378

吳越春秋十卷

（漢）趙曄撰　（元）徐天祐音注

明萬曆十四年（1586）武林馮念祖臥龍山房刻本

二冊

框高 19.0 釐米,寬 13.1 釐米

半葉八行十七字,小字雙行同,白口,單白魚尾,左右雙邊

佚名朱筆校,有"經笥室"印　善 2/220

0379

越絕書十五卷

（漢）袁康撰

明刻本　清孫詒讓批校

二冊

框高 19.0 釐米,寬 15.5 釐米

半葉十行十六字,白口,單白魚尾,左右雙邊

有"瑞安孫仲容珍藏書畫文籍印""樂善堂圖書記""沖寰"等印　善 2/221

0380

十六國春秋一百卷

（北魏）崔鴻撰

清乾隆三十九年（1774）汪日桂欣托山房刻四十六年（1781）印本

二十四冊

框高 20.7 釐米,寬 14.6 釐米

半葉九行十八字,小字雙行同,白口,單黑魚尾,左右雙邊

有"樓松書屋汪氏校本"印　善 2/221A

0381

貞觀政要十卷

（唐）吳兢撰　（元）戈直集論

明成化十二年（1476）崇府刻本

五冊

框高 25.6 釐米,寬 18.4 釐米

半葉十行二十字,小字雙行同,大黑口,雙黑魚尾,四周雙邊

缺一卷（卷二）

有"雲中白鶴""千山月出令人醉半夜梅花入夢鄉""涵水""經笥室"等印

善 2/192

0382

江南野史十卷

（宋）龍衮撰

清抄本

二冊

半葉八行十八字,無版框

有"瑞安孫仲容珍藏書畫文籍印""江東羅氏所藏"等印　善 2/222

0383

隆平集二十卷

（宋）曾鞏撰

清康熙四十年（1701）彭期七業堂刻本

八冊

框高 20.3 釐米,寬 13.2 釐米

半葉九行二十字,小字雙行同,白口,單黑魚尾,左右雙邊　善 2/193

0384

北狩聞見錄一卷

（宋）曹勛撰

北狩行錄一卷

題（宋）蔡鞗撰

清吳氏瓶花齋抄本

一冊

框高 16.6 釐米,寬 11.1 釐米

半葉八行十八字,小字雙行同,黑口,雙黑魚尾,四周雙邊

有"經笥室"印　善 2/194

0385

建炎維揚遺錄一卷

清倪模大雷岸經鋤堂抄本

一冊

　　框高 20.7 釐米,寬 14.1 釐米

　　半葉九行二十三至二十五字,白口,單黑魚尾,四周雙邊

　　有"長宜子孫""誦清閣藏書印""倪模""預掄""大雷經鋤堂藏書"等印

　　　　　　　　　　　　善 2/196

0386

大金國志四十卷

　　題(宋)宇文懋昭撰

　　清嘉慶二年(1797)南沙席氏掃葉山房刻宋遼金元別史本

　　九冊

　　框高 20.7 釐米,寬 15.1 釐米

　　半葉十二行二十五字,小字雙行三十六字,白口,單黑魚尾,左右雙邊

　　有抄配,有"秋水文章不染塵"印

　　　　　　　　　　　　善 2/197

0387

金國南遷錄一卷

　　題(金)張師顏撰

　　清乾隆三十二年(1767)綠滿山房主人抄本　清蕭應椿校並題識

　　一冊

　　半葉八行二十字,無版框

　　有"次風""齊召南印""无竟先生獨志堂物""紹庭觀過"等印　善 2/198

0388

吾學編六十九卷

　　(明)鄭曉撰

　　明隆慶元年(1567)鄭履準刻本　覺明題識

　　二冊

　　框高 18.3 釐米,寬 14.0 釐米

　　半葉十行十九字,小字雙行同,白口,單

白魚尾,左右雙邊,有刻工

　　存二卷(皇明四夷考二卷)

　　有"合肥劉氏頌彝居藏書"印

　　　　　　　　　　　　善 2/201

0389

弇山堂別集一百卷

　　(明)王世貞撰

　　明萬曆十八年(1590)金陵刻本

　　四十八冊

　　框高 19.8 釐米,寬 13.3 釐米

　　半葉十行二十字,小字雙行同,白口,單黑間白魚尾,四周單邊　　　善 2/202

0390

弇州史料前集三十卷後集七十卷

　　(明)王世貞撰　　(明)董復表輯

　　明萬曆四十二年(1614)楊鶴等刻本

　　八冊

　　框高 21.7 釐米,寬 15.3 釐米

　　半葉九行十八字,小字雙行同,白口,單黑魚尾,四周單邊,有刻工

　　存三十卷(前集三十卷),卷二十二至二十六係抄配　　　　善 2/203

0391

天順日錄辯誣一卷

　　(明)湯韶撰

　　近代頤水室抄本

　　一冊

　　框高 18.3 釐米,寬 13.1 釐米

　　半葉十一行二十字,藍格,黑口,單黑魚尾,四周雙邊　　　　　善 2/200

0392

三朝要典二十四卷原始一卷

　　(明)顧秉謙等撰

　　清光緒二十七年(1901)周大輔都公鍾室抄本　清周大輔校並題識並過錄丁丙跋

十册

　　框高 18.6 釐米,寬 12.1 釐米

　　半葉九行二十一字,黑口,單黑魚尾,四周雙邊

　　有"虞山周大輔字左季印""此是左公所置田""常熟周左季家鈔本書""鴿峰艸堂鈔傳祕册""周左季校正圖書""爲流傳勿損污"等印　　　　　　　　善 2/204

0393

甲申朝事小紀初編八卷二編八卷三編八卷四編八卷五編八卷

　　題(清)抱陽生輯

　　清靖樂軒抄本

　　五册

　　　框高 17.2 釐米,寬 10.4 釐米

　　　半葉八行二十字,小字雙行同,黑口,雙黑魚尾,左右雙邊

　　　存十卷(初編卷七至八,二編卷三至八,三編卷一至二)

　　馬敘倫先生贈書　　　　善 2/209

0394

明季實錄四卷

　　(清)顧炎武撰

　　清抄本

　　四册

　　　半葉八行二十字,無版框　　善 2/208

0395

明季南畧十六卷

　　(清)計六奇撰

　　清初抄本

　　八册

　　　半葉八行二十字,無版框

　　　有"叔潤藏書""叔潤臧書""古吳潘介祉叔潤氏收藏印記""潘叔潤圖書記""潘介祉印""玉苟"等印　　　善 2/207

0396

明季北畧二十四卷

　　(清)計六奇撰

　　清初抄本

　　十册

　　　半葉八行二十字,小字雙行同,無版框

　　　佚名朱墨校注,有"古吳潘介祉叔潤氏收藏印記""叔潤臧書""叔潤藏書""古吳潘念慈收藏印記""潘叔潤圖書記""潘介祉印""玉苟""念慈""聽月樓"等印

　　　　　　　　　　　　　善 2/206

0397

明季稗史彙編十六種二十七卷

　　(清)留雲居士輯

　　清琉璃廠坊刻本

　　十册

　　　框高 15.0 釐米,寬 11.7 釐米

　　　半葉九行十九字,白口,單黑魚尾,左右雙邊

　　　有墨批,有"陳漢第""伏廬老人"印

　　子目:

　　烈皇小識八卷　　(明)文秉撰

　　聖安皇帝本紀二卷　　(清)顧炎武撰

　　嘉定屠城紀略一卷　　(清)朱子素撰

　　行在陽秋二卷　　(明)劉湘客(一題清戴笠)撰

　　幸存錄二卷　　(明)夏允彝撰

　　續幸存錄一卷　　(明)夏完淳撰

　　求野錄一卷　　(明)客溪樵隱(鄧凱)撰

　　也是錄一卷　　(明)自非逸史(鄧凱)撰

　　江南聞見錄一卷　　(清)□□撰

　　粵遊見聞一卷　　(明)瞿共美撰

　　賜姓始末一卷　　(明)黃宗羲撰

　　兩廣紀略一卷　　(明)華復蠡撰

　　東明聞見錄一卷　　(明)瞿共美撰

　　青燐屑二卷　　(明)應廷吉撰

　　吳耿尚孔四王合傳一卷　　(清)□□撰

揚州十日記一卷　（清）王秀楚撰

善 2/576

0398

經略洪承疇奏對筆記二卷

（清）洪承疇撰

清抄本

二册

　半葉六行行字不等,無版框

　有"以退爲進""信天翁""子貞"印

善 2/242B

0399

靖海志四卷

（清）彭孫貽撰　　（清）李延昰補編

近代抄本

四册

　半葉九行二十字,小字雙行同,無版框

　有朱筆校　　　　　　　　善 2/210

0400

雲龍州白楊廠漢回聚衆械鬬紀實四卷

（清）□□撰

清抄本

四册

　半葉九行十四字,無版框　　善 2/213

0401

庚癸紀畧二卷續編一卷

　題（清）倦圃野老撰

清同治四年(1865)稿本

一册

　半葉十行十七至二十三字,無版框

善 2/214

0402

庚子勤王記一卷

（清）岑春煊撰

近代振鳳樓抄本

一册

　框高 20.8 釐米,寬 11.8 釐米

　半葉六行二十字,白口,單黑魚尾,四周

雙邊　　　　　　　　　　　善 2/215

0403

庚子雜錄一卷

（清）李經羲等撰

近代抄本

一册

　框高 19.5 釐米,寬 12.2 釐米

　半葉九行行字不等,紅格,白口,雙黑魚

尾,四周雙邊　　　　　　　善 2/216

0404

大東歷史五卷

（朝鮮）崔景煥撰

朝鮮光武九年(1905)劉鎬植銅活字本

二册

　框高 24.5 釐米,寬 17.0 釐米

　半葉十行二十二字,小字雙行同,白口,

雙花魚尾,四周單邊　　　　善 2/571

0405

東國史略六卷

清朝鮮銅活字本

二册

　框高 24.2 釐米,寬 16.4 釐米

　半葉十二行二十二字,小字雙行同,白

口,雙花魚尾,四周雙邊

　佚名題識,有朱筆校　　　善 2/572

0406

日本逸史四十卷考異一卷

（日）藤原緒嗣輯

日本享保九年(1724)柴軒烏谷長庸　柳枝

軒茨城方道刻本

七册

　框高 20.4 釐米,寬 15.0 釐米

半葉八行十六字,小字雙行同,白口,四周單邊

缺一卷(考異一卷)

佚名朱筆校,有"原宿文庫""五葉蔭藏書印""文埜藏書"印　　　善 2/573

0407
逸史十二卷首一卷

(日)中井積善撰

日本明治二年(1869)元質影寫抄本　元質題識

十二冊

框高 21.3 釐米,寬 13.3 釐米

半葉十行二十字,小字雙行同,眉欄鑴評,白口,單白魚尾,四周雙邊

缺一卷(卷十二)　　　善 2/574

史表類

0408
春秋滕薛杞越莒邾許七國統表六卷

(清)魏翼龍撰

清抄本

二冊

半葉十行二十字,無版框

佚名墨筆批校　　　善 2/190

史抄類

通代之屬

0409
十七史詳節二百七十三卷

(宋)呂祖謙輯

明嘉靖四十五年(1566)至隆慶四年(1570)陝西布政司刻本

一百二十冊

框高 19.1 釐米,寬 13.7 釐米

半葉十行二十二字,小字雙行同,白口,四周單邊

有"揚州阮氏琅嬛僊館藏書印""文選樓""梁安程穀詒堂""劉承幹字貞一號翰怡""吳興劉氏嘉業堂藏書印""張叔平"等印

子目:

東萊先生史記詳節二十卷

東萊先生西漢詳節三十卷

東萊先生東漢詳節三十卷

東萊先生三國志詳節二十卷

東萊先生晉書詳節三十卷

東萊先生南史詳節二十五卷

東萊先生北史詳節二十八卷

東萊先生隋書詳節二十卷

東萊先生唐書詳節六十卷

東萊先生五代史詳節十卷　　　善 2/515

0410
諸史提要十五卷

(宋)錢端禮撰　　(清)張英補

清康熙五十二年(1713)內府刻本

十五冊

框高 16.6 釐米,寬 11.5 釐米

半葉十行二十二字,小字雙行同,白口,單黑魚尾,四周雙邊

陶在東先生贈書,有"玉森氏藏書""謝氏珍藏""日下秋農"印　　　善 2/515A

0411
古今歷代標題註釋十九史略通攷八卷

(元)曾先之撰　　(明)余進通攷

明朝鮮刻本

七冊

框高 24.5 釐米,寬 17.8 釐米

半葉十行十八字,小字雙行同,白口,雙花魚尾,四周雙邊

有"瑞安孫仲容珍藏書畫文籍印"印

善 2/520

0412

歷代史纂左編一百四十二卷

（明）唐順之輯

明萬曆三十九年（1611）吳用先等刻本

七十九册

　　框高 22.1 釐米,寬 14.8 釐米

　　半葉十行二十字,小字雙行同,白口,單白魚尾,左右雙邊

　　缺二卷（卷五十四至五十五）,卷六十一至六十二以明嘉靖四十年（1561）胡宗憲刻本配補　　　　　善 2/521

0413

歷代志畧四卷

（明）唐珤輯

明嘉靖黃時刻本

四册

　　框高 18.6 釐米,寬 13.6 釐米

　　半葉十行二十一字,小字雙行字數不等,大黑口,雙黑魚尾,四周雙邊

善 2/169

0414

史書纂略二百二十卷目錄二卷

（明）馬維銘輯

明萬曆四十三年（1615）刻本

八十册

　　框高 22.6 釐米,寬 15.0 釐米

　　半葉九行二十字,小字雙行同,白口,單黑魚尾,四周單邊

　　有抄配（序、目錄、卷一）,有"嘉業堂""劉承幹字貞一號翰怡""張叔平"等印

善 2/525

0415

古史談菀三十六卷

（明）錢世揚輯

明萬曆三十八至四十三年（1610–1615）張夢孟刻本

六册

　　框高 19.9 釐米,寬 14.5 釐米

　　半葉十行二十字,小字雙行同,白口,單黑魚尾,四周單邊

　　存十七卷（卷一至十七）

　　有"張叔平""鐳承幹印""南林求恕齋鑑"等印　　　　　善 2/286

0416

雪廬讀史快編六十卷

（明）趙維寰輯

明天啓四年（1624）趙維寰刻本

二十册

　　框高 22.4 釐米,寬 14.8 釐米

　　半葉十行二十字,小字雙行同,白口,單黑魚尾,左右雙邊

　　有"丹徒鄒氏家藏書畫印""此靜坐齋珍藏""嶽屏""祝德麟印""芷塘過眼""劉承幹字貞一號翰怡""吳興劉氏嘉業堂藏書印""張叔平"等印　　　善 2/536

0417

二十一史論贊輯要三十六卷

（明）彭以明輯

明萬曆吳洶美刻本

十册

　　框高 21.4 釐米,寬 14.9 釐米

　　半葉十行二十字,白口,單白魚尾,四周單邊

　　有"劉承幹字貞一號翰怡""吳興劉氏嘉業堂藏書印""張叔平""蕭崇實堂藏書""忠烈後裔""蕭氏祕笈""梅春珍玩""忠烈子孫名任"等印　　　善 2/537

0418

史略啟蒙不分卷

（清）李承昌撰

清抄本

一冊

　　半葉十行二十七字,小字雙行同,無版框　　　　　　　　　　　　　善 2/533

0419

二十二史文鈔一百零九卷

　（清）納蘭常安選評

清乾隆刻本

四十冊

　　框高 17.0 釐米,寬 12.8 釐米

　　半葉十行二十一字,小字雙行同,黑口,雙黑魚尾,左右雙邊　　　善 2/540A

斷代之屬

0420

戰國策纂四卷

　（明）張榜輯

明刻本

四冊

　　框高 21.0 釐米,寬 14.7 釐米

　　半葉八行二十字,小字雙行同,白口,單白魚尾,四周單邊

　　有"課耕樓"印　　　　　　　善 2/187

0421

史記英選六卷

　（漢）司馬遷撰　（朝鮮）朝鮮正祖李算敕編

清朝鮮刻本

三冊

　　框高 25.2 釐米,寬 18.1 釐米

　　半葉十行十八字,小字雙行同,白口,雙花魚尾,四周單邊　　　　善 2/538

0422

兩漢博聞十二卷

　（宋）楊侃輯

明嘉靖三十七年(1558)黃魯曾刻本

十二冊

　　框高 17.5 釐米,寬 12.4 釐米

　　半葉八行十六字,小字雙行同,白口,單白魚尾,左右雙邊

　　有"蕭靜君藏書印""蕭夢松印""蕭夢亭四世家藏圖籍""靜君""名山艸堂蕭然獨居門無車馬坐有圖書沈酣枕籍不知其餘俯仰今昔樂且晏如蕭夢亭銘""藏之名山傳之其人""閩中夢亭蕭夢松圖史之章""張叔平""吳興劉氏嘉業堂藏書印""承幹長壽"等印　　　　　　　善 2/516

0423

漢雋十卷

　（宋）林鉞輯

明嘉靖十一年(1532)郊鼎刻本

八冊

　　框高 20.3 釐米,寬 14.6 釐米

　　半葉十行二十四至二十六字,白口,四周單邊

　　有"曹願之印""荃孫""黃紹齋家珍藏""五福堂收藏明版善本書"等印

　　　　　　　　　　　　　善 2/517

0424

漢雋十卷

　（宋）林鉞輯

明萬曆十二年(1584)呂元刻本

二冊

　　框高 20.7 釐米,寬 14.7 釐米

　　半葉八行十二字,小字雙行二十四字,白口,單白魚尾,左右雙邊,有刻工

　　有"十魚齋"印　　　　　　善 2/518

0425

兩漢雋言十卷

　（宋）林越輯

後集六卷

（明）凌迪知輯

明萬曆四年（1576）凌迪知刻文林綺繡本

周嵩堯跋

十二册

　框高 18.7 釐米，寬 12.8 釐米

　半葉八行十七字，小字雙行同，白口，單黑魚尾，左右雙邊，有刻工

　有"嵩堯""周峋芝""獨山莫氏圖書""友芝佩印""夏鼎商彝周家""邵亭寓公"等印　　　　　　善 2/519

0426

漢書纂不分卷

（明）凌稚隆輯

明萬曆十一年（1583）凌稚隆刻本

十四册

　框高 19.8 釐米，寬 13.2 釐米

　半葉九行二十字，小字雙行同，書眉鐫評行五字，白口，單黑魚尾，左右雙邊，有刻工

　有"安鼎福印"等印　　　　善 2/013

0427

漢書雋不分卷

（明）陳許廷選評

明崇禎刻本

六册

　框高 21.3 釐米，寬 15.0 釐米

　半葉九行二十字，小字雙行同，眉上鐫評行四字，白口，四周單邊

　有"張叔平""劉承幹字貞一號翰怡""吳興劉氏嘉業堂藏書印""夾堂圖書"等印　　　　　　善 2/522

0428

後漢書纂十二卷

（明）凌濛初輯

明稽古齋刻本

十册

　框高 19.5 釐米，寬 12.2 釐米

　半葉八行二十字，小字雙行同，白口，單黑魚尾，白口，四周單邊

　有"太史氏"印　　　　　　善 2/524

0429

史漢合編題評八十八卷附錄四卷

（明）茅一桂輯

明萬曆十四至十六年（1586-1588）金陵唐龍泉　周對峯刻本

三十册

　框高 22.8 釐米，寬 13.6 釐米

　半葉十行二十一字，小字雙行同，眉欄鐫評行五字，白口，單黑魚尾，左右雙邊

　有"吳興劉氏嘉業堂藏書記"印

　　　　　　善 2/523

0430

史漢合鈔十一卷

（清）高嵩集評

清乾嘉間刻本

十册

　框高 19.7 釐米，寬 14.9 釐米

　半葉九行二十五字，小字雙行同，眉上鐫評行六字，白口，單黑魚尾，四周雙邊

　　　　　　善 2/539A

0431

兩晉南北合纂四十卷

（明）錢岱輯

明萬曆刻本

四十册

　框高 21.4 釐米，寬 14.5 釐米

　半葉十行二十字，小字雙行字數不等，眉欄鐫注行三字，白口，單黑魚尾，四周單邊

　有"海豐吳氏印""吳興劉氏嘉業堂藏書印""張叔平"等印　　　　善 2/530

0432

南史刪三十一卷

（明）茅國縉輯

明刻本

六冊

　　框高 20.1 釐米,寬 14.1 釐米

　　半葉十行二十字,小字雙行同,白口,單黑魚尾,左右雙邊

　　有"嘉業堂""劉承幹字貞一號翰怡""張叔平"等印　　　　善 2/531

0433

歐陽文忠公五代史抄二十卷

（明）茅坤輯

明刻朱墨套印本

十冊

　　框高 20.2 釐米,寬 14.7 釐米

　　半葉八行十八字,白口,四周單邊,眉上及行間鐫評

　　有抄配(卷十三至十六)　　　善 2/532

史評類

0434

史通二十卷

（唐）劉知幾撰

明嘉靖十四年(1535)陸深刻本

四冊

　　框高 20.8 釐米,寬 14.4 釐米

　　半葉十行二十字,小字雙行同,白口,單白魚尾,四周單邊

　　有"瑞安孫仲容珍藏書畫文籍印""遙集軒""退咨氏""山水文章"等印　善 2/545

0435

史通二十卷

（唐）劉知幾撰　（明）李維楨評　（明）郭孔延評釋

明末刻本

十六冊

　　框高 20.9 釐米,寬 14.9 釐米

　　半葉九行二十字,小字雙行同,白口,單白魚尾,四周單邊

　　有"吳興劉氏嘉業堂藏書記""張叔平"印　　　　　　　　善 2/546

0436

史通通釋二十卷附錄一卷

（清）浦起龍撰

清乾隆十七年(1752)梁溪浦氏求放心齋刻本　清孫詒讓校

四冊

　　框高 18.9 釐米,寬 13.4 釐米

　　半葉九行二十二字,小字雙行同,白口,左右雙邊

　　有"經歕室"印　　　　　　善 2/547

0437

史通通釋二十卷附錄一卷

（清）浦起龍撰

民國二十五年(1936)上海中華書局四部備要本　薛聲震過錄陳漢章等批釋

八冊

　　框高 15.0 釐米,寬 10.6 釐米

　　半葉十三行二十字,小字雙行同,小黑口,雙黑魚尾,四周單邊　　善 2/548

0438

空山堂史記評註十二卷

（清）牛運震撰

清乾隆五十六至五十八年(1791-1793)刻空山堂全集本

六冊

　　框高 17.8 釐米,寬 13.0 釐米

　　半葉九行二十字,白口,單黑魚尾,四周雙邊

　　有"澤存書庫藏書"印　　　　善 2/556

0439

東萊先生音註唐鑑二十四卷

（宋）范祖禹撰　（宋）呂祖謙註

明弘治十年（1497）呂鏜刻本

十二册

　　框高 20.1 釐米，寬 13.4 釐米

　　半葉九行十八字，小字雙行同，大黑口，

雙黑魚尾，四周雙邊

　　有"劉承幹字貞一號翰怡""吳興劉氏嘉

業堂藏書印""張叔平"等印　　善 2/549

0440

東萊先生音註唐鑑二十四卷

（宋）范祖禹撰　（宋）呂祖謙註

清初刻本

二册

　　框高 20.1 釐米，寬 13.4 釐米

　　半葉九行十八字，小字雙行同，大黑口，

雙黑魚尾，四周雙邊

　　有"經敀室"印　　　　　　　善 2/550

0441

史義拾遺二卷

（元）楊維楨撰

左逸一卷短長一卷

（明）蔣謹輯

明崇禎五年（1632）蔣世枋刻本

二册

　　框高 19.8 釐米，寬 14.2 釐米

　　半葉八行二十字，小字雙行同，白口，四

周單邊　　　　　　　　　　　善 2/551

0442

學史十三卷

（明）邵寶撰

明正德十六年（1521）陳察刻本

四册

　　框高 17.7 釐米，寬 13.7 釐米

　　半葉十行二十字，小字雙行同，大黑口，

單黑魚尾，左右雙邊

　　有"經敀室""東璧山防"印　　善 2/552

0443

重刻歷朝捷録四卷

（明）顧充撰

明刻本

二册

　　框高 21.4 釐米，寬 14.4 釐米

　　半葉九行二十二字，小字雙行同，白口，

單黑魚尾，四周單邊

　　佚名朱筆批點　　　　　　　善 2/553

0444

新鐫歷朝捷録增定全編大成四卷

（明）顧充撰　（明）鍾惺等補

明末刻清遺經堂印本

六册

　　框高 18.5 釐米，寬 12.7 釐米

　　半葉八行十八字，小字雙行同，眉上鐫

評行四字，白口，四周單邊　　善 2/554

0445

先聖經綸五卷

（明）柯挺撰

明雲母山房刻本

四册

　　框高 20.4 釐米，寬 14.6 釐米

　　半葉八行十八字，小字雙行同，眉上鐫

評行五字，白口，四周單邊

　　缺一卷（卷五）

　　有"張叔平"印　　　　　　　善 2/534

0446

歷代史論一編四卷二編十卷

（明）張溥撰

明崇禎正雅堂刻本

六册

　　框高 19.7 釐米，寬 14.1 釐米

半葉九行十八字,小字雙行同,白口,單黑魚尾,左右雙邊

有"盱台王氏十四間書樓臧書印""吳興劉氏嘉業堂藏書記""張叔平"等印

善 2/555

0447

欽定古今儲貳金鑑六卷首一卷

(清)清高宗弘曆敕撰

清乾隆內府刻本

四冊

框高 20.9 釐米,寬 15.4 釐米

半葉八行二十一字,小字雙行同,白口,單黑魚尾,四周雙邊　　　善 2/555A

0448

漢史億二卷

(清)孫廷銓撰

清康熙刻雍正印本

二冊

框高 18.1 釐米,寬 11.8 釐米

半葉八行二十字,白口,四周雙邊

善 2/556A

0449

史記論文一百三十卷

(清)吳見思撰

清康熙二十六年(1687)尺木堂刻乾隆四十五年(1780)重修本

二十冊

框高 20.1 釐米,寬 14.3 釐米

半葉九行二十一字,小字雙行同,白口,單黑魚尾,左右雙邊

有"古越尺木堂張氏圖章"印

善 2/557A

0450

南宋襍事詩七卷

(清)沈嘉轍等撰

清乾隆武林芹香齋刻本

六冊

框高 17.3 釐米,寬 13.0 釐米

半葉十一行二十一字,小字雙行字數不等,白口,單黑魚尾,左右雙邊

善 2/558A

傳記類

總傳之屬

0451

人物概十五卷

(明)陳禹謨輯

明張之厚刻本

二冊

框高 23.3 釐米,寬 14.8 釐米

半葉十行二十一字,白口,單黑魚尾,左右雙邊,眉上鐫評,有刻工

存八卷(卷一至八)　　　善 2/271

0452

春秋列傳八卷

(明)劉節撰

明萬曆十三年(1585)劉士忠大梁書院刻本　悟阿題識

八冊

框高 20.9 釐米,寬 15.3 釐米

半葉九行二十一字,白口,單黑魚尾,四周單邊

有"劉承幹字貞一號翰怡""吳興劉氏嘉業堂藏書印""張叔平""幹卿""吳雲敬觀""悟阿""祖德"等印　　善 2/270

0453

千古奇聞八卷

(清)李漁撰

清康熙十八年(1679)刻本

八冊

框高 19.6 釐米,寬 14.0 釐米

半葉九行二十字,白口,單黑魚尾,四周單邊

有"陳漢第印""伏廬""書生本色""華生"等印　　　　　　　　善 2/274A

0454

女紅餘覽不分卷

(清)許承基編輯

清乾隆三十二年(1767)竹間書屋刻本

一冊

框高 20.8 釐米,寬 12.8 釐米

有文有圖,文無版框,圖四周雙邊

有"淑則""遂初堂""閨中讀書人""渌淨""德音""潘新吾印""新吾""馮""靜趣""長□一字默齋""許承基印"等印　　　　　　　　善 2/287B

0455

高士傳三卷

(晉)皇甫謐撰　　(明)黃省曾頌

明嘉靖三十一年(1552)黃魯曾刻漢唐三傳本

二冊

框高 19.7 釐米,寬 15.8 釐米

半葉十二行二十字,白口,單白魚尾,左右雙邊

有"江東羅氏所藏""數間艸堂藏書""盧文弨""耕翁鐵雪""羅以智印""竟泉""中容點勘""武林羅氏校本""范陽盧氏""文弨之印""紹弓"等印　　善 2/274

0456

歷代君鑒五十卷

(明)明景帝朱祁鈺撰

明景泰四年(1453)內府刻本

十冊

框高 27.9 釐米,寬 18.0 釐米

半葉十行二十字,黑口,雙花魚尾,四周雙邊　　　　　　　　　善 2/272

0457

歷代相臣傳一百六十八卷

(明)魏顯國撰

明萬曆三十四年(1606)鄧以誥等刻本

二十四冊

框高 21.9 釐米,寬 14.0 釐米

半葉十行二十字,小字雙行同,白口,單黑魚尾,四周單邊,眉上鐫注

有"劉承幹字貞一號翰怡""吳興劉氏嘉業堂藏書印""張叔平"印　　善 2/273

0458

鏡古錄八卷

(明)毛調元撰

明萬曆四十四年(1616)徽州紫陽書院刻本

十二冊

框高 21.0 釐米,寬 13.8 釐米

半葉九行二十字,白口,單黑魚尾,四周單邊

有"幼梅藏書""方氏珍藏""願得乘槎一問津"等印　　　　　　善 2/285

0459

儒林宗派十六卷

(清)萬斯同撰

清乾隆三十八年(1773)萬邠初刻本　　清吳騫批

二冊

框高 19.8 釐米,寬 13.6 釐米

半葉八行二十六字,小字雙行同,白口,單黑魚尾,左右雙邊

有缺葉,有"拜經樓""瑞安孫仲容珍藏書畫文籍印""海寧陳鱣觀"等印

善 2/287

0460

儒林宗派十六卷

（清）萬斯同撰

清宣統三年（1911）浙江圖書館刻本　馬敘倫校

二冊

框高 18.4 釐米，寬 13.4 釐米

半葉八行二十一字，小字雙行同，白口，單黑魚尾，左右雙邊

馬敘倫先生贈書　　　　　　善 2/287A

0461

書小史十卷

（宋）陳思撰

清顧沅藝海樓抄本

二冊

框高 20.6 釐米，寬 13.9 釐米

半葉八行二十一字，小字雙行同，藍格，白口，單黑魚尾，左右雙邊　　善 3/281

0462

廬墓考三卷

（明）方以智撰

明末刻本

六冊

框高 20.0 釐米，寬 13.2 釐米

半葉八行十八字，白口，四周單邊

善 2/320

0463

古懽錄八卷

（清）王士禎撰

清康熙三十九年（1700）快宜堂刻王漁洋遺書本

四冊

框高 16.5 釐米，寬 13.4 釐米

半葉十行十九字，小字雙行字數不等，白口，單黑魚尾，左右雙邊，有刻工

善 2/274B

0464

五朝名臣言行錄前集十卷後集十四卷

（宋）朱熹輯

明刻本

七冊

框高 17.5 釐米，寬 12.8 釐米

半葉十行十九字，小字雙行字數不等，白口，左右雙邊

存十二卷（前集卷二至四，後集卷二、五至六、九至十四）

有朱墨筆批校題識，有“果親王府圖書記”“果親王寶”“吳興劉氏嘉業堂藏書印”“劉承幹字貞一號翰怡”“赤山文庫”“張叔平”等印　　　　　善 2/275

0465

皇明開國臣傳十三卷

（明）朱國禎輯

明崇禎刻皇明史概本

十二冊

框高 21.4 釐米，寬 14.9 釐米

半葉十行二十一字，小字雙行同，白口，單黑魚尾，左右雙邊

佚名朱筆批點，有“劉承幹字貞一號翰怡”“吳興劉氏嘉業堂藏書印”“張叔平”等印　　　　　善 2/277

0466

殿閣詞林記二十二卷

（明）廖道南撰

明嘉靖刻本

二十冊

框高 20.2 釐米，寬 15.0 釐米

半葉十行二十字，白口，單白間單黑魚尾，左右雙邊

有“劉翰怡印”“求恕居士”“吳興劉氏嘉業堂藏書印”“張叔平”等印　　善 2/279

0467

史外八卷

（清）汪有典撰

清同治三年（1864）尋樂山房刻本　郭象升批校並跋

八册

框高 19.0 釐米,寬 13.9 釐米

半葉九行二十四字,小字雙行同,眉上行間鐫評,眉評行六字,白口,單黑魚尾,左右雙邊

有"允叔臧書""淵照樓廱書記""爵天藏書"印　　　　善 2/284

0468

皇明表忠紀十卷附錄一卷

（明）錢士升撰

明崇禎刻本

一册

框高 20.0 釐米,寬 14.5 釐米

半葉九行十九字,小字雙行同,白口,單黑魚尾,左右雙邊

有"吳芝""千休居士""吳""芝""沈世德印""平叔""五竹居""千休""平朱""居竹""平""朱"等印　　善 2/281

0469

皇明遜國臣傳五卷首一卷

（明）朱國禎輯

明崇禎刻皇明史概本

四册

框高 21.7 釐米,寬 14.9 釐米

半葉十行二十一字,小字雙行同,白口,單黑魚尾,左右雙邊

有"劉承幹字貞一號翰怡""吳興劉氏嘉業堂藏書印""張叔平"等印　　善 2/278

0470

嘉靖以來首輔傳八卷

（明）王世貞撰

明萬曆四十五年（1617）茅元儀刻本

八册

框高 19.2 釐米,寬 13.4 釐米

半葉九行十八字,白口,四周單邊

有"吳興劉氏嘉業堂藏書印""張叔平"等印　　　　善 2/282

0471

東林列傳二十四卷末二卷

（清）陳鼎輯

清康熙五十年（1711）售山山壽堂刻本

八册

框高 17.1 釐米,寬 13.6 釐米

半葉九行二十字,白口,單黑魚尾,左右雙邊

缺九卷（卷四至十二）

有"陳漢第""伏廬老人""理學名家""還古堂"印　　　　善 2/282B

0472

續表忠記八卷二續八卷

（清）趙吉士撰　　（清）盧宜輯

清康熙三十七年（1698）趙吉士寄園刻本

三册

框高 19.0 釐米,寬 14.4 釐米

半葉九行二十字,小字雙行同,白口,單黑魚尾,四周單邊

存六卷（續表忠記卷一至六）

有"種竹""沈世德印""煙雲供養""起落不隨人"等印　　善 2/281A

0473

吳耿尚孔四王合傳四卷

（清）錢名世撰

清抄本

一册

半葉十行二十一字,無版框

子目:

平西王吳三桂傳一卷

靖南王耿仲明傳一卷
平南王尚可喜傳一卷
定南王孔有德傳一卷　　　　善2/282A

0474
京口耆舊傳九卷
（宋）□□撰
清抄本
二冊
　框高20.0釐米,寬14.1釐米
　半葉十一行二十一字,小字雙行同,黑
口,雙黑魚尾,四周雙邊
　有"遜學齋收藏圖籍""江東羅氏所藏"
"瑞安孫仲容珍藏書畫文籍印"等印
　　　　　　　　　善2/276

0475
東嘉先哲錄二十卷
（明）王朝佐撰
清影明抄本　　清孫詒讓校
四冊
　半葉十行二十字,小字雙行同,無版框
　有"瑞安孫仲容珍藏書畫文籍印""經㣲
室""瑞安孫仲容斠讀四部羣書之印""鈍
宦經眼"等印　　　　善2/283

0476
襄陽耆舊記三卷
（晉）習鑿齒撰　　（清）任兆麟訂
清乾隆五十三年（1788）震澤任氏忠敏家
塾刻心齋十種本
　一冊
　框高18.0釐米,寬13.5釐米
　半葉九行十七字,小字雙行同,白口,單
黑魚尾,四周雙邊　　　　善2/317A

0477
高僧傳初集至四集
（清）楊文會輯

清光緒十至十八年（1884-1892）金陵刻經
處　江北刻經處刻本　清沈善登批校　屈彊
（屈爔）批校並跋
　四冊
　框高17.4釐米,寬13.0釐米
　半葉十行二十字,小字雙行同,小黑口,
左右雙邊
　存十六卷（初集十五卷首一卷）
　有"絜芳小圃所㦿""彊山劫後僅存之
書""括囊庵""穆州讀本""彊山一民""屈
氏伯子""珠隖老農""彊山"等印
　　　　　　　　　善2/288

別傳之屬

0478
東家雜記二卷
（宋）孔傳撰
清抄本
二冊
　框高17.3釐米,寬12.6釐米
　半葉十行十八至十九字,小字雙行字數
不等,黑口,單黑魚尾,左右雙邊
　有"遜學齋收藏圖籍"印　　善2/290

0479
闕里文獻考一百卷首一卷末一卷
（清）孔繼汾撰
清乾隆二十七年（1762）孔昭煥刻本
　八冊
　框高19.1釐米,寬14.8釐米
　半葉十三行二十六字,小字雙行三十九
字,黑口,雙黑魚尾,左右雙邊
　　　　　　　　　善2/315A

0480
關聖帝君聖蹟圖誌全集五卷
（清）盧湛輯
清康熙三十二年（1693）刻本

八册

　　框高 24.1 釐米,寬 16.1 釐米

　　半葉十行二十一字,白口,單黑魚尾,四周雙邊　　　　　　　　　　　善 2/315

0481

紹陶錄二卷

　(宋)王質撰

　清抄本　繆荃孫校

　一册

　　半葉十二行二十四字,無版框

　　有"曾經藝風勘讀""積學齋徐乃昌藏書""南陵徐乃昌校勘經籍記"等印

　　　　　　　　　　　　善 2/291

0482

安禄山事迹三卷

　(唐)姚汝能撰

　清抄本

　三册

　　半葉七行十六字,無版框

　　有"崑山"印　　　　　善 2/292

0483

江東外紀拾殘一卷

　(清)林用霖輯

　清咸豐十一年(1861)自刻本　清孫詒讓批並跋

　一册

　　框高 18.2 釐米,寬 12.3 釐米

　　半葉九行二十二字,白口,單黑魚尾,四周雙邊

　　有"經敳室"印　　　　善 2/323

0484

江東外紀拾殘一卷

　(清)林用霖輯

　清咸豐十一年(1861)自刻本　清孫詒讓批

一册

　　框高 18.2 釐米,寬 12.3 釐米

　　半葉九行二十二字,白口,單黑魚尾,四周雙邊

　　有"經敳室"印　　　　善 2/324

0485

東坡烏臺詩案一卷

　題(宋)朋九萬撰

　清抄本

　一册

　　半葉十行二十字,無版框　　善 2/295

0486

蘇長公外紀十二卷

　(明)王世貞輯　　(明)璩之璞校補

　明萬曆二十二年(1594)璩氏燕石齋刻二十三年(1595)重修本

　八册

　　框高 17.7 釐米,寬 12.8 釐米

　　半葉十行十八字,小字雙行同,白口,單白魚尾,左右雙邊

　　有"吳興劉氏嘉業堂藏書印""張叔平""莘野"等印　　　　　　善 2/294

0487

東坡先生遺事不分卷

　明崇禎九年(1636)抄本

　二册

　　半葉十行二十九字,無版框

　　有朱筆校點,泠然居士跋,有"蔡氏起奎""泠然居士"印　　　善 2/293

0488

米襄陽志林十三卷

　(明)范明泰輯

米襄陽遺集一卷海嶽名言一卷寶章待訪錄一卷研史一卷

　(宋)米芾撰　　(明)范明泰輯

明萬曆三十二年(1604)范氏清宛堂刻本

四册

　　框高21.9釐米,寬14.5釐米

　　半葉九行十八字,白口,單白魚尾,左右

雙邊

　　有"張叔平""吳興劉氏嘉業堂藏書印"

"修遠氏""辟疆園印""一敬子印""會心

居士"等印　　　　　　　　　善2/296

0489

米襄陽外紀十二卷

(明)范明泰輯

明崇禎刻宋四家外紀本

四册

　　框高20.7釐米,寬13.6釐米

　　半葉十行二十字,小字雙行同,白口,左

右雙邊

　　有"張叔平""劉承幹字貞一號翰怡"

"吳興劉氏嘉業堂藏書印""陳氏""克齋"

等印　　　　　　　　　　善2/297

0490

辯誣筆錄一卷家訓筆錄一卷

(宋)趙鼎撰

日本刻本

一册

　　框高18.2釐米,寬13.9釐米

　　半葉十行二十字,小字雙行同,大黑口,

單黑魚尾,左右雙邊,眉上鐫注　善2/298

0491

先祖考太保文勤公(王文韶)事略一卷

(清)王鈺孫撰

清宣統抄本

一册

　　框高23.6釐米,寬12.2釐米

　　半葉六行二十字,紅格,四周雙邊

　　　　　　　　　　　　　　善2/299

0492

歷代名人年譜不分卷

(清)吳榮光撰

稿本　姜亮夫題識

三册

　　框高20.2釐米,寬13.7釐米

　　表格,三列三行,紅格,白口,雙黑魚尾,

四周雙邊

　　有浮籤,有"亮夫""姜寅清印"印

　　　　　　　　　　　　　　善2/307

0493

司馬溫公年譜六卷

(明)馬巒撰

明萬曆四十六年(1618)司馬露刻本

四册

　　框高21.9釐米,寬14.3釐米

　　半葉九行二十字,小字雙行同,白口,單

黑魚尾,四周單邊

　　有"莫友芝圖書印""莫彝孫印""莫繩

孫印""劉承幹字貞一號翰怡""吳興劉氏

嘉業堂藏書印""張叔平"等印　善2/303

0494

朱子年譜四卷考異四卷

(清)王懋竑撰

附錄朱子論學切要語二卷

(清)王懋竑輯

清乾隆十七年(1752)王氏白田草堂刻本

四册

　　框高17.6釐米,寬13.4釐米

　　半葉八行二十字,小字雙行同,白口,單

黑魚尾,左右雙邊

　　有"詩家眷屬酒家仙""蘭清"等印

　　　　　　　　　　　　　　善2/304C

0495

宋仁山金先生年譜一卷

(明)徐袍撰

清抄本

一册

　　半葉九行二十字,無版框

　　有"抱經樓臧善本""亞東沈氏抱經樓鑒

賞圖書印"印　　　　　　　　　　善 2/304D

0496

費燕峰先生年譜四卷

　(清)費冕撰

　民國抄本

　四册

　　框高 16.5 釐米,寬 12.0 釐米

　　半葉十行二十字,小字雙行同,單黑魚

尾,左右雙邊　　　　　　　　　　善 2/305

0497

陸稼書先生年譜定本二卷附錄一卷

　(清)吳光酉輯

　清雍正三至六年(1725－1728)清風堂刻乾

隆六年(1741)增刻本

　四册

　　框高 19.4 釐米,寬 13.9 釐米

　　半葉十行二十三字,小字雙行同,黑口,

雙花魚尾,左右雙邊

　　有"耨經堂"印　　　　　　　善 2/309A

0498

檢身錄一卷

　(清)朱士端撰

　民國抄本

　四册

　　框高 16.7 釐米,寬 12.0 釐米

　　半葉十行二十字,小字雙行同,紫格,黑

口,單黑魚尾,左右雙邊

　　佚名朱筆校　　　　　　　　　善 2/306

0499

山桑宦記二卷

　(清)譚獻撰

清光緒五至六年(1879－1880)稿本

二册

　　框高 17.2 釐米,寬 9.8 釐米

　　半葉八行行字不等,白口,四周單邊

　　有"臣獻"印　　　　　　　　　善 2/325

0500

涑水司馬氏源流集略八卷

　(明)司馬晰輯

　明萬曆十五年(1587)司馬祉刻三十五年

(1607)司馬露增修本

　五册

　　框高 19.4 釐米,寬 14.0 釐米

　　半葉九行二十字,小字雙行字數不等,

白口,單黑魚尾,四周雙邊

　　有"劉承幹字貞一號翰怡""吳興劉氏嘉

業堂藏書印""王龍文印""張叔平"等印

　　　　　　　　　　　　　　　　善 2/316

0501

古今同姓名錄二卷

　(梁)梁元帝撰　　(唐)陸善經續　　(元)葉

森補

　清乾隆李氏萬卷樓刻函海本

　一册

　　框高 18.7 釐米,寬 14.3 釐米

　　半葉十行二十字,小字雙行同,白口,單

黑魚尾,四周雙邊　　　　善 5/027B/1.3

0502

宋人世系考二卷

　(清)勞格撰　　丁寶書述

　清抄本

　一册

　　框高 17.6 釐米,寬 13.2 釐米

　　表格,半葉七行,白口,四周單邊

　　　　　　　　　　　　　　　　善 2/321

0503

列朝私紀三卷

（清）周天錫撰

清求益齋抄本

一册

　　框高 19.8 釐米,寬 14.5 釐米

　　半葉十二行二十四字,小字雙行同,藍格,大黑口,單黑魚尾,四周單邊

　　有"瑞安孫仲容珍藏書畫文籍印"印

　　　　　　　　　　　　善 2/322

0504

增狀元圖考六卷

（明）顧祖訓撰　（明）吳承恩　程一楨補（清）陳枚增訂

明萬曆三十五至三十七年（1607-1609）吳承恩　黃文德刻清初武林陳枚文治堂書坊增刻本

六册

　　框高 20.8 釐米,寬 13.8 釐米

　　半葉九行二十字,白口,四周單邊

　　有"陳枚之印""簡侯""秀水王景曾所藏金石書籍印""秀水王景曾""復菴小印""柳蓉春經眼印""博古齋收藏善本書籍""張叔平""劉承幹字貞一號翰怡""吳興劉氏嘉業堂藏書印""承幹之印""翰怡"等印　　　　善 2/280

政書類

0505

通典二百卷

（唐）杜佑撰

明嘉靖刻本

一册

　　框高 21.5 釐米,寬 15.2 釐米

　　半葉十行二十三字,小字雙行同,白口,雙黑魚尾,四周雙邊,有刻工

存五卷（卷二十六至三十）

　　有"心遠堂印"印　　　　　善 2/428A

0506

通志略五十二卷

（宋）鄭樵撰

明嘉靖二十九年（1550）陳宗夔等刻清乾隆十三年（1748）重修金匱山房印本

二十册

　　框高 18.8 釐米,寬 13.2 釐米

　　半葉十行二十字,小字雙行同,白口,四周單邊

　　此書係汪伯唐先生之遺書,由其哲嗣彥儒先生贈送之江大學圖書館　善 2/429A

0507

文獻通考三百四十八卷

（元）馬端臨撰

明正德十一至十四年（1516-1519）劉洪慎獨齋刻本

二百册

　　框高 19.4 釐米,寬 12.9 釐米

　　半葉十二行二十五字,小字雙行同,雙黑魚尾,小黑口,四周雙邊

　　有抄配,有"莫友芝印""郘亭眳叟""君者""劉承幹字貞一號翰怡""吳興劉氏嘉業堂藏書印""吳興劉氏嘉業堂藏""張叔平"等印　　　　善 2/430

0508

文獻通考三百四十八卷

（元）馬端臨撰

清乾隆十二至十四年（1747-1749）武英殿刻三通本

八十八册

　　框高 21.6 釐米,寬 15.3 釐米

　　半葉十行二十一字,小字雙行同,白口,單黑魚尾,左右雙邊　　　善 2/430A

0509

歷代封建史蹟攷一卷

（清）□□撰

抄本　姜亮夫題識

二冊

半葉十二行行字不等，小字雙行，無版
框

有"惠棟之印""字曰定宇""吳大澂印"
"愙齋""知不足齋""姜寅清印""亮夫"等
印　　　　　　　　　　　　善 2/433

0510

憲章類編四十二卷

（明）勞堪撰

明萬曆六年（1578）自刻本

二十冊

框高 21.3 釐米，寬 15.2 釐米

半葉九行二十二字，白口，單黑魚尾，四
周雙邊

有"瑞安孫仲容珍藏書畫文籍印""杏園
氏"等印　　　　　　　　　善 2/432

0511

大唐開元禮一百五十卷

（唐）蕭嵩等撰

清抄本

三十冊

半葉十行二十字，小字雙行同，無版框

有"古香樓""休寧汪季青家藏書籍"
"姜寅清印""亮夫"等印　　　善 2/435

0512

大唐郊祀錄十卷

（唐）王涇撰

清抄本　清張金吾跋

四冊

半葉九行十八字，小字雙行同，無版框

有朱筆校，有"讀史精舍""慤學齋收藏
圖籍""武原馬氏藏書""得之有道傳之無

愧""笏齋""硯田生涯"等印　　善 2/434

0513

中興禮書三百卷

（宋）禮部太常寺纂修　（清）徐松輯

中興禮書續編八十卷

（宋）葉宗魯纂修　（清）徐松輯

清抄本

二十六冊

框高 18.0 釐米，寬 14.1 釐米

半葉十一行二十三字，小字雙行同，白
口，單黑魚尾，四周雙邊

中興禮書存二百四十九卷（卷一至二、
四、六至十六、十八至二十、二十二至八十
五、九十至一百一十八、一百二十至一百二
十一、一百二十五至一百二十九、一百三
十一至一百三十九、一百四十一至一百四
十二、一百四十九至一百五十、一百五十
二、一百五十六至一百六十、一百六十三
至一百六十五、一百六十九至一百七十、
一百七十三至一百七十六、一百七十八至
一百九十一、一百九十六至二百零六、二
百零九至二百十一、二百十五至二百十
六、二百二十一至二百二十三、二百二十
七、二百三十至二百三十四、二百三十六
至三百），續編存六十三卷（卷一至三、五
至六、九、十一、十三、十五至二十二、三
十、三十五至八十）

有"韓氏藏書""中容過眼""朱學勤印"
"修伯秘臧"等印　　　　　　善 2/436

0514

明倫大典二十四卷

（明）楊一清　熊浹等纂修

明嘉靖鎮江府刻本

十二冊

框高 24.5 釐米，寬 17.3 釐米

半葉八行十八字，白口，雙白魚尾，四周
單邊

有"劉承幹字貞一號翰怡""吳興劉氏嘉
業堂藏書印""張叔平"等印　　善 2/431

0515
幸魯盛典四十卷
（清）孔毓圻　金居敬等纂修
清康熙五十年（1711）刻本
十二冊
　　框高 19.9 釐米,寬 14.2 釐米
　　半葉十行二十一字,小字雙行同,白口,
單黑魚尾,四周雙邊　　善 2/436A

0516
欽定學政全書八十卷
（清）素爾訥等纂修
清乾隆刻本
十二冊
　　框高 22.3 釐米,寬 16.3 釐米
　　半葉九行二十字,小字雙行同,白口,單
黑魚尾,四周雙邊　　善 2/449A

0517
康濟譜二十五卷
（明）潘游龍撰
明崇禎十四年（1641）姑蘇王期昇刻本
二十四冊
　　框高 20.0 釐米,寬 14.3 釐米
　　半葉九行二十字,小字雙行同,白口,單
黑魚尾,左右雙邊
　　有"天一生藏書"印　　善 2/443

0518
公法會通十卷
（瑞士）布倫撰　（美）丁韙良譯
朝鮮建陽元年（1896）朝鮮學部編輯局活
字本
三冊
　　框高 23.5 釐米,寬 15.9 釐米
　　半葉十行二十一字,小字雙行同,白口,

單黑魚尾,四周單邊　　善 2/448

0519
補漢兵志一卷
（宋）錢文子撰
清乾隆三十四年（1769）殷陽書院刻柚堂
全集本　清孫詒讓校
一冊
　　框高 19.2 釐米,寬 14.5 釐米
　　半葉十行二十字,白口,單黑魚尾,左右
雙邊
　　有"經籹室""仲容手校""仲頌"印
　　　　善 3/226

0520
籌邊纂議八卷續集一卷
（明）鄭文彬撰
清駕日軒抄本
八冊
　　框高 18.2 釐米,寬 14.2 釐米
　　半葉十行行字不等,小字雙行,白口,單
黑魚尾,四周雙邊
　　陳訓慈先生贈書,有朱筆點校及于友石
題箋一頁,有"蘄春方氏珍藏""于友石"
等印　　善 2/339

0521
大明律三十卷
（明）劉惟謙等撰
條例一卷
日本享保七年（1722）京都風月莊左衛門
刻本
九冊
　　框高 22.5 釐米,寬 15.7 釐米
　　半葉八行二十二字,小字雙行同,行間
鐫日文注,白口,單黑魚尾,四周單邊
　　佚名朱墨筆批注,有"關氏藏書記""鶴
堂藏書"等印　　善 2/444

0522

大典會通六卷首一卷

（朝鮮）趙斗淳等纂修

清同治四年（1865）朝鮮刻本

五冊

　　框高 23.6 釐米，寬 18.6 釐米

　　半葉十行二十字，小字雙行同，白口，雙花魚尾，四周雙邊

　　有“蒼虎軒”等印　　　　　善 2/446

0523

離院條例一卷

（朝鮮）金聲根等撰

清光緒十七年（1891）朝鮮鄭世源銅活字本

一冊

　　框高 23.6 釐米，寬 16.4 釐米

　　半葉十行十九字，小字雙行同，白口，單黑魚尾，四周雙邊

　　有“虎”“蒼虎軒”等印　　　善 2/447

職官類

0524

南宋館閣錄十卷

（宋）陳騤撰

續錄十卷

清抄本

四冊

　　半葉十一行二十一字，小字雙行同，無版框

　　缺一卷（館閣錄卷一）

　　有朱校，有“愻學齋收藏圖籍”印

　　　　　　　　　　　　　　善 2/438

0525

宋宰輔編年錄二十卷

（宋）徐自明撰

明萬曆四十六年（1618）呂邦燿刻本　清孫詒讓校

十三冊

　　框高 19.6 釐米，寬 13.7 釐米

　　半葉十行二十字，小字雙行同，白口，單黑魚尾，四周單邊

　　缺三卷（卷八、十、十四）

　　有“瑞安孫仲容珍藏書畫文籍印”印

　　　　　　　　　　　　　　善 2/437

0526

三事忠告四卷

（元）張養浩撰

清乾隆李文藻刻五十四年（1789）周永年竹西書屋印貸園叢書初集本

二冊

　　框高 18.5 釐米，寬 14.2 釐米

　　半葉十一行二十一字，黑口，單黑魚尾，左右雙邊

　　有“陳漢第印”“伏廬”印　　善 2/441A

0527

治要錄四卷

（明）潘游龍撰

清抄本

二冊

　　半葉九行二十一至二十五字，無版框

　　有“其生氏”“忠可立身勤能應事”“彩穎生華”“湖中月”“錢之濤印”“雲宛如崔”等印　　　　　　善 2/442

詔令奏議類

0528

歷代名臣奏議三百五十卷

（明）黃淮　楊士奇等輯

明永樂內府刻本

一百五十冊

框高 25.8 釐米,寬 16.2 釐米

半葉十二行二十六字,小字雙行同,大
黑口,雙黑魚尾,四周雙邊

有"瑞安孫仲容珍藏書畫文籍印"印

善 2/252

0529

歷代名臣奏議三百五十卷

(明)黃淮　楊士奇等輯　　(明)張溥删正

明崇禎八年(1635)東觀閣刻本

四十八册

框高 20.6 釐米,寬 14.1 釐米

半葉九行十八字,小字雙行同,眉欄鐫
評行五字,白口,單黑魚尾,左右雙邊

有"張叔平""吳興劉氏嘉業堂藏書記"
"東觀閣圖書記""祈繩"等印　　善 2/253

0530

荆川先生右編四十卷

(明)唐順之輯　　(明)劉曰寧補遺

明萬曆三十三年(1605)南京國子監刻本

三十二册

框高 22.2 釐米,寬 14.5 釐米

半葉十行二十字,小字雙行同,白口,單
白魚尾,左右雙邊

有"經敬室"印　　　　　善 2/256

0531

秦漢書疏十八卷

明嘉靖三十七年(1558)吳國倫刻本

十四册

框高 20.8 釐米,寬 14.8 釐米

半葉十行二十字,小字雙行同,白口,單
白魚尾,四周單邊

有"三山陳氏居敬堂圖書"印

子目:

秦書疏三卷

西漢書疏六卷

東漢書疏九卷　　　　善 2/254

0532

東漢書疏八卷

(明)周瓘輯

明弘治十四年(1501)刻兩漢書疏本

三册

框高 18.8 釐米,寬 13.2 釐米

半葉十行二十一字,小字雙行同,白口,
三黑魚尾,四周單邊

有"阮閣藏書""張叔平""劉承幹字貞
一號翰怡""吳興劉氏嘉業堂藏書印""桂
林況周頤藏書""嘉業堂""王仲子之章"
"清況""海虞王氏科第世家"等印

善 2/255

0533

皇明奏議選十六卷備選一卷

(明)秦駿生輯

明崇禎武林馮閣閣刻本

十册

框高 19.7 釐米,寬 12.3 釐米

半葉九行二十三字,白口,四周單邊,眉
上鐫評

有"高美士印""經敬室"等印

善 2/257

0534

唐陸宣公奏議十二卷

(唐)陸贄撰

朝鮮刻本

四册

框高 25.2 釐米,寬 18.1 釐米

半葉十行十七字,白口,單花魚尾,四周
單邊　　　　　　　善 2/233

0535

陸奏約選二卷

(唐)陸贄撰　　(朝鮮)朝鮮正祖李算御定

朝鮮刻本

一册

框高 24.9 釐米,寬 18.0 釐米

半葉十行十八字,白口,單黑魚尾,四周

雙邊　　　　　　　　　　善 2/234

0536

蘇東坡先生上神宗皇帝書一卷

（宋）蘇軾撰　（清）蔡焯注

清乾隆十一年(1746)錫山蔡氏東山書屋

刻本

一册

框高 17.5 釐米,寬 12.0 釐米

半葉八行十六字,小字雙行二十字,黑

口,單黑魚尾,四周單邊　　　善 2/236

0537

宋丞相李忠定公奏議六十九卷附錄九卷

（宋）李綱撰

明正德十一年(1516)邵武胡文靜　蕭泮刻

本

八册

框高 19.8 釐米,寬 12.6 釐米

半葉十行二十二字,小字雙行同,下黑

口,雙白魚尾,四周雙邊

有“方功惠藏書印”“巴陵方氏傳經堂藏

書印”等印　　　　　　　善 2/237

0538

宋丞相李忠定公奏議六十九卷附錄九卷

（宋）李綱撰

明正德十一年(1516)邵武胡文靜　蕭泮刻

天啓二年(1622)重修本

六册

框高 19.5 釐米,寬 12.5 釐米

半葉十行二十二字,小字雙行同,白口

間小黑口,雙白魚尾,四周雙邊

有“吳興劉氏嘉業堂藏書印”“劉承幹字

貞一號翰怡”“張叔平”“南宮逸史”等印

善 2/238

0539

南宮奏議三十卷歷官表奏十六卷

（明）嚴嵩撰

清康熙木活字印本

六册

框高 22.1 釐米,寬 16.1 釐米

半葉十二行二十字,小字雙行同,白口,

單黑魚尾,四周單邊

缺十六卷(歷官表奏十六卷)

有“吳興劉氏嘉業堂藏書印”“劉承幹字

貞一號翰怡”“張叔平”等印　　善 2/239

0540

朱文懿公奏疏十二卷茶史一卷

（明）朱賡撰

清乾嘉間朱繼相刻本

十二册

框高 21.1 釐米,寬 14.0 釐米

半葉十行二十二字,小字雙行同,白口,

單黑魚尾,四周單邊

有“劉承幹字貞一號翰怡”“吳興劉氏嘉

業堂藏書印”“張叔平”等印　　善 2/240

0541

明萬曆二十八年葉公減課救商五疏

（明）葉永盛撰

清康熙四十年(1701)兩浙衆商葉善長等

木拓本

一册

黑底白字拓本,半葉六行二十字,無版

框　　　　　　　　　　善 2/241A

0542

疏稿六卷書牘五卷

（明）熊廷弼撰

明末汪修能刻本

四册

框高 21.6 釐米,寬 13.8 釐米

半葉十行二十二字,白口,四周單邊

存二卷（疏稿卷一至二）

有"嘉業堂""劉承幹字貞一翰翰怡"

"吳興劉氏嘉業堂藏書印""張叔平"等印

善 2/243

0543

靳文襄公奏疏八卷

（清）靳輔撰

清靳治豫刻本

十六冊

　框高 19.9 釐米,寬 14.7 釐米

　半葉九行二十二字,白口,單黑魚尾,左

右雙邊　　　　　　　　　　善 2/242A

0544

顧用方奏稿不分卷

（清）顧琮撰

清乾隆抄本

八冊

　半葉六行二十字,無版框　　善 2/244

0545

嚴禁鴉片煙奏稿一卷

（清）黃爵滋等撰　（清）選亭氏輯

清抄本

一冊

　半葉八行三十一至三十七字,無版框

　有墨筆校　　　　　　　　善 2/250

0546

雜事聞見錄一卷

（清）殷兆鏞　僧格林沁撰　□□輯

清末抄本

一冊

　半葉八行行字不等,無版框　善 2/249

0547

剿平陝甘回匪彙編四卷

（清）林壽圖等撰

清味經書屋抄本

四冊

　框高 18.5 釐米,寬 12.5 釐米

　半葉八行二十字,白口,單黑魚尾,左右

雙邊　　　　　　　　　　　善 2/245

0548

蔣京兆奏議一卷

（清）蔣琦齡撰

清抄本

一冊

　框高 20.2 釐米,寬 12.8 釐米

　半葉九行二十二字,白口,雙黑魚尾,四

周雙邊

　有墨筆點校,有"岑毓寶印""楚卿"等

印　　　　　　　　　　　　善 2/246

0549

退圃主人奏議鈔存一卷壽護堂奏議一卷津
通鐵路奏議鈔存一卷

（清）王文韶撰

清光緒抄本

九冊

　半葉六行二十至二十一字,無版框

善 2/247

0550

盛宣懷奏稿一卷

（清）盛宣懷撰

清光緒抄本

一冊

　框高 17.7 釐米,寬 11.0 釐米

　半葉六行二十字,紅格,白口,單黑魚

尾,四周雙邊　　　　　　　善 2/242C

0551

岑春煊奏稿不分卷

（清）岑春煊撰

稿本

二册

　　框高 18.5 釐米,寬 11.0 釐米

　　半葉六行二十字,白口,雙黑魚尾,四周
雙邊　　　　　　　　　　　　　善 2/251

0552

震英粹語三卷

　（朝鮮）金馹孫等撰

　朝鮮活字本

　三册

　　框高 25.4 釐米,寬 17.0 釐米

　　半葉九行十七字,白口,雙花魚尾,四周
雙邊

　　有墨筆點校,第三册係配本　　善 2/258

0553

御製王世子册禮後各道身軍布折半蕩減綸
音一卷附朝鮮文一卷附各道身軍布舊還蕩
減揔數後錄一卷

　清朝鮮活字本

　一册

　　框高 25.1 釐米,寬 18.0 釐米

　　半葉十行十八字,小字雙行同,白口,單
花魚尾,四周單邊　　　　　　善 2/259

0554

諭中外大小臣庶綸音一卷附朝鮮文一卷

　朝鮮刻本

　一册

　　框高 25.1 釐米,寬 18.0 釐米

　　半葉十行十八字,白口,單花魚尾,四周
單邊　　　　　　　　　　　　　善 2/260

時令類

0555

月令精鈔二卷

　（清）鄭泰　吳振撰

清康熙三十五年(1696)刻本

二册

　　框高 20.4 釐米,寬 14.0 釐米

　　半葉十行二十二字,小字雙行同,白口,
單黑魚尾,四周單邊

　　有"長留天地間""學步""護封"等印

　　　　　　　　　　　　　　　善 2/330A

地理類

總志之屬

0556

太平寰宇記二百卷目錄二卷(原闕卷四、卷
一百十三至一百十九)

　（宋）樂史撰

補闕八卷

　（清）陳蘭森撰

　清乾隆五十八年(1793)萬廷蘭刻本

　三十册

　　框高 18.0 釐米,寬 11.7 釐米

　　半葉十行二十二字,小字雙行同,黑口,
雙黑魚尾,四周雙邊

　　有"山陰孫世偉藏"印　　　　善 2/334A

0557

輿地廣記三十八卷

　（宋）歐陽忞撰

校勘記二卷

　（清）孫星華撰

　清乾隆武英殿聚珍版書本

　八册

　　框高 18.9 釐米,寬 12.7 釐米

　　半葉九行二十一字,小字雙行同,白口,
單黑魚尾,四周雙邊

　　存二十卷(卷十九至三十八)

　　　　　　　　　　　　　　　善 2/335A

0558

新編方輿勝覽七十卷

（宋）祝穆輯

元刻本

三十二册

　　框高17.4釐米,寬11.7釐米

　　半葉大字七行十五字,小字十四行二十三字,小黑口,雙黑魚尾,左右雙邊

　　有"瑞安孫仲容珍藏書畫文籍印""讀史精舍""武原馬氏藏書""得之有道傳之無愧""漢唐齋""馬玉堂""笏齋"等印

　　　　　　　　　　　　善2/335

0559

大明一統志九十卷

（明）李賢　萬安等纂修

明嘉靖三十八年(1559)書林楊氏歸仁齋刻萬曆十六年(1588)重修本

二十八册

　　框高19.4釐米,寬12.9釐米

　　半葉十行二十二字,小字雙行同,大黑口,雙黑魚尾,四周單邊間雙邊

　　有"島原秘藏""山陰孫世偉藏"等印

　　　　　　　　　　　　善2/336

0560

天下一統志九十卷

（明）李賢　萬安等纂修

明萬壽堂刻清順治康熙間印本

四十八册

　　框高21.3釐米,寬14.8釐米

　　半葉十行二十二字,小字雙行同,白口,單黑魚尾,四周單邊

　　有抄配(卷八十九至九十以楊氏歸仁齋刊本配補),有"席文之印""字章繡號郁軒"等印　　　　　善2/337

0561

皇明分省地理志圖考不分卷

（明）王圻　王思義撰

明萬曆刻本

四册

　　框高21.0釐米,寬15.0釐米

　　半葉九行二十二字,小字雙行同,白口,四周單邊

　　此書係割裂王圻、王思義《三才圖會》之地理卷一、卷二及卷十三爲之　　善2/338

0562

大清一統志表不分卷

（明）徐午輯

清乾隆五十八年(1793)刻本

六册

　　表格,半葉行字數不等,黑口,雙黑魚尾,四周單邊

　　有"山陰孫世偉藏""敬和堂田"印

　　　　　　　　　　　　善2/338A

方志之屬

0563

[乾隆]延慶州志十卷首一卷

（清）李鍾偉修　（清）穆元肇　方世熙纂

清乾隆七年(1742)刻本

十册

　　框高21.5釐米,寬14.3釐米

　　半葉十行二十字,小字雙行同,白口,單黑魚尾,左右雙邊　　　　　善2/340A

0564

[乾隆]天津縣志二十四卷

（清）張志奇　朱奎揚修　（清）吳廷華　汪沆纂

清乾隆四年(1739)刻本

八册

　　框高19.0釐米,寬14.7釐米

　　半葉十行二十一字,小字雙行同,白口,單黑魚尾,四周雙邊　　　　　善2/363A

0565

[雍正]井陘縣志八卷

（清）鍾文英纂修

清雍正八年（1730）刻後印本

四冊

　　框高 20.9 釐米,寬 14.6 釐米

　　半葉九行二十三字,小字雙行同,白口,
單黑魚尾,四周雙邊　　　　　　善 2/341

　　　　又一部,四冊　　　　善 2/341/C1

0566

[乾隆]宣化府志四十二卷首一卷

（清）王者輔等纂修　　（清）張志奇續修
（清）黃可潤續纂

清乾隆九年（1744）刻二十二年（1757）增
刻本

十六冊

　　框高 18.4 釐米,寬 15.0 釐米

　　半葉十行二十二字,白口,單黑魚尾,左
右雙邊　　　　　　　　　善 2/341B

0567

[乾隆]臨榆縣志十四卷首一卷

（清）鍾和梅纂修

清乾隆二十一年（1756）刻本

六冊

　　框高 19.1 釐米,寬 14.1 釐米

　　半葉九行二十字,小字雙行同,白口,單
黑魚尾,四周雙邊　　　　　善 2/364B

0568

[乾隆]滄州志十六卷

（清）徐時作修　　（清）胡淦等纂

清乾隆八年（1743）刻本

六冊

　　框高 18.1 釐米,寬 15.0 釐米

　　半葉十行二十一字,小字雙行同,白口,
單黑魚尾,四周雙邊　　　　善 2/364A

0569

[嘉靖]興濟縣志二卷

（明）蕭蕃修　　（明）鄭孝纂

補遺一卷

　近代抄本

　二冊

　　半葉十行行字不等,小字雙行,無版框
　　　　　　　　　　　　　善 2/340

0570

[乾隆]邯鄲縣志十二卷首一卷

（清）王炯纂修

清乾隆二十一年（1756）刻本

六冊

　　框高 19.7 釐米,寬 14.1 釐米

　　半葉九行二十字,小字雙行同,白口,單
黑魚尾,四周雙邊　　　　　善 2/341A

　　又一部,七冊　　　　善 2/341A/C1

0571

[雍正]山西通志二百三十卷

（清）覺羅石麟修　　（清）儲大文纂

清雍正十二年（1734）刻本

一百冊

　　框高 20.5 釐米,寬 14.5 釐米

　　半葉十二行二十三字,小字雙行同,白
口,單黑魚尾,四周雙邊

　　缺一卷（卷一）

　　有抄配（卷二至八）　　善 2/342

0572

[乾隆]山西志輯要十卷首一卷

（清）雅德修　　（清）汪本直纂

清乾隆四十五年（1780）刻本

十冊

　　框高 13.2 釐米,寬 9.4 釐米

　　半葉九行二十一字,小字雙行同,白口,
單黑魚尾,四周雙邊　　　　善 2/342A

0573

[乾隆]高平縣志二十二卷末一卷

（清）傅德宜修　（清）戴純纂

清乾隆三十九年（1774）刻本

八册

框高 19.9 釐米,寬 13.9 釐米

半葉十行二十二字,白口,單黑魚尾,四周雙邊　　　　　善 2/342E

0574

[乾隆]陵川縣志三十卷首一卷

（清）程德炯纂修

清乾隆四十四年（1779）刻本

二十八册

框高 19.1 釐米,寬 13.1 釐米

半葉九行二十字,小字雙行同,白口,單黑魚尾,四周雙邊　　　善 2/342F

0575

[乾隆]解州全志十八卷圖一卷

（清）言如泗修　（清）呂瀹等纂

清乾隆二十九年（1764）刻本

四册

框高 18.6 釐米,寬 15.7 釐米

半葉十行二十一字,小字雙行同,白口,單黑魚尾,左右雙邊　　　善 2/342H

0576

[乾隆]解州安邑縣運城志十六卷首一卷

（清）陳克鉉　言汝泗修　（清）熊名相　呂瀹等纂

清乾隆二十九年（1764）刻本

四册

框高 18.5 釐米,寬 15.7 釐米

半葉十行二十一字,小字雙行同,白口,單黑魚尾,左右雙邊　　　善 2/342G

0577

[乾隆]蒲州府志二十四卷圖一卷

（清）喬光烈　周景柱纂修

清乾隆十九年（1754）刻本

十册

框高 19.5 釐米,寬 15.7 釐米

半葉九行二十字,小字雙行同,白口,單黑魚尾,左右雙邊　　　善 2/342C

0578

[乾隆]直隸絳州志二十卷

（清）張成德修　（清）李友洙等纂

清乾隆三十年（1765）刻本

八册

框高 18.7 釐米,寬 15.6 釐米

半葉十行二十一字,小字雙行同,白口,單黑魚尾,左右雙邊　　　善 2/342J

0579

[乾隆]聞喜縣志十二卷首一卷

（清）李遵唐等纂修

清乾隆三十一年（1766）刻本

六册

框高 19.3 釐米,寬 16.2 釐米

半葉十行二十二字,白口,單黑魚尾,左右雙邊　　　善 2/342K

0580

[乾隆]解州夏縣志十六卷首一卷

（清）言如泗修　（清）李遵唐等纂

清乾隆二十九年（1764）刻本

四册

框高 18.4 釐米,寬 16.0 釐米

半葉十行二十一字,小字雙行同,白口,單黑魚尾,左右雙邊　　　善 2/342I

又一部,四册,有同治六年（1867）□樵居士批　　　善 2/342I/C1

0581

[乾隆]汾州府志三十四卷首一卷

（清）孫和相修　（清）戴震纂

清乾隆三十六年(1771)刻本

十六冊

　　框高 20.3 釐米,寬 14.3 釐米

　　半葉十行二十一字,小字雙行同,白口,

單黑魚尾,左右雙邊　　　　善 2/342B

0582

[乾隆]汾陽縣志十四卷首一卷

　　(清)李文起修　　(清)戴震等纂

　　清乾隆三十七年(1772)刻本

　　六冊

　　　　框高 19.4 釐米,寬 13.4 釐米

　　　　半葉十行二十一字,小字雙行同,白口,

單黑魚尾,左右雙邊　　　　善 2/342D

0583

[乾隆]婁縣志三十卷首二卷

　　(清)謝庭薰修　　(清)陸錫熊纂

　　清乾隆五十三年(1788)刻本

　　六冊

　　　　框高 19.5 釐米,寬 14.7 釐米

　　　　半葉十一行二十一字,小字雙行同,白

口,單黑魚尾,左右雙邊　　　善 2/356A

0584

[雍正]分建南滙縣志十六卷首一卷

　　(清)欽璉修　　(清)顧成天等纂

　　清雍正十二年(1734)刻本

　　八冊

　　　　框高 18.4 釐米,寬 14.9 釐米

　　　　半葉十一行二十一字,小字雙行同,白

口,單黑魚尾,左右雙邊　　　善 2/356

0585

[康熙]睢寧縣志十二卷

　　(清)劉如晏修　　(清)李杰纂

　　清抄本

　　四冊

　　　　半葉九行二十一字,小字雙行同,無版

框

　　　　有"瑞安孫仲容珍藏書畫文籍印"印

　　　　　　　　　　　　　　　善 2/358

0586

[雍正]揚州府志四十卷

　　(清)尹會一修　　(清)程夢星等纂

　　清雍正十一年(1733)刻本

　　十二冊

　　　　框高 20.1 釐米,寬 15.2 釐米

　　　　半葉十行二十一字,小字雙行同,白口,

單黑魚尾,左右雙邊　　　　善 2/357

0587

[嘉靖]通州志六卷

　　(明)鍾汪修　　(明)顧磐纂　　(明)林穎重

修

　　　　近代抄本

　　　　八冊

　　　　半葉八行二十字,小字雙行同,無版框

　　　　佚名朱筆批校　　　　善 2/360

0588

[康熙]通州志十五卷

　　(清)王宜亨修　　(清)王儆通等纂

　　近代抄本

　　十六冊

　　　　框高 16.7 釐米,寬 12.0 釐米

　　　　半葉十行二十字,小字雙行同,大黑口,

單黑魚尾,左右雙邊

　　　　佚名朱筆校　　　　　善 2/361

0589

[乾隆]直隸通州志二十二卷

　　(清)王繼祖修　　(清)夏之蓉等纂

　　清乾隆二十年(1755)刻本

　　八冊

　　　　框高 18.1 釐米,寬 14.1 釐米

　　　　半葉十一行二十二字,小字雙行同,白

口,單黑魚尾,左右雙邊　　　　善 2/361A

0590

[乾隆]蘇州府志八十卷首一卷

（清）雅爾哈善 傅椿修 （清）習寯 王峻纂

清乾隆十三年（1748）刻本

三十二冊

　　框高 20.7 釐米,寬 14.5 釐米

　　半葉十行二十四字,小字雙行同,白口,單黑魚尾,左右雙邊　　　　善 2/354A

0591

[嘉慶]吳門補乘十卷首一卷

（清）錢思元纂修 （清）錢士錡補纂

清嘉慶二十五年（1820）至道光二年（1822）蘇州錢士錡刻本

五冊

　　框高 18.0 釐米,寬 13.4 釐米

　　半葉十行二十六字,小字雙行同,白口,單黑魚尾,左右雙邊

　　有"檉蘭"印　　　　善 2/350

0592

橫金志二十卷

（清）柳商賢等纂 孔岵陟續纂

民國十年（1921）孔岵陟稿本

二冊

　　框高 19.6 釐米,寬 14.8 釐米

　　半葉九行二十一字,小字雙行同,白口,紅格,四周雙邊　　　　善 2/362

0593

[乾隆]吳江縣志五十八卷首一卷

（清）陳荎纕 丁元正修 （清）倪師孟 沈彤纂

清乾隆十二年（1747）刻本

十六冊

　　框高 19.7 釐米,寬 15.1 釐米

半葉十一行二十一字,小字雙行同,白口,單黑魚尾,左右雙邊,有刻工

　　　　善 2/355A

0594

[淳祐]玉峯志三卷

（宋）凌萬頃 邊實纂修

[咸淳]續志一卷

（宋）邊實纂修

清抄本

三冊

　　框高 19.4 釐米,寬 13.3 釐米

　　半葉十行二十字,小字雙行同,綠格,小黑口,單黑魚尾,四周雙邊

　　有浮籤若干,有"誦韶覽夷之室"印

　　　　善 2/359

0595

[康熙]常熟縣志二十六卷首一卷末一卷

（清）高士曦 楊振藻修 （清）錢陸燦等纂

清康熙二十六年（1687）刻本

十二冊

　　框高 20.6 釐米,寬 14.9 釐米

　　半葉十行二十一字,小字雙行同,白口,單黑魚尾,左右雙邊

　　缺卷首圖,有"培風""汪錫蕃印""何鏞""眉尖"等印　　　　善 2/355

0596

[至元]嘉禾志三十二卷

（元）單慶修 （元）徐碩纂

清抄本　李葊跋　繆九疇校並跋

十二冊

　　半葉十行二十字,小字雙行同,無版框

　　佚名錄馮浩、戴慶增、張廷濟、戴光勇、管廷芬、唐仁壽、李文杏等校跋,有"荃孫""雲輪閣""陳立炎""友年所見""立炎""曾經藝風勘讀""海昌陳琰""拾遺補闕"

"芸圃""古書流通處"等印　　　善 2/370

0597

[嘉靖]寧波府志四十二卷

（明）周希哲 曾鎰修　（明）張時徹纂

明嘉靖三十九（1560）刻本

三十二冊

　框高 20.7 釐米,寬 14.7 釐米

　半葉九行十九字,小字雙行同,白口,單

黑魚尾,左右雙邊

　有抄配（卷十二至十四）　　善 2/371

0598

[乾隆]鄞縣志三十卷首一卷

（清）錢維喬修　（清）錢大昕等纂

清乾隆五十三年（1788）刻本

十六冊

　框高 18.5 釐米,寬 14.5 釐米

　半葉十一行二十二字,小字雙行同,白

口,單黑魚尾,左右雙邊　　善 2/371A

0599

[乾隆]餘姚志四十卷

（清）唐若瀛修　（清）邵晉涵纂

清乾隆四十六年（1781）刻本

十冊

　框高 19.4 釐米,寬 14.4 釐米

　半葉十行二十一字,小字雙行同,白口,

單黑魚尾,左右雙邊

　有"謝元壽""庚仙"等印　　善 2/371B

0600

[康熙]紹興府志五十八卷

（清）李鐸修　（清）王鳳采纂

清康熙三十年（1691）刻本

二十四冊

　框高 21.0 釐米,寬 15.2 釐米

　半葉九行二十字,小字雙行同,白口,單

黑魚尾,四周雙邊

有"經元智印""曾在經鳳君處""王氏

珍藏""文韶審定書畫"等印　　善 2/372

0601

[乾隆]湯溪縣志十卷首一卷

（清）陳鍾炅修　（清）馮宗城等纂

清乾隆四十八年（1783）刻本

六冊

　框高 19.3 釐米,寬 14.7 釐米

　半葉十行二十二字,小字雙行同,白口,

四周雙邊

　有"祝祺印""南峯"等印　　善 2/373A

0602

[康熙]新修東陽縣志二十二卷首一卷末一卷

（清）胡啓甲 俞允撰修　（清）趙衍纂

清康熙二十年（1681）刻本

二十冊

　框高 21.5 釐米,寬 14.8 釐米

　半葉九行二十字,小字雙行同,眉上鐫

注行四字,白口,單黑魚尾,四周雙邊

　佚名墨筆眉批　　　　　　善 2/373

0603

[雍正]特開玉環志四卷

（清）張坦熊纂修

清雍正十年（1732）刻本

四冊

　框高 19.8 釐米,寬 14.7 釐米

　半葉九行二十一字,小字雙行同,大黑

口,雙黑魚尾,四周單邊

　有"瑞安孫仲容斠讀四部羣書之印"印

　　　　　　　　　　　善 2/376

0604

[道光]甌乘拾遺二卷

（清）洪守一輯

清道光二十九年（1849）安固洪氏愛吾堂

刻本
　一册
　　框高 19.8 釐米,寬 14.5 釐米
　　半葉十行二十二字,白口,單黑魚尾,四
周雙邊
　　有"經散室"印　　　　　　善 2/375

0605
[順治]平陽縣志八卷
　(清)馬騰霄修　(清)陳文謨等纂
　清順治八年(1651)刻本
　一册
　　框高 20.9 釐米,寬 14.3 釐米
　　半葉十行二十字,小字雙行同,白口,單
黑魚尾,四周單邊
　　存四卷(卷五至八)　　　　善 2/377

0606
[崇禎]泰順縣志八卷
　(明)涂鼎鼐修　(明)包大方等纂
　明崇禎六年(1633)刻本
　二册
　　框高 21.4 釐米,寬 14.7 釐米
　　半葉九行十九字,小字雙行同,單
白魚尾,左右雙邊
　　缺三卷(卷六至八)
　　有"瑞安孫仲容珍藏書畫文籍印"印
　　　　　　　　　　　　　善 2/378

0607
[雍正]南陵縣志十六卷首一卷
　(清)宋廷佐修　(清)汪越等纂
　清雍正四年(1726)刻本　徐乃昌題識
　六册
　　框高 22.0 釐米,寬 15.2 釐米
　　半葉九行二十字,小字雙行同,單
黑魚尾,四周雙邊
　　存十二卷(卷一至五、八至十四)
　　有"南陵徐乃昌校勘經籍記""徐乃昌

印""戊辰生""積學齋徐乃昌臧書"印
　　　　　　　　　　　　　善 2/367

0608
[康熙]徽州府志十八卷
　(清)丁廷楗等修　(清)趙吉士纂
　清康熙三十八年(1699)萬青閣刻朱印本
　十册
　　框高 21.7 釐米,寬 15.1 釐米
　　半葉九行二十三字,小字雙行同,白口,
單黑魚尾,四周單邊　　　善 2/365

0609
[康熙]徽州府志十八卷
　(清)丁廷楗等修　(清)趙吉士纂
　清康熙三十八年(1699)萬青閣刻本
　十二册
　　框高 21.8 釐米,寬 15.1 釐米
　　半葉九行二十三字,小字雙行同,白口,
單黑魚尾,四周單邊
　　有"祁門縣印"印　　　　善 2/366

0610
[乾隆]永春州志十六卷首一卷
　(清)鄭一崧修　(清)顏璹等纂
　清乾隆五十二年(1787)刻本
　二十六册
　　框高 19.7 釐米,寬 14.4 釐米
　　半葉十行二十字,小字雙行同,白口,單
黑魚尾,左右雙邊　　　　善 2/379A

0611
[康熙]詔安縣志十二卷志餘一卷
　(清)秦炯纂修
　清康熙三十三年(1694)刻乾嘉後印本
　十册
　　框高 21.8 釐米,寬 16.1 釐米
　　半葉十行二十字,白口,單黑魚尾,四周
雙邊

有"名正淞字滄白號芸圃"印

善 2/379

0612

齊乘六卷

（元）于欽撰

釋音一卷

（元）于潛撰

考證六卷

（清）周嘉猷撰

清乾隆四十六年（1781）胡德琳登州刻本

四册

　　框高 18.9 釐米,寬 13.8 釐米

　　半葉十一行二十一字,小字雙行同,白口,單黑魚尾,左右雙邊

　　有"積學齋徐乃昌藏書"印　善 2/345

0613

[雍正]山東通志三十六卷首一卷

（清）岳濬 法敏修　（清）杜詔等纂

清乾隆元年（1736）刻本

四十六册

　　框高 22.7 釐米,寬 15.9 釐米

　　半葉十行二十四字,小字雙行同,白口,單黑魚尾,四周雙邊

　　有"郝氏書印""安處閣"等印

善 2/345A

0614

[雍正]恩縣續志五卷

（清）陳學海修　（清）韓天篤纂

清雍正元年（1723）刻乾嘉重修後印本

一册

　　框高 21.3 釐米,寬 15.3 釐米

　　半葉十行二十二字,小字雙行同,白口,四周雙邊　　　　　善 2/348

0615

[康熙]新城縣志十四卷首一卷

（清）崔懋纂修　（清）嚴濂曾纂

續志二卷

（清）孫元衡纂修

清康熙三十二年（1693）刻乾嘉重修後印本

六册

　　框高 19.0 釐米,寬 14.9 釐米

　　半葉十行二十一字,小字雙行同,白口,單黑魚尾,四周雙邊　　　　善 2/346

0616

[乾隆]諸城縣志四十六卷

（清）宮懋讓修　（清）李文藻等纂

清乾隆二十九年（1764）刻本

八册

　　框高 20.3 釐米,寬 15.4 釐米

　　半葉十行二十一字,小字雙行同,黑口,雙黑魚尾,四周單邊　　　　善 2/349E

0617

[康熙]沂州志八卷

（清）邵士修　（清）王壎 尚天成纂

清康熙十三年（1674）刻乾嘉重修後印本

七册

　　框高 19.6 釐米,寬 13.5 釐米

　　半葉十行二十字,小字雙行同,白口,單黑魚尾,四周雙邊　　　　善 2/349

0618

[乾隆]沂州府志三十六卷首一卷

（清）李希賢修　（清）潘遇莘 丁愷曾纂

清乾隆二十五年（1760）刻本

十二册

　　框高 20.5 釐米,寬 16.0 釐米

　　半葉十行二十四字,小字雙行同,白口,單黑魚尾,左右雙邊　　　　善 2/349A

0619

[乾隆]曲阜縣志一百卷

(清)潘相等纂修

清乾隆三十九年(1774)刻本

十二册

　　框高 19.8 釐米,寬 14.8 釐米

　　半葉十一行二十三字,小字雙行同,白

口,單黑魚尾,左右雙邊

　　有"復庵藏書"印　　　　　　善 2/349D

0620

[萬曆]汶上縣志八卷

　(明)栗可仕修　　(明)王命新纂

清康熙五十六年(1717)刻乾嘉重修後印

本

二册

　　框高 21.3 釐米,寬 15.0 釐米

　　半葉十行二十字,小字雙行同,白口,單

黑魚尾,四周單邊

　　有"汶上縣印"印　　　　　　善 2/347

0621

[乾隆]陽信縣志八卷首一卷

　(清)王允深修　　(清)沈佐清等纂

清乾隆二十四年(1759)刻本

五册

　　框高 18.2 釐米,寬 14.2 釐米

　　半葉十行二十字,小字雙行同,白口,單

黑魚尾,左右雙邊　　　　　　善 2/349C

0622

[乾隆]曹州府志二十二卷

　(清)周尚質修　　(清)李登明　謝冠纂

清乾隆二十一年(1756)刻本

二十册

　　框高 22.2 釐米,寬 16.1 釐米

　　半葉十行二十四字,小字雙行同,白口,

左右雙邊　　　　　　善 2/349B

0623

[乾隆]偃師縣志三十卷首一卷

(清)湯毓倬修　　(清)孫星衍纂

清乾隆五十四年(1789)刻本

十六册

　　框高 18.7 釐米,寬 14.0 釐米

　　半葉十行二十一字,小字雙行同,白口,

單黑魚尾,左右雙邊　　　　善 2/380G

0624

[乾隆]新修懷慶府志三十二卷首二卷圖經

一卷

　(清)唐侍陛　杜琮纂修

清乾隆五十四年(1789)刻本

十六册

　　框高 18.5 釐米,寬 14.8 釐米

　　半葉十一行二十二字,小字雙行同,白

口,四周單邊　　　　　　善 2/380A

　　又一部,十六册　　　　善 2/380A/C1

0625

[乾隆]汲縣志十四卷首一卷末一卷

　(清)徐汝瓚修　　(清)杜崐纂

清乾隆二十年(1755)刻本

六册

　　框高 20.2 釐米,寬 13.8 釐米

　　半葉十行二十二字,小字雙行同,黑口,

左右雙邊　　　　　　善 2/380C

0626

[乾隆]新鄉縣志三十四卷首一卷

　(清)趙開元修　　(清)暢俊纂

清乾隆十二年(1747)刻本

六册

　　框高 20.1 釐米,寬 14.6 釐米

　　半葉十二行二十五字,小字雙行同,白

口,單黑魚尾,四周單邊　　　善 2/380E

0627

[順治]淇縣志十卷圖說一卷

　(清)王謙吉　王南國修　　(清)白龍躍　葛

漢忠纂

　　清順治十七年(1660)刻本

　　二册

　　　　框高 22.0 釐米,寬 14.8 釐米

　　　　半葉八行二十字,小字雙行同,白口,單

黑魚尾,四周單邊　　　　　　　　善 2/380

　　　　有複本二部:一部二册,一部六册

0628

[乾隆]彰德府志三十二卷首一卷

　　(清)盧崧修　　(清)江大鍵纂

　　清乾隆五十二年(1787)刻本

　　二十册

　　　　框高 20.6 釐米,寬 15.3 釐米

　　　　半葉十一行二十二字,小字雙行同,白

口,左右雙邊　　　　　　　　　　善 2/380B

0629

[乾隆]林縣志十卷首一卷末一卷

　　(清)楊潮觀纂修

　　清乾隆十七年(1752)林縣黃華書院刻本

　　四册

　　　　框高 18.4 釐米,寬 13.6 釐米

　　　　半葉九行二十二字,小字雙行同,白口,

單黑魚尾,左右雙邊　　　　　　　善 2/380D

0630

[乾隆]清泉縣志三十六卷首一卷

　　(清)江恂修　　(清)江昱纂

　　清乾隆二十八年(1763)刻本

　　十册

　　　　框高 19.9 釐米,寬 13.4 釐米

　　　　半葉十一行二十二字,小字雙行同,白

口,單黑魚尾,四周雙邊　　　　　善 2/383A

0631

[乾隆]貴州通志四十六卷首一卷

　　(清)鄂爾泰　張廣泗修　(清)靖道謨　杜

詮纂

　　清乾隆六年(1741)刻嘉慶補刻本

　　二十四册

　　　　框高 20.4 釐米,寬 14.6 釐米

　　　　半葉十一行二十一字,小字雙行同,白

口,單黑魚尾,四周雙邊

　　　　有"結然堂"印　　　　　　善 2/384A

　　　　又一部,二十四册　　　善 2/384A/C1

0632

[雍正]陝西通志一百卷首一卷

　　(清)劉於義修　　(清)沈青崖纂

　　清雍正十三年(1735)刻乾隆印本

　　一百册

　　　　框高 22.1 釐米,寬 16.6 釐米

　　　　半葉十二行二十六字,小字雙行同,白

口,單黑魚尾,四周雙邊　　　　　善 2/343

0633

[熙寧]長安志二十卷

　　(宋)宋敏求撰　　(清)畢沅校正

圖三卷

　　(元)李好文繪

　　清乾隆四十九年(1784)畢沅靈巖山館刻

五十二年(1787)增刻經訓堂叢書本

　　四册

　　　　框高 19.9 釐米,寬 15.0 釐米

　　　　半葉十一行二十二字,小字雙行同,黑

口,雙黑魚尾,四周單邊

　　　　有"許嘉蔭堂珍藏"印　　　善 2/344D

0634

[康熙]咸寧縣志八卷

　　(清)黃家鼎修　　(清)陳大經　楊生芝纂

　　清康熙七年(1668)刻本

　　四册

　　　　框高 21.4 釐米,寬 14.4 釐米

　　　　半葉九行二十三字,小字雙行同,白口,

單黑魚尾,四周雙邊　　　　　　　善 2/343A

0635

[嘉靖]耀州志十一卷

（明）李廷寶修　（明）喬世寧纂

附五臺山志一卷

（明）喬世寧纂

清乾隆二十七年（1762）耀州汪灝刻本

四册

　　框高 20.0 釐米,寬 14.5 釐米

　　半葉十行二十字,小字雙行同,白口,單

黑魚尾,四周雙邊　　　　　善 2/344B

0636

[乾隆]續耀州志十一卷

（清）汪灝修　（清）鍾麟書纂

清乾隆三十年（1765）汪灝刻本

四册

　　框高 20.0 釐米,寬 14.7 釐米

　　半葉十行二十字,小字雙行同,白口,單

黑魚尾,四周雙邊　　　　　善 2/344C

0637

[萬曆]華陰縣志九卷

（明）王九疇修　（明）張毓翰纂

　　明萬曆四十二年（1614）修四十九年

（1621）刻清康熙四十二年（1703）增補重印

本

　　四册

　　框高 21.5 釐米,寬 14.7 釐米

　　半葉九行二十字,白口,單黑魚尾,四周

單邊　　　　　　　　　　善 2/344

0638

[乾隆]郃陽縣全志四卷

（清）席奉乾修　（清）孫景烈纂

清乾隆三十四年（1769）刻本

八册

　　框高 17.6 釐米,寬 14.4 釐米

　　半葉十行二十二字,小字雙行同,行間

鐫評,白口,四周單邊

佚名墨筆批　　　　　　善 2/344A

專志之屬

0639

石柱記箋釋五卷

（清）鄭元慶撰

　　清康熙四十一年（1702）鄭元慶魚計亭刻

本　張增熙題識

　　一册

　　框高 19.1 釐米,寬 14.4 釐米

　　半葉十一行二十一字,小字雙行二十七

字,白口,單黑魚尾,左右雙邊

　　有"莫友芝圖書印""莫繩孫字仲武"

"張增熙"印　　　　　　　善 2/412

0640

三輔黃圖六卷

清乾隆抄本

一册

　　框高 18.6 釐米,寬 15.0 釐米

　　半葉十行二十一字,小字雙行同,白口,

單黑魚尾,四周雙邊

　　有"王友亮印""瑞安孫仲容珍藏書畫文

籍印"印　　　　　　　　善 2/415

0641

禁扁五卷

（元）王士點撰

清抄本　姜亮夫題識

一册

　　半葉十行十六字,小字雙行同,無版框

　　有"竹垞藏本""華嵂""德輝私印""郋

園""葉氏麗廔臧書""瓦研齋圖書記""亮

夫"等印　　　　　　　　善 2/416

0642

故宮遺錄一卷

（明）蕭洵撰

清倪模大雷岸經鋤堂抄本
一册
框高20.6釐米,寬14.1釐米
半葉九行行字不等,白口,單黑魚尾,四周雙邊
有“誦清閣臧書印”“倪模”“預掄”“大雷經鋤堂臧書”“家在元沙之上”等印
善2/199

0643
江心志十卷首一卷末一卷
(清)釋元奇撰
清康熙四十六年(1707)溫州江心寺釋元奇刻本
五册
框高19.3釐米,寬14.0釐米
半葉九行十八字,小字雙行同,白口,單黑魚尾,四周雙邊
缺一卷(末一卷)
有“經敞室”印　善2/403

0644
白鹿書院志十九卷
(清)毛德琦撰
清康熙五十七年(1718)刻乾隆六十年(1795)周兆蘭重修順德堂印本
八册
框高20.0釐米,寬13.6釐米
半葉九行二十一字,小字雙行同,白口,單黑魚尾,左右雙邊　善2/418

0645
朱陽書院志五卷
(清)竇克勤撰
清康熙刻本
一册
框高19.0釐米,寬14.0釐米
半葉九行二十字,小字雙行同,白口,單黑魚尾,四周雙邊
佚名墨筆題識　善2/417A

雜志之屬

0646
日下舊聞四十二卷
(清)朱彝尊輯
補遺一卷
(清)朱昆田撰
清康熙二十七年(1688)刻本
十二册
框高18.8釐米,寬13.8釐米
半葉十二行二十一字,白口,單黑魚尾,四周單邊
有“陸鐄之印”“蕡香”“秀水陸氏鬱林山館收臧之印”等印　善2/392B

0647
龍井見聞錄十卷附宋僧元淨外傳二卷
(清)汪孟鋗撰
清乾隆刻本
四册
框高17.9釐米,寬12.8釐米
半葉八行二十字,小字雙行同,白口,單黑魚尾,四周雙邊
有“慈谿畊餘樓臧”“馮氏辨齋臧書”等印　善2/399B

0648
秋坪偶錄不分卷
(清)王炳虎輯　(清)王良補輯
稿本　清李遇孫 姚駕鰲 馮登府 王良題識
二册
半葉九行二十五字,小字雙行同,無版框
有“王炳虎印”“文也”“讓庵”“王良”“雲士”“得盦”“秋崕”等印　善2/393

0649

永嘉郡記一卷

（南朝宋）鄭緝之撰　（清）孫詒讓校集

清光緒四年（1878）刻本　清孫詒讓批並跋

一冊

框高 17.0 釐米,寬 11.7 釐米

半葉十行二十二字,小字雙行同,小黑口,左右雙邊

有"經魧室"印　　　　善 2/374

0650

鄴中記一卷

（晉）陸翽撰

清乾隆四十一年（1776）武英殿聚珍版書本

一冊

框高 19.3 釐米,寬 12.6 釐米

半葉九行二十一字,小字雙行同,白口,單黑魚尾,四周雙邊

有"白華"印　　　　善 2/190A

0651

東京夢華錄十卷

（宋）孟元老撰

明萬曆胡震亨刻崇禎毛氏汲古閣印津逮秘書本　任銘善校並跋

四冊

框高 19.0 釐米,寬 13.8 釐米

半葉九行十八字,小字雙行同,白口,單白魚尾,左右雙邊

有"虞山周左季藏書記""曾經鴻峰艸堂周氏所得""虞山周輔""銘善之珍"等印

善 2/390

0652

廣會稽風俗賦一卷

（清）陶元藻撰

清乾隆五十二年（1787）刻本

一冊

框高 19.1 釐米,寬 13.8 釐米

半葉九行二十字,白口,單黑魚尾,左右雙邊

有"山陰孫世偉藏"印　　　善 2/392A

0653

嶺表錄異三卷

（唐）劉恂撰

清乾隆四十年（1775）武英殿聚珍版書本

一冊

框高 19.5 釐米,寬 12.6 釐米

半葉九行二十一字,小字雙行同,白口,單黑魚尾,四周雙邊

有"方庚綏印""季卿""古潭州袁臥雪盧收藏"等印　　　善 2/392C

0654

廣東新語二十八卷

（清）屈大均撰

清康熙三十九年（1700）木天閣刻本

十冊

框高 19.4 釐米,寬 13.4 釐米

半葉十一行十九字,小字雙行同,白口,單黑魚尾,四周單邊

有"屈彊""絜芳小圃所甄"印

善 2/392

0655

[乾隆]衛藏圖識四卷蠻語一卷

（清）馬揭　盛繩祖纂修

清抄本　張崟批校　姜亮夫題識

四冊

半葉八行二十字,小字雙行同,無版框

有"亮夫""姜寅清印"印　　　善 2/381

0656

西藏小識四卷

（清）單毓年撰

民國抄本

四册

　框高 16.7 釐米,寬 12.0 釐米

　半葉十行二十字,小字雙行同,紫格,黑口,單黑魚尾,左右雙邊

　　佚名朱筆校　　　　　善 2/382

0657

臺灣雜記一卷

　(清)黃逢昶輯

　近代抄本

　一册

　框高 16.6 釐米,寬 12.0 釐米

　半葉十行十九至二十字,小字雙行同,紫格,黑口,單魚尾,左右雙邊

　　佚名朱筆校　　　　　善 2/394

山川之屬

0658

昌平山水記二卷

　(清)顧炎武撰

　清康熙雍正刻顧亭林先生遺書本

　一册

　框高 19.1 釐米,寬 14.6 釐米

　半葉十一行二十字,白口,單黑魚尾,左右雙邊

　書衣有佚名題識,有"彈山"印

　　　　　　　　　　　善 2/423B

0659

金山志十卷

　(清)盧見曾撰

　清乾隆二十七年(1762)盧見曾雅雨堂刻本

　四册

　框高 18.9 釐米,寬 13.6 釐米

　半葉十行二十一字,小字雙行同,白口,單黑魚尾,左右雙邊　　善 2/406A

0660

偶山志二卷續詩一卷

　(清)章世法輯

　清抄本

　一册

　半葉九行二十五字,小字雙行字數不等,無版框

　　有"章""翠微廎臧"印　　善 2/402

0661

南海普陀山志十五卷首一卷

　(清)陳璿等輯

　清康熙刻雍正乾隆增修本

　一册

　框高 21.7 釐米,寬 14.4 釐米

　半葉十行二十一字,小字雙行同,白口,單黑魚尾,四周雙邊

　　存三卷(卷十三至十五)　　善 2/401A

0662

明州阿育王山志十卷

　(明)郭子章撰

續志六卷

　(清)釋畹荃撰

　明萬曆四十六至四十七年(1618–1619)刻清乾隆二十三至二十四年(1758–1759)續刻本

　六册

　框高 19.6 釐米,寬 14.5 釐米

　半葉十行十九字,小字雙行同,白口,四周單邊　　　　　善 2/399A

0663

天台山全志十八卷

　(清)張聯元輯

　清康熙五十六年(1717)台州張聯元刻本

　四册

　框高 18.3 釐米,寬 13.9 釐米

　半葉十行二十一字,小字雙行同,白口,

單黑魚尾,左右雙邊

缺二卷(卷十七至十八)　　善 2/404

0664

鴈山志稿二十五卷

(清)李象坤撰

稿本

四冊

半葉八行二十字,小字雙行同,無版框

存十一卷(卷一至十一)

有"周天錫印""赤岸""象坤""李氏鎣

矦""瑞安孫仲容珍藏書畫文籍印"印

善 2/405

0665

廣雁蕩山志二十八卷首一卷末一卷

(清)曾唯撰

清乾隆五十五年(1790)東嘉曾氏依綠園

刻本

十冊

框高 13.3 釐米,寬 10.1 釐米

半葉九行二十一字,小字雙行同,白口,

單黑魚尾,四周雙邊　　　善 2/405A

0666

仙都志二卷

(元)陳性定撰

清抄本

一冊

框高 19.5 釐米,寬 13.8 釐米

半葉十一行二十一字,小字雙行同,黑

口,雙黑魚尾,四周雙邊

有"瑞安孫仲容珍藏書畫文籍印"印

善 2/406

0667

黃山志定本七卷首一卷

(清)閔麟嗣纂

清康熙十八年(1679)閔麟嗣刻二十五年

(1686)增刻本

十六冊

框高 19.2 釐米,寬 13.8 釐米

半葉九行二十一字,小字雙行同,白口,

四周雙邊　　　善 2/401

0668

岱史十八卷

(明)查志隆輯　　(清)張緒彥刪補

明萬曆十五年(1587)戴相堯刻清順治十

一年(1654)山東傅應星增修康熙三十八年

(1699)山東都轉運鹽使司重修本

七冊

框高 21.8 釐米,寬 15.5 釐米

半葉九行二十字,小字雙行同,白口,四

周單邊　　　善 2/400

0669

公山志三卷

(朝鮮)□□撰

朝鮮銅活字本

二冊

框高 23.7 釐米,寬 18.0 釐米

半葉十行二十二字,小字雙行同,白口,

雙花魚尾,四周單邊　　　善 2/395

0670

水經注四十卷首一卷

(北魏)酈道元撰　　王先謙校

附錄二卷

(清)趙一清輯

清光緒十八年(1892)長沙王氏思賢講舍

刻本　邵裴子跋

十六冊

框高 18.0 釐米,寬 13.6 釐米

半葉十一行二十四字,小字雙行同,大

黑口,單黑魚尾,左右雙邊　　　善 2/414

0671

太湖備考十六卷首一卷

（清）金友理撰

湖程紀略一卷

（清）吳曾撰

清乾隆十五年（1750）蘇州藝蘭圃刻本

八冊

　框高 18.3 釐米，寬 13.4 釐米

　半葉十行二十一字，小字雙行三十二字，白口，單黑魚尾，左右雙邊

　　　　　　　　　　善 2/413A

0672

震澤編八卷

（明）蔡昇撰　　（明）王鏊重修

明弘治十八年（1505）林世遠刻本

四冊

　框高 18.5 釐米，寬 14.7 釐米

　半葉八行十六字，小字雙行同，白口，單黑魚尾，左右雙邊　　善 2/413

0673

林屋民風十二卷見聞錄一卷

（清）王維德輯

清康熙五十二年（1713）王氏鳳梧樓刻本

十二冊

　框高 16.7 釐米，寬 13.3 釐米

　半葉十行二十一字，小字雙行同，白口，雙黑魚尾，左右雙邊

　缺一卷（見聞錄一卷）

　有"埽塵齋積書記""禮培私印""煦亭珍賞"等印　　　　善 2/391

0674

西湖遊覽志二十四卷志餘二十六卷

（明）田汝成撰

明嘉靖二十六年（1547）嚴寬刻萬曆十二年（1584）范鳴謙重修本

二冊

　框高 19.8 釐米，寬 13.9 釐米

　半葉十行二十字，白口間小黑口，單黑魚尾，四周雙邊

　存八卷（志餘卷四至十一）　　善 2/407

0675

西湖志纂十二卷首一卷末一卷

（清）沈德潛　傅王露等撰

清乾隆二十年（1755）賜經堂刻二十三年（1758）增刻本

五冊

　框高 17.7 釐米，寬 12.2 釐米

　半葉九行二十一字，小字雙行同，白口，單白魚尾，四周雙邊

　有"陳漢第""伏廬老人""南窗祕藏"等印　　　　善 2/410

0676

西湖志纂十五卷首一卷末一卷

（清）沈德潛　傅王露等撰

清乾隆二十年（1755）賜經堂刻二十七年（1762）增刻本

八冊

　框高 17.8 釐米，寬 12.2 釐米

　半葉九行二十一字，小字雙行同，白口，單白魚尾，四周雙邊

　此書係汪伯唐先生之遺書，由其哲嗣彥儒先生贈送之江大學圖書館　　善 2/410A

0677

西湖志四十八卷

（清）李衛　程元章修　　（清）傅王露纂

清雍正十三年（1735）杭州兩浙鹽驛道庫刻本

二十冊

　框高 19.9 釐米，寬 14.4 釐米

　半葉九行二十一字，小字雙行同，小黑口，單黑魚尾，四周雙邊

　有"慰農""勳卿"印　　　　善 2/411A

遊記之屬

0678

遊志續編一卷

(元)陶宗儀輯

清抄本

二册

半葉九行二十字,小字雙行同,無版框

有"愻學齋收藏圖籍"印　　善2/421

0679

遊志續編一卷

(元)陶宗儀輯

清抄本

二册

框高17.0釐米,寬12.1釐米

半葉九行二十字,小字雙行同,藍格,黑口,單黑魚尾,左右雙邊　　善2/422

0680

北轅錄一卷

(宋)周煇撰

明嘉靖二十三年(1544)陸氏儼山書院刻古今說海本

一册

框高16.6釐米,寬12.0釐米

半葉八行十六字,小字雙行同,白口,雙白魚尾,左右雙邊　　善2/195

0681

西使記一卷

(元)劉郁撰

明嘉靖二十三年(1544)陸氏儼山書院刻古今說海本

一册

框高16.9釐米,寬12.2釐米

半葉八行十六字,白口,雙白間雙黑魚尾,左右雙邊　　善2/319

0682

佛國記一卷

(晉)釋法顯撰

清光緒八年(1882)四明羣玉山房刻本葉德輝校並跋

一册

框高19.0釐米,寬13.9釐米

半葉九行二十一字,小黑口,左右雙邊

有"觀古堂"印　　善2/420

0683

海國雜記一卷

(清)胡學峰撰

近代抄本

一册

半葉九行二十二字,小字雙行同,無版框

佚名朱筆校　　善2/396

0684

琉球入學見聞錄四卷

(清)潘相輯

清乾隆三十三年(1768)潘相彎文書屋刻潘子全集本

四册

框高20.1釐米,寬14.0釐米

半葉九行二十一字,小字雙行同,白口,單黑魚尾,四周雙邊　　善2/423A

0685

東使筆記一卷

(清)鮑存曉撰

清光緒二年(1876)稿本

一册

框高16.5釐米,寬11.1釐米

半葉八行行字不等,小字雙行,紅格,單黑魚尾,四周雙邊　　善2/424

金石類

總志之屬

0686

觀妙齋藏金石文攷略十六卷

（清）李光暎撰

清雍正刻本

四册

　　框高 16.3 釐米,寬 11.5 釐米

　　半葉九行行字不等,小字雙行,白口,單黑魚尾,四周單邊

　　佚名跋,有"稻邨圖書""元芑私印""稻邨""湯元芑丞詒之圖書記"等印

善 2/495

0687

兩漢金石記二十二卷

（清）翁方綱撰

清乾隆五十四年（1789）南昌使院刻蘇齋叢書本

八册

　　框高 21.6 釐米,寬 15.4 釐米

　　半葉十行二十字,小字雙行同,白口,單黑魚尾,左右雙邊　　善 2/477

0688

金石續編二十一卷首一卷

（清）陸耀遹撰　　（清）陸增祥校訂

清同治十三年（1874）陸氏雙白燕堂刻本

清孫詒讓校

二十一册

　　框高 16.6 釐米,寬 12.5 釐米

　　半葉十一行二十一字,小字雙行同,黑口,單黑魚尾,左右雙邊

　　缺一卷（卷十三）

　　有"瑞安孫仲容珍藏書畫文籍印"印

善 2/498

金之屬

0689

嘯堂集古錄二卷

（宋）王俅撰

清影宋抄本

二册

　　半葉行字數不等,無版框

　　有"蜀原鮑奠憲收藏圖書""借軒"等印

善 2/480

0690

寶古堂重修宣和博古圖錄三十卷

（宋）王黼等撰

明萬曆三十一年（1603）吳萬化刻本

十六册

　　框高 24.4 釐米,寬 15.6 釐米

　　半葉八行十七字,白口,單白魚尾,四周單邊

　　有"息靜盦珍藏""查瑩之印""映山""慧海樓藏書印""雅園書屋""棟甫藏書之印"印　　善 2/481

0691

亦政堂重修宣和博古圖錄三十卷

（宋）王黼等撰

考古圖十卷

（宋）呂大臨撰

古玉圖二卷

（元）朱德潤撰

　明萬曆三十一年（1603）吳萬化寶古堂刻

清乾隆十七年（1752）黃晟亦政堂重修東書堂印本

四十册

　　框高 24.0 釐米,寬 15.7 釐米

　　半葉八行十七字,小字雙行字數不等,白口,單白魚尾,四周單邊　　善 2/481A

0692

博古圖錄考正三十卷

（宋）王黼等撰　　（明）鄭樸考正

明萬曆二十四年（1596）鄭樸刻本

二十八冊

　　框高 17.2 釐米，寬 11.6 釐米

　　半葉八行十七字，小字雙行同，白口，四

周單邊

　　缺二卷（卷五至六）

　　有"雪子珍藏"印　　　　　　善 2/482

0693

西清古鑑四十卷錢錄十六卷

（清）梁詩正　蔣溥等纂修

清乾隆十六年（1751）武英殿銅版印本

二十四冊

　　框高 29.5 釐米，寬 22.3 釐米

　　半葉十行十八字，白口，雙黑魚尾，四周

雙邊

　　有"秀州王氏珍藏之印""王氏二十八宿

研齋祕笈之印"印　　　　　善 2/484

0694

銅僊傳一卷

（清）徐元潤撰

清刻藍印本

一冊

　　框高 23.1 釐米，寬 16.5 釐米

　　半葉九行二十二字，小字雙行同，白口，

單黑魚尾，四周雙邊

　　有"壯憨之子""藏書之章""子齋""子

相""瓣香主人""瓣香書屋子相氏""臣

鈺"等印　　　　　　　　　善 2/502

0695

攈古錄金文三卷

（清）吳式芬撰

清光緒二十一年（1895）吳重熹刻本

九冊

　　框高 18.7 釐米，寬 14.1 釐米

　　半葉行字數不等，白口，雙黑魚尾，四周

單邊

　　薛聲震過錄孫詒讓識語，有"曾經御覽"

"薛聲震印"印　　　　　　　善 2/490

0696

鄭盦趙齋兩家藏器拓本一卷

（清）潘祖蔭　費念慈藏　（清）孫詒讓輯

清光緒孫氏玉海樓拓本

一冊

　　有拓片一百五十六幅

　　有"趙齋藏器""西蠡所藏""十邵鐘堂"

"趙齋""鄭盦藏卣""鄭盦藏敦""鄭盦藏

鼎""鄭盦手拓""廿鐘山館藏鐘""琅邪費

氏""念慈之印"等印　　　　善 2/487

0697

克鼎集釋一卷

（清）江標等撰　　（清）潘祖蔭輯

清光緒抄本

一冊

　　框高 19.9 釐米，寬 14.7 釐米

　　半葉十行二十二字，小字雙行同，紅格，

黑口，單黑魚尾，四周雙邊

　　有"瑞安孫仲容珍藏書畫文籍印"印

　　　　　　　　　　　　　　善 2/499

0698

彝器款識七十一幅

（清）奕誴等拓　　吳士鑑藏

清代拓本

一冊

　　有"子袾""清吟閣""春山手拓""鳳明"

"紹齋審定""廉生手拓""渭濱手拓""士

鑑吉金""薛聲震""西園主人所藏"等印

　　　　　　　　　　　　　　善 2/489

0699

愙齋藏器

（清）吳大澂藏並拓

清光緒拓本　吳士鑑題識

一冊

有“吳大澂”“恒軒手拓”“愙齋所得金石”“恒軒所寶彝器”“愙齋集古”“吳士鑑考藏金石之印”等印　　善 2/491

0700

商周金識拾遺三卷

（清）孫詒讓撰

清同治十一年（1872）稿本　清劉恭冕批校

一冊

框高 19.4 釐米，寬 11.8 釐米

半葉十行二十二字，小字雙行同，藍格，小黑口，雙黑魚尾，左右雙邊

有“仲頌”“籀廎”“經敳室”“臣詒讓印”“周湜”“采泉”等印　　善 2/503

0701

商周彝器釋文一卷

（清）孫詒讓撰

稿本

一冊

框高 17.5 釐米，寬 13.5 釐米

半葉十二行行字不等，紅格，小黑口，雙黑魚尾，左右雙邊　　　善 2/504

0702

趞齋藏器拓本一卷附趞齋手札二通

（清）費念慈藏　（清）孫詒讓輯

清光緒孫氏玉海樓拓本

一冊

有拓片三十八幅

有“趞齋藏器”“西蠡所臧”“屺懷校記”“趞齋”“費君直”“費念慈印”等印

善 2/488

0703

彝器款識不分卷

（清）王懿榮　鄒壽祺等拓　吳士鑑輯

近代拓本

一冊

有“王懿榮”“南陵徐乃昌臧器”“朱進手拓”“朱進吉金文字”“景朱”“紱臣臧器”“伯寅吉金文字”“南潯周氏夢坡室臧器”“夢坡祕玩”“士鑑吉金”“適廬所臧”“問經手拓金石文字”等印　　善 2/492

石之屬

0704

石刻鋪敘二卷

（宋）曾宏父撰

清乾隆益都李文藻刻五十四年（1789）周永年竹西書屋印貸園叢書初集本

一冊

框高 18.6 釐米，寬 14.2 釐米

半葉十一行二十一字，小字雙行同，大黑口，單黑魚尾，左右雙邊

有“沈氏家臧”“授經樓臧書印”“授經樓臧書記”“吳興藥盦”“曾在沈藥盦處”等印　　善 2/494A

0705

隸釋二十七卷隸續二十一卷

（宋）洪适撰

清乾隆四十二至四十三年（1777-1778）汪日秀樓松書屋刻本

十二冊

隸釋框高 20.9 釐米，寬 15.9 釐米

半葉九行二十字，白口，單黑魚尾，四周單邊

隸續框高 21.5 釐米，寬 16.1 釐米

半葉十行二十字，單黑魚尾，四周單邊

有“薛聲震印”“吳士鑑讀書記”“九鐘精舍臧書”“紉青”等印　　善 2/479A

0706

隸續二十一卷

（宋）洪适撰

清康熙四十五年（1706）曹寅揚州使院刻本

四册

　框高 20.7 釐米，寬 14.0 釐米

　半葉十行二十四字，小字雙行同，白口，雙黑魚尾，左右雙邊

　缺二卷（卷九至十）

　有"聞喜堂藏書"印　　　　善 2/479B

0707

寶刻類編八卷

（宋）□□撰

清抄本

八册

　半葉十行二十一字，小字雙行同，無版框

　佚名批校，有"四明盧氏抱經樓藏書印""稽氏藏書"等印　　　　善 2/471

0708

輿地碑記目四卷

（宋）王象之撰

清抄本　陸和九跋

二册

　半葉九行二十字，小字雙行同，無版框

　有"陸開鈞""武祠軒象寄室""曾在陸和九處""禾九""金茗之印""金櫃山"等印　　　　善 2/470

0709

金薤琳琅二十卷

（明）都穆撰

補遺一卷

（清）宋振譽撰

清抄本

四册

　半葉十一行二十二字，小字雙行同，無版框

　有"中容過眼"印　　　　善 2/483

0710

石墨鐫華八卷

（明）趙崡撰

明萬曆四十六年（1618）自刻本

四册

　框高 21.4 釐米，寬 13.9 釐米

　半葉八行十八字，小字雙行同，白口，四周單邊

　有"瑞安孫仲容珍藏書畫文籍印""味三書屋徐氏珍藏"等印　　　　善 2/494

0711

集帖目三卷

（清）惠兆壬錄

清武進費氏抄本　高時顯校補並跋

六册

　框高 12.0 釐米，寬 15.2 釐米

　半葉十行二十字，小字雙行同，紅格，黑口，雙黑魚尾，左右雙邊　　　善 2/472

0712

漢石記目錄二十三卷

（清）孫詒讓撰

清光緒三年（1877）稿本

一册

　框高 16.7 釐米，寬 11.7 釐米

　半葉十行二十四字，小字雙行同，小黑口，左右雙邊　　　　善 2/505

錢幣之屬

0713

西清古鑑錢錄十六卷

（清）梁詩正　蔣溥等纂修

古錢考四卷附泉志摘抄一卷

清抄本

四册

　　半葉十行二十四字,小字雙行字數不等,無版框

　　有"孫詒讓印""仲容父""詒讓""中容"等印　　　　　　　　　　　善 2/485

0714

嘉蔭簃泉譜不分卷

（清）劉喜海輯

清代拓本

三册

　　有"朱善旂印""徐用錫印""吳式芬"等印　　　　　　　　　　　善 2/501

甲骨之屬

0715

鐵雲藏龜不分卷

（清）劉鶚輯

清光緒二十九年（1903）劉氏抱殘守缺齋石印抱殘守缺齋所藏三代文字本　清孫詒讓釋文

六册

　　框高 19.0 釐米,寬 13.5 釐米

　　半葉行字數不等,白口,單黑魚尾,四周單邊

　　有"仲頌""孫仲容審定金石文字之記""籀廎"等印　　　　　　　善 2/507

陶之屬

0716

溫州古甓記不分卷

（清）孫詒讓撰

清光緒八年（1882）稿本

一册

　　框高 16.8 釐米,寬 11.8 釐米

　　半葉十二行二十四字,小字雙行同,小

黑口,左右雙邊

　　有"仲頌"印　　　　　　　　　善 2/506

郡邑之屬

0717

吳下冢墓遺文續集一卷

（明）葉恭煥輯

清抄本　清孫詒讓校

一册

　　半葉十行十九字,無版框

　　有"瑞安孫仲容珍藏書畫文籍印"印
　　　　　　　　　　　　　　善 2/493

0718

掖乘金石志三卷

（清）侯登岸撰

清抄本

一册

　　框高 19.5 釐米,寬 13.3 釐米

　　半葉十一行二十五字,小字雙行同,白口,單黑魚尾,左右雙邊

　　有"中容過眼"印　　　　　　善 2/496

0719

東甌金石志十二卷

（清）戴咸弼撰　（清）孫詒讓校補

清光緒九年（1883）孫氏刻本　清孫詒讓校　孫延釗校

四册

　　框高 16.9 釐米,寬 13.6 釐米

　　半葉十二行二十字,小字雙行同,黑口,單黑魚尾,左右雙邊　　　善 2/497

0720

關中金石記八卷

（清）畢沅撰

清乾隆四十六年（1781）畢沅刻經訓堂叢書本　清歐陽鳳熙題識　杜甓廬題識

二冊

　　框高 19.7 釐米,寬 15.0 釐米

　　半葉十一行二十四字,小字雙行同,黑口,雙黑魚尾,四周單邊

　　有"恬盷過目""杜鎮琛印""甓廬""豐城歐陽氏藏書""阮亝所得書畫金石""恬盷秘藏""歐陽鳳熙之印""杜氏松筠艸堂攷藏金石"等印　　　　　善 2/497A

目錄類

0721

隋經籍志考證不分卷

(清)章宗源撰

清孫氏玉海樓抄本　清孫詒讓校並題識

三冊

　　框高 19.4 釐米,寬 11.8 釐米

　　半葉十行二十二字,小字雙行同,綠格,小黑口,雙黑魚尾,左右雙邊

　　有"經散室""瑞安孫仲容斠讀四部羣書之印""仲容"等印　　　　　善 2/456

0722

漢晉經籍錄目不分卷

(清)孫詒讓撰

稿本

一冊

　　半葉八行二十字,小字雙行同,無版框

　　有"德涵""仲容""詒讓""孫詒讓印""中容""孫詒讓印信長壽"等印

　　　　　　　　　　　　　　善 2/455

0723

四部別錄四卷

(清)孫詒讓撰

稿本

二冊

　　框高 14.8 釐米,寬 10.5 釐米

　　半葉十行二十字,小字雙行同,小黑口,雙黑魚尾,左右雙邊

　　存二卷(經部、史部各一卷)　　善 2/458

0724

國史經籍志六卷

(明)焦竑撰

清抄本

十冊

　　半葉十行二十字,小字雙行同,無版框

　　有"經散室"印　　　　　　　善 2/460

0725

千頃堂書目三十二卷

(清)黃虞稷撰

清好古敏求齋抄本

三十二冊

　　框高 18.2 釐米,寬 13.2 釐米

　　半葉十行二十一字,小字雙行同,小黑口,單黑魚尾,左右雙邊

　　有"甃學齋收藏圖籍"印　　善 2/466

0726

四庫闕書一卷

(清)徐松輯

清抄本

一冊

　　半葉十行二十字,小字雙行同,無版框

　　馬敘倫先生贈書,有"馬敘倫印""天馬山房藏書印""天馬山房藏書"等印

　　　　　　　　　　　　　　善 2/457

0727

欽定四庫全書簡明目錄二十卷

(清)紀昀等撰

清同治十年(1871)孫氏玉海樓抄本　清孫詒讓校並跋　清楊定夫校並跋

十冊

　　框高 19.5 釐米,寬 11.8 釐米

半葉十行二十五字，小字雙行同，小黑口，雙黑魚尾，左右雙邊

有“遜學齋收臧圖籍”“仲容”“瑞安孫仲容斠讀四部羣書之印”“中容”等印

善 2/461

0728

浙江採集遺書總錄十卷閏集一卷

（清）沈初等輯

清乾隆三十九年（1774）浙江布政使王亶望刻本

八册

框高 18.3 釐米，寬 13.2 釐米

半葉十行二十字，小字雙行同，黑口，單黑魚尾，四周單邊

缺一卷（閏集一卷）　善 2/462

0729

昭德先生郡齋讀書志二十卷

（宋）晁公武撰

清抄本

四册

半葉九行二十一字，小字雙行同，無版框

有“平江貝氏文苑”“貝墉曾讀”等印

善 2/463

0730

直齋書錄解題二十二卷

（宋）陳振孫撰

清乾隆武英殿聚珍版書本

六册

框高 19.6 釐米，寬 12.8 釐米

半葉九行二十一字，小字雙行同，白口，單黑魚尾，四周雙邊

有“南陵徐乃昌校勘經籍記”“徐乃昌讀”“積餘秘笈識者寶之”“積學齋徐乃昌臧書”印　善 2/463A

0731

直齋書錄解題二十二卷

（宋）陳振孫撰

清乾隆浙江刻武英殿聚珍版書本

十六册

框高 12.8 釐米，寬 9.8 釐米

半葉九行二十一字，小字雙行同，白口，單黑魚尾，左右雙邊

有“穆齋讀本”“彈山一民”“屈爔之印”“絜芳小圃所壓”“彈山劫後僅存之書”印

善 2/463B

0732

百川書志二十卷

（明）高儒藏並撰

清抄本

二册

半葉十行二十二字，無版框

有“瑞安孫仲容珍臧書畫文籍印”印

善 2/464

0733

絳雲樓書目二卷附補遺一卷

（清）錢謙益藏並撰

清抄本　蟫盦居士校並跋

二册

半葉九行十七字，小字雙行同，無版框

有“瑞安孫仲容珍臧書畫文籍印”“鐳略班藝虞志郇錄”等印　善 2/465

0734

孝慈堂書目六卷

（清）王聞遠藏並編

清抄本

四册

半葉十行行字不等，小字雙行，無版框

有“瑞安孫仲容珍臧書畫文籍印”印

善 2/465A

0735

愛日精廬藏書志四卷

（清）張金吾藏並撰

清抄本

一冊

　半葉九行二十字,小字雙行同,無版框

　有"柏山邨民珍藏""陳選庠雍□長壽印

信""選庠"印　　　　　　善 2/466A

0736

開有益齋讀書志六卷金石文字記一卷

（清）朱緒曾撰

清光緒抄本

七冊

　半葉九行二十字,小字雙行同,無版框

　有"瑞安孫仲容珍藏書畫文籍印""中容

過眼"印　　　　　　善 2/466B

0737

溫州經籍志校勘記四卷

　孫延釗撰

稿本

四冊

　框高 19.8 釐米,寬 17.0 釐米

　半葉十二行二十五字,小字雙行同,白

口,左右雙邊

　有"經敳室"印　　　　　　善 2/468

0738

黎蒓齋星使近刻古逸叢書目不分卷

　（清）黎庶昌撰

　清光緒間陶濬宣稷山讀書樓抄本　清陶

濬宣批注　清孫詒讓批並跋

　一冊

　框高 19.5 釐米,寬 11.5 釐米

　半葉九行二十字,小字雙行同,白口,單

黑魚尾,竹節欄

　有"經敳室""稷子眼福""會稽陶氏"等

印　　　　　　善 2/467

0739

道藏目錄詳註四卷

　（明）李杰（白雲霽）撰

　清刻本

　二冊

　框高 20.1 釐米,寬 14.0 釐米

　半葉十行二十字,小字雙行同,白口,單

黑魚尾,四周單邊

　佚名朱筆過錄顧廣圻校並跋

　馬敘倫先生贈書　　　　　　善 2/469

子 部

儒家類

0740

孔子家語十卷

題（魏）王肅注

明崇禎毛氏汲古閣刻本　清孫詒讓校並跋

二冊

框高 17.7 釐米,寬 13.6 釐米

半葉九行十七字,小字雙行二十四字,白口,左右雙邊

有"瑞安孫仲容珍藏書畫文籍印"印

善 3/001

0741

孔子家語八卷

題（魏）王肅注　（明）何孟春補注

明嘉靖三十七年（1558）孔弘鐸刻建陽書林吳世良承刻本

八冊

框高 19.3 釐米,寬 13.3 釐米

半葉九行二十字,小字雙行同,白口,單黑魚尾,四周雙邊間單邊

有"華陽書屋""吳興劉氏嘉業堂藏書記""一山"等印　　善 3/002

0742

新刻註釋孔子家語憲四卷

（明）陳際泰注釋

明末劉舜臣刻本

二冊

框高 19.2 釐米,寬 12.5 釐米

半葉九行二十一字,小字雙行同,白口,四周單邊

佚名朱墨筆批校,有浮籤　　善 3/003

0743

荀子三卷

（戰國）荀況撰

明萬曆六年（1578）吉藩崇德書院刻二十家子書本

三冊

框高 23.0 釐米,寬 16.2 釐米

半葉十一行二十二字,小字雙行同,白口,單黑魚尾,四周雙邊,眉欄鑴注,有刻工　　善 3/006

0744

荀子二十卷

（唐）楊倞注　（明）虞九章　王震亨訂正

明刻本

八冊

框高 20.4 釐米,寬 14.1 釐米

半葉九行十九字,小字雙行同,白口,左右雙邊

有"无竟先生獨志堂物"印　　善 3/007

0745

荀子二十卷

（唐）楊倞注　（清）謝墉輯補

校勘補遺一卷

（清）謝墉撰

清嘉慶九年（1804）姑蘇王氏聚文堂刻十子全書本　清孫衣言錄清姚鼐評點並跋清孫詒讓錄清戴望校

五冊

　　框高 18.7 釐米,寬 13.3 釐米

　　半葉十行二十字,小字雙行同,白口,單黑魚尾,左右雙邊

　　有"瑞安孫仲容珍藏書畫文籍印"印

善 3/008

0746

荀子二十卷首一卷

　　(唐)楊倞注　王先謙集解

　　清光緒十七年(1891)長沙思賢講舍刻本

馬敍倫批校

　　六冊

　　框高 17.8 釐米,寬 13.9 釐米

　　半葉十一行二十四字,小字雙行同,大黑口,單黑魚尾,左右雙邊

　　馬敍倫先生贈書　　　　善 3/008A

0747

荀子校勘記不分卷

　　(清)戴望撰

　　清同治十二年(1873)玉海樓抄本

　　二冊

　　框高 19.6 釐米,寬 11.6 釐米

　　半葉十行二十二至二十四字,小字雙行同,藍格,小黑口,雙黑魚尾,左右雙邊

善 3/009

0748

孔叢子三卷

　　題(漢)孔鮒撰

　　明萬曆新安程榮刻漢魏叢書本

　　一冊

　　框高 20.0 釐米,寬 14.3 釐米

　　半葉九行二十字,小字雙行同,白口,單白魚尾,左右雙邊

　　存一卷(卷上)　　　　善 3/013

0749

孔叢子七卷

　　題(漢)孔鮒撰　(宋)宋咸注

　　清抄本

　　五冊

　　半葉八行十四字,小字雙行同,無版框

　　有佚名朱筆校,附明刻二葉,有"經敂室"印　　　　善 3/012

0750

新語二卷

　　(漢)陸賈撰

　　清同治十一年(1872)玉海樓抄本　清孫詒讓校並跋

　　一冊

　　框高 19.4 釐米,寬 11.8 釐米

　　半葉十行二十一字,藍格,黑口,雙黑魚尾,左右雙邊

　　有"經敂室"印　　　　善 3/016

0751

新書十卷

　　(漢)賈誼撰　(清)盧文弨校

　　清乾隆盧氏抱經堂刻抱經堂叢書本　清戴望校並跋　清張文虎校

　　二冊

　　框高 18.0 釐米,寬 13.3 釐米

　　半葉十行二十字,小字雙行同,白口,單黑魚尾,左右雙邊

　　有"瑞安孫仲容珍藏書畫文籍印"印

善 3/017

0752

新書十卷

　　(漢)賈誼撰

　　清乾隆盧文弨刻抱經堂叢書本

　　二冊

　　框高 18.0 釐米,寬 13.3 釐米

　　半葉十行二十字,小字雙行同,白口,單

黑魚尾,左右雙邊

　　此書係汪伯唐先生之遺書,由其哲嗣彦
儒先生贈送之江大學圖書館　　善3/017A

0753

鹽鐵論十卷

　(漢)桓寬撰

　明刻本

　四册

　　框高19.1釐米,寬12.9釐米

　　半葉九行十八字,白口,單白魚尾,四周
單邊

　　有"愻學齋收藏圖籍"印　　善3/020

0754

劉向說苑二十卷

　(漢)劉向撰

　明刻本

　八册

　　框高18.1釐米,寬14.1釐米

　　半葉十行十九字,小字雙行同,黑口,單
黑間雙黑魚尾,四周單邊

　　缺六卷(卷一、十一至十五)

　　有"瑞安孫仲容珍藏書畫文籍印"印

　　　　　　　　　　　　　　善3/021

0755

劉向說苑二十卷

　(漢)劉向撰

　明萬曆四年(1576)汾陽楊美益刻劉氏二
書本

　六册

　　框高19.5釐米,寬14.5釐米

　　半葉十一行二十字,白口,單黑魚尾,四
周單邊

　　佚名朱墨批校,有浮籤,有"瑞安孫仲容
珍藏書畫文籍印"印　　　　善3/022

0756

新纂門目五臣音註揚子法言十卷

　(漢)揚雄撰　(晉)李軌(唐)柳宗元(宋)
宋咸　吳祕　司馬光註

　明嘉靖十二年(1533)顧春世德堂刻六子
書本

　三册

　　框高20.5釐米,寬14.4釐米

　　半葉八行十七字,小字雙行同,白口,單
白魚尾,四周雙邊

　　有"沈韻齋藏書記""且喜六時常見書"
"吳興劉氏嘉業堂藏書記"等印

　　　　　　　　　　　　　　善3/025

0757

申鑒五卷

　(漢)荀悅撰　(明)黃省曾注

　明萬曆新安程榮刻漢魏叢書本

　二册

　　框高19.7釐米,寬14.2釐米

　　半葉九行二十字,小字雙行同,白口,單
白魚尾,左右雙邊

　　有"沈兆熊印""烏程沈氏補讀書齋藏
書""鑼承幹印""南林劉氏求恕齋鏨"等
印　　　　　　　　　　　　善3/030

0758

申鑒札記一卷中論札記一卷

　(清)錢培名撰

　清玉海樓抄本　清孫詒讓題識

　一册

　　框高16.7釐米,寬11.8釐米

　　半葉十二行二十字,小字雙行同,藍格,
小黑口,左右雙邊　　　　　善3/032A

0759

中論二卷

　(漢)徐幹撰

　明萬曆新安程榮刻漢魏叢書本

二册

　框高 20.2 釐米,寬 14.2 釐米

　半葉九行二十字,白口,單白魚尾,左右雙邊

　有"沈兆熊印""烏程沈氏補讀書齋藏書""鎦承幹印""南林劉氏求恕齋璽"等印　　　　　　善 3/031

0760

傅子一卷

　(晉)傅玄撰

　清孫氏玉海樓抄本　清孫詒讓校

　一册

　框高 17.0 釐米,寬 11.8 釐米

　半葉十行二十字,小字雙行同,藍格,黑口,左右雙邊

　有"中容校定善本"印　　　善 3/034

0761

中說十卷

　題(隋)王通撰　　(宋)阮逸註

　明嘉靖十二年(1533)顧春世德堂刻六子書本

　二册

　框高 19.8 釐米,寬 14.4 釐米

　半葉八行十七字,小字雙行同,白口,單白魚尾,左右雙邊間四周雙邊

　有"吳興劉氏嘉業堂藏書記""張叔平"印　　　　　　善 3/036

0762

張子全書十五卷

　(宋)張載撰　　(宋)朱熹註釋

　明萬曆三十四年(1606)徐必達刻合刻周張兩先生全書本

　六册

　框高 21.0 釐米,寬 14.7 釐米

　半葉十行二十字,小字雙行同,白口,單黑魚尾,四周雙邊,有刻工　　善 3/040

0763

張子全書十五卷

　(宋)張載撰

　清康熙五十八年(1719)刻朱文端公藏書本

　四册

　框高 20.5 釐米,寬 14.7 釐米

　半葉十行二十字,小字雙行同,白口,單黑魚尾,左右雙邊　　　善 3/040A

0764

正蒙會稿四卷

　(明)劉璣撰

　明正德十五年(1520)祝壽　武雷等刻嘉靖十一年(1532)印本

　四册

　框高 18.6 釐米,寬 13.3 釐米

　半葉十行二十一字,小字雙行同,小黑口,四周雙邊

　有"吳興劉氏嘉業堂藏書記""張叔平"印　　　　　　善 3/061

0765

橫渠經學理窟五卷

　(宋)張載撰

　明萬曆二十年(1592)李楨刻本　昭溪居士墨筆圈點並題識

　二册

　框高 18.8 釐米,寬 13.8 釐米

　半葉十行十九字,小字雙行同,白口,單黑魚尾,四周雙邊

　有"吳興劉氏嘉業堂藏書記""張叔平"印　　　　　　善 3/041

0766

二程先生類語八卷

　(明)唐伯元輯

　明萬曆十三年(1585)姜召等刻本

　六册

框高20.9釐米,寬13.9釐米

半葉十行二十一字,小字雙行同,白口,單黑魚尾,左右雙邊,行間鐫注

有"劉承幹字貞一號翰怡""吳興劉氏嘉業堂藏書印""張叔平"等印　　善3/042

0767

淵鑒齋御纂朱子全書六十六卷

(宋)朱熹撰　(清)李光地等輯

清康熙五十三年(1714)武英殿刻本

十冊

框高19.0釐米,寬14.0釐米

半葉九行二十字,小字雙行同,大黑口,雙黑魚尾,四周單邊

存十九卷(卷七至二十五)

有"臣毓本葟藏"印　　　善3/048

0768

淵鑒齋御纂朱子全書六十六卷

(宋)朱熹撰　(清)李光地等輯

清康熙雍正刻本

三十冊

框高19.2釐米,寬14.0釐米

半葉九行二十字,小字雙行同,黑口,雙黑魚尾,四周單邊　　善3/048A

0769

近思錄集解十四卷

(宋)葉采撰

清乾隆刻本

四冊

框高18.3釐米,寬13.0釐米

半葉九行十九字,小字雙行二十四字,白口,單黑魚尾,左右雙邊　　善3/049A

0770

類編標註文公先生經濟文衡前集二十五卷後集二十五卷續集二十二卷

(宋)朱熹撰　(宋)滕珙輯

明正德四年(1509)淮安趙俊刻本

八冊

框高19.5釐米,寬14.2釐米

半葉十二行二十三字,白口,四周單邊,眉欄行間鐫注

佚名朱墨校,有"藏春閣圖書印""白河文庫""桑名文庫""吳興劉氏嘉業堂藏書記""立教館圖書印"等印　　善3/046

0771

晦菴先生語錄類要十八卷

(宋)葉士龍編

朝鮮刻本

六冊

框高22.5釐米,寬17.1釐米

半葉十行十九字,白口,雙花魚尾,四周雙邊

有"崔宗顯印"印　　　善3/045

0772

文公先生經世大訓十六卷

(明)余祐輯

明嘉靖元年(1522)河南按察司刻本

六冊

框高22.7釐米,寬15.1釐米

半葉十行二十四字,小字雙行同,白口,雙黑魚尾,四周雙邊

有"劉承幹字貞一號翰怡""吳興劉氏嘉業堂藏書印""張叔平"等印　　善3/047

0773

北溪先生字義二卷補遺一卷嚴陵講義一卷

(宋)陳淳撰

清乾隆八年(1743)仁和江氏保陽官舍刻本

二冊

框高17.0釐米,寬13.5釐米

半葉十行二十二字,小字雙行同,黑口,單黑魚尾,左右雙邊,行間鐫評

馬敘倫先生贈書　　　　　善 3/051A

0774

潛室陳先生木鍾集十一卷

(宋)陳埴撰

明弘治十四年(1501)高賓 鄧淮刻本

四冊

　框高 19.6 釐米,寬 13.2 釐米

　半葉十二行二十二字,小字雙行同,大黑口,雙黑魚尾,四周單邊,有刻工

　有"經敂室"印　　　　善 3/050

0775

潛室陳先生木鍾集十一卷

(宋)陳埴撰

明弘治十四年(1501)高賓 鄧淮刻本

三冊

　框高 19.6 釐米,寬 13.2 釐米

　半葉十二行二十二字,小字雙行同,大黑口,雙黑魚尾,四周單邊,有刻工

　缺一卷(卷一)

　有"經敂室"印　　　　善 3/051

0776

大學衍義補一百六十卷首一卷

(明)丘濬撰

明嘉靖三十八年(1559)福建吉澄刻本

陶在東跋

　六十四冊

　框高 20.0 釐米,寬 14.1 釐米

　半葉十行二十字,小字雙行同,白口,單白魚尾,四周單邊

　有"陶在東之所有""陶令"印

　　　　　　　　　　善 3/060

0777

慈溪黃氏日抄分類八十八卷

(宋)黃震撰

清乾隆活字印本

八十冊

　框高 20.5 釐米,寬 14.1 釐米

　半葉十行二十字,白口,單黑魚尾,左右雙邊

　缺一卷(卷八十一)

　有抄配,有"我取軒臧書""沈志夔行二字韶九號稼夫""吳興劉氏嘉業堂藏書記""張叔平"等印　　　善 3/053

0778

慈溪黃氏日抄分類九十七卷古今紀要十九卷

(宋)黃震撰

清乾隆三十二年(1767)汪佩鍔珠樹堂刻雲暉閣印本

　三十二冊

　框高 18.7 釐米,寬 13.0 釐米

　半葉十四行二十六字,小字雙行同,小黑口,雙黑魚尾,四周雙邊

　缺三卷(卷八十一、八十九、九十二)

　　　　　　　　　　善 3/053A

0779

性理大全書七十卷

(明)胡廣等撰

明永樂十三年(1415)內府刻本

四十冊

　框高 26.7 釐米,寬 17.8 釐米

　半葉十行二十二字,小字雙行同,黑口,雙黑魚尾,四周雙邊

　有"吳興劉氏嘉業堂藏書記""吳興劉氏嘉業堂藏書印""張叔平"等印　善 3/054

0780

性理會通七十卷續編四十二卷

(明)鍾人傑輯

明崇禎七年(1634)錢塘鍾人傑刻本

二十四冊

　框高 19.5 釐米,寬 14.3 釐米

半葉十行二十字,小字雙行同,白口,單
白魚尾,四周單邊,眉上鑴注

　　有"真州吳氏有福讀書堂藏書"印

善 3/055

0781

讀書錄十一卷續錄十二卷

　　(明)薛瑄撰

　　清乾隆十一年(1746)刻本

　　八册

　　　　框高 18.3 釐米,寬 13.8 釐米

　　　　半葉十二行二十二字,小字雙行同,黑
口,雙黑魚尾,左右雙邊

　　　　佚名朱墨批點,有"稼書校定"印

善 3/057

　　　　又一部,八册,有"吳興劉氏嘉業堂藏書
記"印　　　　　　　　　　　善 4/308

0782

薛文清公讀書全錄類編二十卷

　　(明)薛瑄撰

策目一卷

　　明萬曆四十二年(1614)張銓刻本

　　八册

　　　　框高 21.9 釐米,寬 15.1 釐米

　　　　半葉十行二十字,白口,單黑魚尾,四周
雙邊

　　　　缺一卷(策目一卷)

　　　　有"劉承幹字貞一號翰怡""吳興劉氏嘉
業堂藏書印"印　　　　　　　善 3/056

0783

困知記二卷續二卷三續一卷四續一卷續補
一卷外編一卷附錄一卷

　　(明)羅欽順撰

　　明嘉靖刻本

　　二册

　　　　框高 19.3 釐米,寬 14.2 釐米

　　　　半葉九行十八字,白口,單黑魚尾,左右

雙邊

　　　　存二卷(困知記二卷)

　　　　有"劉承幹字貞一號翰怡""吳興劉氏嘉
業堂藏書印""張叔平"等印　　善 3/062

0784

羅整菴先生困知記四卷

　　(明)羅欽順撰

　　清康熙四十七年(1708)張伯行正誼堂刻
本

　　二册

　　　　框高 20.0 釐米,寬 13.5 釐米

　　　　半葉十行二十二字,白口,單黑魚尾,左
右雙邊

　　　　有"正誼堂藏板""性學真傳"等印

善 3/062A

0785

翠娛閣增訂宗方城先生性理抄八卷

　　(明)宗臣輯　　(明)陸雲龍增補

　　明崇禎八年(1635)陸雲龍刻本

　　八册

　　　　框高 19.7 釐米,寬 14.4 釐米

　　　　半葉九行十九字,小字雙行同,白口,單
黑魚尾,四周單邊,眉上鑴評

　　　　有"吳興劉氏嘉業堂藏書記""張叔平"
印　　　　　　　　　　　　　善 3/063

0786

性理標題綜要二十二卷首一卷

　　(明)詹淮輯　　(明)陳仁錫訂正

　　明崇禎刻本

　　二十四册

　　　　框高 20.7 釐米,寬 14.4 釐米

　　　　半葉九行十九字,小字雙行同,白口,單
黑間單白魚尾,四周單邊,眉上鑴注

　　　　佚名朱筆圈點批校,有"劉承幹字貞一
號翰怡""吳興劉氏嘉業堂藏書印""吳興
劉氏嘉業堂藏書記""桂杏堂藏書""張叔

平"等印　　　　　　　　　　善 3/065

0787

儒宗約旨十卷

（明）俞廷佐輯

明萬曆二十八年（1600）刻本

六册

　　框高 20.8 釐米,寬 13.4 釐米

　　半葉九行二十一字,白口,四周單邊

　　有"枕書閣""貞庵""劉承幹字貞一號翰怡""吳興劉氏嘉業堂藏書印""緋紫山房""張叔平"等印　　　　善 3/064

0788

御製資政要覽三卷

（清）清世祖福臨撰

後序一卷

（清）宋之繩等撰

清順治十二年（1655）內府刻重修後印本

十册

　　框高 18.1 釐米,寬 12.2 釐米

　　半葉六行十二字,小字雙行同,大黑口,雙黑魚尾,四周雙邊

　　佚名墨筆注字音義於眉上,有"慎修堂記"印　　　　　　　　善 3/066

0789

儒宗理要二十九卷

（清）張能鱗輯

清順治十四至十五年（1657-1658）張能鱗刻本

十册

　　框高 21.2 釐米,寬 14.2 釐米

　　半葉十行二十四字,小字雙行同,白口,四周單邊

　　缺一卷（朱子卷五）

　　有"留贈後人""方圻藝圃"印

　　　　　　　　　　　　　　善 3/064A

0790

東宮備覽六卷

（宋）陳模撰

清嘉慶六年（1801）瀏陽趙嘉程抄本

二册

　　框高 17.9 釐米,寬 11.1 釐米

　　半葉八行二十字,白口,綠格,四周單邊

　　佚名朱筆校,有"經散室"印　　善 3/052

0791

日知薈說四卷

（清）清高宗弘曆撰

清乾隆元年（1736）武英殿刻本

四册

　　框高 19.0 釐米,寬 14.1 釐米

　　半葉七行十八字,白口,單黑魚尾,四周雙邊　　　　　　　　　善 3/066A

0792

家範十卷

（宋）司馬光撰

明天啓六年（1626）夏縣司馬露等刻本

四册

　　框高 19.5 釐米,寬 14.1 釐米

　　半葉九行二十字,小字雙行同,白口,單黑魚尾,四周雙邊

　　有"吳興劉氏嘉業堂藏書記""曾經東山柳蓉邨過眼印""張叔平"等印　　善 3/037

0793

澄懷園語四卷

（清）張廷玉撰

清乾隆十一年（1746）刻澄懷園全集本

二册

　　框高 17.4 釐米,寬 13.7 釐米

　　半葉十行十九字,白口,單黑魚尾,左右雙邊　　　　　　　　　善 3/067A

道家類

0794

三子合刊十三卷

（明）孫鑛輯評

明閔齊伋刻朱墨套印本

八册

　　框高 21.5 釐米,寬 15.0 釐米

　　半葉九行十九字,小字雙行同,白口,四周單邊

　　佚名墨筆批並跋

　　子目：

　　老子道德真經二卷音義一卷

　　莊子南華真經四卷音義四卷

　　列子冲虛真經一卷音義一卷　　善 3/368

0795

老莊郭注會解九卷

（明）潘基慶撰

明刻本

四册

　　框高 21.1 釐米,寬 15.4 釐米

　　半葉八行二十二字,小字雙行同,白口,單黑魚尾,四周單邊

　　存七卷（南華經卷一至七）　　善 3/082C

0796

老子道德經二卷

題（漢）河上公章句

明桐蔭書屋刻六子書本

二册

　　框高 19.9 釐米,寬 14.3 釐米

　　半葉八行十七字,小字雙行同,白口,單白魚尾,四周雙邊

　　有"桐城潘氏名山堂藏"印　　善 3/076

0797

老子道德真經二卷

（魏）王弼註　　（唐）陸德明音義　　（日）南總宇惠考訂

日本明和七年（1770）江都書肆千鍾堂須原屋茂兵衛 群玉堂松本善兵衛 花說堂須原屋平助刻本

二册

　　框高 22.2 釐米,寬 15.0 釐米

　　半葉八行十六字,小字雙行同,白口,四周單邊,眉欄鑴注

　　馬敍倫先生贈書　　　　　　善 3/077

0798

老子道德經考異二卷

（清）畢沅撰

清抄本

一册

　　半葉十一行二十二字,無版框

　　有"瑞安孫仲容珍藏書畫文籍印"印

　　　　　　　　　　　　　　善 3/077A

0799

道德經校勘記一卷

（清）魏錫曾撰

清同治十年（1871）玉海樓抄本　清孫詒讓題識

一册

　　框高 19.4 釐米,寬 11.9 釐米

　　半葉十行二十二字,小字雙行同,藍格,雙黑魚尾,左右雙邊　　　　善 3/078

0800

南華真經十卷

（晉）郭象註　　（唐）陸德明音義

明桐蔭書屋刻六子全書本

六册

　　框高 20.2 釐米,寬 14.3 釐米

　　半葉八行十七字,小字雙行同,白口,單白魚尾,左右雙邊間四周雙邊

　　有"瑞安孫氏遜學齋藏書記""樂天知

命"　"甲戌進士"等印　　　　善 3/080

0801

莊子十卷

（晉）郭象注　（唐）陸德明音義

清光緒二年（1876）浙江書局刻二十二子本　清孫詒讓校

四册

框高 18.4 釐米,寬 13.2 釐米

半葉九行二十一字,小字雙行同,白口,單黑魚尾,左右雙邊

有"經敳室"印　　　　善 3/079

0802

莊子鬳齋口義十卷

（宋）林希逸撰

釋音一卷

明萬曆二年（1574）施觀民刻鬳齋三子口義本

八册

框高 19.8 釐米,寬 13.8 釐米

半葉十行二十二字,小字雙行同,白口,單白魚尾,左右雙邊　　　善 3/081

0803

南華真經副墨八卷讀南華真經雜說一卷

（明）陸西星撰

明萬曆六年（1578）李齊芳刻本

八册

框高 20.7 釐米,寬 13.1 釐米

半葉九行十八字,小字雙行同,白口,單黑魚尾,四周單邊

佚名朱筆批點,有"真州吳氏有福讀書堂藏書"印　　　　善 3/082

0804

鍥南華真經三註大全二十一卷

（明）陳懿典輯

明萬曆二十一年（1593）閩書林余氏自新

齋刻本

六册

框高 20.5 釐米,寬 12.5 釐米

半葉十行十九字,小字雙行同,白口,雙黑魚尾,四周單邊

有"瘦生"等印　　　　善 3/082Z

0805

莊子獨見三十三卷

（清）胡文英撰

清乾隆文淵堂刻本

六册

框高 16.7 釐米,寬 13.7 釐米

半葉十行十九字,小字雙行同,眉上鐫評行五字,白口,單黑魚尾,左右雙邊

　　　　善 3/082A

0806

莊子獨見三十三卷

（清）胡文英撰

清乾隆聚文堂刻本

四册

框高 17.0 釐米,寬 13.7 釐米

半葉十行十九字,小字雙行同,眉上鐫評行五字,白口,單黑魚尾,左右雙邊

存十七卷（卷一至十七）　　善 3/082B

0807

莊子詁義十卷

范耕研撰

民國抄薑硯齋叢書本

十册

框高 16.5 釐米,寬 12.0 釐米

半葉十行二十字,小字雙行同,紫格,小黑口,單黑魚尾,左右雙邊　　善 3/083

0808

列子沖虛真經八卷音義一卷

明末刻本

二冊
　　框高 21.2 釐米,寬 14.9 釐米
　　半葉九行十九字,白口,四周單邊,眉上鐫注
　　佚名朱墨筆圈點批校,有"經敀室""道濟父"印　　　　　　　善 3/085

0809
沖虚至德真經八卷
　　(晉)張湛註　(唐)殷敬順釋文
　　清嘉慶九年(1804)聚文堂刻十子全書本清孫詒讓批校
　　一冊
　　框高 17.7 釐米,寬 13.9 釐米
　　半葉十一行二十一字,小字雙行同,大黑口,四周單邊
　　有"瑞安孫仲容珍藏書畫文籍印"印
　　　　　　　　　　　　　　善 3/086

0810
列子八卷
　　(晉)張湛注　(唐)殷敬順釋文
　　清光緒二年(1876)浙江書局刻二十二子本　清孫詒讓校
　　二冊
　　框高 18.3 釐米,寬 13.1 釐米
　　半葉九行二十一字,小字雙行同,白口,單黑魚尾,左右雙邊
　　有"經敀室"印　　　　　　善 3/086A

0811
讀諸子札記不分卷
　　陶鴻慶撰
　　民國抄本
　　一冊
　　框高 19.9 釐米,寬 13.9 釐米
　　半葉十行二十字,小字雙行同,白口,四周單邊
　　馬敘倫先生贈書　　　　　善 3/089

兵家類

0812
武經七書直解
　　(明)劉寅撰
　　明刻本
　　六冊
　　框高 20.0 釐米,寬 14.0 釐米
　　半葉八行十七字,黑口,單黑魚尾,四周雙邊
　　存五種十卷
　　子目:
　　孫武子直解三卷(存卷下)
　　吳子直解二卷
　　唐太宗李衛公問對直解三卷(存卷上、中)
　　三畧直解三卷
　　六韜直解二卷　　　　　　善 3/369

0813
六韜逸文一卷
　　(清)孫同元輯
　　清嘉慶五年(1800)項墉刻本　清勞格校並跋
文韜一卷
　　清勞格抄本
司馬法逸文一卷
　　清抄本
　　一冊
　　框高 16.7 釐米,寬 11.5 釐米
　　半葉十一行二十字,小字雙行同,白口,單黑魚尾,左右雙邊
　　有"季言汲古"印　　　　　善 3/225

0814
重訂批點類輯練兵諸書十八卷
　　(明)戚繼光撰　(明)董承詔輯　(明)陳士錞批點

傳略一卷

（明）董承詔等撰

明天啓二年（1622）董承詔刻本

六冊

　框高 21.5 釐米,寬 13.3 釐米

　半葉八行二十一字,白口,四周單邊

　有"湯滏""紹南"等印　　　善 3/227

0815

武備志二百四十卷

（明）茅元儀撰

明天啓元年（1621）茅元儀刻清初蓮溪草堂印本

四十冊

　框高 21.0 釐米,寬 14.3 釐米

　半葉九行十九字,小字雙行同,眉評行三字,白口,四周單邊

　有"弌魚書屋珍藏""受莽""臣咸上言"印　　　善 3/228

0816

九門錘譜一卷解法一卷套法一卷三才刀法譜一卷

（清）成德撰

清嘉慶二年（1797）張萬青抄本

四冊

　半葉七行行字不等,上下雙邊,無版框

　有"願讀人間未見書""子繁華卿""萬青山人"印　　　善 3/229

0817

神器譜一卷續一卷或問一卷防虜車銃議一卷車銃圖一卷倭情屯田議一卷中國朝鮮日本形勢圖畧一卷

（明）趙士楨撰

明萬曆二十六年（1598）刻本

二冊

　框高 23.3 釐米,寬 17.0 釐米

　半葉九行十八字,白口,單白魚尾,四周

單邊

　存二卷（譜一卷續一卷）

　有"經敿室"印　　　善 3/300

法家類

0818

管子二十四卷

（唐）房玄齡註

明末刻本

十二冊

　框高 19.6 釐米,寬 12.8 釐米

　半葉九行十九字,小字雙行同,白口,單白魚尾,四周單邊,有刻工

　永嘉潘鑑宗先生遺贈,眉上有墨批,有"適廬藏書"印　　　善 3/096

0819

管子二十四卷

（唐）房玄齡註

清光緒五年（1879）影宋刻本　屈彊（屈燨）校並跋並錄諸家之說

四冊

　框高 22.5 釐米,寬 15.7 釐米

　半葉十二行二十三至二十四字,小字雙行字數不等,白口,單黑魚尾,四周雙邊

　有"昆山趙詒琛號學南印""趙學南劫後藏書""絜芳小圃所甄""屈彊"等印

　　　　　　　　　　　善 3/097

0820

管子二十四卷

（唐）房玄齡註　（明）劉績補註

明萬曆十年（1582）吳郡趙用賢刻管韓合刻本

十一冊

　框高 19.7 釐米,寬 12.8 釐米

　半葉九行十九字,小字雙行同,白口,單

白魚尾,四周單邊,有刻工

　　缺二卷(卷二、二十)

　　有"瑞安孫仲容珍藏書畫文籍印"印

善 3/095

0821

管子二十四卷

　(唐)房玄齡注

管子校正二十四卷

　(清)戴望撰

　清光緒二年(1876)浙江書局刻二十二子本　清孫詒讓校

　　二冊

　　框高 18.3 釐米,寬 13.1 釐米

　　半葉九行二十一字,小字雙行同,白口,單黑魚尾,左右雙邊

　　存十四卷(管子卷十三至十九、校正卷十三至十九)

　　有"瑞安孫仲容珍藏書畫文籍印"印

善 3/097A

0822

管子校正二十四卷

　(清)戴望撰

　清同治十一至十二年(1872–1873)劉履芬刻本·屈彊(屈爔)過錄沈梘民批並錄宋翔鳳跋

　　四冊

　　框高 17.0 釐米,寬 13.5 釐米

　　半葉十二行二十四字,小字雙行同,黑口,左右雙邊

　　有"昆山趙詒琛號學南印""趙學南劫後藏書""屈彊""屈彊題記"等印　善 3/098

0823

鄧析子二卷

　清同治十一年(1872)劉履芬刻本

拾遺一卷

　(清)孫詒讓輯

稿本　清孫詒讓校並跋

　　一冊

　　鄧析子框高 15.2 釐米,寬 11.5 釐米

　　半葉十一行十五字,黑口,單黑魚尾,左右雙邊

　　拾遺框高 16.6 釐米,寬 11.8 釐米

　　半葉十二行二十四字,小字雙行同,藍格,小黑口,左右雙邊

　　有"中容點勘""中容校定善本""瑞安孫仲容斠讀四部羣書之印""采泉"等印

善 3/115

0824

鄧析子二卷

校文一卷

　(清)譚儀撰

校文拾遺一卷

　(清)孫詒讓撰

俞氏樾校誤一卷

　(清)俞樾撰

　清光緒十六年(1890)吳昌綬抄本　吳昌綬校並題識

　　一冊

　　半葉十一行十五字,小字雙行同,無版框

　　馬敘倫先生贈書,有"吳昌綬印""昌綬""伯宛""雙照樓"等印　　善 3/116

0825

商君書五卷

　(清)嚴萬里(嚴可均)校

附攷一卷

　(清)嚴萬里(嚴可均)輯

　清光緒二年(1876)浙江書局刻二十二子本　清孫詒讓錄孫星衍、嚴可均、錢熙祚三家校並續校

　　一冊

　　框高 18.3 釐米,寬 13.2 釐米

　　半葉九行二十一字,小字雙行同,白口,

單黑魚尾,左右雙邊

有浮籤,有"經廎室""瑞安孫仲容斠讀四部羣書之印"等印　　　善 3/103

0826

韓非子二十卷

明萬曆十年(1582)吳郡趙用賢刻管韓合刻本

八冊

框高 21.7 釐米,寬 12.9 釐米

半葉九行十九字,小字雙行同,白口,單白魚尾,四周單邊,有刻工

有"吳興劉氏嘉業堂藏書記""愛日館收藏印""支山氏""臣定文印""東丼""張叔平"等印　　　善 3/105

0827

韓非子二十卷

明萬曆十年(1582)吳郡趙用賢刻管韓合刻本

四冊

框高 21.5 釐米,寬 12.9 釐米

半葉九行十九字,小字雙行同,白口,單白魚尾,四周單邊,有刻工

存十一卷(卷十至二十)

有"瑞安孫仲容珍藏書畫文籍印"印

善 3/104

0828

韓非子二十卷

識誤三卷

(清)顧廣圻撰

清光緒元年(1875)浙江書局刻二十二子本　清孫詒讓校

六冊

框高 18.3 釐米,寬 13.2 釐米

半葉九行二十一字,小字雙行同,白口,單黑魚尾,左右雙邊

有"經廎室"印　　　善 3/106

0829

韓非子集解二十卷首一卷

(清)王先慎撰

清光緒二十二年(1896)長沙王氏刻本屈彊(屈燨)校並跋

六冊

框高 18.0 釐米,寬 13.8 釐米

半葉十一行二十四字,小字雙行同,黑口,單黑魚尾,左右雙邊

有"當湖讀書人家""彈山""屈彊""彈山劫後僅存之書""絜芳小圃所璽"等印

善 3/107

0830

疑獄集十卷

(五代)和凝　和㠓撰　　(明)張景增輯

明嘉靖十四年(1535)李嵩祥刻本

六冊

框高 20.1 釐米,寬 13.9 釐米

半葉九行十八字,小字雙行同,小黑口,單花魚尾,四周雙邊

有"南林劉氏求恕齋璽""唐襄鉅印""荊川先生五世孫""古人不遠""鎦承幹印""枋齋札記"等印　　　善 3/110

醫家類

0831

嵩厓尊生書十九卷

(清)景日昣撰

清康熙三十九年(1700)刻本

八冊

框高 19.5 釐米,寬 13.8 釐米

半葉十行二十四字,小字雙行字數不等,白口,單黑魚尾,四周雙邊

缺四卷(卷十六至十九)　善 3/230A

0832

黃帝內經素問二十四卷

（明）吳崐註

明萬曆三十七年（1609）刻本

八冊

　　框高 19.0 釐米，寬 13.2 釐米

　　半葉八行十七字，小字雙行同，白口，單

白魚尾，左右雙邊　　　　　　　　　MS0010

0833

神農本草經疏三十卷

（明）繆希雍撰

明天啓五年（1625）毛晉綠君亭刻本

八冊

　　框高 20.7 釐米，寬 14.4 釐米

　　半葉八行十八字，小字雙行同，白口，四

周單邊　　　　　　　　　　　　　　MS0071

0834

丹溪心法附餘二十四卷首一卷

（明）方廣輯

明刻崇禎八年（1635）彭埁重修本

十二冊

　　框高 19.0 釐米，寬 14.0 釐米

　　半葉十行二十二字，小字雙行同，白口，

四周單邊

　　有“子孫保之”“秋農”“姜問岐印”“神

農遺業”“寶山張問岐讀”“冠羣”等印

　　　　　　　　　　　MS0082、MS0083

0835

赤水玄珠三十六卷醫案九卷醫旨緒餘四卷

（明）孫一奎輯

日本明曆三年（1657）風月堂莊左衛門刻

本　　周嵩堯跋

三十冊

　　框高 19.2 釐米，寬 13.0 釐米

　　半葉九行十九字，小字雙行同，白口，單

白魚尾，四周單邊

有“葉氏藏書”“子雨珍賞”“三木藏書”

“石林書屋藏書”“葉霖心賞”等印

　　M00154、M00195、M00446、M00447

0836

醫方考六卷脈語二卷

（明）吳崐撰

明萬曆刻本　　清戴鼎新跋

六冊

　　框高 18.7 釐米，寬 13.6 釐米

　　半葉十行二十字，小字雙行同，白口，單

白魚尾，左右雙邊　　　　　　　　　MS0090

0837

先醒齋筆記十四卷炮灸大法一卷用藥凡例一卷

（明）繆希雍撰　　（明）丁元薦輯

明崇禎十五年（1642）李枝刻本

六冊

　　框高 21.3 釐米，寬 15.2 釐米

　　半葉十行二十字，小字雙行同，白口，單

黑魚尾，左右雙邊　　　　　　　　　MS0112

0838

蘭閣秘方二卷

（明）丁鳳撰

明丁明登刻本

二冊

　　框高 20.8 釐米，寬 13.9 釐米

　　半葉九行二十字，小字雙行同，白口，單

白魚尾，四周單邊　　　　　　　　　MS0048

0839

新刊銅人鍼灸經七卷新編西方明堂灸經八卷

明山西平陽府刻本

二冊

　　框高 18.2 釐米，寬 13.3 釐米

　　半葉十行二十一字，小字雙行同，白口，

四周單邊　　　　　MS0102、MS0103

0840
泰定養生主論十六卷
（元）王珪撰
明刻本
四册
　　框高 19.0 釐米,寬 12.6 釐米
　　半葉十行二十字,小字雙行同,白口,單
黑魚尾,左右雙邊,有刻工　　MS0098

雜家類

雜學雜說之屬

0841
鶡子一卷
題（戰國）鶡熊撰　（唐）逢行珪注
清光緒玉海樓抄本
一册
　　框高 19.3 釐米,寬 11.9 釐米
　　半葉十行二十二字,小字雙行同,藍格,
雙黑魚尾,左右雙邊
　　有"瑞安孫仲容珍藏書畫文籍印"印
　　　　　　　　　　　　　善 3/075

0842
墨子十六卷
（清）畢沅校注
篇目考一卷
（清）畢沅撰
清光緒二年（1876）浙江書局刻二十二子
本　清孫詒讓批並跋
四册
　　框高 18.3 釐米,寬 13.2 釐米
　　半葉九行二十一字,小字雙行同,白口,
單黑魚尾,左右雙邊
　　有"經敓室"印　　　　　善 3/122

0843
尸子三卷
附錄一卷
（清）惠棟輯　（清）任兆麟補遺
清乾隆五十三年（1788）任兆麟忠敏家塾
刻心齋十種本
一册
　　框高 18.0 釐米,寬 13.5 釐米
　　半葉九行十七字,小字雙行同,白口,單
黑魚尾,左右雙邊
　　有"邵裴子鑑書記"印　　善 3/124A

0844
子華子十卷
明崇禎三年（1630）雷鳴時刻清康熙雍正
重修本
二册
　　框高 20.2 釐米,寬 13.8 釐米
　　半葉九行二十字,眉上鐫評行三字,白
口,單黑魚尾,左右雙邊
　　有"南城李氏宜秋館藏"印　善 3/167A

0845
尹文子一卷
（清）汪繼培校
逸文一卷
校勘記一卷
（清）孫詒讓撰
清玉海樓抄本
一册
　　框高 16.6 釐米,寬 11.8 釐米
　　半葉十二行二十字,小字雙行同,藍格,
左右雙邊
　　有缺葉,有朱筆點校　　　善 3/117

0846
尹文子二卷
公孫龍子三卷
（宋）謝希深註

明末刻本

一册

　　框高 21.2 釐米,寬 14.8 釐米

　　半葉九行二十字,小字雙行同,白口,四周單邊

　　有"笛生所見""郭尚先印""經散室""瑞安孫氏慈學齋藏書記""白鶴主人珍賞""養和堂珍藏"等印　　善 3/118

0847

鬼谷子三卷

　　(梁)陶弘景註　　(清)秦恩復校正

篇目考一卷附錄一卷

　　(清)秦恩復撰輯

　　清嘉慶十年(1805)秦氏石研齋刻石研齋校刻書七種本　　清孫詒讓批校

　　一册

　　　框高 19.1 釐米,寬 14.5 釐米

　　　半葉十行二十一字,小字雙行同,白口,單黑魚尾,左右雙邊

　　　有"中容過眼"印　　　　善 3/123

0848

鬼谷子三卷

　　(梁)陶弘景注　　(清)秦恩復校正

篇目考一卷附錄一卷

　　(清)秦恩復撰輯

　　清乾隆五十四年(1789)秦氏石研齋刻本

　　一册

　　　框高 17.9 釐米,寬 13.7 釐米

　　　半葉十一行二十一字,小字雙行同,黑口,四周雙邊

　　　有"銅井寄廬""潘氏桐西書屋之印""莫棠字楚生印""茝坡"等印

　　　　　　　　　　　　　善 3/123A

0849

呂氏春秋二十六卷

　　(漢)高誘註

元至正嘉興路儒學刻明修本

十册

　　框高 22.4 釐米,寬 15.2 釐米

　　半葉十行二十字,小字雙行同,小黑口,雙黑魚尾,左右雙邊

　　有缺葉,有"王府圖書""潛夫""瑞安孫仲容珍藏書畫文籍印""子孫寶之"等印

　　　　　　　　　　　　　善 3/125

0850

呂氏春秋二十六卷

　　(漢)高誘註

附攷一卷

　　(清)畢沅輯

　　清乾隆五十三至五十四年(1788–1789)畢氏靈嚴山館刻經訓堂叢書本　　清孫衣言校

　　六册

　　　框高 19.4 釐米,寬 14.7 釐米

　　　半葉十一行二十二字,小字雙行同,大黑口,雙黑魚尾,四周單邊

　　　有"藻卿""瑞安孫仲容珍藏書畫文籍印""倚竹山房"等印　　　善 3/126

0851

呂氏春秋二十六卷

　　(漢)高誘註

附攷一卷

　　(清)畢沅輯

　　清乾隆五十三至五十四年(1788–1789)畢氏靈嚴山館刻經訓堂叢書本　　屈彊(屈燨)批校

　　六册

　　　框高 19.4 釐米,寬 14.7 釐米

　　　半葉十一行二十二字,小字雙行同,大黑口,雙黑魚尾,四周單邊

　　　有"紹曾珍藏""平湖屈氏三益艸廬所藏""絜芳小圃所畷""彈山劫後僅存之書""屈彊""彈山一民"等印　　善 3/126B

0852

呂氏春秋二十六卷

（漢）高誘註

附攷一卷

（清）畢沅輯

清乾隆五十三至五十四年（1788－1789）畢氏靈嚴山館刻經訓堂叢書本

六册

框高 19.4 釐米，寬 14.7 釐米

半葉十一行二十二字，小字雙行同，大黑口，雙黑魚尾，四周單邊

此書係汪伯唐先生之遺書，由其哲嗣彦儒先生贈送之江大學圖書館　　善 3/126A

0853

呂氏春秋二十六卷

（漢）高誘註

附攷一卷

清光緒元年（1875）浙江書局刻二十二子本　清孫詒讓校

六册

框高 18.3 釐米，寬 13.2 釐米

半葉九行二十一字，小字雙行同，白口，單黑魚尾，左右雙邊

有“經敀室”印　　善 3/127

0854

淮南子二十一卷

（漢）劉安撰　（漢）高誘註　（清）莊逵吉校

清嘉慶九年（1804）姑蘇聚文堂刻十子全書本　清孫詒讓校並過錄清陳奐校跋

六册

框高 17.7 釐米，寬 13.9 釐米

半葉十一行二十一字，小字雙行同，大黑口，四周單邊

有“瑞安孫仲容珍藏書畫文籍印”“中容點勘”等印　　善 3/128

0855

淮南子二十一卷

（漢）劉安撰　（漢）高誘註　（清）莊逵吉校

清乾隆五十三年（1788）莊逵吉刻本　清孫志祖校　清龔橙題識　周湜題識

十册

框高 18.2 釐米，寬 14.0 釐米

半葉十一行二十一字，小字雙行同，大黑口，四周單邊

有“曾在嚴藝初處”“莫祥芝印”“善徵”“莫棠楚生”“獨山莫祥芝圖書記”“莫科印”“餘杭南湖人”“書福樓”“莫棠之章”“莫祁圖書之印”“周湜”等印　　善 3/129

0856

淮南鴻烈舉正二十一卷

近代寫本

二册

框高 18.3 釐米，寬 13.8 釐米

半葉十行行字不等，小字雙行，紅格，單黑魚尾，左右雙邊

有朱校、浮籤，有“杭州鄒安適廬鑑臧記”印　　善 3/130

0857

白虎通德論二卷

（漢）班固撰

明刻本

二册

框高 16.7 釐米，寬 13.0 釐米

半葉十行十六字，白口，單黑魚尾，左右雙邊

有朱校，有“潢川吳氏收藏圖書”“慈學齋收藏圖籍”印　　善 3/026

0858

白虎通德論二卷

（漢）班固撰

明萬曆程榮刻漢魏叢書本

一册

　　框高 20.1 釐米,寬 14.2 釐米

　　半葉九行二十字,白口,單白魚尾,左右

雙邊　　　　　　　　　　　　善 3/026A

0859

白虎通四卷

　　(漢)班固撰

白虎通義攷一卷闕文一卷

　　(清)莊述祖撰並輯

校勘補遺一卷

　　(清)盧文弨撰

　　清乾隆四十九年(1784)盧文弨刻抱經堂

叢書本　清孫詒讓校

　　二册

　　　框高 18.0 釐米,寬 13.3 釐米

　　　半葉十行二十字,小字雙行同,白口,單

黑魚尾,左右雙邊

　　　有"味三書屋""曜西""小酉山房珍藏"

"詒讓""仲容"印　　　　　　　善 3/027

0860

白虎通四卷

　　(漢)班固等撰

白虎通義攷一卷闕文一卷

　　(清)莊述祖撰並輯

校勘補遺一卷

　　(清)盧文弨撰

　　清乾隆四十九年(1784)盧文弨刻抱經堂

叢書本　清孫詒讓校並跋

　　二册

　　　框高 18.0 釐米,寬 13.2 釐米

　　　半葉十行二十字,小字雙行同,白口,單

黑魚尾,左右雙邊

　　　有"杭州譚儀中儀父""仲容手校""仲

儀""經敂室""譚獻""复堂藏書"等印

　　　　　　　　　　　　　　　善 3/028

0861

白虎通四卷

　　(漢)班固等撰

白虎通義攷一卷闕文一卷

　　(清)莊述祖撰並輯

校勘補遺一卷

　　(清)盧文弨撰

　　清乾隆四十九年(1784)盧文弨刻嘉慶重

修抱經堂叢書本

　　三册

　　　框高 18.0 釐米,寬 13.4 釐米

　　　半葉十行二十字,小字雙行同,白口,單

黑魚尾,左右雙邊

　　　有"昆山趙詒琛號學南""趙學南劫後藏

書""息患齋""彈山""絜芳小圃所蠲"等

印　　　　　　　　　　　　　　善 3/029

0862

論衡三十卷

　　(漢)王充撰　　(明)劉光斗評

　　明天啓六年(1626)錢塘閭光表刻本

　　六册

　　　框高 20.9 釐米,寬 14.5 釐米

　　　半葉九行二十字,眉上鐫評行五字,白

口,單黑魚尾,四周單邊

　　　有"瑞安孫仲容珍藏書畫文籍印""琅邪

王氏鑒藏""追山堂圖書""一聲長嘯海山

秋""吳山之印""一字一峰"等印

　　　　　　　　　　　　　　　善 3/135

0863

風俗通義十卷

　　(漢)應劭撰　　(明)鍾惺評

　　明萬曆刻祕書九種本

　　二册

　　　框高 21.0 釐米,寬 12.4 釐米

　　　半葉九行二十五字,白口,四周單邊,書

眉及行間鐫注

有"絜芳小圃所蔵""屈彊"印

善 3/033

0864

顏氏家訓二卷

(北齊)顏之推撰　(清)朱軾評點

清康熙五十八年(1719)朱軾刻雍正印本

一冊

框高 18.0 釐米,寬 13.8 釐米

半葉九行二十一字,小字雙行同,白口,

單黑魚尾,四周單邊　　　　善 3/135A

0865

封氏聞見記十卷

(唐)封演撰

清乾隆二十一年(1756)盧見曾刻雅雨堂

叢書本

一冊

框高 18.6 釐米,寬 14.2 釐米

半葉十行二十一字,小字雙行同,白口,

單黑魚尾,四周單邊

有"邵裴子蔵書記"印　　　善 3/135B

0866

无能子三卷

(唐)□□撰　(明)孫鑛批點　(明)沈景

麟 李廷謨訂正

明天啓刻合諸名家批點諸子全書本

一冊

框高 20.5 釐米,寬 14.0 釐米

半葉九行二十字,白口,四周單邊,眉上

鑴評　　　　　　　　　善 3/088

0867

夢溪筆談二十六卷補筆談二卷續筆談一卷

(宋)沈括撰

明崇禎四年(1631)嘉定馬元調刻本

六冊

框高 18.8 釐米,寬 13.0 釐米

半葉九行十八字,小字雙行同,小黑口,

左右雙邊

缺三卷(補筆談二卷、續筆談一卷)

有"香茗堂珍賞""干青雲而直上""醉

夢山人""顧涵之印"等印　　　善 3/140

0868

文昌雜錄六卷補遺一卷

(宋)龐元英撰

清乾隆二十一年(1756)盧見曾刻雅雨堂

叢書本

一冊

框高 18.4 釐米,寬 14.2 釐米

半葉十行二十一字,小字雙行同,白口,

單黑魚尾,四周單邊　　　　善 3/135C

0869

石林燕語十卷

(宋)葉夢得撰

明刻本

四冊

框高 21.5 釐米,寬 14.1 釐米

半葉九行二十字,小字雙行同,白口,單

黑魚尾,四周單邊

佚名墨筆抄補並校,有"寧海陳友松軒

第　號第　本"印　　　　善 3/168

0870

**容齋隨筆十六卷續筆十六卷三筆十六卷四

筆十六卷五筆十卷**

(宋)洪邁撰

清乾隆五十九年(1794)掃葉山房刻本

八冊

框高 19.3 釐米,寬 13.8 釐米

半葉九行十八字,小黑口,左右雙邊

缺八卷(隨筆卷九至十六)

有"蕭溥信羃春父印信""蕭氏""漱墨

亭""西樓""陳漢第印""伏廬""蕭崇實堂

藏書""浣香精舍""半塘書閣""忠烈後

裔”“梅春珍玩”等印　　　　善 3/140A

0871

能改齋漫錄十八卷

（宋）吳曾撰

清抄本

四冊

　半葉十行二十字,小字雙行同,無版框

　有“于氏尌筆堂印”“于秋渼家秘本”等

印　　　　　　　　　　　　善 3/141

0872

癸辛雜識前集一卷後集一卷續集二卷別集二卷

（宋）周密輯

明崇禎汲古閣刻帶綠草堂印津逮秘書本

四冊

　框高 19.0 釐米,寬 14.2 釐米

　半葉九行十九字,小字雙行同,白口,左右雙邊

　有“帶綠艸堂藏板”“彥渠之印”“菱湖姚氏珍藏”印　　　　　善 3/135D

0873

南村輟耕錄三十卷

（元）陶宗儀撰

明玉蘭草堂刻萬曆六年（1578）徐球重修本

四冊

　框高 20.1 釐米,寬 13.5 釐米

　半葉十行二十一字,小字雙行同,白口,單黑魚尾,左右雙邊,有刻工

　佚名批,有抄配,有“飛青閣藏書印”“売由文庫”“夏氏圖書”“絜芳小圃所蔵”“彈山一民”“平湖屈氏三益艸廬所藏”“夏氏成美”等印　　　　　善 3/212

0874

楊子巵言閏集三卷

（明）楊慎撰

清抄本

一冊

　半葉十行二十字,小字雙行同,無版框

　佚名朱筆校,有“獨山莫氏藏書”“竹翠軒”印　　　　　　　　　善 3/147

0875

七修類藁五十一卷續藁七卷

（明）郎瑛撰

清乾隆四十年（1775）周棨耕烟草堂刻本

十六冊

　框高 13.2 釐米,寬 9.8 釐米

　半葉九行二十字,小字雙行同,小黑口,左右雙邊　　　　　　善 3/169A

0876

存愚錄一卷

（明）張純撰

清同治十年（1871）孫詒讓影明抄本　　清孫詒讓校並題識

一冊

　半葉十行二十一字,無版框

　有“瑞安孫仲容珍藏書畫文籍印”印

　　　　　　　　　　　　　善 3/136

0877

筆叢正集三十二卷續集十六卷

（明）胡應麟撰

明萬曆三十四年（1606）安徽歙縣吳勉學刻本

八冊

　框高 19.7 釐米,寬 14.2 釐米

　半葉十行二十字,小字雙行同,細黑口,單白魚尾,左右雙邊

　有“鍾承幹印”“南林劉氏求恕齋璽”“陸上瀾印”“芳洲”等印　　善 3/148

0878

五雜俎十六卷

（明）謝肇淛撰

日本寬文元年（1661）刻本

八冊

　框高 19.5 釐米，寬 13.5 釐米

　半葉九行十八字，白口，單黑魚尾，四周

雙邊　　　　　　　　　　　　　善 3/187

0879

容膝居雜錄六卷

（清）葛芝撰

清康熙刻本

六冊

　框高 19.7 釐米，寬 14.1 釐米

　半葉十行二十二字，小黑口，單黑魚尾，

左右雙邊

　有"儀莊珍賞"印　　　　　　　善 3/137

0880

香祖筆記十二卷

（清）王士禎撰

清康熙刻本

四冊

　框高 16.1 釐米，寬 13.2 釐米

　半葉十行十九字，小字雙行字數不等，

白口，單黑魚尾，左右雙邊

　原刻卷十一被割裂成兩卷，卷十二係補

配；有"陳璽"印　　　　　　　　善 3/170

0881

權衡一書四十一卷

（清）王植輯

清乾隆刻本

二冊

　框高 18.6 釐米，寬 13.0 釐米

　半葉十行二十一字，小字雙行同，白口，

單黑魚尾，四周單邊

　存一卷（卷三十一）

佚名墨筆批，有"虞陽陸氏小滄後收拾

殘書"印　　　　　　　　　　　善 3/172

0882

蘭舫筆記一卷

（清）常輝撰

清乾隆三十四年（1769）稿本

一冊

　半葉九行行字不等，小字雙行，無版框

　有"霽川常輝""衣雲別號若坡""徐澂

經眼""卓觀書巢""卓觀艸堂""意在瀟湘

雲水之盦""卓觀齋臧""江蘇文獻""顧蘇

人永寶之"等印　　　　　　　　善 3/173

0883

訄書不分卷

章炳麟撰

清光緒二十六年（1900）刻本　清孫詒讓

批

一冊

　框高 17.9 釐米，寬 13.1 釐米

　半葉十行二十五字，小字雙行同，黑口，

單黑魚尾，左右雙邊

　有"經敳室""仲頌"印　　　　　善 3/174

雜考之屬

0884

野客叢書三十卷附錄野老記聞一卷

（宋）王楙撰

明萬曆商氏半埜堂刻稗海本

四冊

　框高 21.3 釐米，寬 14.3 釐米

　半葉九行二十字，白口，單黑魚尾，四周

單邊

　佚名批，有"馮鼎位印""素生氏"等印

　　　　　　　　　　　　　　　善 3/142

0885

攷古質疑六卷

（宋）葉大慶撰

清乾隆武英殿聚珍版書本

二冊

　框高 19.5 釐米,寬 12.5 釐米

　半葉九行二十一字,白口,單黑魚尾,四

周雙邊　　　　　　　　　　善 3/142A

0886

古今攷三十八卷

（宋）魏了翁撰　（元）方回續撰

明崇禎九年（1636）謝三賓刻本

二十冊

　框高 20.3 釐米,寬 14.0 釐米

　半葉九行二十字,小字雙行同,白口,單

黑魚尾,四周單邊

　有"翰林院編修福山王懿榮私印""匏

室"印　　　　　　　　　　善 3/145

0887

新刻戴氏鼠璞二卷

（宋）戴埴撰

明萬曆胡氏文會堂刻格致叢書本

一冊

　框高 19.8 釐米,寬 13.8 釐米

　半葉十行二十字,白口,雙白魚尾,左右

雙邊

　佚名題識　　　　　　　　善 3/143

0888

困學紀聞二十卷

（宋）王應麟撰　（清）閻若璩箋

清乾隆三年（1738）馬氏叢書樓刻本

六冊

　框高 19.0 釐米,寬 14.8 釐米

　半葉十一行二十字,小字雙行三十字,

白口,單黑魚尾,左右雙邊

　有"虎邱萃古齋書坊發兌印""家丞賜

書"印　　　　　　　　　　善 3/144

0889

困學紀聞二十卷

（宋）王應麟撰　（清）閻若璩箋　（清）何

焯評

清汪垕桐華書塾刻本

八冊

　框高 18.7 釐米,寬 13.9 釐米

　半葉十一行二十五字,小字雙行三十三

字,白口,單黑魚尾,左右雙邊

　　　　　　　　　　　　善 3/144A

0890

丹鉛總錄二十七卷

（明）楊慎撰

明嘉靖三十三年（1554）梁佐刻明末重修

本

十冊

　框高 21.9 釐米,寬 16.3 釐米

　半葉十一行二十四至二十五字,小字雙

行同,白口,單黑魚尾,四周雙邊

　佚名批　　　　　　　　　善 3/146

0891

丹鉛總錄二十七卷

（明）楊慎撰

清乾隆三十年（1765）楊氏教忠堂刻本

十冊

　框高 12.7 釐米,寬 8.7 釐米

　半葉十行二十字,小字雙行同,黑口,左

右雙邊

　有"唐模""牾生"印　　　善 3/146A

0892

新刻古今原始十五卷

（明）趙釴撰

明萬曆胡氏文會堂刻格致叢書本

二冊

框高 19.6 釐米,寬 13.8 釐米

半葉十行二十字,白口,雙白魚尾,左右
雙邊　　　　　　　　　　　　善 3/169

0893

螺江日記八卷續編四卷

(清)張文虤撰

清乾隆十七年(1752)張氏二銘軒刻三十
年(1765)張鵬續刻本

四册

框高 17.8 釐米,寬 13.6 釐米

半葉十行二十字,小字雙行同,白口,單
黑魚尾,四周雙邊

有"蕭山范氏臧""七卷堂條記""小書
倉印""曹峋之印""聽雞堂"等印

善 3/148C

0894

古今釋疑十八卷附錄一卷

(清)方中履撰

清康熙二十一年(1682)汗青閣刻本

十二册

框高 19.9 釐米,寬 13.1 釐米

半葉八行二十字,小字雙行同,白口,單
白魚尾,左右雙邊

缺一卷(附錄一卷)

有"雲輪閣""荃孫"印　　善 3/189A

0895

義門讀書記五十八卷

(清)何焯撰

清乾隆三十四年(1769)蔣維鈞刻承恩堂
印本

十六册

框高 14.6 釐米,寬 12.0 釐米

半葉十四行二十二字,大黑口,單黑魚
尾,左右雙邊

有"小綠天臧書""孫毓修印"印

善 3/148B

0896

管城碩記三十卷

(清)徐文靖撰

清乾隆九年(1744)志寧堂刻徐位山六種
本

十册

框高 18.3 釐米,寬 12.6 釐米

半葉九行二十字,白口,單黑魚尾,左右
雙邊

有"李氏霞城""烏程李氏補讀齋臧書"
"紫竹吟墨人"印　　　　善 3/148D

0897

訂譌雜錄十卷

(清)胡鳴玉撰

清乾隆二十三年(1758)戢箴書屋刻本

四册

框高 18.3 釐米,寬 13.0 釐米

半葉十行二十字,小字雙行同,大黑口,
單黑魚尾,四周單邊　　　　善 3/149B

0898

松崖筆記三卷

(清)惠棟撰

清道光二年(1822)文照堂刻本　清孫詒
讓校

一册

框高 18.9 釐米,寬 14.0 釐米

半葉十行二十一字,小字雙行同,白口,
單黑魚尾,四周單邊

有"中容過眼"印　　　　善 3/148E

0899

識小編二卷

(清)董豐垣撰

清乾隆刻本

一册

框高 18.9 釐米,寬 13.0 釐米

半葉十行二十一字,小字雙行同,白口,

單黑魚尾,左右雙邊

　佚名墨筆眉批　　　　　　　　　善 3/149A

0900

陔餘叢考四十三卷

（清）趙翼撰

清乾隆五十五年（1790）趙氏湛貽堂刻甌北全集本

　十六冊

　　框高 18.0 釐米,寬 14.0 釐米

　　半葉十一行二十一字,小字雙行字數不等,白口,單黑魚尾,左右雙邊

　　有"元圻之印""非曰能之""竹圃""瀟湘書舍""陳氏竹圃""邵裴子鑑書記"等印　　　　　　　　　善 3/148A

　　又一部,十二冊,有"大白曾臧"印

　　　　　　　　　善 3/148A/C1

0901

十駕齋養新錄二十卷

（清）錢大昕撰

清嘉慶九年（1804）阮元刻本　清吳騫 周春校　清孫詒讓校並跋

　四冊

　　框高 17.4 釐米,寬 12.6 釐米

　　半葉十行二十三字,小字雙行同,白口,單黑魚尾,四周單邊

　　有"中容過眼""仲頌""星""滄""千元十駕人家臧本""景州之府""經�室"等印　　　　　　　　　善 3/149

0902

讀書證疑六卷

（清）陳詩庭撰

清抄本

　一冊

　　半葉十行二十一字,小字雙行同,無版框

　　有"經�室"印　　　　　　　善 3/152

0903

光廷雜著不分卷

（清）李恢垣撰

清抄本

　八冊

　　半葉九行二十六至二十七字,無版框

　　　　　　　　　善 3/173A

0904

東湖叢記節鈔一卷

（清）蔣光煦撰

清孫氏玉海樓抄本　清孫詒讓跋

　一冊

　　框高 19.3 釐米,寬 11.8 釐米

　　半葉十行二十一字,小字雙行同,藍格,細黑口,雙黑魚尾,左右雙邊

　　有"經�室"印　　　　　　　善 3/150

0905

斠補隅錄不分卷

（清）蔣光煦輯

清同治八至九年（1869–1870）孫氏玉海樓抄本　清孫詒讓跋

　二冊

　　框高 18.2 釐米,寬 13.2 釐米

　　半葉十一行二十字,小字雙行同,藍格,雙黑魚尾,左右雙邊

　　有"經�室"印　　　　　　　善 3/151

0906

籀廎述林不分卷

（清）孫詒讓撰

稿本

　三冊

　　框高 19.2 釐米,寬 11.5 釐米

　　半葉十行或十二行,行二十二至二十四字,小字雙行同,藍格,小黑口,左右雙邊

　　末附廖平籤一葉,有"經�室""周湜"印

　　　　　　　　　善 3/158

0907

籀廎述林十卷

（清）孫詒讓撰

稿本　清劉恭冕校

四冊

框高 17.0 釐米,寬 11.8 釐米

半葉十二行二十三至二十四字,小字雙行同,藍格,小黑口,左右雙邊

有"經敨室"印　　　　　　善 3/159

0908

籀廎述林十卷

（清）孫詒讓撰

民國十八年（1929）孫延釗抄本　孫延釗校

四冊

框高 16.3 釐米,寬 12.2 釐米

半葉十一行二十二字,紅口,單紅魚尾,左右雙邊

卷五末附張文伯勘誤六頁,有"經敨室"印　　　　　　善 3/160

0909

籀廎述林十卷

（清）孫詒讓撰

民國五年（1916）玉海樓刻本　孫延釗校

四冊

框高 17.6 釐米,寬 13.0 釐米

半葉十二行二十字,小黑口,左右雙邊

有"經敨室"印　　　　　　善 3/161

0910

古書疑義舉例札迻一卷

馬敘倫撰

民國七年（1918）鉛印本　馬敘倫校

一冊

框高 17.4 釐米,寬 12.4 釐米

半葉十三行三十五字,小字雙行同,小黑口,單黑魚尾,四周雙邊

馬敘倫先生贈書　　　　　　善 3/162

雜纂之屬

0911

自警編九卷

（宋）趙善璙輯

明刻本

八冊

框高 18.7 釐米,寬 13.6 釐米

半葉十行二十字,小字雙行同,白口,雙黑魚尾,左右雙邊

佚名朱筆批,有"經敨室"印　　善 3/185

0912

諸家墨言一卷

（元）張仲壽等撰

清嘉慶三年（1798）梅竹吾廬主人抄本　梅竹吾廬主人跋

一冊

半葉九行二十一至二十二字,無版框

有"梅竹吾廬主人"印　　　善 3/182A

0913

日記故事二卷

（明）歷畊老農輯

明嘉靖刻本

一冊

框高 20.6 釐米,寬 14.6 釐米

半葉八行二十字,小字雙行同,白口,單黑魚尾,四周單邊,有刻工

存一卷（卷上）　　　　　　善 3/186

0914

群書粹言一卷

清抄本

一冊

框高 21.0 釐米,寬 12.3 釐米

半葉十一行三十二字,白口,四周單邊

佚名朱筆批點,有"子名德化臣名起田"
印　　　　　　　　　　　　　　善 3/188

0915

物理小識十二卷首一卷

（清）方以智撰

清康熙三年（1664）于藻刻本

六冊

　　框高 19.7 釐米,寬 12.8 釐米

　　半葉九行二十二字,小字雙行同,白口,
單黑魚尾,左右雙邊

　　有"叔寅所藏"印　　　　善 3/138A

0916

宋稗類鈔八卷

（清）潘永因輯

清康熙刻本

八冊

　　框高 18.9 釐米,寬 13.6 釐米

　　半葉十行二十四字,小字雙行同,白口,
單黑魚尾,四周單邊

　　有"陳漢第印""伏廬""停雲樓""友部
熙披□記"等印　　　　　　善 3/192A

0917

宋稗類鈔八卷

（清）潘永因輯

清乾隆刻本

八冊

　　框高 18.9 釐米,寬 13.5 釐米

　　半葉十行二十四字,小字雙行同,白口,
單黑魚尾,四周單邊

　　佚名墨筆眉批　　　　　善 3/192B

0918

**廉書君集六卷後集二卷男子集二十四卷女
子集五卷餘集一卷天集六卷地集二卷別集
六卷外集一卷下集二卷**

　（清）王雨謙　俞公穀輯

稿本

十八冊

　　半葉十行十九至二十字,小字雙行同,
無版框

　　有"雨謙""康先""俞公穀印""墨隱"
"王雨謙原名佐""越國男子"等印
　　　　　　　　　　　　　善 3/189

0919

增訂集錄十二卷首一卷

（清）于光華編

清乾隆刻富春堂印本

十二冊

　　框高 13.0 釐米,寬 10.0 釐米

　　半葉九行二十二字,小字雙行同,白口,
單黑魚尾,左右雙邊　　　善 3/193A

0920

唾餘雜錄第一集一卷

（清）郟志潮撰

清抄本　　清王仁俊跋

一冊

　　半葉十一行二十三字,小字雙行字數不
等,無版框

　　有"仁俊校記""仁俊審定""敢任""野
王""品弟十""闊大"等印　　善 3/190

0921

意林逸子書六十二卷

（清）黄以周輯

清光緒抄本

四冊

　　半葉九行二十二字,小字雙行同,無版
框

　　有"癸巳政七十"等印　　善 3/191

雲""紅豆山人""邯鄲生""甫軒"等印

善 3/216

雜記之屬

小說家類

0922
蘇黃門龍川略志十卷
（宋）蘇轍撰
清抄本
二冊
　半葉十行二十字,無版框
　有"知不足齋""八千卷樓丁氏珍藏"印
善 3/210

0926
漢雜事秘辛一卷
（漢）□□撰
明崇禎毛晉汲古閣刻清初印津逮秘書本
與趙飛燕外傳合裝一冊
　框高 19.0 釐米,寬 14.0 釐米
　半葉九行十八字,白口,單白魚尾,左右
雙邊,有刻工
　佚名墨批,有"積學齋徐乃昌臧書""靜
盦長物"等印　善 3/202

0923
先進遺風二卷
（明）耿定向撰　（明）毛在　張濤增輯
清抄本
二冊
　半葉九行二十字,小字雙行同,無版框
　佚名朱筆校,有自署"瓶生"者跋
善 3/214

0927
趙飛燕外傳一卷
題（漢）伶玄撰
明萬曆程榮刻漢魏叢書本
與漢雜事秘辛合裝一冊
　框高 19.9 釐米,寬 14.0 釐米
　半葉九行二十字,白口,單白魚尾,左右
雙邊,有刻工
　佚名墨批,有"積學齋徐乃昌臧書""靜
盦長物"等印　　　　　善 3/202

0924
玉堂叢語八卷
（明）焦竑輯
明萬曆四十六年（1618）徐象橒曼山館刻
本
八冊
　框高 20.3 釐米,寬 14.2 釐米
　半葉八行十八字,白口,單黑魚尾,四周
單邊　　　　　善 3/213

0928
世說新語八卷
（南朝宋）劉義慶撰　（梁）劉孝標注
名字異稱一卷
明萬曆張懋辰刻本
三冊
　框高 21.7 釐米,寬 15.0 釐米
　半葉九行十九字,小字雙行同,白口,單
白魚尾,四周單邊
　缺二卷（卷七至八）　　　善 3/204

0925
研北猶存錄一卷
（清）田肇麗撰　（清）盧中倫補訂
稿本　清封銘遠批　清盧仲言　盧中倫跋
二冊
　框高 19.0 釐米,寬 13.0 釐米
　半葉十行行字不等,大黑口,雙黑魚尾,
左右雙邊
　田同之題籤,有"盧仲言賞鑒章""閒

0929

世說新語三卷

（南朝宋）劉義慶撰　（梁）劉孝標注

明萬曆三十七年（1609）周氏博古堂刻本

六冊

　　框高 19.8 釐米,寬 15.2 釐米

　　半葉十行二十字,小字雙行同,白口,雙

黑魚尾,左右雙邊

　　有"金陵書鋪廊蘊古堂朱文鄉發兌""神

存千古之上"印　　　　　　　　善 3/205

0930

世說新語補二十卷

（南朝宋）劉義慶撰　（梁）劉孝標注

（宋）劉辰翁批　（明）何良俊增補　（明）王

世貞刪定　（明）王世懋批釋　（明）張文柱

校注

附釋名一卷

　明萬曆十三年（1585）張文柱刻本

　五冊

　　框高 19.4 釐米,寬 13.3 釐米

　　半葉九行十八字,小字雙行同,眉批行

七字,白口,單白魚尾,左右雙邊

　　有"嘉興太守善化許公雪門藏書""浮雲

書屋珍藏書畫章""五雲外史"等印

　　　　　　　　　　　　　　　善 3/206

0931

世說新語補二十卷

（南朝宋）劉義慶撰　（梁）劉孝標注

（明）何良俊增補　（明）王世貞刪定　（明）

王世懋批釋　（明）張文柱校注

附釋名一卷

　清乾隆二十七年（1762）黃汝琳茂清書屋

刻本

　八冊

　　框高 17.6 釐米,寬 12.8 釐米

　　半葉九行十八字,小字雙行同,白口,單

黑魚尾,左右雙邊　　　　　善 3/206A

0932

寄園寄所寄十二卷

（清）趙吉士輯

清康熙三十五年（1696）刻本

十六冊

　　框高 18.7 釐米,寬 14.1 釐米

　　半葉十一行二十一字,小字雙行同,白

口,單黑魚尾,左右雙邊　　　　善 3/189B

0933

山海經十八卷

（晉）郭璞傳

明萬曆十三年（1585）金陵吳琯刻山海經

水經合刻本

四冊

　　框高 20.4 釐米,寬 13.8 釐米

　　半葉十行二十字,小字雙行同,白口,單

黑魚尾,左右雙邊

　　有"拂雪岩藏書""高奫映印""高孔昭"

"字孔昭號元廓別號窺雪道號淌雲子""陶

廬監製"等印　　　　　　　　善 3/200

0934

山海經廣注十八卷

（清）吳任臣注

讀山海經語一卷雜述一卷

（清）吳任臣撰

山海經圖五卷

（宋）舒雅撰

　清乾隆五十一年（1786）蘇州金閶書業堂

刻本

　十冊

　　框高 19.5 釐米,寬 13.4 釐米

　　半葉九行二十二字,小字雙行同,白口,

左右雙邊　　　　　　　　　　善 3/201

　　又一部,六冊　　　　　　善 3/201/C1

0935

搜神記二十卷

（晉）干寶撰

搜神後記十卷

（晉）陶潛撰

明崇禎毛晉汲古閣刻津逮秘書本

六冊

　　框高18.9釐米,寬14.0釐米

　　半葉九行十八字,白口,單白魚尾,左右
雙邊

　　有"彈山劫後僅存之書""伯剛""屈爔
之印""絜芳小圃所璽"印　　　善3/203

0936

酉陽雜俎二十卷續集十卷

（唐）段成式撰

明崇禎毛晉汲古閣刻津逮秘書本　　南士
先生校　荔裳氏跋

二冊

　　框高18.9釐米,寬14.2釐米

　　半葉九行十九字,小字雙行同,白口,左
右雙邊

　　缺七卷（卷八至十四）　　　善3/208

0937

錄異記八卷

（前蜀）杜光庭撰

明崇禎毛晉汲古閣刻津逮秘書本

二冊

　　框高19.0釐米,寬14.0釐米

　　半葉九行十八字,白口,單白間單黑魚
尾,左右雙邊　　　　　　　　善3/209

0938

閑窗括異志一卷

（宋）魯應龍撰

明萬曆商氏半埜堂刻稗海本

一冊

　　框高20.7釐米,寬14.2釐米

　　半葉九行二十字,小字雙行同,白口,單
黑魚尾,四周單邊

　　有"棟亭曹氏藏書"印　　　善3/211

0939

岐海璅譚十六卷

（明）姜準撰

清同治永嘉孫鏘鳴抄本　清孫鏘鳴校並
跋

四冊

　　半葉十二行行字不等或十六行二十四
字,無版框

　　有"經敳室""紹廉經眼""家祥捧觀"等
印　　　　　　　　　　　　　善3/171

0940

耳食錄十二卷

（清）樂鈞撰

清乾隆五十七年(1792)樂氏夢花樓刻本

六冊

　　框高12.0釐米,寬9.8釐米

　　半葉八行十七字,白口,單黑魚尾,四周
雙邊

　　佚名墨筆眉批　　　　　　善3/215A

0941

觚賸八卷續編四卷

（清）鈕琇輯

清康熙臨野堂刻雍正後印本

六冊

　　框高17.4釐米,寬13.4釐米

　　半葉十行十九字,白口,單黑魚尾,左右
雙邊　　　　　　　　　　　　善3/189C

0942

幽怪詩譚六卷

（明）碧山臥樵撰　　（明）栩菴居士評

近代抄本

六冊

　　半葉九行二十字,眉評行三字,無版框

　　佚名朱筆校　　　　　　　　善3/215

0943

聊齋志異十六卷

（清）蒲松齡撰　（清）王士禎評

清乾隆三十一年（1766）趙起杲青柯亭刻本

十六册

框高 13.4 釐米，寬 9.3 釐米

半葉九行二十一字，小黑口，左右雙邊

善 3/218A

0944

天花藏合刻七才子書

（清）荑秋散人（天花藏主人）輯

清乾隆三十六年（1771）刻本

五册

上欄高 6.9 釐米，下欄高 10.3 釐米，寬 11.0 釐米

上欄十四行十五字，下欄十一行十八字，白口，四周單邊

子目：

天花藏批評玉嬌梨二十回

天花藏批評平山冷燕五卷二十回

善 3/218B

0945

雪月梅傳十卷五十回

（清）陳朗撰　（清）董孟汾評釋

清乾隆四十年（1775）德華堂刻本

十册

框高 19.1 釐米，寬 14.1 釐米

半葉十行二十一字，小字雙行同，上黑口，單黑魚尾，左右雙邊

胡士瑩先生贈書，有"胡士瑩""平湖胡士瑩宛春所藏小說戲曲""宛春""霜紅簃所藏"等印

善 3/218C

0946

九雲夢六卷

（朝鮮）金萬重撰　（朝鮮）金春澤譯

清朝鮮刻本

一册

框高 19.2 釐米，寬 15.9 釐米

半葉十行二十字，白口，無魚尾單黑魚尾雙花魚尾兼有，四周單邊

存二卷（卷一至二）　善 3/217

天文曆算類

天文之屬

0947

玉海二百卷辭學指南四卷詩攷一卷詩地理攷六卷漢藝文志攷證十卷通鑑地理通釋十四卷周書王會補注一卷漢制攷四卷踐阼篇集解一卷急就篇補注四卷小學紺珠十卷姓氏急就篇二卷六經天文編二卷周易鄭康成注一卷通鑑答問五卷

（宋）王應麟撰

元後至元六年（1340）慶元路儒學刻明清遞修本

一册

框高 21.6 釐米，寬 13.7 釐米

半葉十行二十二字，小字雙行同，白口，雙黑魚尾，四周雙邊間單邊

存二卷（六經天文編二卷）　善 3/243A

0948

天象玄機八卷

（明）姚廣孝撰

清抄本

四册

半葉八行十七字，小字雙行同，無版框

有"十經齋藏書""八千卷樓"印

善 3/235

0949

測量法義一卷

（意大利）利瑪竇譯　（明）徐光啓筆受

測量異同一卷

（明）徐光啓撰

清抄本

一册

半葉八行二十二字,小字雙行同,無版框

佚名朱筆批點,有"柯逢時印"印

善 3/248

0950

乾象坤圖格鏡十八卷

（清）王宏翰撰

清康熙三十年(1691)稿本

六册

半葉十行二十一至二十四字,小字雙行同,無版框　　善 3/237

0951

重刻曆體略三卷

（明）王英明撰

清順治三年(1646)刻本

二册

框高 18.3 釐米,寬 12.5 釐米

半葉九行二十一字,小字雙行同,白口,左右雙邊

章俊之教授遺贈,佚名朱筆批點

善 3/245

曆法之屬

0952

曆象本要一卷

（清）楊文言撰

清抄本

一册

半葉十一行二十四字,小字雙行同,無版框

有"柯逢時印"印　　善 3/236

0953

渾天壹統星象全圖論一卷附閏月定時成歲之圖一卷璿璣玉衡圖一卷七政之圖一卷六律六呂圖一卷

（清）松濤撰

中星定時一卷星圖一卷

（清）梅文鼎撰

清多色抄本

一册

半葉十行或十二行,行十九字,無版框

章俊之教授遺贈,有"柯逢時印"印

善 3/246

0954

歷代長術輯要十卷附古今推步諸術攷二卷

（清）汪曰楨撰

清光緒抄本

四册

半葉十行約二十二字,小字雙行同,無版框

有"中容過眼"印　　善 3/246A

0955

六曆甄微五卷

（清）孫詒讓撰

清光緒元年(1875)稿本

三册

框高 16.8 釐米,寬 11.8 釐米

半葉十五行,紫方格,左右雙邊

缺一卷(卷五)

有"周湜"印　　善 3/247

0956

御纂歷代三元甲子編年一卷御定萬年書一卷

（清）欽天監編

清乾隆刻本

二册

框高 21.6 釐米,寬 14.3 釐米

表格,半葉六行或八行,白口,單黑魚
尾,四周雙邊　　　　　　　善 3/245A

術數類

算書之屬

數學之屬

0957

九章算術九卷

（晉）劉徽注　　（唐）李淳風等注釋

音義一卷

（宋）李籍撰

清乾隆四十二年(1777)福建翻刻武英殿
聚珍版書本　清孫詒讓批校

四册

框高 18.4 釐米,寬 12.5 釐米

半葉九行二十一字,小字雙行同,白口,
單黑魚尾,四周雙邊

有"知足知不足館人王紹蘭記見""瑞安
孫仲容珍藏書畫文籍印"印　　善 3/240

0960

太玄經十卷

（漢）揚雄撰　　（晉）范望解贊

說玄一卷

（唐）王涯撰

釋文一卷

明嘉靖孫沐萬玉堂刻本

四册

框高 20.6 釐米,寬 13.6 釐米

半葉八行十七字,小字雙行同,白口,單
黑魚尾,四周雙邊

有"瑞安孫仲容珍藏書畫文籍印"印

善 3/255

0958

夏侯陽算經三卷

題夏侯陽撰

清乾隆四十一年(1776)武英殿聚珍版書
本

三册

框高 19.3 釐米,寬 12.5 釐米

半葉九行二十一字,小字雙行同,白口,
單黑魚尾,四周雙邊　　　　善 3/240A

0961

揚子太玄經十卷

（漢）揚雄撰　　（明）趙如源輯注

說玄一卷

（宋）司馬光撰

明天啓六年(1626)武林書坊趙世楷刻本

六册

框高 19.8 釐米,寬 14.3 釐米

半葉九行十八字,小字雙行同,眉上鑴
評行四字,白口,四周單邊

有"山陰孫世偉藏"印　　　善 3/256

占候之屬

0959

弧矢算術補一卷附周無專鼎銘攷一卷

（清）羅士琳撰

清抄本

一册

半葉八行二十四字,小字雙行同,無版
框

有"瑞安孫仲容珍藏書畫文籍印""經散
室"印　　　　　　　　　善 3/241

0962

祝氏泌鉗(康節先生觀物篇解)六卷

（宋）祝泌撰

清抄本

六册

框高 24.0 釐米,寬 13.7 釐米

半葉十行二十五字,小字雙行同,綠格,四周單邊

佚名朱筆校,有"蘋鄉文氏舟虛鑑藏""思簡樓""文素松印""蘧廬""文府之記""度""完"等印　　　善 3/257

0963

皇極經世書八卷首一卷

(宋)邵雍撰　　(清)王植輯錄

清乾隆二十一年(1756)刻本

八册

框高 18.5 釐米,寬 13.4 釐米

半葉九行二十一字,小字雙行同,白口,四周單邊　　　善 3/274A

0964

乙巳占十卷

題(唐)李淳風撰

清康熙抄本　清孫詒讓校並跋

一册

框高 22.5 釐米,寬 15.1 釐米

半葉十行三十字,小字雙行同,白口,雙黑魚尾,四周雙邊

存三卷(卷一至三)

有"瑞安孫仲容珍藏書畫文籍印"印　　　　　善 3/259

0965

乙巳占十卷

題(唐)李淳風撰

明抄本

四册

半葉十行二十二字,小字雙行同,無版框

有"李方增印""中容過眼""瑞安孫氏戁學齋藏書記"等印　　　善 3/260

0966

大唐開元占經一百二十卷目錄二卷

(唐)瞿曇悉達等撰

清抄本

十八册

半葉十行二十四字,小字雙行,無版框　　　善 3/258

0967

天元玉曆祥異賦八卷

(明)明仁宗朱高熾撰

清乾嘉間彩色抄繪本

二册

半葉八行,上下兩欄,上欄錄圖及所占之象名,行八字,下欄行十三字,無版框

章俊之教授遺贈,有"柯逢時印"印　　　善 3/264

0968

天元玉曆祥異賦不分卷

(明)明仁宗朱高熾撰

風雨占候賦一卷

(宋)苗公達撰

八陣圖一卷

清乾嘉間彩色抄繪本

二册

半葉十二行行字不等,無版框

章俊之教授遺贈,有"柯逢時印"印　　　善 3/265

0969

天元玉曆祥異賦不分卷

(明)明仁宗朱高熾撰

清光緒二十八年(1902)李崇德彩色抄繪本

十册

框高 19.7 釐米,寬 13.8 釐米,上欄高 2.0 釐米,寬 10.0 釐米

半葉十一行十一至十三字,藍格,四周雙邊

有"書齋""見書如見面"印　　　善 3/266

0970

天元玉曆祥異賦不分卷

(明)明仁宗朱高熾撰

明代彩色抄繪本

十二冊

　　框高 20.6 釐米,寬 12.6 釐米

　　半葉十行十一至十三字,上下兩欄,上圖下文,藍格,單黑魚尾,四周雙邊

　　　　　　　　　　　　　　　善 3/267

陰陽五行之屬

0971

類編曆法通書大全三十卷

(元)宋魯珍通書　　(元)何士泰曆法

(明)熊宗立類編

明刻本

十六冊

　　框高 22.9 釐米,寬 16.0 釐米

　　半葉十二行二十字,大黑口,雙黑魚尾,四周雙邊

　　有"吳興劉氏嘉業堂藏書記""張叔平"印　　　　　　　　　　善 3/270

0972

太乙統宗寶鑑二十四卷

(元)曉山老人撰

清抄本

十冊

　　框高 19.5 釐米,寬 14.0 釐米

　　半葉九行十六字,小字雙行同,藍格,白口,雙黑魚尾,四周雙邊　　善 3/271

相宅相墓之屬

0973

新刻石函平砂玉尺經全書六卷

　題(元)劉秉忠撰　　(明)劉基解

新刊地理五經四書解義郭璞葬經一卷

題(晉)郭璞撰

明遺經堂刻本

六冊

　　框高 19.3 釐米,寬 12.7 釐米

　　半葉九行二十字,白口,單黑魚尾,四周單邊

　　佚名朱批,有"張叔平""吳興劉氏嘉業堂藏書記"印　　　　　　善 3/272

0974

地理源本宗書四卷

(清)曹家甲撰

清康熙五十至五十三年(1711-1714)稿本

四冊

　　半葉九行二十二字,無版框

　　有"陳世佰印""蓮宇居士""載筆清時"印　　　　　　　　　善 3/273

0975

地理源本成書四卷

(清)曹家甲撰

清康熙五十八年(1719)稿本

二冊

　　半葉九行二十四字,小字雙行同,無版框

　　有"陳世佰印""蓮宇居士""載筆清時"印　　　　　　　　　善 3/274

0976

地理末學二卷首一卷

(清)紀大奎撰

稿本

二冊

　　框高 18.6 釐米,寬 13.4 釐米

　　半葉十行二十四字,小字雙行同,白口,單黑魚尾,四周雙邊

　　有"紀慎齋印""未方""毓庭寓賞""晚香堂主人""燕居耐夫藏詩書畫"等印

　　　　　　　　　　　　　善 3/273A

藝術類

書畫之屬

0977

鐵網珊瑚二十卷

（明）都穆撰

清初抄本

八冊

　半葉十行二十字,無版框

　有"錢澧私印"等印　　　　善 3/180

0978

鐵網珊瑚二十卷

（明）都穆撰

清乾隆二十三年（1758）刻本

六冊

　半葉十行二十二字,小字雙行同,白口,

單黑魚尾,左右雙邊

　有"若華""振藻""楚州童氏收藏圖書"

等印　　　　　　　　　　善 3/180

0979

江邨銷夏錄三卷

（清）高士奇撰

清康熙雍正間博文堂刻本

三冊

　框高 18.3 釐米,寬 14.5 釐米

　半葉九行十八字,小字雙行同,黑口,雙

黑魚尾,左右雙邊

　有"許道基印""壽補齋鑒存"等印

　　　　　　　　　　　　善 3/282A

0980

書畫題跋記十二卷續書畫題跋記十二卷

（明）郁逢慶輯

清抄本

十二冊

　半葉九行二十字,小字雙行同,無版框

　有"瑞安孫氏遜學齋臧書記"印

　　　　　　　　　　　　善 3/282

0981

墨池編二十卷

（宋）朱長文撰

清雍正十一年（1733）朱氏就閒堂刻乾隆

後印本

六冊

　框高 16.9 釐米,寬 11.7 釐米

　半葉十一行二十一字,小黑口,雙黑魚

尾,左右雙邊

　本書與印典八卷（清朱象賢輯）合刻

　　　　　　　　　　　　善 3/281A

0982

大瓢偶筆八卷

（清）楊賓撰

清抄本

一冊

　框高 18.9 釐米,寬 12.4 釐米

　半葉十行二十字,白口,紅格,雙黑魚

尾,四周雙邊　　　　　　善 3/291

0983

廣川書跋十卷

（宋）董逌撰

明崇禎毛晉汲古閣刻津逮秘書本

三冊

　框高 19.0 釐米,寬 13.6 釐米

　半葉八行十九字,小字雙行同,白口,左

右雙邊

　有"經敨室"印　　　　　善 3/280

0984

古今書最不分卷

（清）石渠臨

清嘉慶十九年（1814）石渠朱墨寫本

六册

半葉行字數不等,無版框

有"文選樓""揚州阮氏琅嬛僊館藏書印""邗江陸氏珍藏"印　　　善 3/284

0985

淳化帖釋文十卷

(清)羅森　孫際昌訂

清康熙八年(1669)蘭郡孫際昌　戴時選刻本

六册

框高 18.3 釐米,寬 12.4 釐米

半葉八行二十字,小字雙行同,白口,單黑魚尾,四周雙邊

有"山陰孫世偉臧""湯聘""鄭燮之印"等印　　　善 3/284A

0986

淳化祕閣法帖考正十二卷

(清)王澍撰

清秋水藕花居刻本

八册

框高 19.8 釐米,寬 12.9 釐米

半葉十行十八字,白口,單黑魚尾,左右雙邊

有"香韻閣""靖菴"印　　　善 3/284B

0987

淳化閣帖釋文十卷

(清)朱家標輯

書法籔節鈔一卷

(清)魯之裕撰

孫過庭書譜一卷

(唐)孫過庭撰

解大紳春雨雜述一卷

(明)解縉撰

畫筌一卷

(清)笪重光撰　(清)王翬　惲格評

清抄本

四册

半葉十行二十五字,小字雙行同,無版框

永嘉潘鑑宗先生遺贈,有"羅機""宋齊""羅枚之印""潘國綱""聲父""接竹引接泉歸""來福除殃""出入大吉""卑光大吉""少孺"等印　　　善 2/500

0988

芥子園畫傳二集八卷

(清)王槩　王蓍　王臬輯

清乾隆四十七年(1782)金閶書業堂刻彩色套印本

四册

框高 21.7 釐米,寬 14.9 釐米

半葉九行二十字,白口,四周單邊

　　　善 3/284D

音樂之屬

0989

重修正文對音捷要真傳琴譜大全十卷

(明)楊表正撰

明萬曆十三年(1585)金陵三山街富春堂刻本

五册

框高 20.4 釐米,寬 14.3 釐米

半葉十行二十四字,白口,單黑魚尾,四周雙邊

有"吳興劉氏嘉業堂藏書記""張叔平"印　　　善 3/286

0990

徽言祕旨不分卷

(明)尹曄輯

清順治九年(1652)聽月樓刻本

一册

框高 21.0 釐米,寬 13.9 釐米

半葉六行行字不等,白口,單黑魚尾,四

周單邊　　　　　　　　　　　善 3/287

0991

德音堂琴譜十卷

（清）汪天榮輯

清康熙三十年（1691）自刻本

四冊

　框高 19.9 釐米，寬 14.9 釐米

　半葉八行十八字，小字雙行同，白口，單黑魚尾，左右雙邊

　有署名"厚卿"者題詩，有"文蔚堂發兌""奐章""補拙莫如勤""一片冰心"印

　　　　　　　　　　　　　善 3/288

0992

五知齋琴譜八卷

（清）徐祺鑒定　　（清）周魯封彙纂

清乾隆十一年（1746）懷德堂刻本

六冊

　框高 18.8 釐米，寬 14.8 釐米

　半葉八行十八字，小字雙行字數不等，白口，單黑魚尾，左右雙邊　　善 3/288A

0993

琴龥一卷

（清）黃文玉撰

清道光二十二年（1842）稿本

一冊

　半葉六行行字不等，無版框

　卷前附其友人及弟子之題辭，有"蘇敬衡印""蕉林""鏡石""星房翰墨""黃玉衡""星房""臣文玉"等印　　善 3/289

0994

望山堂琴學存書二卷

（清）林鶚撰

清同治十年（1871）孫鏘鳴抄本　清孫鏘鳴校並跋

一冊

框高 17.6 釐米，寬 12.9 釐米

　半葉十二行二十一字，小字雙行同，藍格，黑口，雙黑魚尾，四周雙邊

　有"經敃室"印　　　　　　　善 3/290

篆刻之屬

0995

印典八卷

（清）朱象賢編

清雍正十一年（1733）朱氏就閒堂刻乾隆後印本

二冊

　框高 16.4 釐米，寬 11.5 釐米

　半葉十一行二十一字，小字雙行三十二字，小黑口，雙黑魚尾，左右雙邊

　有"錢塘陳氏裁芸仙館珍臧""綠意軒"印

　本書與墨池編二十卷（宋朱長文撰）合刻　　　　　　　　　　　善 3/292A

遊藝之屬

0996

漢官儀三卷

（宋）劉攽撰

清影宋抄本

一冊

　半葉十行十七字，小字雙行字數不等，無版框

　有"愻學齋收藏圖籍"印　　　善 3/285

譜錄類

0997

遠西奇器圖說錄最三卷

（瑞士）鄧玉函口授　　（明）王徵譯繪

新製諸器圖說一卷

（明）王徵撰

清抄本

一册

　半葉九行二十字,小字雙行同,無版框

存一卷（卷一）

　有"天勝閣金石書畫祕翫""研京堂鑑藏善本""阮元伯元父印""詩孫""隨園"等印　　　　　　　　　　善 3/301

0998

文房肆攷圖說八卷

　（清）唐秉鈞撰　　（清）康愷繪圖

清乾隆四十至四十三年（1775–1778）　唐秉鈞竹暎山莊刻本

四册

　框高 18.1 釐米,寬 12.6 釐米

　半葉九行二十字,大黑口,單黑魚尾,左右雙邊　　　　　　　　　善 3/303A

宗教類

佛教之屬

0999

徑山藏（嘉興藏）

明萬曆十七年（1589）至清乾隆五臺山嘉興徑山等地刻本

二千二百一十六册

　框高 23.5 釐米,寬 15.9 釐米,餘不俱列

　半葉十行二十字,白口,四周雙邊

　有"張百熙""吳興劉氏嘉業堂藏書印"等印

　（子目略）　　　　　　　　善 3/370

1000

禪宗永嘉集二卷

　（唐）釋玄覺撰　　（明）釋鎮澄註

明萬曆二十年（1592）釋常紳募刻本　清孫詒讓校

二册

　框高 20.8 釐米,寬 14.7 釐米

　半葉十行二十字,白口,單黑魚尾,四周單邊

　有"瑞安孫仲容珍藏書畫文籍印"印　　　　　　　　　　善 3/305

1001

破邪論二卷

　（唐）釋法琳撰

清抄本

一册

　半葉九行二十字,小字雙行同,無版框

　有"愻學齋收藏圖籍"印　　　善 3/306

1002

一切經音義一百卷

　（唐）釋慧琳撰

續十卷

　（遼）釋希麟撰

日本元文三年（1738）、延享三年（1746）雛東獅谷白蓮社刻本

五十五册

　框高 22.1 釐米,寬 15.3 釐米

　半葉十行二十字,小字雙行同,下黑口,四周雙邊

　有"獅谷藏版"印　　　　　　善 3/307

1003

諸佛世尊如來菩薩尊者神僧名經不分卷

　（明）明成祖朱棣撰

明永樂內府刻本

一册

　框高 29.6 釐米,寬 19.3 釐米

　半葉十六行三十字,黑口,雙黑魚尾,四周雙邊

有"寧邸珍藏圖書""湯滏""紹南"印

善 3/308

道教之屬

1004

抱朴子内篇二十卷

（晉）葛洪撰

清嘉慶十八年（1813）金陵道署刻平津館叢書本　清陳桂麃朱筆批校

二册

框高 16.1 釐米，寬 11.3 釐米

半葉十一行二十字，小字雙行同，白口，單黑魚尾，左右雙邊

有"桂麃校勘之印""貯書還望子孫賢""秀水朱氏擁百廬珍藏圖書印""海昌古夾谷徐氏用拙齋收藏""五千卷室""朱士楷藏書章""硤川紫來閣徐氏印""訪樓氏""徐光濟印""寅庵珍祕""絜芳小圃所蘉"等印　　　　　善 3/087

1005

養真集二卷

題養真子撰　（清）王世端注

清抄本

二册

半葉九行二十字，無版框　　善 3/090A

類書類

通類之屬

1006

藝文類聚一百卷

（唐）歐陽詢輯

明嘉靖六至七年（1527－1528）胡纘宗　陸采刻本

二十四册

框高 22.4 釐米，寬 16.0 釐米

半葉十四行二十八字，小字雙行同，白口，單黑魚尾，左右雙邊

有"張叔平""吳興劉氏嘉業堂藏書記""李氏珍藏""許氏星臺藏書"等印

善 3/310

1007

藝文類聚一百卷

（唐）歐陽詢輯

明嘉靖六至七年（1527－1528）胡纘宗　陸采刻本

二十册

框高 22.4 釐米，寬 16.0 釐米

半葉十四行二十八字，小字雙行同，白口，單黑魚尾，左右雙邊

有"郎園過目""葉德輝鑒藏善本書籍""觀古堂"等印　　　　　善 3/311

1008

藝文類聚一百卷

（唐）歐陽詢輯

明刻本

三十二册

框高 22.5 釐米，寬 16.0 釐米

半葉十四行二十八字，小字雙行同，白口，單黑魚尾，左右雙邊

馬敘倫先生贈書，有"褚光世印""君實""曠觀樓"印　　　　　善 3/312

1009

藝文類聚一百卷

（唐）歐陽詢輯

明萬曆十五年（1587）金陵王元貞刻本

三十二册

框高 20.0 釐米，寬 13.9 釐米

半葉十行二十字，小字雙行同，白口，單黑魚尾，左右雙邊

有"瑞安孫仲容珍藏書畫文籍印"印

善 3/313

1010

北堂書鈔一百六十卷

（唐）虞世南輯　（明）陳禹謨補註

明萬曆二十八年（1600）陳禹謨刻本

二十冊

框高 22.0 釐米,寬 14.9 釐米

半葉九行二十字,小字雙行同,白口,單黑魚尾,左右雙邊

佚名朱筆批注,有"吳興劉氏嘉業堂藏書記""結弌廬藏書印""張叔平""靈石楊氏墨林藏本"印　　善 3/315

1011

北堂書鈔一百六十卷

（唐）虞世南輯

清孫氏遜學齋影宋抄本

二十冊

框高 18.1 釐米,寬 11.6 釐米

半葉九行二十字,小字雙行字數不等,藍格,小黑口,左右雙邊

有"瑞安孫仲容珍藏書畫文籍印"印

善 3/316

1012

初學記三十卷

（唐）徐堅等輯

明嘉靖十年（1531）錫山安國桂坡館刻本

十冊

框高 20.8 釐米,寬 16.2 釐米

半葉九行十八字,小字雙行二十四字,白口,單黑魚尾,左右雙邊

佚名朱筆校,有"伯元""瑞安孫仲容珍藏書畫文籍印"印　　善 3/317

1013

初學記三十卷

（唐）徐堅等輯

明萬曆十五年（1587）徐守銘寧壽堂刻本

十六冊

框高 20.7 釐米,寬 16.5 釐米

半葉九行十八字,小字雙行二十四字,白口,單黑魚尾,左右雙邊

有"吳興劉氏嘉業堂藏書記""張叔平"印　　善 3/318

1014

唐宋白孔六帖一百卷目錄二卷

（唐）白居易（宋）孔傳輯

明嘉靖刻本

二十四冊

框高 19.2 釐米,寬 15.4 釐米

半葉十行十八字,小字雙行同,白口,單白魚尾,左右雙邊,有刻工

有"堂名拱璧惟書是寶無意無必隨得隨校惟蔣氏子孫永以爲好""瑞安孫氏遜學齋藏書記""瑞安孫仲容珍藏書畫文籍印""蘿邨蔣氏手校藏書"等印　善 3/319

又一部,五十冊　　　　善 3/320

1015

事類賦三十卷

（宋）吳淑撰並注

明刻本

十二冊

框高 20.1 釐米,寬 15.4 釐米

半葉十二行二十字,小字雙行同,白口,單黑魚尾,左右雙邊

有"何焯之印""屺瞻"印　　善 3/323

1016

冊府元龜一千卷目錄十卷

（宋）王欽若等輯

明崇禎十五年（1642）建陽黃國琦刻清康熙十一年（1672）黃九錫重修本

三百零二冊

框高 19.3 釐米,寬 14.4 釐米

　半葉十行二十字,小字雙行同,白口,四周單邊

　有抄配,有"紫藤花館""曾爲蕭紹庭所藏""曾爲紹庭所藏"印　　　　善 3/324

1017

册府元龜一千卷目錄十卷

　(宋)王欽若等輯

　明崇禎十五年(1642)黄國琦刻清康熙十一年(1672)黄九錫重修乾隆十九年(1754)丁序賢遞修本

　二百册

　　框高 19.3 釐米,寬 14.4 釐米

　　半葉十行二十字,小字雙行同,白口,四周單邊

　　有"巴陵方氏傳經堂藏書印""方功惠藏書印"印　　　　　　　　善 3/324A

1018

事物紀原二十卷目錄二卷

　(宋)高承輯

　明刻本

　三册

　　框高 21.0 釐米,寬 12.5 釐米

　　半葉九行二十至二十二字,小字雙行字數不等,白口間黑口,雙黑魚尾,四周雙邊

　　有朱墨筆批點,有"王氏二十八宿研齋祕笈之印""秀州王氏珍藏之印""殷泉""北畠千鍾房章"印　　　善 3/325

1019

新刻事物紀原十卷目錄二卷

　(宋)高承輯

　明萬曆胡氏文會堂刻格致叢書本

　六册

　　框高 19.4 釐米,寬 13.9 釐米

　　半葉十行二十字,白口,雙白魚尾,左右雙邊

　有"乾隆五十有七年遂初堂初氏記""瑞安孫仲容珍藏書畫文籍印""張伯起"等印
　　　　　　　　　　　　　善 3/326

1020

海錄碎事二十二卷

　(宋)葉廷珪輯

　明萬曆二十七年(1599)劉鳳刻本

　三十二册

　　框高 20.7 釐米,寬 14.1 釐米

　　半葉十二行二十一字,小字雙行同,白口,單黑魚尾,左右雙邊

　　有"瑞安孫仲容珍藏書畫文籍印""瑞安孫氏蘐學齋藏書記"印　　　善 3/327

1021

錦繡萬花谷四十卷後集四十卷續集四十卷

　明嘉靖十四年(1535)徽藩崇古書院刻本

　二十册

　　框高 23.2 釐米,寬 15.9 釐米

　　半葉九行十七字,小字雙行同,白口,單黑魚尾,四周單邊

　　有抄配,有"瑞安孫仲容珍藏書畫文籍印"印　　　　　　　　善 3/328

1022

錦繡萬花谷四十卷後集四十卷續集四十卷

　明刻本

　三十六册

　　框高 19.0 釐米,寬 13.3 釐米

　　半葉十二行二十一字,小字雙行同,白口,單黑魚尾,左右雙邊

　　有"胡薊門藏書印""許焞收藏""丁田是醇夫手種""嵋山""仲道原印""吳興劉氏嘉業堂藏書記""翁""蘇齋""張叔平"等印　　　　　　　　　善 3/329

1023

新編古今事文類聚前集六十卷後集五十卷

續集二十八卷別集三十二卷

　（宋）祝穆輯

新編古今事文類聚新集三十六卷外集十五卷

　（元）富大用輯

新編古今事文類聚遺集十五卷

　（元）祝淵輯

　清光緒十七年（1891）朝鮮嶺營刻本

　四十九册

　　框高 20.0 釐米,寬 14.7 釐米

　　半葉十一行二十四字,小字雙行同,白口,單黑魚尾,四周單邊

　　缺七十四卷（前集卷四十八至六十,後集五十卷,別集卷一至十一）　善 3/332

1024

事文類聚抄三卷

　（宋）祝穆（元）富大用輯

　清乾隆四年（1739）朝鮮田以采 朴致維刻本

　三册

　　框高 19.4 釐米,寬 16.1 釐米

　　半葉十七行行字不等,白口,雙花間黑魚尾,四周單邊

　　佚名墨筆批注　　　　善 3/333

1025

群書考索前集六十六卷後集六十五卷續集五十六卷別集二十五卷

　（宋）章如愚輯

　明正德三至十三年（1508–1518）劉洪慎獨書齋刻十六年（1521）重修本

　六十四册

　　框高 20.0 釐米,寬 13.1 釐米

　　半葉十四行二十八字,小字雙行同,黑口,雙黑魚尾,四周雙邊

　　有"吳興劉氏嘉業堂藏書記""張叔平""汪士鐘印""古吳徐氏""蕘翁""黃丕烈""卓犖精廬"等印　　善 3/335

1026

群書考索前集六十六卷後集六十五卷續集五十六卷別集二十五卷

　（宋）章如愚輯

　明正德三至十三年（1508–1518）劉洪慎獨書齋刻十六年（1521）重修本

　四十二册

　　框高 19.8 釐米,寬 13.1 釐米

　　半葉十四行二十八字,小字雙行同,黑口,雙黑魚尾,四周雙邊

　　缺一卷（前集卷二十）

　　有抄配（別集卷一至三）,有"容成""雲瞻""扶質軒珍藏印"等印　　善 3/336

1027

古今合璧事類備要前集六十九卷後集八十一卷續集五十六卷

　（宋）謝維新輯

古今合璧事類備要別集九十四卷外集六十六卷

　（宋）虞載輯

　明嘉靖三十一至三十五年（1552–1556）夏相刻本

　一百六十册

　　框高 19.5 釐米,寬 14.0 釐米

　　半葉八行十六字,小字雙行二十四字,單白間單黑魚尾,左右雙邊

　　有抄配,有"勞淑胤"等印　　善 3/337

1028

玉海二百卷辭學指南四卷詩玫一卷詩地理玫六卷漢藝文志玫證十卷通鑑地理通釋十四卷漢制玫四卷踐阼篇集解一卷周易鄭康成注一卷姓氏急就篇二卷急就篇補注四卷周書王會補注一卷小學紺珠十卷六經天文編二卷通鑑答問五卷

　（宋）王應麟撰

　元後至元六年（1340）慶元路儒學刻本

　四十册

框高22.0釐米,寬13.8釐米

半葉十行十九至二十一字,小字雙行同,白口,雙黑魚尾,左右雙邊,有書耳

缺二百卷(玉海二百卷)

有"穀士""古嘐擁百城麇主人珍藏書畫印記""廖世蔭印"等印　　善3/338

1029
玉海二百卷附辭學指南四卷
(宋)王應麟撰

明初南京國子監刻明清遞修本

六十冊

框高20.8釐米,寬13.3釐米

半葉十行二十字,小字雙行同,白口,雙黑魚尾,四周單邊雙邊左右雙邊兼有

善3/339

1030
修辭指南二十卷
(明)浦南金輯

明刻本

八冊

框高18.9釐米,寬13.2釐米

半葉九行十八字,小字雙行同,白口,單黑魚尾,左右雙邊,有刻工

佚名朱墨筆批校,有"栖碧菴""中區館""萬流居""項子立印""惟中""艸玄居""劉程字翁雲""漱藝堂藏書印""劉準""曾藏章武高氏小榘庵""初齋祕笈""澤畬長壽""重共明月""漁社中人"等印

善3/343

1031
三餘別集不分卷
(明)游日章撰

明嘉靖四十一年(1562)刻本

一冊

框高19.7釐米,寬12.8釐米

半葉十行二十四字,白口,四周單邊

有"練江陳昂之印""天都陳氏承雅堂圖籍""陳氏臧書子孫永寶""束阜先生後人""倚醉廬曾氏藏書""珠里""涌石山房""宗至六十四世孫""梅谿艸堂"等印

善3/348

1032
新選古今類腋十八卷
(明)陳世寶等輯

明萬曆九年(1581)刻本

十二冊

框高21.0釐米,寬14.0釐米

半葉九行二十字,小字雙行同,白口,單白魚尾,四周雙邊,有刻工　善3/354

1033
詞林海錯十六卷
(明)夏樹芳輯

明萬曆四十六年(1618)夏樹芳清遠樓刻本

十七冊

框高19.0釐米,寬12.7釐米

半葉七行十六字,白口,單黑魚尾,四周單邊

有"吳興劉氏嘉業堂藏書記""張叔平"印　　善3/356

1034
山堂肆考二百四十卷
(明)彭大翼輯

明萬曆二十三年(1595)周顯金陵書林刻本

八十冊

框高18.2釐米,寬13.1釐米

半葉十一行二十二字,眉欄鐫注行三字,白口,單白間單黑魚尾,四周單邊

有"吳興劉氏嘉業堂藏書記"印

善3/353

1035

唐類函二百卷目錄二卷

（明）俞安期輯

明萬曆三十一年（1603）自刻本

六十四册

　　框高 20.2 釐米,寬 14.8 釐米

　　半葉十行二十字,小字雙行同,小黑口,單黑魚尾,四周單邊

　　有"吳興劉氏嘉業堂藏書記""張叔平"印　　　　　善 3/351

1036

潛確居類書一百二十卷

（明）陳仁錫輯

明崇禎十五年（1642）陳智錫繼志堂刻本

三十四册

　　框高 20.0 釐米,寬 12.7 釐米

　　半葉九行二十字,小字雙行同,白口,單黑魚尾,四周單邊

　　有抄配,有"吳興劉氏嘉業堂藏書記""張叔平"印　　　　　善 3/358

1037

通俗編三十八卷

（清）翟灝撰

清乾隆十六年（1751）翟灝無不宜齋刻本

十册

　　框高 16.8 釐米,寬 12.6 釐米

　　半葉十二行二十二字,白口,單黑魚尾,左右雙邊

　　有"邵裴子鑒書記"印　　　　善 1/238A

1038

省軒考古類編十二卷

（清）柴紹炳纂　　（清）姚廷謙評

清雍正四年（1726）雲間澹成堂刻本

四册

　　框高 17.7 釐米,寬 12.4 釐米

　　半葉十行二十一字,小字雙行同,黑口,

雙黑魚尾,左右雙邊

　　有"陳漢第印""伏廬""敦古堂藏書"印　　　　　善 3/359

專類之屬

1039

小字錄一卷

（宋）陳思輯

小字錄補六卷

（明）沈弘正輯

明萬曆四十七年（1619）沈弘正暢閣刻本

八册

　　框高 15.9 釐米,寬 12.1 釐米

　　半葉八行十六字,小字雙行同,小黑口,左右雙邊

　　有"璜川吳氏收藏圖書""紅豆山房""康節二十四世孫朗仙圖章""菀翁""愛日山房""友雲樓書畫印"等印　　善 3/334

1040

新增說文韻府羣玉二十卷

（元）陰時夫輯　　（元）陰中夫註

明刻本

二十册

　　框高 21.4 釐米,寬 14.3 釐米

　　半葉十一行二十二字,小字雙行同,白口,單黑魚尾,左右雙邊

　　有"樵雲釣月"印　　　　　善 3/340

1041

新增說文韻府羣玉二十卷

（元）陰時夫輯　　（元）陰中夫註

清康熙五十五年（1716）文盛堂天德堂刻本

十册

　　框高 21.6 釐米,寬 14.4 釐米

　　半葉十一行二十二字,小字雙行同,白口,單黑魚尾,左右雙邊

有"天德堂藏書""永祕""召營""志遠堂印"等印　　　　善 3/341

1042

古今萬姓統譜一百四十卷歷代帝王姓系譜六卷氏族博玫十四卷

(明)凌迪知輯

明萬曆凌迪知刻清初汲古閣重修本

三十二册

框高 20.5 釐米,寬 14.0 釐米

半葉九行二十字,小字雙行同,白口,單黑魚尾,四周單邊

有"經斅室""石友過眼"印　善 3/349

1043

古今萬姓統譜一百四十卷歷代帝王姓系譜六卷氏族博玫十四卷

(明)凌迪知輯

明萬曆凌迪知刻清初汲古閣重修本

四十册

框高 20.5 釐米,寬 14.0 釐米

半葉九行二十字,小字雙行同,白口,單黑魚尾,四周單邊

有"吳興劉氏嘉業堂藏書記""張叔平"印　　　　善 3/350

1044

喻林一葉二十四卷

(明)徐元太輯　(清)王蘇删纂

清乾隆五十九年(1794)桑寄生齋刻本

八册

框高 19.7 釐米,寬 14.2 釐米

半葉八行十八字,白口,單黑魚尾,四周雙邊　　　　善 3/362D

1045

廣博物志五十卷

(明)董斯張輯　(明)楊鶴等訂

明萬曆四十三至四十七年(1615–1619)吳

興高暉堂刻本

二十八册

框高 21.0 釐米,寬 15.3 釐米

半葉九行十八字,小字雙行同,白口,單黑魚尾,四周單邊

有"獨山莫祥芝圖書記""莫科印""莫祁圖書之印""莫棠之章""張叔平"印　　　　善 3/355

1046

麗句集六卷

(明)許之吉輯

明天啓刻本

二册

框高 20.4 釐米,寬 13.9 釐米

半葉九行十九字,小字雙行同,白口,四周單邊

有"吳興劉氏嘉業堂藏書記""張叔平"印　　　　善 3/357

1047

萬卷精華□□卷

□□輯

清抄本

一册

框高 22.5 釐米,寬 14.0 釐米

半葉十行行字不等,小字雙行,雙黑魚尾,黑口,四周雙邊

存一卷(卷五十八)　善 3/342

1048

正音攄言四卷

(明)王荔撰　(明)王允嘉注

明崇禎元年(1628)王氏舍泓堂刻本

四册

框高 21.0 釐米,寬 12.1 釐米

半葉八行二十字,白口,四周雙邊

善 1/194

1049

五車韻瑞一百六十卷洪武正韻一卷

（明）凌稚隆輯

明萬曆葉瑤池天葆堂刻本

二十四册

　　框高 20.4 釐米,寬 15.8 釐米

　　半葉十行二十字,小字雙行二十七字,
白口,單黑魚尾,左右雙邊,有刻工

　　　　　　　　　　　　　　善 3/352

1050

讀書紀數略五十四卷

（清）宮夢仁輯

清康熙四十六至四十七年(1707–1708)刻
四十八至五十年(1709–1711)增刻本

十六册

　　框高 15.9 釐米,寬 11.3 釐米

　　半葉十一行二十一字,小字雙行同,下
黑口,單黑魚尾,四周雙邊

有"葉榆張氏藏書"印　　　　善 3/362C

1051

事類異名六卷

（明）許樂善輯

清乾隆三十二年(1767)承裕堂刻本

四册

　　框高 17.6 釐米,寬 14.2 釐米

　　半葉十行二十五字,小字雙行同,小黑
口,單黑魚尾,左右雙邊　　　善 3/362B

1052

御定駢字類編二百四十卷

（清）吳士玉等奉敕撰

清雍正刻本

一百二十册

　　框高 17.2 釐米,寬 12.0 釐米

　　半葉十行二十一字,小字雙行同,黑口,
雙黑魚尾,四周雙邊　　　善 3/362A

集　　部

楚辭類

1053
楚騷五卷
（楚）屈原撰
附錄一卷
（漢）司馬遷撰
明正德十五年（1520）熊宇刻篆字本
四册
　框高 19.2 釐米，寬 14.0 釐米
　半葉五行十字，白口，四周單邊
　有"欽訓堂書畫記""吳興劉氏嘉業堂藏
書記"等印　　　　　　　　　善 4/001

1054
楚辭章句十七卷
（漢）王逸撰
附錄一卷
明刻本
四册
　框高 21.2 釐米，寬 14.5 釐米
　半葉九行十八字，小字雙行同，白口，左
右雙邊　　　　　　　　　　　善 4/004

1055
楚辭章句十七卷
（漢）王逸撰　　（宋）洪興祖補注
清初毛表汲古閣刻本
六册
　框高 17.9 釐米，寬 13.2 釐米
　半葉九行十五字，小字雙行二十字，白
口，雙黑魚尾，左右雙邊

有"瑞安孫仲容珍藏書畫文籍印""陳英
珍藏"等印　　　　　　　　　善 4/002

1056
楚辭章句十七卷
（漢）王逸撰　　（宋）洪興祖補注
清同治十一年（1872）金陵書局刻本　清
孫衣言批並識
四册
　框高 17.9 釐米，寬 13.2 釐米
　半葉九行十五字，小字雙行二十字，白
口，雙黑魚尾，左右雙邊
　有"瑞安孫仲容珍藏書畫文籍印"印
　　　　　　　　　　　　　　善 4/003

1057
楚辭集註八卷辯證二卷後語六卷
（宋）朱熹撰
明正德十四年（1519）沈圻刻本
一册
　框高 20.0 釐米，寬 13.5 釐米
　半葉九行十七字，小字雙行同，黑口，四
周雙邊
　存八卷（辯證二卷後語六卷）
　有"瑞安孫仲容珍藏書畫文籍印"印
　　　　　　　　　　　　　　善 4/009

1058
楚辭集註八卷辯證二卷後語六卷
（宋）朱熹撰
反離騷一卷
（漢）揚雄撰
明嘉靖十四年（1535）袁褧刻本

八册

框高 20.0 釐米,寬 15.5 釐米

半葉十行十八字,小字雙行同,白口,雙黑魚尾,左右雙邊

有"㹀農""㹀農藏書""昭聲藏書""如皋祝壽慈藏書印""漢鹿齋藏書印"等印

善 4/006

1059

楚辭集註八卷辯證二卷後語六卷

(宋)朱熹撰

明萬曆二十五年(1597)吉府刻本

六册

框高 25.4 釐米,寬 15.5 釐米

半葉八行十七字,小字雙行同,白口,四周雙邊

存八卷(楚辭集註八卷)

佚名批,有"錢塘吳焯善本珍藏章""孫子苓字西父自號龍泉老牧""孫華卿印"等印

善 4/005

1060

楚辭集註八卷辯證二卷後語六卷

(宋)朱熹撰

明刻本

二册

框高 20.3 釐米,寬 14.0 釐米

半葉九行十八字,白口,單黑魚尾,四周單邊

存八卷(楚辭集註八卷)

有"臣倪繩中""翊周氏"等印

善 4/006Z

1061

楚辭集註八卷辯證二卷後語八卷

(宋)朱熹撰　(明)蔣之翹補輯並評校

附覽二卷總評一卷

(明)蔣之翹輯

明天啓六年(1626)蔣之翹刻忠雅堂印本

三册

框高 20.7 釐米,寬 13.6 釐米

半葉九行二十一字,小字雙行同,白口,四周單邊

缺八卷(後語八卷)　　　　　善 4/007

1062

楚辭集注八卷總評一卷

(宋)朱熹撰　(明)沈雲翔輯評

清聽雨齋刻朱墨套印本

八册

框高 19.7 釐米,寬 13.0 釐米

半葉八行二十二字,白口,左右雙邊

佚名過錄郭沫若、聞一多校釋語,有"普定姚大榮字儷桓號芷禮金石書畫"印

善 4/008

1063

楚辭評林八卷

(宋)朱熹集註　(明)沈雲翔輯評

明崇禎吳郡寶翰樓刻本

四册

框高 21.0 釐米,寬 12.4 釐米

半葉九行二十五字,白口,四周單邊

有佚名朱筆批點,有"劉承幹字貞一號翰怡""吳興劉氏嘉業堂藏書印""張叔平"等印　　　　　　善 4/010

1064

楚騷綺語六卷

(明)張之象輯

明刻本

四册

框高 18.5 釐米,寬 12.8 釐米

半葉八行十七字,小字雙行同,白口,單黑魚尾,四周單邊

有"五橋珍藏""慈谿馮氏醉經閣圖籍"印　　　　　　　　　　　　　善 3/360

1065

山響齋別集十卷諸家品騭一卷

（清）賀寬撰

近代抄本

六册

　　框高 15.8 釐米,寬 11.8 釐米

　　半葉十行二十字,小字雙行同,白口,雙

黑魚尾,四周單邊　　　　　　　善 4/012

1066

**山帶閣註楚辭六卷首一卷餘論二卷說韻一
卷**

（清）蔣驥撰

清雍正五年(1727)蔣驥山帶閣刻本

一册

　　框高 16.5 釐米,寬 13.3 釐米

　　半葉十行二十一字,白口,單黑魚尾,左

右雙邊,有刻工

　　存二卷(餘論二卷)　　　　善 4/012A

1067

屈子七卷

　（楚）屈原撰

評一卷

　（明）毛晉輯

楚譯二卷參疑一卷

　（明）毛晉參定

明萬曆四十六年(1618)毛氏綠君亭刻屈

陶合刻本

　二册

　　框高 20.1 釐米,寬 13.0 釐米

　　半葉八行十八字,小字雙行同,白口,四

周單邊

　　有"戴""古"印　　　　　善 4/001Z

1068

離騷草木史九卷離騷拾細一卷

　（清）周拱辰注

清初周氏聖雨齋刻本

二册

　　框高 26.1 釐米,寬 16.4 釐米

　　半葉九行二十四字,小字雙行同,白口,

四周單邊,書眉鐫評

　　有"徐再虞印""得位"印　　善 4/013A

1069

屈騷心印五卷首一卷

　（清）夏大霖撰

清乾隆九年(1744)夏景頤刻一本堂印本

四册

　　框高 19.0 釐米,寬 14.7 釐米

　　半葉十一行二十五字,小字雙行同,白

口,單黑魚尾,四周雙邊

　　存三卷(卷一至三)

　　有"杭城清河坊下首文翰樓發兌"印

　　　　　　　　　　　　　　善 4/012B

別集類

漢魏六朝別集之屬

1070

諸葛丞相集四卷

　（蜀）諸葛亮撰　　（清）朱璘輯

清康熙三十七年(1698)萬卷堂刻本

四册

　　框高 20.6 釐米,寬 14.0 釐米

　　半葉九行十九字,白口,單黑魚尾,四周

雙邊

　　陶在東先生贈書,佚名題跋,有"陶在東

讀書記""有文堂珍藏"印　　　善 4/019A

1071

曹子建集十卷附音義一卷

　（魏）曹植撰

明刻本

三册

框高 18.6 釐米,寬 13.4 釐米

半葉九行十八字,小字雙行同,白口,單白魚尾,四周單邊

有"沈淮之印""胎簪"等印　　善 4/020

1072

曹子建集十卷

(魏)曹植撰　(明)李夢陽　王世貞等評

明天啓元年(1621)凌性德刻朱墨套印本

六冊

框高 20.5 釐米,寬 14.8 釐米

半葉八行十八字,小字雙行同,白口,四周單邊

有"大城劉氏地山堂世傳必讀書""地山堂印""得一步想書屋"印　　善 4/021

1073

曹子建集考異十卷敘錄一卷

(清)朱緒曾校輯

年譜一卷

(清)朱緒曾撰

清光緒玉海樓抄本　清孫詒讓校

五冊

框高 16.6 釐米,寬 11.9 釐米

半葉九行二十一字,小字雙行同,小黑口,左右雙邊

有"瑞安孫仲容珍藏書畫文籍印"印

善 4/022

1074

嵇中散集十卷

(晉)嵇康撰　(明)程榮校

明萬曆新安程榮刻本

四冊

框高 20.1 釐米,寬 14.3 釐米

半葉九行二十字,小字雙行同,白口,單白魚尾,左右雙邊

有"西青主人諸長祚秋崔氏圖書"印

善 4/023

1075

陸平原集八卷

(晉)陸機撰

附錄一卷

(明)張燮輯

明天啓至崇禎張燮刻七十二家集本

四冊

框高 20.3 釐米,寬 14.4 釐米

半葉九行十八字,小字雙行同,白口,單黑魚尾,左右雙邊

有"劉承幹字貞一號翰怡""吳興劉氏嘉業堂藏書印""張叔平"等印　　善 4/024

1076

陶淵明全集四卷

(晉)陶潛撰

明白鹿齋刻陶李合刻本

一冊

框高 20.6 釐米,寬 13.5 釐米

半葉七行十七字,小字雙行同,白口,竹節欄

有"倫昭軍印"印　　　　善 4/025

1077

陶靖節集十卷

(晉)陶潛撰　(宋)湯漢等箋注

總論一卷附錄一卷

明萬曆十五年(1587)休陽程氏刻本

二冊

框高 19.2 釐米,寬 13.0 釐米

半葉九行十八字,小字雙行同,白口,單黑間白魚尾,左右雙邊

缺一卷(附錄一卷)

有"吳興劉氏嘉業堂藏書記""張叔平""沈兆熊印""烏程沈氏補讀書齋藏書"等印　　　　善 4/026

1078

陶靖節集四卷

（晉）陶潛撰　（清）董廢翁選評

清康熙刻本

二册

　　框高 17.9 釐米,寬 13.4 釐米

　　半葉八行十七字,小字雙行同,大黑口,

雙黑魚尾,四周單邊

　　有"張叔平""吳興劉氏嘉業堂藏書記"

等印　　　　　　　　　　　　　善 4/027

1079

陶詩彙注四卷首一卷末一卷

　　（晉）陶潛撰　（清）吳瞻泰輯

清抄本　屈疆(屈爔)批校

二册

　　半葉十行十九字,小字雙行二十八字,

無版框

　　有"絜芳小圃所鬈""彈山劫後僅存之

書""西圃藏書""平湖屈氏三益艸盧所

藏"印　　　　　　　　　　　　善 4/028

1080

鮑明遠集十卷

　　（南朝宋）鮑照撰

明萬曆新安程榮刻本

二册

　　框高 19.6 釐米,寬 14.5 釐米

　　半葉九行二十字,小字雙行同,白口,單

白間黑魚尾,左右雙邊

　　有"經敨室"印　　　　　　　善 4/029

1081

陶貞白集二卷

　　（梁）陶弘景撰　（明）黃省曾編

明萬曆至天啓汪士賢刻漢魏六朝二十一

名家集本　傅增湘校並跋

二册

　　框高 19.2 釐米,寬 14.0 釐米

　　半葉九行二十字,白口,單黑魚尾,四周

單邊　　　　　　　　　　　　　善 4/031

1082

任彥升集六卷

　　（梁）任昉撰

明萬曆十八年(1590)南城翁少麓刻漢魏

諸名家集本

二册

　　框高 20.1 釐米,寬 14.3 釐米

　　半葉九行二十字,小字雙行同,白口,單

白間黑魚尾,左右雙邊　　　　　善 4/030

1083

庚子山集十六卷總釋一卷

　　（北周）庚信撰　（清）倪璠注釋

庚子山年譜一卷

　　（清）倪璠編

清康熙二十六年(1687)崇岫堂刻本

十册

　　框高 20.3 釐米,寬 14.4 釐米

　　半葉十行二十字,小字雙行同,白口,單

黑魚尾,左右雙邊

　　佚名朱筆批校

1084

王司空集三卷

　　（北周）王褒撰

附錄一卷

　　（明）張燮輯

明天啓至崇禎刻七十二家集本

二册

　　框高 20.5 釐米,寬 14.6 釐米

　　半葉九行十八字,小字雙行同,白口,單

黑魚尾,左右雙邊

　　有"張叔平""吳興劉氏嘉業堂藏書記"

等印　　　　　　　　　　　　　善 4/032

唐五代別集之屬

1085

唐太宗皇帝集二卷

（唐）唐太宗李世民撰

明銅活字印唐人集本

一册

　　框高 18.9 釐米,寬 12.7 釐米

　　半葉九行十七字,小黑口,單黑魚尾,左右雙邊

　　　有"瑞安孫仲容珍藏書畫文籍印"印

　　　　　　　　　　　　　　　善 4/040

1086

幽憂子集七卷

　（唐）盧照鄰撰

附錄一卷

　（明）張燮輯

　明崇禎十三年(1640)張燮 曹荃刻初唐子集本

　　四册

　　框高 20.1 釐米,寬 14.6 釐米

　　半葉九行十八字,小字雙行同,白口,單黑魚尾,左右雙邊

　　　有"張叔平""吳興劉氏嘉業堂藏書記"印　　　　　　　　　　　　善 4/041

1087

唐駱先生集八卷

　（唐）駱賓王撰　　（明）王衡等批釋

附錄一卷

　明凌毓枏刻朱墨套印本

　　八册

　　框高 19.5 釐米,寬 14.8 釐米

　　半葉八行十八字,眉上鑴評行六字,白口,四周單邊

　　　有"吳興劉氏嘉業堂藏書記""張叔平"印　　　　　　　　　　　　　善 4/042

1088

楊盈川集十卷附錄一卷

　（唐）楊炯撰

　清抄本

二册

　　半葉十一行二十字,無版框

　　　有"瑞安孫仲容珍藏書畫文籍印""含穎樓藏書記"印　　　　　　善 4/042A

1089

沈雲卿集三卷

　（唐）沈佺期撰

　明嘉靖十九年(1540)刻唐百家詩本

　　二册

　　框高 17.4 釐米,寬 13.0 釐米

　　半葉十行十八字,小字雙行同,白口,單白魚尾,左右雙邊

　　　有"琴思""琴思堂書畫記""心正則筆正""循古印""吳興劉氏嘉業堂藏""張叔平"等印　　　　　　　　善 4/044

1090

宋之問集二卷

　（唐）宋之問撰

　明嘉靖十九年(1540)刻唐百家詩本

　　二册

　　框高 17.6 釐米,寬 13.2 釐米

　　半葉十行十八字,白口,單白魚尾,左右雙邊

　　　有"吳興劉氏嘉業堂藏""心正則筆正""張叔平""琴思"等印　　　　善 4/043

1091

張九齡集六卷

　（唐）張九齡撰

　明嘉靖十九年(1540)刻唐百家詩本

　　二册

　　框高 17.3 釐米,寬 12.9 釐米

　　半葉十行十八字,白口,單黑魚尾,左右雙邊

　　　有"吳興劉氏嘉業堂藏""古香樓""休寧汪季青家藏書籍""張叔平"等印

　　　　　　　　　　　　　　　善 4/045

1092

孟浩然詩集二卷

（唐）孟浩然撰　（宋）劉辰翁評

明凌濛初刻朱墨套印盛唐四名家集本

二冊

　　框高 20.7 釐米,寬 14.6 釐米

　　半葉八行十九字,白口,左右雙邊

　　　　　　　　　　　　善 4/047

1093

王摩詰詩集七卷

（唐）王維撰　（宋）劉辰翁評

明凌濛初刻朱墨套印盛唐四名家集本

三冊

　　框高 21.0 釐米,寬 14.9 釐米

　　半葉八行十九字,白口,左右雙邊,書眉

及行間鐫評

　　有"濛初之印""初成氏"印　善 4/046

1094

類箋唐王右丞詩集十卷

（唐）王維撰　（宋）劉辰翁評　（明）顧起

經註

文集四卷集外編一卷

（唐）王維撰　（明）顧起經輯

年譜一卷

（明）顧起經撰

唐諸家同詠集一卷贈題集一卷歷朝諸家評

王右丞詩畫鈔一卷

（明）顧起經輯

明嘉靖三十五年(1556)顧氏奇字齋刻本

十冊

　　框高 20.4 釐米,寬 15.2 釐米

　　半葉九行十八字,小字雙行同,小黑口,

單黑魚尾,左右雙邊,有刻工　善 4/046A

1095

分類補註李太白詩二十五卷

（唐）李白撰　（宋）楊齊賢集註　（元）蕭

士贇補註

分類編次李太白文五卷

（唐）李白撰　（明）郭雲鵬編次

明嘉靖霏玉齋刻本　素村批　震鈞題識

六冊

　　框高 19.2 釐米,寬 14.0 釐米

　　半葉十一行二十字,小字雙行同,白口,

單白魚尾,左右雙邊

　　有"震鈞""張叔平""吳興劉氏嘉業堂

藏書記""吳興劉氏嘉業堂藏""瓠室""萬

壑千峰一卷書""震筵收精本書籍""在廷

清賞""在廷氏五經眇所藏"等印

　　　　　　　　　　　　善 4/048

1096

分類補註李太白詩二十五卷

（唐）李白撰　（宋）楊齊賢集註　（元）蕭

士贇補註

年譜一卷

（宋）薛仲邕編

明萬曆建陽書林余泗泉刻清印重訂正合

刻李杜詩全集本

九冊

　　框高 21.4 釐米,寬 14.8 釐米

　　半葉九行二十字,小字雙行同,白口,單

黑魚尾,左右雙邊　　善 4/049

1097

分類補註李太白詩二十五卷

（唐）李白撰　（宋）楊齊賢集註　（元）蕭

士贇補註

年譜一卷

（宋）薛仲邕編

明萬曆建陽書林余泗泉刻清印重訂正合

刻李杜詩全集本

六冊

　　框高 21.4 釐米,寬 13.8 釐米

　　半葉九行二十字,小字雙行同,白口,單

黑魚尾,左右雙邊　　善 4/050

1098

唐翰林李白詩類編十二卷

（唐）李白撰

明刻本

六冊

框高 19.9 釐米,寬 13.3 釐米

半葉十行二十一字,小字雙行同,大黑口,雙黑魚尾,四周雙邊　　　善 4/051

1099

李詩選註十三卷

（唐）李白撰　（明）朱諫選註

辯疑二卷

（明）朱諫撰

明隆慶六年（1572）徽州朱守行刻本

九冊

框高 20.0 釐米,寬 13.7 釐米

半葉十二行二十四字,白口,四周雙邊

缺二卷（選註卷一至二）

有"瑞安孫仲容珍藏書畫文籍印"印

善 4/052

1100

李詩選五卷

（唐）李白撰　（明）張含輯選　（明）楊慎等批點

明吳興凌濛初刻朱墨套印李杜詩選本

二冊

框高 20.3 釐米,寬 14.7 釐米

半葉八行十八字,白口,四周單邊,眉上及行間鐫評

有"施體晉印"印　　　善 4/053

1101

李太白文集三十六卷

（唐）李白撰　（清）王琦輯註

清乾隆寶笏樓刻二十五年（1760）增刻本

十八冊

框高 17.8 釐米,寬 13.6 釐米

半葉十行二十字,小字雙行同,白口,單黑魚尾,左右雙邊　　　善 4/053A

1102

顏魯公文集十五卷補遺一卷

（唐）顏真卿撰

年譜一卷

（宋）留元剛撰

附錄一卷

明萬曆十七年（1589）劉思誠刻本

八冊

框高 20.1 釐米,寬 14.2 釐米

半葉十行二十字,小字雙行同,白口,單黑魚尾,左右雙邊

有"學魯""近曾""傳經堂記"等印

善 4/067

1103

杜工部全集六十六卷目錄六卷

（唐）杜甫撰　（明）劉世教輯

年譜一卷

（宋）黃鶴撰

明萬曆四十年（1612）刻合刻分體李杜全集本　清呂留良批　清呂葆中跋

十六冊

框高 20.1 釐米,寬 14.8 釐米

半葉九行十八字,小字雙行同,白口,單白魚尾,左右雙邊

有"呂葆中""天蓋樓""樂在其中""諦禪""獨山莫氏收藏經籍記""問月軒印密圖書記""如燼之印""獨山莫氏藏書""華山馬仲安家藏善本""吳興劉氏嘉業堂藏""張叔平"等印　　　善 4/054

1104

杜少陵詩八卷文集一卷附錄一卷

（唐）杜甫撰

朝鮮刻本

七冊

框高22.0釐米,寬15.2釐米

半葉十行二十至二十一字,白口,四周單邊

缺一卷(詩卷一)　　　　善4/064

1105

集千家註杜工部詩集二十卷文集二卷

(唐)杜甫撰

明刻本

十六冊

框高22.1釐米,寬14.7釐米

半葉九行二十字,小字雙行同,白口,單黑魚尾,四周單邊間左右雙邊

有"張叔平"印　　　　善4/055

1106

杜詩分類全集五卷

(唐)杜甫撰　　(明)傅振商輯

清順治十六年(1659)還讀齋刻本

五冊

框高21.6釐米,寬14.0釐米

半葉十二行二十五字,白口,單黑魚尾,左右雙邊

缺一卷(卷四)

有"遜綿堂印""社翁"等印　善4/056

1107

杜詩會粹二十四卷

(唐)杜甫撰　　(清)張遠箋

年譜一卷

(清)張遠撰

清康熙二十七年(1688)蕉圃刻本　清鎖恒校並錄清厲鶚批

九冊

框高18.6釐米,寬14.1釐米

半葉九行二十字,小字雙行同,白口,四周單邊

存二十卷(卷一至六、九至十、十三至二十四)

有"束墨恒""昕川一字開倫""姚子名江""鏡池"印　　　　善4/059

1108

杜工部詩集二十卷集外詩一卷文集二卷杜詩補註一卷

(唐)杜甫撰　　(清)朱鶴齡輯註

年譜一卷

(清)朱鶴齡撰

清康熙六十一年(1722)金陵葉永茹萬卷樓刻本　清蔣金式批　清宗舜年跋

十二冊

框高18.6釐米,寬14.3釐米

半葉九行十九字,小字雙行同,白口,單黑魚尾,左右雙邊

有"頤情館印""上元宗舜年讀過""子戴"等印　　　　善4/057

1109

杜工部詩集二十卷集外詩一卷文集二卷杜詩補註一卷

(唐)杜甫撰　　(清)朱鶴齡輯註

年譜一卷

(清)朱鶴齡撰

清康熙六十一年(1722)金陵葉永茹萬卷樓刻本

二十冊

框高18.7釐米,寬14.5釐米

半葉九行十九字,小字雙行同,白口,單黑魚尾,左右雙邊

存二十卷(詩集二十卷)　　善4/058

1110

杜詩集說二十卷末一卷

(唐)杜甫撰　　(清)江浩然輯

杜工部年譜一卷

(清)朱鶴齡撰

清乾隆四十三至四十八年(1778–1783)江壎本立堂刻本

十六册

　框高 19.1 釐米,寬 13.0 釐米

　半葉九行二十一字,小字雙行同,白口,單黑魚尾,左右雙邊　　　　善 4/060B

1111

讀杜心解六卷首二卷

（清）浦起龍撰

清雍正二至三年(1724-1725)浦氏寧我齋靜寄東軒印本　清吳朗過錄清吳士模批

十二册

　框高 19.1 釐米,寬 13.6 釐米

　半葉十行二十二字,小字雙行三十二字,白口,單黑魚尾,左右雙邊

　有"臣""朗"印　　　　　　善 4/060

1112

讀杜心解六卷首二卷

（清）浦起龍撰

清雍正二至三年(1724-1725)浦氏寧我齋刻本

六册

　框高 19.1 釐米,寬 13.6 釐米

　半葉十行二十二字,小字雙行三十二字,白口,單黑魚尾,左右雙邊

　佚名墨筆批,有"此中有真味""沈崧之印""金肖琴氏"印　　　　善 4/061

1113

杜詩偶評四卷

（唐）杜甫撰　（清）沈德潛評

清乾隆十二年(1747)潘承松賦閒草堂刻本

四册

　框高 17.2 釐米,寬 13.7 釐米

　半葉十行十九字,小字雙行二十七字,白口,單黑魚尾,左右雙邊

　有"桂山""葉孟馨印"等印　善 4/062

1114

杜律啟蒙十二卷

（清）邊連寶集註

年譜一卷

清乾隆四十二年(1777)刻本

六册

　框高 18.6 釐米,寬 14.5 釐米

　半葉九行十九字,小字雙行同,白口,黑單魚尾,左右雙邊

　有"陶廬監製"印　　　　　善 4/063

1115

岑嘉州詩八卷

（唐）岑參撰　（日）淀上菊隱叟訓點

日本寬保元年(1741)帝都書林水玉堂刻本

三册

　框高 19.3 釐米,寬 13.3 釐米

　半葉九行二十字,小字雙行同,白口,單黑魚尾,左右雙邊

　存五卷(卷一至五)

　有"小高文庫"印　　　　　善 4/071A

1116

唐元次山文集十二卷

（唐）元結撰

明末刻本

四册

　框高 19.7 釐米,寬 14.5 釐米

　半葉九行二十字,小字雙行同,白口,左右雙邊

　有"吳興劉氏嘉業堂臧""曹白瑚""茗園""張叔平"等印　　　善 4/065

1117

臺閣集一卷

（唐）李嘉祐撰

明崇禎十二年(1639)汲古閣刻唐人八家詩本

一册

　框高 19.1 釐米,寬 13.7 釐米

　半葉十二行二十字,小字雙行四十字,白口,單黑魚尾,左右雙邊

　有"增川氏""塗延年印"印　　善 4/066

1118

韋蘇州集十卷

（唐）韋應物撰

清康熙項氏玉淵堂刻王韋合刻本

四册

　框高 17.7 釐米,寬 13.6 釐米

　半葉十一行二十一字,小字雙行同,細黑口,單黑魚尾,四周單邊

　有"經散室"等印　　善 4/070

1119

韋蘇州集十卷拾遺一卷總論一卷

（唐）韋應物撰　（宋）劉辰翁等評

明凌氏刻朱墨套印陶韋合集本

六册

　框高 21.3 釐米,寬 14.7 釐米

　半葉八行十八字,小字雙行同,白口,四周單邊,眉上及行間鎸評

　有"梁伯子襄""西墅"印　　善 4/068

1120

韋蘇州集十卷拾遺一卷總論一卷

（唐）韋應物撰　（宋）劉辰翁等評

明凌氏刻朱墨套印陶韋合集本

四册

　框高 21.3 釐米,寬 14.7 釐米

　半葉八行十八字,小字雙行同,白口,四周單邊,眉上及行間鎸評

　有"吳興劉氏嘉業堂藏書記""勤有樓圖書""張叔平"等印　　善 4/069

1121

韋蘇州詩集二卷

（唐）韋應物撰

清康熙三十四年（1695）天都汪氏一隅草堂刻唐四家詩本

二册

　框高 17.1 釐米,寬 13.2 釐米

　半葉十行十九字,大黑口,單黑魚尾,左右雙邊

　有"漵浦向氏涵古樓藏書"印

　　　　　　　　　　　　　善 4/071

1122

韓君平集三卷

（唐）韓翃撰

明嘉靖三十三年（1554）黃氏浮玉山房刻唐詩二十六家本

一册

　框高 18.7 釐米,寬 14.4 釐米

　半葉十行十九字,白口,單黑魚尾,左右雙邊

　有"海寧陳鱣觀""得此書費辛苦後之人其鑒我"等印　　善 4/072

1123

孟東野詩集十卷

（唐）孟郊撰

聯句一卷

明嘉靖三十五年（1556）武康秦禾刻本

六册

　框高 18.3 釐米,寬 13.7 釐米

　半葉九行十八字,小字雙行同,白口,四周單邊

　有"餘耕堂顧氏藏書""張叔平""敬興珍藏""禮培私印""埽塵齋積書記""橫塘千柳之居"等印　　善 4/088

1124

孟東野詩集十卷

（唐）孟郊撰　（宋）國材　劉辰翁評

明烏程凌濛初刻朱墨套印盛唐四名家集

本
　二册
　　框高 20.7 釐米,寬 14.3 釐米
　　半葉八行十九字,白口,左右雙邊,眉上
及行間鐫評
　　存五卷(卷一至五)　　　善 4/089

1125
唐陸宣公集二十二卷
　(唐)陸贄撰
　明萬曆三十四年(1606)吳繼武光裕堂刻
本
　三册
　　框高 21.5 釐米,寬 14.5 釐米
　　半葉十行二十字,小字雙行同,白口,單
白魚尾,四周單邊
　　有"經敔室""德元私印""小酉山房珍
藏"等印　　　　　　　　善 2/232

1126
唐陸宣公集二十四卷
　(唐)陸贄撰
　明刻本
　八册
　　框高 19.1 釐米,寬 12.7 釐米
　　半葉十行二十字,白口,四周單邊
　　有"王在之印""在鎬氏"等印
　　　　　　　　　　　　　善 4/073

1127
昌黎先生集四十卷外集十卷遺文一卷
　(唐)韓愈撰　　(宋)廖瑩中校正
朱子校昌黎先生集傳一卷
　(宋)朱熹撰
　明東吳徐氏東雅堂刻本
　十六册
　　框高 20.5 釐米,寬 13.4 釐米
　　半葉九行十七字,小字雙行同,小黑口,
雙黑魚尾,四周雙邊,有刻工

佚名朱筆批點,有"吳興劉氏嘉業堂藏"
"海陵劉氏梁秦齋藏書印""張叔平""劉
漢臣字麓樵"等印　　　　善 4/077

1128
昌黎先生集四十卷外集十卷遺文一卷
　(唐)韓愈撰　　(宋)廖瑩中校正
朱子校昌黎先生集傳一卷
　(宋)朱熹撰
韓集點勘四卷
　(清)陳景雲撰
　清同治八至九年(1869-1870)江蘇書局刻
本　清孫衣言題識
　十一册
　　框高 20.2 釐米,寬 13.5 釐米
　　半葉九行十七字,小字雙行同,白口,雙
黑魚尾,四周雙邊
　　有"瑞安孫仲容珍藏書畫文籍印"印
　　　　　　　　　　　　　善 4/078

1129
昌黎先生詩集注十一卷
　(唐)韓愈撰　　(清)顧嗣立删補
年譜一卷
　清康熙三十八年(1699)顧氏秀野草堂刻
本
　四册
　　框高 19.2 釐米,寬 14.9 釐米
　　半葉十一行二十字,小字雙行三十字,
白口,單黑魚尾,左右雙邊　　善 4/079

1130
韓昌黎詩集編年箋注十二卷
　(唐)韓愈撰　　(清)方世舉考訂　　(清)盧
見曾删定
　清乾隆二十三年(1758)盧見曾雅雨堂刻
本　清孫衣言評並題識
　六册
　　框高 18.4 釐米,寬 14.4 釐米

半葉十行二十三字,小字雙行同,白口,單黑魚尾,四周單邊

有"延陵氏""豎藩之印""詩舲""琪園李鐸收藏圖書印""瑞安孫仲容珍臧書畫文籍印""經籹室"等印　　善4/080

又一部,六冊,有"穆齋讀本""彈山劫後僅存之書""美人香艸"等印　善4/080/B

1131

韓昌黎詩集編年箋注十二卷

(唐)韓愈撰　(清)方世舉考訂　(清)盧見曾刪定

清乾隆二十三年(1758)盧見曾雅雨堂刻春及堂印本

六冊

框高18.4釐米,寬14.4釐米

半葉十行二十三字,小字雙行同,白口,單黑魚尾,四周單邊

此書係汪伯唐先生遺書,由其哲嗣彥儒先生贈送之江大學圖書館　　善4/080A

1132

韓文四十卷外集十卷遺集一卷

(唐)韓愈撰

集傳一卷

明嘉靖十六年(1537)寧國游居敬刻韓柳文本

十二冊

框高18.9釐米,寬13.4釐米

半葉十一行二十二字,小字雙行同,白口,雙白魚尾,左右雙邊

有"吳興劉氏嘉業堂藏書記""張叔平"等印　　善4/074

1133

朱文公校昌黎先生文集四十卷外集十卷遺文一卷

(唐)韓愈撰　(宋)朱熹考異　(宋)王伯大音釋

集傳一卷

明刻本　清查昇集評　清郁熙源題識

十六冊

框高22.1釐米,寬14.9釐米

半葉九行十八字,小字雙行同,白口,單白魚尾,四周雙邊

有署名"躋"者紫、墨筆臨金德瑛批,有"聲山""曾臧沈燕謀家""燕謀""郁熙源印""源印""郁松年印""泰峰瀏覽所及""深甫閱過""罙父"等印　　善4/075

1134

朱文公校昌黎先生文集四十卷外集十卷遺文一卷

(唐)韓愈撰　(宋)朱熹考異　(宋)王伯大音釋

集傳一卷

明刻萬曆三年(1575)重修本

八冊

框高22.2釐米,寬14.2釐米

半葉九行十八字,小字雙行同,大黑口,雙黑魚尾,四周雙邊

有"莫友芝圖書印""莫彝孫印""吳興劉氏嘉業堂藏書記""張叔平"等印

善4/076

1135

白氏長慶集七十一卷目錄二卷附錄一卷

(唐)白居易撰

明萬曆三十四年(1606)馬元調魚樂軒刻元白長慶集本

十四冊

框高20.6釐米,寬14.6釐米

半葉十行二十一字,小字雙行同,白口,單黑魚尾,左右雙邊

有"吳興劉氏嘉業堂藏書記""張叔平"印　　善4/081

1136

白香山詩長慶集二十卷後集十七卷別集一卷補遺二卷

（唐）白居易撰

年譜一卷

（清）汪立名撰

年譜舊本一卷

（宋）陳振孫撰

清康熙四十一至四十二年（1702–1703）汪立名一隅草堂刻本

十二冊

　框高 19.1 釐米,寬 15.4 釐米

　半葉十二行二十一字,小字雙行,白口,單黑魚尾,左右雙邊　　善 4/081A

1137

唐劉賓客詩集六卷拾遺一卷

（唐）劉禹錫撰

清抄本　張崟校

四冊

　框高 18.2 釐米,寬 14.0 釐米

　半葉九行二十一字,小字雙行同,大黑口,單黑魚尾,四周雙邊

　有"劉喜海印""燕庭""燕庭藏書""劉喜海""文正曾孫文淖從孫文恭家子"等印　　善 4/085

1138

劉賓客文集三十卷補遺一卷

（唐）劉禹錫撰

清抄本

六冊

　半葉十行二十字,小字雙行同,無版框

　有"漢鹿齋藏書印"印　　善 4/086

1139

河東先生集四十五卷外集二卷龍城錄二卷

（唐）柳宗元撰　（宋）廖瑩中校正

附錄二卷傳一卷

明嘉靖郭雲鵬濟美堂刻本

二十冊

　框高 20.0 釐米,寬 13.5 釐米

　半葉九行十七字,小字雙行同,小黑口,雙黑魚尾,四周雙邊

　有"吳興劉氏嘉業堂藏書記""張叔平"等印　　善 4/082

1140

柳文四十三卷別集二卷外集二卷

（唐）柳宗元撰

附錄一卷

清同治六年（1867）廷桂刻七年（1868）補刻本　清平步青批校並跋

一冊

　框高 17.8 釐米,寬 13.0 釐米

　半葉十一行二十二字,小字雙行同,白口,單黑魚尾,左右雙邊四周雙邊四周單邊兼有

　存三卷（卷一至三）

　有"棟山""安越堂藏本""清俸買來手自校""曾經滄海"等印　　善 4/084Z

1141

柳文七卷

（唐）柳宗元撰　（明）茅坤等評

明刻朱墨套印本

四冊

　框高 20.2 釐米,寬 14.6 釐米

　半葉八行十八字,白口,四周單邊,眉上及行間鐫評

　存四卷（卷一至四）　　善 4/084

1142

唐大家柳柳州文抄十二卷

（唐）柳宗元撰　（明）茅坤評

明刻唐宋八大家文抄本

四冊

　框高 19.6 釐米,寬 14.2 釐米

半葉十行二十四字,白口,單黑間單白魚尾,四周單邊,眉上及行間鐫評

有"吳興劉氏嘉業堂藏書記""張叔平"等印　　　　　　　　　　　善4/083

1146

李文饒公文集二十卷別集十卷外集四卷

(唐)李德裕撰

明刻本

十册

　框高19.6釐米,寬14.9釐米

　半葉十行二十字,小字雙行同,白口,單黑魚尾,左右雙邊

　有"吳興劉氏嘉業堂藏書記""張叔平"印　　　　　　　　　　　善4/093

1143

皇甫持正文集六卷

(唐)皇甫湜撰

清抄本　士言題識

二册

　框高16.5釐米,寬15.3釐米

　半葉十二行二十字,白口,雙黑魚尾,四周雙邊　　　　　　　　　善4/087

1147

李文饒文集二十卷別集十卷外集四卷

(唐)李德裕撰

明刻本

五册

　框高19.9釐米,寬15.0釐米

　半葉十行二十字,白口,單黑魚尾,左右雙邊

　佚名朱筆點校,有"瑞安孫仲容珍藏書畫文籍印"印　　　　　　　善4/094

1144

元氏長慶集六十卷補遺六卷

(唐)元稹撰

附錄一卷

明萬曆三十二年(1604)馬元調魚樂軒刻元白長慶集本

六册

　框高21.0釐米,寬14.7釐米

　半葉十行二十一字,小字雙行同,白口,單黑魚尾,左右雙邊

　有"吳興劉氏嘉業堂藏""曹氏巢南""是亦樓藏書印""張叔平""趙氏鑑藏""吳興劉氏嘉業堂藏書"等印

　　　　　　　　　　　　　　善4/095

1148

李長吉昌谷集句解定本四卷

(唐)李賀撰　(清)姚佺篆　(清)丘象隨等辯註

清初丘象隨西軒刻梅邨書屋印本　清何焯批並跋

四册

　框高20.6釐米,寬13.5釐米

　半葉九行二十字,小字雙行同,白口,單黑魚尾,四周單邊

　有"陽湖陶氏涉園所有書籍之印"印

　　　　　　　　　　　　　　善4/092

1145

唐賈浪仙長江詩集一卷

(唐)賈島撰

明萬曆刻中唐十二家詩集本

三册

　框高21.8釐米,寬14.4釐米

　半葉九行十九字,小字雙行同,白口,單黑魚尾,四周雙邊間單邊

　有"吳興劉氏嘉業堂藏書記""張叔平"等印　　　　　　　　　　善4/090

1149

歌詩編四卷

(唐)李賀撰

民國九年(1920)鐵琴銅劍樓影抄本

二册

　半葉十行二十字,無版框

　有"王富晉"印　　　　　　　善 4/091

1150

李長吉歌詩四卷外集一卷首一卷

（唐）李賀撰　（清）王琦彙解

清乾隆王氏寶笏樓刻本　清鮑瑞駿批並題識

四册

　框高 17.4 釐米,寬 13.7 釐米

　半葉十行二十字,小字雙行同,白口,單黑魚尾,左右雙邊

　有"鮑瑞駿印""桐舟氏""桐舟"印

　　　　　　　　　　　　　善 4/092C

　又一部,四册　　　　　　善 4/092B

1151

樊川文集二十卷外集一卷別集一卷

（唐）杜牧撰

民國抄本

四册

　半葉十行十八字,小字雙行字數不等,無版框　　　　　　　　　善 4/097

1152

玉溪生詩意八卷

（唐）李商隱撰　（清）朱鶴齡箋注　（清）屈復意

清乾隆藝古堂刻本

八册

　框高 18.4 釐米,寬 14.4 釐米

　半葉十行二十一字,小字雙行同,白口,單黑魚尾,左右雙邊

　有"邵裴子璽書記"印　　　　善 4/098

1153

玉谿生詩箋註三卷首一卷樊南文集箋註八卷首一卷

（唐）李商隱撰　（清）馮浩箋註

清乾隆二十八至三十年（1763-1765）德聚堂刻本

八册

　框高 18.2 釐米,寬 13.8 釐米

　半葉十一行二十五字,小字雙行三十三字,白口,單黑魚尾,左右雙邊

　有"彈山"印　　　　　　　善 4/098A

　又一部,六册,佚名批　　　善 4/098B

1154

李義山詩集十六卷

（唐）李商隱撰　（清）姚培謙箋

清乾隆五年（1740）姚氏松桂讀書堂刻本平浩過錄何焯批

四册

　框高 18.8 釐米,寬 14.5 釐米

　半葉十行二十一字,小字雙行三十一至三十三字,白口,單黑魚尾,左右雙邊,有刻工

　有"抱山居士""是亦齋平氏元卿珍臧書畫印""浩印"等印　　　　善 4/098Z

1155

重訂李義山詩集箋注三卷集外詩箋注一卷

（唐）李商隱撰　（清）朱鶴齡箋注　（清）程夢星刪補

詩話一卷年譜一卷

（清）程夢星輯

清乾隆九年（1744）東柯草堂刻本

四册

　框高 18.7 釐米,寬 14.3 釐米

　半葉十行二十一字,小字雙行三十一字,黑口,單黑魚尾,四周單邊

　　　　　　　　　　　　　善 4/098D

1156

李義山文集十卷

（唐）李商隱撰　（清）徐樹穀箋　（清）徐

炯註

清康熙四十七年(1708)徐氏花谿草堂刻本

四册

　框高 19.4 釐米,寬 14.6 釐米

　半葉十行二十一字,小字雙行三十一字,白口,單黑魚尾,左右雙邊

　此書係汪伯唐先生遺書,由其哲嗣彥儒先生贈送之江大學圖書館,有"李氏珍藏書畫""紀氏藏書之印""心與古人會"等印　　　　　善 4/098C

1157

溫飛卿詩集七卷別集一卷集外詩一卷附諸家詩評一卷

(唐)溫庭筠撰　(明)曾益注　(清)顧予咸補注　(清)顧嗣立續注

清康熙三十六年(1697)長洲顧氏秀野草堂刻本

四册

　框高 19.3 釐米,寬 14.9 釐米

　半葉十一行二十字,小字雙行三十字,白口,單黑魚尾,左右雙邊　　善 4/099

1158

唐劉拾遺集一卷

(唐)劉蛻撰

明崇禎十三年(1640)浙江烏程閔齊伋刻本

一册

　框高 20.7 釐米,寬 14.6 釐米

　半葉九行十八字,小字雙行同,白口,左右雙邊

　有"鎮洋繆氏凝修堂藏書""史世濟印""誦芬""吳興劉氏嘉業堂藏""張叔平"等印　　　　　　善 4/101

1159

唐劉蛻集六卷

(唐)劉蛻撰

清抄本

二册

　半葉十行二十一字,小字雙行同,無版框　　　　　　　　　善 4/102

1160

丁卯集二卷

(唐)許渾撰

明崇禎十二年(1639)毛氏汲古閣刻唐人八家詩本　清丁丙校

二册

　框高 19.4 釐米,寬 13.8 釐米

　半葉十二行二十字,小字雙行四十字,小黑口,單黑魚尾,左右雙邊

　有"錢塘丁丙校讀"印　　善 4/100

1161

唐皮日休文藪十卷

(唐)皮日休撰

明正德十五年(1520)袁表刻本

四册

　框高 18.3 釐米,寬 11.4 釐米

　半葉十一行二十字,小字雙行同,白口,單黑魚尾,左右雙邊

　有"翰怡欣賞""吳興劉氏嘉業堂藏""承幹鈐記""張叔平""孔繼涵印""菦谷"等印　　　　　　善 4/104

1162

唐皮日休文藪十卷

(唐)皮日休撰

明正德十五年(1520)袁表刻本

二册

　框高 18.3 釐米,寬 11.4 釐米

　半葉十一行二十字,小字雙行同,白口,單黑魚尾,左右雙邊

　有"經敳室"印　　善 4/105

1163
唐孫職方集十卷
　（唐）孫樵撰
　明崇禎十三年（1640）浙江烏程閔齊伋刻本
　一册
　　框高 21.0 釐米,寬 14.6 釐米
　　半葉九行十八字,小字雙行同,白口,左右雙邊
　　有"鎮洋繆氏凝修堂藏書""史世濟印""誦芬""吳興劉氏嘉業堂藏""張叔平"等印　　　　善 4/103

1164
唐黃御史集八卷
　（唐）黃滔撰
附錄一卷
　明刻清修本
　八册
　　框高 20.3 釐米,寬 13.4 釐米
　　半葉八行十八字,小字雙行同,白口,左右雙邊
　　有"吳興劉氏嘉業堂藏書記""張叔平"印　　　　　　　　善 4/106

1165
碧雲集二卷
　（五代）李中撰
　清抄本
　一册
　　半葉十行十八字,小字雙行字數不行,無版框
　　有"大興朱氏竹君藏書印""劉位坦印""知載軒""聽琴館印"等印　　　善 4/107

宋別集之屬

1166
徐公文集三十卷

176

　（宋）徐鉉撰
　清抄本
　四册
　　半葉十一行二十二字,小字雙行同,無版框
　　有"海州分司之印"（漢滿文）、"瑞安孫仲容珍藏書畫文籍印"等印　　　善 4/110

1167
乖崖先生文集十二卷附錄一卷
　（宋）張詠撰
　清青芝抄本　青芝跋
　二册
　　半葉十行二十字,小字雙行同,無版框
　　有朱筆校,墨筆補抄（浮簽）,有"瑞安孫仲容珍藏書畫文籍印"印　　　善 4/111

1168
王黃州小畜外集十三卷
　（宋）王禹偁撰
　清抄本
　一册
　　半葉十一行二十二字,小字雙行同,無版框
　　存八卷（卷六兩葉、卷七至十三）　　　　　　　善 4/112

1169
南陽集六卷
　（宋）趙湘撰
　清乾隆四十二年（1777）武英殿聚珍版書本
　二册
　　框高 19.6 釐米,寬 12.6 釐米
　　半葉九行二十一字,白口,單黑魚尾,四周雙邊　　　　　善 4/113A

1170
鉅鹿東觀集十卷補遺一卷

（宋）魏野撰

清抄本　舊目題清顧炎武校　姜亮夫題識

四册

半葉十行二十二字,小字雙行同,無版框

有"顧炎武印""汪季子文柏柯庭氏印""休寧汪季青家藏書籍""鳳城舊吏夗水間人"等印　　　　　　　　　善 4/116

1171

宋林和靖先生詩集四卷詩餘一卷省心錄一卷

（宋）林逋撰

附錄一卷

（明）何養純等輯

清抄本　張崟校

四册

半葉八行二十字,小字雙行同,無版框

有"何道生印""蘭士""蘭士書畫之章"等印　　　　　　　　　　　善 4/114

1172

宋林和靖先生詩集四卷

（宋）林逋撰

民國陽湖陶氏涉園抄本　張崟校

一册

框高 19.0 釐米,寬 13.2 釐米

半葉十行二十字,小字雙行同,小黑口,單白魚尾,四周單邊

有"陽湖陶氏涉園所有書籍記"印

善 4/115

1173

楊大年先生武夷新集二十卷

（宋）楊億撰

清康熙四十四年（1705）陳璋刻本

四册

框高 19.9 釐米,寬 13.3 釐米

半葉八行二十字,小字雙行同,白口,四周單邊

佚名題識,有"秀埜艸堂顧氏藏書印""顧嗣立印""俠君"等印　　　善 4/113

1174

范文正公集十二卷

（宋）范仲淹撰

年譜一卷

（宋）樓鑰撰

年譜補遺一卷言行拾遺事錄一卷義莊規矩一卷鄱陽遺事錄一卷褒祠錄二卷

（明）毛一鷺編

明萬曆三十六年（1608）松江毛一鷺刻合刻范文正公忠宣公全集本

六册

框高 22.0 釐米,寬 14.9 釐米

半葉九行二十字,小字雙行同,白口,單黑魚尾,四周單邊,有刻工

有"莫友芝""莫友芝圖書印""莫彝孫印""莫繩孫印""吳興劉氏嘉業堂藏書記""吳興劉氏嘉業堂藏""張叔平""柳蓉春經眼印""博古齋收藏善本書籍"等印

善 4/118

1175

文恭集四十卷

（宋）胡宿撰

拾遺一卷

（清）勞格輯目　（清）孫星華錄文

清乾隆四十年（1775）武英殿聚珍版書本

十四册

框高 19.6 釐米,寬 12.4 釐米

半葉九行二十一字,小字雙行同,白口,單黑魚尾,四周雙邊　　　善 4/118A

1176

武溪集二十一卷

（宋）余靖撰

明嘉靖四十五年（1566）劉穩刻本

十册

　　框高 19.5 釐米,寬 12.7 釐米

　　半葉十行二十字,小字雙行同,大黑口,雙黑魚尾,四周雙邊

　　有"錙承幹印""南林劉氏求恕齋鏨""張叔平"等印　　　　善 4/117

1177

武溪集二十卷首一卷

　（宋）余靖撰

　清康熙三十六年（1697）曲江程氏刻本

　四册

　　框高 18.5 釐米,寬 13.9 釐米

　　半葉九行二十字,白口,單黑魚尾,左右雙邊

　　有"合肥范毓瑞蕈堯珍藏""□善堂圖記"印　　　　善 4/117T

1178

祖徠石先生全集二十卷

　（宋）石介撰

附錄一卷

　清康熙五十六年（1717）石鍵刻錫慶堂印本

　四册

　　框高 18.3 釐米,寬 13.8 釐米

　　半葉十行十九字,白口,單黑魚尾,左右雙邊

　　有"杭州王氏九峰舊廬藏書之章""九峰舊廬藏書記""綏珊六十以後所得書畫"等印　　　　善 4/119

1179

洛陽九老祖龍學文集十六卷

　（宋）祖無擇撰

源流始末一卷

　清抄本

　四册

　　半葉十一行二十一字,小字雙行同,無版框

　　有"漢唐齋""馬玉堂印""笏齋""瑞安孫仲容珍藏書畫文籍印"等印　　善 4/128

1180

文潞公文集四十卷

　（宋）文彦博撰

　明嘉靖五年（1526）平陽王溱刻本

　四册

　　框高 20.6 釐米,寬 14.6 釐米

　　半葉十行二十字,小字雙行同,白口,四周單邊

　　有"紹庭""應椿"等印　　　善 4/129

1181

歐陽文忠公全集一百五十三卷

　（宋）歐陽修撰

廬陵歐陽文忠公年譜一卷

　（宋）胡柯撰

附錄五卷

　明刻本

　二册

　　框高 21.1 釐米,寬 13.3 釐米

　　半葉十行二十字,間有十行十六字,小字雙行同,黑口,雙黑魚尾,四周雙邊

　　存五卷（附錄五卷）

　　有"吳興劉氏嘉業堂藏書記""張叔平"印　　　　善 4/133

1182

歐陽文忠公集一百五十三卷

　（宋）歐陽修撰

廬陵歐陽文忠公年譜一卷

　（宋）胡柯撰

附錄六卷

　明正德七年（1512）劉喬刻嘉靖十六年（1537）季本 詹治重修嘉靖三十九年（1560）何遷遞修本

四十冊

　　框高 20.1 釐米,寬 12.8 釐米

　　半葉十行二十字,小字雙行同,白口,單白魚尾,四周雙邊

　　有"嚴昌曾印""文燨""宗熙所讀之書""臣昌曾印""一經樓""遺經齋藏書印""張叔平"印 　　　　　　　　　　善 4/134

1183

歐陽文忠公全集一百五十三卷

　　(宋)歐陽修撰

廬陵歐陽文忠公年譜一卷

　　(宋)胡柯撰

附錄五卷

　　清乾隆十一年(1746)歐陽安世孝思堂刻本

　　二十四冊

　　　框高 22.0 釐米,寬 16.6 釐米

　　　半葉九行二十字,小字雙行同,白口,單黑魚尾,左右雙邊

　　　此書係汪伯唐先生之遺書,由其哲嗣彥儒先生贈送之江大學圖書館 　　善 4/134A

1184

歐陽先生文粹二十卷

　　(宋)歐陽修撰 　　(宋)陳亮輯

遺粹十卷

　　(宋)歐陽修撰 　　(明)郭雲鵬輯

　　明嘉靖二十六年(1547)吳郡郭雲鵬寶善堂刻本

　　六冊

　　　框高 18.7 釐米,寬 14.7 釐米

　　　半葉十一行二十一字,白口,單白魚尾,左右雙邊,有刻工

　　　有"曾寄凌從嶰處""吳興劉氏嘉業堂藏書記""張叔平""秋根書堂藏書""天水圖書金石之藏"等印 　　善 4/135

1185

安陽集五十卷

　　(宋)韓琦撰

別錄三卷

　　(宋)王巖叟撰

遺事一卷

　　(宋)強至撰

忠獻韓魏王家傳十卷

附錄一卷

　　清乾隆四年(1739)陳錫輅刻三十七年(1772)黃邦寧重修本

　　十冊

　　　框高 17.8 釐米,寬 14.6 釐米

　　　半葉十行二十一字,小字雙行字數不等,小黑口,雙黑魚尾,左右雙邊

　　　　　　　　　　　　　善 4/135A

　　又一部,十冊 　　　　善 4/135A/C1

1186

趙清獻公文集十卷

　　(宋)趙抃撰

附錄一卷

　　明嘉靖四十一年(1562)汪旦刻本

　　六冊

　　　框高 19.5 釐米,寬 13.7 釐米

　　　半葉十一行二十字,小字雙行同,白口,單白魚尾,左右雙邊

　　　有"瑞安孫仲容珍藏書畫文籍印""經散室""徐堅藏本""懷新館藏書記""鄧熨徐氏藏書"等印 　　善 4/123

1187

趙清獻公文集十卷

　　(宋)趙抃撰

附錄一卷

　　明嘉靖四十一年(1562)汪旦刻後印本

　　八冊

　　　框高 19.5 釐米,寬 13.7 釐米

　　　半葉十一行二十字,小字雙行同,白口,

單白魚尾,左右雙邊

有"真州吳氏有福讀書堂藏書"印

善 4/124

1188

趙清獻公文集十卷

(宋)趙抃撰

附錄一卷

明嘉靖四十一年(1562)汪旦刻後印本

四册

框高 19.5 釐米,寬 13.7 釐米

半葉十一行二十字,白口,單白魚尾,左右雙邊

缺一卷(附錄一卷)

有"南林劉氏求恕齋璽""鑑承幹印""臣澂私印""字曰子清""曾經滄海""張叔平""結弌廬藏書印"等印　善 4/125

1189

直講李先生文集三十七卷外集三卷門人錄一卷

(宋)李覯撰

直講李先生年譜一卷

(宋)陳次公編

明正德十三年(1518)江西南城孫甫刻本

六册

框高 16.7 釐米,寬 12.3 釐米

半葉十一行二十字,小字雙行同,白口,單白魚尾,左右雙邊

有"王鳴盛印""鳳喈""西莊居士""瑞安孫仲容珍藏書畫文籍印""劉""燕庭藏書"等印　　善 4/126

1190

盱江集鈔一卷

(宋)李覯撰

清抄本

本書與簡齋詩鈔不分卷(宋陳與義撰)合訂一册

半葉十二行二十二字,無版框

有"雲山""此人不可无弌""十州""甫田""一樵塗雅"等印　　善 4/181

1191

宋邵康節先生伊川擊壤集十卷

(宋)邵雍撰　(明)吳瀚摘註　(明)吳泰增註

明萬曆三十四年(1606)吳元維刻本

三册

框高 19.6 釐米,寬 14.8 釐米

半葉九行十八字,小字雙行同,白口,單黑魚尾,四周單邊

缺四卷(卷七至十)

有"致階"印　　善 4/130

1192

宋端明殿學士蔡忠惠公文集三十六卷首一卷

(宋)蔡襄撰

宋蔡忠惠公別紀補遺二卷

(明)徐熥輯　(明)宋珏增輯

清雍正十二年(1734)至乾隆五年(1740)蔡氏遜敏齋刻本

十二册

框高 21.3 釐米,寬 13.8 釐米

半葉九行二十字,小字雙行同,白口,單黑魚尾,四周單邊

缺三卷(首一卷、別紀補遺二卷)

有"今闕天彭藏書印"印　　善 4/120

1193

南豐先生元豐類藁五十一卷

(宋)曾鞏撰

明成化八年(1472)南豐縣刻嘉靖遞修本

清孫衣言校並跋

八册

框高 21.4 釐米,寬 13.6 釐米

半葉十一行二十一字,大黑口,單黑魚

尾,四周雙邊

有"瑞安孫仲容珍藏書畫文籍印""徐仁之印""竹逸圖書"等印　　善 4/136

1194

南豐先生元豐類藁五十一卷

(宋)曾鞏撰

明嘉靖王忬刻本

十二册

框高 22.2 釐米,寬 13.6 釐米

半葉十一行二十二字,小字雙行同,大黑口,單黑魚尾,四周雙邊

佚名抄補點校　　善 4/137

1195

南豐先生元豐類藁五十一卷

(宋)曾鞏撰

明嘉靖四十一年(1562)黃希憲刻本

八册

框高 20.6 釐米,寬 13.5 釐米

半葉十一行二十一字,小字雙行同,小黑口,單黑魚尾,左右雙邊

有"吳興劉氏嘉業堂藏書記""張叔平"等印　　善 4/138

1196

南豐先生元豐類藁五十一卷

(宋)曾鞏撰

明萬曆二十五年(1597)曾敏才等刻本

十二册

框高 18.4 釐米,寬 14.2 釐米

半葉十行二十字,小字雙行同,白口,單黑魚尾,四周單邊

有"江南通州徐虹玉樓""宗幹藏書""鐍承幹印""求恕齋藏""吳興劉氏嘉業堂藏""張叔平"等印　　善 4/139

1197

宋大家曾文定公文抄十卷

(宋)曾鞏撰　　(明)茅坤評

明萬曆七年(1579)茅一桂刻唐宋八大家文抄本

四册

框高 20.6 釐米,寬 14.1 釐米

半葉九行十九字,小字雙行同,白口,單白魚尾,左右雙邊

有"吳興劉氏嘉業堂藏書記""張叔平"印　　善 4/140

1198

華陽集四十卷

(宋)王珪撰

清乾隆四十六年(1781)武英殿聚珍版書本

十册

框高 19.5 釐米,寬 12.5 釐米

半葉九行二十一字,小字雙行同,白口,單黑魚尾,四周雙邊

有"北平謝氏藏書印"印　　善 4/139A

1199

司馬溫公文集八十二卷

(宋)司馬光撰

明崇禎元年(1628)吳時亮刻清康熙四十七年(1708)蔣起龍重修本

四十八册

框高 21.9 釐米,寬 15.2 釐米

半葉九行二十字,小字雙行同,白口,單黑魚尾,四周雙邊　　善 4/122

1200

司馬文正公集略三十一卷詩集七卷

(宋)司馬光撰

明嘉靖十八年(1539)俞文峰刻本

二十册

框高 19.5 釐米,寬 14.0 釐米

半葉十一行二十二字,小字雙行同,白口,四周單邊

有"湖曲艸堂""山陰胡慎履珍藏書畫"
"吳興劉氏嘉業堂藏""張叔平"等印
善 4/121

1201

新刻臨川王介甫先生詩文集一百卷目錄二卷

（宋）王安石撰

明萬曆四十年（1612）王鳳翔光啓堂刻後印本

三十二册

框高 22.2 釐米,寬 14.7 釐米

半葉十行二十字,小字雙行同,白口,單黑魚尾,四周單邊

有"張叔平"印　　　　　善 4/142

1202

新刻臨川王介甫先生詩文集一百卷目錄二卷

（宋）王安石撰

明萬曆四十年（1612）王鳳翔光啓堂刻本

八册

框高 21.8 釐米,寬 14.9 釐米

半葉十行二十字,小字雙行同,白口,單黑魚尾,四周單邊

佚名朱、墨、黄三色筆校,有"虛白亭"印
善 4/143

1203

臨川先生文集一百卷目錄二卷

（宋）王安石撰

明刻本

三十二册

框高 20.6 釐米,寬 15.7 釐米

半葉十二行二十字,小字雙行同,白口,單黑魚尾,左右雙邊

有"吳興劉氏嘉業堂藏書記""張叔平"印　　　　善 4/144

1204

王荆文公詩五十卷

（宋）王安石撰　　（宋）李壁箋註

清乾隆五至六年（1740–1741）海鹽張宗松清綺齋刻本　清孫衣言校並題識

八册

框高 18.9 釐米,寬 14.3 釐米

半葉十一行二十一字,小字雙行三十一字,小黑口,單黑魚尾,左右雙邊

有"經籹室"印　　　　　善 4/145

1205

王荆文公詩五十卷

（宋）王安石撰　　（宋）李壁箋註

清乾隆五至六年（1740–1741）海鹽張宗松清綺齋刻本

四册

框高 18.9 釐米,寬 14.3 釐米

半葉十一行二十一字,小字雙行三十一字,小黑口,單黑魚尾,左右雙邊

有"清綺齋藏"印　　　　　善 4/145A

又一部,八册,有"清綺齋藏"印
善 4/145A/C1

1206

節孝先生文集三十卷

（宋）徐積撰

節孝集事實一卷附載一卷節孝先生語一卷

清康熙六十年（1721）王邦采刻本

十册

框高 16.5 釐米,寬 11.9 釐米

半葉九行十八字,小字雙行同,細黑口,單黑魚尾,四周單邊

有"汪氏柯庭""古香樓""汪文柏""柯庭""柯庭圖書""汪文柏印""季青一字柯庭""汪氏古香樓藏""吟名文柏""汪季子文柏柯庭氏印""鳳城舊吏夗水間人""吳興劉氏嘉業堂藏書記""張叔平"等印

善 4/131

1207

節孝先生文集三十卷

(宋)徐積撰

節孝集事實一卷附載一卷節孝先生語一卷

清康熙六十年(1721)王邦采刻本

六冊

框高16.5釐米,寬11.9釐米

半葉九行十八字,小字雙行同,細黑口,
單黑魚尾,四周單邊

有"真州吳氏有福讀書堂藏書"印

善4/132

1208

廣陵先生文集四十二卷

(宋)王令撰

明抄本

八冊

半葉九行十七字,小字雙行同,無版框

有"季振宜藏書""張月宵印""愛日精
廬藏書""敬盦過眼""涇陽張氏蘭蔭堂珍
藏書畫記""張鎮""仲德甫""瑞安孫仲容
珍藏書畫文籍印""秘冊"等印　善4/146

1209

蘇文忠公全集一百十一卷

(宋)蘇軾撰

東坡先生年譜一卷

(宋)王宗稷撰

東坡先生墓誌銘一卷

明嘉靖十三年(1534)江西布政司刻本

七十二冊

框高20.4釐米,寬13.0釐米

半葉十行二十字,小字雙行同,白口,雙
黑魚尾,四周雙邊

有"吳興劉氏嘉業堂藏書記""張叔平"
印　善4/147

1210

東坡先生全集七十五卷

(宋)蘇軾撰

年譜一卷

(宋)王宗稷編

明萬曆三十四年(1606)茅維刻本

四十冊

框高20.3釐米,寬15.0釐米

半葉十行十九字,小字雙行同,白口,左
右雙邊

有"吳興劉氏嘉業堂藏""喬密之""崇
喆""喬崇哲""吾園""密之""張叔平"等
印　善4/149

1211

東坡先生詩集註三十二卷

(宋)蘇軾撰　題(宋)王十朋集注

明萬曆茅維刻明末王永積重修本

二十四冊

框高20.4釐米,寬14.9釐米

半葉十行二十一字,小字雙行同,白口,
左右雙邊

有"經籹室"印　善4/150

1212

東坡集十六卷

(宋)蘇軾撰　(明)李贄評輯

明萬曆刻本

十冊

框高21.5釐米,寬14.9釐米

半葉九行二十字,白口,單白魚尾,四周
單邊

佚名墨筆批,有"蔣德㴪印""涼軒又字
仲仙"等印　善4/148

1213

東坡集選五十卷集餘一卷

(宋)蘇軾撰　(明)陳夢槐輯

蘇文忠公年譜一卷

(宋)王宗稷編

外紀二卷

（明）王世貞撰

外紀逸編一卷

（明）璩之璞撰

明刻本

一冊

　　框高 21.5 釐米,寬 14.1 釐米

　　半葉九行十九字,小字雙行同,白口,單白魚尾,四周單邊

　　存三卷(蘇文忠公年譜一卷,外紀二卷)

　　　　　　　　　　　　　　　善 2/304

1214

蘇東坡詩集注三十二卷

（宋）蘇軾撰　（宋）呂祖謙編　題（宋）王十朋集註

東坡先生年譜一卷

（宋）王宗稷編

失編一卷

（清）朱從延補注

清康熙三十七年(1698)朱從延文蔚堂刻本

十冊

　　框高 18.0 釐米,寬 14.3 釐米

　　半葉十一行十九字,小字雙行二十八字,白口,單黑魚尾,左右雙邊,有刻工

　　有"古嚹擁百城慶主人珍藏書畫印記"印　　　　　　　　　善 4/151

1215

施註蘇詩四十二卷總目二卷

（宋）蘇軾撰　（宋）施元之　顧禧註（清）顧嗣立　邵長蘅　宋至删補

蘇詩續補遺二卷

（宋）蘇軾撰　（清）馮景補注

王註正譌一卷

（清）邵長蘅撰

東坡先生年譜一卷

（宋）王宗稷編

清康熙刻本

十三冊

　　框高 18.3 釐米,寬 14.4 釐米

　　半葉十行二十一字,黑口,單黑魚尾,四周雙邊

　　存三十八卷(卷一至四、九至四十二)

　　有"瑞安孫仲容珍藏書畫文籍印"印

　　　　　　　　　　　　　　　善 4/152

1216

施註蘇詩四十二卷總目二卷

（宋）蘇軾撰　（宋）施元之　顧禧註（清）顧嗣立　邵長蘅　宋至删補

蘇詩續補遺二卷

（宋）蘇軾撰　（清）馮景補注

王註正譌一卷

（清）邵長蘅撰

東坡先生年譜一卷

清康熙三十八年(1699)宋犖刻本　清沈周模批並題識

十冊

　　框高 18.7 釐米,寬 14.6 釐米

　　半葉十行二十一字,小字雙行三十一字,黑口,單黑魚尾,四周單邊

　　有"雪映廬臧""濂閩淵源室""西吳坦菴居士沈周模恕專閱""號江峰一曰檢翁""忍辱仙人""良知家夷子""文章千古事得失寸心知""織簾後裔"等印

　　　　　　　　　　　　　　　善 4/152D

　　又一部,八冊,係後印本,有"山陰孫世偉臧"印　　　　　　善 4/152A

1217

蘇詩選評箋釋六卷

（宋）蘇軾撰　（清）汪師韓箋釋

清光緒十二年(1886)汪氏刻叢睦汪氏遺書本　汪辟疆批並跋

三冊

　　框高 17.9 釐米,寬 13.6 釐米

　　半葉十二行二十四字,小字雙行同,小

黑口,單黑魚尾,左右雙邊

有"三思而行""彭澤汪辟畺臧書印"
"辟彊隨身書卷"等印　　　　善 4/152B

1218

蘇長公表啟五卷

(宋)蘇軾撰　　(明)李贄等評

明萬曆吳興凌濛初刻朱墨套印本

六冊

框高 20.3 釐米,寬 14.7 釐米

半葉八行十八字,眉上鐫評行五字,白
口,四周單邊

有"陳漢第印""伏廬"印　　善 4/152C

1219

**欒城集五十卷後集二十四卷三集十卷應詔
集十二卷**

(宋)蘇轍撰

明萬曆王執禮顧天敘清夢軒刻本

十二冊

框高 21.8 釐米,寬 15.3 釐米

半葉十行二十字,小字雙行同,白口,單
黑魚尾,左右雙邊,有寫刻工

有"鏵承幹""南林劉氏求恕齋璽""張
叔平""賜硯堂圖書印""查氏映山珍臧圖
籍印""聽雨樓查氏有圻珍賞圖書"等印
善 4/153

1220

吳郡樂圃朱先生餘藁十卷補遺一卷

(宋)朱長文撰

集外附編一卷

清抄本

一冊

框高 18.2 釐米,寬 13.0 釐米

半葉十行二十一字,小字雙行四十二
字,白口,單黑魚尾,四周單邊

有"黃丕烈印""蕘圃""經籹室"等印
善 4/163

1221

吳郡樂圃朱先生餘藁十卷補遺一卷

(宋)朱長文撰

附錄一卷

清抄本　清李文藻批並跋

三冊

半葉九行十五字,小字雙行字數不等,
無版框

有"瑞安孫仲容珍臧書畫文籍印"印
善 4/164

1222

**豫章黃先生文集三十卷外集十四卷別集二
十卷簡尺二卷詞一卷**

(宋)黃庭堅撰

青社黃先生伐檀集二卷

(宋)黃庶撰

山谷先生年譜三十卷

(宋)黃𧫤撰

明弘治十八年(1505)寧州葉天爵刻嘉靖
六年(1527)喬遷　余載仕重修隆慶二年
(1568)遞修本

十四冊

框高 23.4 釐米,寬 15.6 釐米

半葉十二行二十一至二十二字,小字雙
行同,白口,四周雙邊

有"瑞安孫仲容珍臧書畫文籍印""馬玉
堂印""笏齋""漢唐齋"等印　　善 4/154

1223

**豫章黃先生文集三十卷外集十四卷別集二
十卷簡尺二卷詞一卷**

(宋)黃庭堅撰

青社黃先生伐檀集二卷

(宋)黃庶撰

山谷先生年譜三十卷

(宋)黃𧫤撰

明弘治十八年(1505)寧州葉天爵刻嘉靖
六年(1527)喬遷　余載仕重修本

二十四册

　　框高 23.4 釐米,寬 15.6 釐米

　　半葉十二行二十二字,小字雙行同,白口,四周雙邊

　　缺三十五卷(外集十四卷,別集二十卷,詞一卷)

　　有"劉承幹字貞一號翰怡""吳興劉氏嘉業堂藏書印""汪魚亭藏閱書""璜川吳氏收藏圖書""張叔平"等印　　善4/155

1224

曾文昭公集四卷

　　(宋)曾肇撰

　　清康熙六十一年(1722)曾儼等刻本

　　四册

　　框高 19.5 釐米,寬 12.7 釐米

　　半葉九行二十字,小字雙行同,白口,黑單魚尾,左右雙邊

　　有"緣督齋圖書記""溫陵世氏家藏"印　　善4/141

1225

姑溪居士文集五十卷後集二十卷附錄一卷

　　(宋)李之儀撰

　　清抄本

　　六册

　　半葉十一行二十三字,無版框

　　缺一卷(後集卷二十)　　善4/165

1226

淮海集四十卷後集六卷長短句三卷

　　(宋)秦觀撰

　　明刻本

　　十二册

　　框高 21.5 釐米,寬 14.1 釐米

　　半葉九行二十一字,小字雙行同,白口,單黑魚尾,左右雙邊

　　有"劉承幹字貞一號翰怡""吳興劉氏嘉業堂藏書印""張叔平"等印　　善4/160

1227

淮海集四十卷後集六卷長短句三卷

　　(宋)秦觀撰

　　明萬曆四十六年(1618)李之藻刻本

　　十册

　　框高 21.6 釐米,寬 14.2 釐米

　　半葉九行二十一字,小字雙行同,白口,單黑魚尾,左右雙邊,有刻工

　　有"經敳室"印　　善4/161

1228

淮海集四十卷後集六卷長短句三卷

　　(宋)秦觀撰

　　明萬曆四十六年(1618)李之藻刻本

　　六册

　　框高 21.6 釐米,寬 14.2 釐米

　　半葉九行二十一字,小字雙行同,白口,單黑魚尾,左右雙邊,有刻工　　善4/162

1229

慶湖遺老詩集九卷拾遺一卷後集補遺一卷

　　(宋)賀鑄撰

　　清抄本

　　二册

　　半葉八行十九字,小字雙行同,無版框

　　有"秦伯敦父""秦恩復印""石研齋秦氏印""瑞安孫仲容珍藏書畫文籍印"印　　善4/167

1230

後山先生集三十卷

　　(宋)陳師道撰

　　明弘治十二年(1499)馬暾刻本

　　四册

　　框高 20.5 釐米,寬 14.0 釐米

　　半葉十一行二十字,小字雙行同,大黑口,雙黑魚尾,四周雙邊

　　有"愻學齋收藏圖籍""雲間姚氏""胥浦藏書""陳子書崖手閱善本""天都陳子

書崖閱本""書崖珍秘""陳""馬玉堂""笏
齋"等印　　　　　　　善 4/156

1231

后山詩註十二卷

（宋）陳師道撰　（宋）任淵註

明嘉靖十年（1531）荆州遼藩朱寵瀁梅南
書屋刻本

六册

框高 18.9 釐米,寬 13.5 釐米

半葉九行二十字,小字雙行同,白口,單
白魚尾,四周雙邊

有"大學士章""吳興劉氏嘉業堂藏書
印""子孫永保""蒼巘山人書屋記""張叔
平""蕉林藏書""敬勝堂孟氏珍藏""劉承
幹字貞一號翰怡""孟氏珍藏""蕉林梁氏
書畫之印"等印　　　　　善 4/157

1232

后山詩註十二卷

（宋）陳師道撰　（宋）任淵注

清乾隆四十一年（1776）武英殿聚珍版書
本　清孫衣言批並跋

六册

框高 18.6 釐米,寬 12.7 釐米

半葉九行二十一字,小字雙行同,白口,
單黑魚尾,四周雙邊

有"經籹室"印　　　　　善 4/158

1233

龜山先生全集四十二卷

（宋）楊時撰

明刻本

八册

框高 22.1 釐米,寬 14.8 釐米

半葉十行二十字,白口,單黑魚尾,左右
雙邊　　　　　　　善 4/175

1234

宛丘先生文粹二十二卷

（宋）張耒撰

明崇禎六年（1633）胡潛刻蘇門六君子文
粹本

二册

框高 19.2 釐米,寬 13.8 釐米

半葉九行十九字,白口,單白魚尾,左右
雙邊

有"劉承幹字貞一號翰怡""吳興劉氏嘉
業堂藏書印""張叔平"等印　善 4/159

1235

劉左史集四卷

（宋）劉安節撰

清抄本　清孫衣言校並跋　清孫詒讓校

一册

半葉八行二十一字,無版框

有"經籹室"印　　　　　善 4/172

1236

劉左史集四卷

（宋）劉安節撰

清抄本　清孫詒讓校

二册

半葉八行二十一字,無版框

有"瑞安孫仲容珍藏書畫文籍印"印
　　　　　　　　　　　善 4/173

1237

道鄉先生鄒忠公文集四十卷續集一卷

（宋）鄒浩撰

明正德七年（1512）鄒翎刻本

六册

框高 19.2 釐米,寬 13.4 釐米

半葉十行二十字,小字雙行同,白口,單
黑魚尾,左右雙邊

有"江西汪石琴家藏本""榮氏讀未見書
齋珍藏""幼平珍祕"等印　　善 4/166

1238

和靖尹先生文集十卷

(宋)尹焞撰

附錄一卷

清蔡鳴謙等刻本

四冊

框高 19.0 釐米,寬 13.4 釐米

半葉九行二十二字,小字雙行同,大黑

口,單黑魚尾,四周雙邊　　　善 4/187

1239

劉給諫文集五卷

(宋)劉安上撰

清抄本

二冊

半葉八行二十一字,無版框　善 4/169

1240

劉給諫文集五卷

(宋)劉安上撰

清抄本　清孫衣言校

一冊

半葉八行二十一字,無版框

有"瑞安孫仲容珍藏書畫文籍印"印

善 4/170

1241

劉給諫文集五卷

(宋)劉安上撰

清抄本　清孫詒讓校

二冊

半葉八行二十一字,無版框

有"瑞安孫仲容珍藏書畫文籍印"印

善 4/171

1242

唐先生文集二十卷附文錄一卷

(宋)唐庚撰

清抄本

四冊

半葉十一行二十字,無版框

有"瑞安孫仲容珍藏書畫文籍印"印

善 4/174

1243

斜川集六卷附錄二卷

(宋)蘇過撰　(清)周永年輯

斜川集訂誤一卷

(清)吳長元撰

清乾隆五十三年(1788)武進趙懷玉亦有

生齋刻本　清夏璿題識

四冊

框高 18.5 釐米,寬 13.5 釐米

半葉十行二十一字,小字雙行同,白口,

單黑魚尾,左右雙邊

有"孟氏臧書""定子"印　　善 4/175B

1244

橫塘集二十卷

(宋)許景衡撰

清光緒孫氏述舊齋抄本　清孫衣言校並

題識　清孫詒讓校

六冊

框高 17.4 釐米,寬 11.3 釐米

半葉十行二十四字,白口,雙黑魚尾,左

右雙邊

有"經敀室"印　　　　　善 4/176

1245

莊簡集十八卷

(宋)李光撰

清金粟堂抄本

二冊

框高 20.3 釐米,寬 12.7 釐米

半葉八行三十字,小字雙行字數不等,

白口,單黑魚尾,四周雙邊

有"六處""劉階之印""蹋炗道人"等印

善 4/176A

1246

忠惠集十卷附錄一卷

（宋）翟汝文撰

清抄本

四册

　　框高 17.1 釐米，寬 11.0 釐米

　　半葉八行二十一字，小黑口，左右雙邊

　　有"古鹽馬氏""笏齋珍藏之印""遜學

齋收藏圖籍"等印　　　　　善 4/177

1247

石林居士建康集八卷

（宋）葉夢得撰

清環碧山房抄本

一册

　　框高 19.4 釐米，寬 14.2 釐米

　　半葉十一行二十一字，小字雙行同，小

黑口，單黑魚尾，四周單邊

　　有"經散室"印　　　　　善 4/179

1248

浮沚集九卷

（宋）周行己撰

清乾隆四十四年（1779）武英殿聚珍版書

本　清孫衣言批校並跋　清孫詒讓批校

三册

　　框高 19.5 釐米，寬 12.7 釐米

　　半葉九行二十一字，小字雙行同，白口，

單黑魚尾，四周雙邊

　　有"經散室"印　　　　　善 4/168

1249

苕溪集五十五卷

（宋）劉一止撰

清抄本

六册

　　半葉十行二十字，小字雙行同，無版框

　　有"瑞安孫仲容珍藏書畫文籍印"印

　　　　　　　　　　　善 4/182

1250

孫尚書內簡尺牘編註十卷

（宋）孫覿撰　（宋）李祖堯註

明嘉靖三十六年（1557）顧名儒刻本　渠

夢翔跋

六册

　　框高 18.2 釐米，寬 13.0 釐米

　　半葉九行十九字，小字雙行同，白口，單

黑魚尾，四周單邊

　　有"渠夢翔祕笈珍藏之印""武林汪奉玄

家藏圖籍""廷元私印""錢伯子字冠周"

"汪襄""檢亭""春星"等印　　　善 4/186

1251

沈忠敏公龜谿集十二卷

（宋）沈與求撰

明萬曆二十八年（1600）金陵沈子木刻本

六册

　　框高 21.6 釐米，寬 15.8 釐米

　　半葉九行二十字，小字雙行同，白口，單

白魚尾，左右雙邊　　　　善 4/185

1252

宋陳少陽先生文集十卷

（宋）陳東撰

明天啓五年（1625）賀懋忠刻本

四册

　　框高 20.5 釐米，寬 14.5 釐米

　　半葉九行二十字，小字雙行同，白口，單

白魚尾，四周單邊

　　有"劉承幹字貞一號翰怡""吳興劉氏嘉

業堂藏書印""張叔平""延陵西姜氏家藏

圖書記""天水""念微居士""行生之印"

"姜氏重生"等印　　　　　善 4/183

1253

簡齋詩集十五卷

（宋）陳與義撰

清康熙娛暉堂抄本

四册

　　框高 18.4 釐米,寬 13.5 釐米

　　半葉十行二十一字,白口,四周雙邊

　　有"張承渙印""子謙""經敆室"等印

　　　　　　　　　　　　　　善 4/180

1254

簡齋詩鈔不分卷

　（宋）陳與義撰

　清初抄本

　是書與盱江集鈔一卷（宋李覯撰）合訂一

册

　　半葉十二行二十二字,無版框

　　有"雲山""此人不可无弌""十州""甫

田""一樵塗雅"等印　　　善 4/181

1255

**橫浦先生文集二十卷橫浦心傳錄三卷橫浦
日新一卷**

　（宋）張九成撰

橫浦先生家傳一卷

　（宋）張榕撰

施先生孟子發題一卷

　（宋）施德操撰

　明萬曆四十二年（1614）吳惟明刻本

　八册

　　框高 20.6 釐米,寬 14.4 釐米

　　半葉十行二十字,白口,單白魚尾,左右

雙邊　　　　　　　　　　　善 4/190A

1256

**重刊橫浦先生文集二十卷橫浦心傳錄三卷
橫浦日新一卷**

　（宋）張九成撰

橫浦先生家傳一卷

　（宋）張榕撰

施先生孟子發題一卷

　（宋）施德操撰

　明萬曆四十三年（1615）海昌方士騋刻本

八册

　　框高 20.8 釐米,寬 14.4 釐米

　　半葉十行二十字,白口,單白魚尾,左右

雙邊

　　有"四明盧氏抱經樓藏書印""摛藻堂藏

書印""平陽季子收藏圖書""南林劉氏求

恕齋鏨""張叔平"等印　　　善 4/190

1257

松隱文集四十卷

　（宋）曹勛撰

　清康熙四十三年（1704）呂無隱　呂無盡等

抄本　　清呂無鄰校並跋　　清孫詒讓跋

　四册

　　半葉十行二十字,小字雙行同,無版框

　　存二十六卷（卷八至十三、十五至二十

九、三十六至四十）

　　有"經敆室"印　　　　　善 4/178

1258

屏山先生文集二十卷首一卷

　（宋）劉子翬撰

　清初刻本

　八册

　　框高 18.8 釐米,寬 12.3 釐米

　　半葉九行二十字,大黑口,雙黑魚尾,四

周雙邊

　　有"劉承幹字貞一號翰怡""吳興劉氏嘉

業堂藏書印""張叔平""獨山莫氏收藏經

籍記"等印　　　　　　　　善 4/184

1259

胡澹菴先生文集六卷

　（宋）胡銓撰

　清抄本

　一册

　　框高 20.4 釐米,寬 14.7 釐米

　　半葉十行二十字,白口,單黑魚尾,四周

單邊

有"瑞安孫仲容珍藏書畫文籍印"印

善 4/188

1260

五峰胡先生文集五卷

（宋）胡宏撰

清抄本　清孫詒讓校

二册

　　框高 19.7 釐米,寬 11.7 釐米

　　半葉十行二十四字,白口,雙黑魚尾,左

右雙邊

　　　　存三卷（卷一至三）

　　　　有"瑞安孫仲容珍藏書畫文籍印"印

善 4/189

1261

莆陽知稼翁文集十一卷詞一卷

（宋）黄公度撰

明嘉靖黄廷用刻本

三册

　　框高 18.0 釐米,寬 13.6 釐米

　　半葉十行十八字,白口,左右雙邊

　　　　有"瑞安孫仲容珍藏書畫文籍印"印

善 4/191

1262

**梅溪先生廷試策一卷奏議四卷文集二十卷
後集二十九卷**

（宋）王十朋撰

附錄一卷

　　明正統五年（1440）溫州劉謙等刻天順六

年（1462）周琰重修本

　　二十册

　　　　框高 21.7 釐米,寬 13.7 釐米

　　　　半葉十一行二十一字,大黑口,雙黑魚

尾,四周雙邊,有刻工

　　　　有"許儀周圖書記""張叔平""君詠篋

祕""熙彦收藏善本"等印　　善 4/202

1263

**梅溪先生廷試策一卷奏議四卷文集二十卷
後集二十九卷**

（宋）王十朋撰

附錄一卷

　　明正統五年（1440）溫州劉謙等刻天順六

年（1462）周琰重修本　　清沈周模批點並跋

　　十四册

　　　　框高 21.7 釐米,寬 13.6 釐米

　　　　半葉十一行二十一字,大黑口,雙黑魚

尾,四周雙邊,有刻工

　　　　有"鱸讀""守巂州藏書""古射襄城計

光炘曦伯之章""曦伯所藏""西吳坦菴居

士沈周模恕專閱""計曦伯家珍藏""閩川

計氏曦伯所藏""計光炘印""曦伯""瑞安

孫仲容珍藏書畫文籍印"等印　善 4/203

1264

宋王忠文公文集五十卷目錄四卷

（宋）王十朋撰　　（清）唐傳鉎編

梅溪王忠文公年譜一卷

（清）徐炯文編

清雍正六年（1728）唐傳鉎刻鴈就堂印本

十册

　　　　框高 18.0 釐米,寬 14.3 釐米

　　　　半葉十一行二十一字,小字雙行同,白

口,單黑魚尾,四周單邊　　　善 4/203A

1265

艾軒先生文集十卷

（宋）林光朝撰

清抄本

二册

　　　　半葉九行十八字,小字雙行同,無版框

　　　　有"古潭州袁臥雪廬收藏""瑞安孫仲容

珍藏書畫文籍印"等印　　　善 4/194

1266

艾軒先生文集十卷

（宋）林光朝撰

清抄本

一冊

　　半葉十行十九字,小字雙行同,無版框

　　存三卷（卷一至三）　　　　善4/195

1267

竹洲文集二十卷

（宋）吳儆撰

附錄一卷

　　明弘治六年（1493）吳雷亨刻藍印本

　　四冊

　　　框高18.5釐米,寬12.9釐米

　　　半葉十一行二十一字,大黑口,雙黑魚尾,四周雙邊

　　　有"拜經樓吳氏臧書""愻學齋收藏圖籍""瑞安孫仲容珍藏書畫文籍印"等印

　　　　　　　　　　　　　善4/192

1268

竹洲文集十卷

（宋）吳儆撰

附錄一卷

　　明萬曆吳繼良刻本

　　二冊

　　　框高19.5釐米,寬13.1釐米

　　　半葉十行二十字,白口,單黑魚尾,左右雙邊

　　　有"曝書亭珍藏""汪魚亭藏閱書""振綺堂兵燹後收藏書""鏸承幹印""南林劉氏求恕齋臧""張叔平"等印　　善4/193

1269

陸放翁全集一百五十七卷

（宋）陸游撰

　　明末毛氏汲古閣刻清初毛扆增刻彙印本

　　四十八冊

　　　框高18.8釐米,寬14.0釐米

　　　半葉八行十八字,小字雙行同,白口,左

右雙邊

　　缺十八卷（南唐書十八卷）

　　有"淳士""茅茹山房""小酉山房珍藏""吳興劉氏嘉業堂臧書印""劉承幹字貞一號翰怡""張叔平"等印　　　善4/208

1270

石湖詩集一卷

（宋）范成大撰

　　明天啓崇禎間汲古閣刻詩詞雜俎本

　　一冊

　　　框高19.2釐米,寬13.5釐米

　　　半葉八行十九字,小字雙行同,白口,左右雙邊　　　　　　　　　善4/207

1271

平園續槀六卷

（宋）周必大撰

清抄本

二冊

　　半葉十行十六字,無版框

　　佚名朱筆點校　　　　　　善4/197

1272

誠齋文集四十二卷首一卷末一卷楊文節公詩集四十二卷誠齋文節先生錦繡策二卷

（宋）楊萬里撰

　　清乾隆六十年（1795）帶經軒刻本

　　十一冊

　　　框高19.7釐米,寬13.5釐米

　　　半葉十行二十四字,小字雙行同,白口,單黑魚尾,四周單邊

　　　存四十二卷（楊文節公詩集四十二卷）

　　　　　　　　　　　善4/197A

1273

平菴悔稿一卷丙辰悔稿一卷悔稿後編一卷詩稿補遺一卷

（宋）項安世撰

清乾隆四十五至四十六年(1780-1781)北
京吳長元抄本　清吳長元跋

六册

　　框高 17.1 釐米,寬 12.1 釐米

　　半葉九行二十一字,小字雙行同,黑口,
單黑魚尾,左右雙邊

　　有"孫衣言印""琴西"印　　　善 4/217

1274

晦菴文抄十卷

(宋)朱熹撰　　(明)吳訥　崔銑輯

明嘉靖十九年(1540)張光祖刻本

八册

　　框高 19.3 釐米,寬 13.9 釐米

　　半葉九行十八字,小字雙行同,白口,單
白魚尾,左右雙邊　　　　　善 4/196

1275

江湖長翁文集四十卷

(宋)陳造撰

明萬曆四十六年(1618)李之藻刻本

十册

　　框高 21.7 釐米,寬 14.1 釐米

　　半葉九行二十一字,小字雙行同,白口,
單黑魚尾,左右雙邊

　　有"經散室"印　　　　　善 4/215

1276

海瓊玉蟾先生文集六卷續集二卷

(宋)葛長庚撰

明萬曆劉懋賢等刻本

十册

　　框高 20.3 釐米,寬 14.2 釐米

　　半葉九行二十字,白口,單白魚尾,左右
雙邊

　　缺三卷(卷六、續集二卷)

　　有"吳興劉氏嘉業堂藏書記""張叔平"
印　　　　　　　　　　　善 4/224

1277

止齋先生文集五十二卷

(宋)陳傅良撰

附錄一卷

明正德元年(1506)林長繁刻本

八册

　　框高 21.3 釐米,寬 14.3 釐米

　　半葉十三行二十三字,小字雙行同,大
黑口,雙黑魚尾,四周雙邊,有刻工

　　有"海陵錢桂森印""教經堂錢氏章"
"犀盦藏本""學有用齋""海陵錢犀盦校
藏書籍""師竹齋圖書""吳興劉氏嘉業堂
藏書印""劉承幹字貞一號翰怡""張叔
平"等印　　　　　　　　善 4/198

1278

止齋先生文集五十二卷

(宋)陳傅良撰

附錄一卷

明正德元年(1506)林長繁刻本

一册

　　框高 21.3 釐米,寬 14.3 釐米

　　半葉十三行二十三字,小字雙行同,大
黑口,雙黑魚尾,四周雙邊,有刻工

　　存五卷(卷一至五)

　　佚名朱墨筆批點,有"經散室"印

　　　　　　　　　　　　善 4/199

1279

止齋先生文集二十八卷

(宋)陳傅良撰

明嘉靖十年(1531)安正堂刻本　清孫詒
讓校並跋

十册

　　框高 18.1 釐米,寬 13.0 釐米

　　半葉十三行二十五字,小字雙行同,大
黑口,雙黑魚尾,四周雙邊

　　有"經散室"印　　　　　善 4/200

1280

止齋先生奧論八卷

　(宋)陳傅良撰

　明刻本　清孫衣言校

　四冊

　　框高 19.8 釐米,寬 14.1 釐米

　　半葉十行二十二字,小字雙行同,白口,單黑魚尾,四周雙邊

　　有"黃文華印""太沖父""質吾居士""辰卿""文華""經敳室"等印

　　　　　　　　　　　　　善　4/201

1281

象山先生全集三十六卷

　(宋)陸九淵撰

附錄少湖徐先生學則辯一卷

　(明)徐階撰

　明嘉靖四十年(1561)何遷刻明張孟嘗　陳玉客重修本

　十冊

　　框高 20.0 釐米,寬 12.9 釐米

　　半葉十行二十字,白口,單白魚尾,四周雙邊,有刻工

　　有"金沙義門王氏遺迹珍藏印"印

　　　　　　　　　　　　　善 4/205

1282

象山先生全集三十六卷

　(宋)陸九淵撰

附錄少湖徐先生學則辯一卷

　(明)徐階撰

　明嘉靖四十年(1561)何遷刻本

　十六冊

　　框高 20.0 釐米,寬 12.9 釐米

　　半葉十行二十字,小字雙行同,白口,單白魚尾,四周雙邊,有刻工

　　有"劉承幹字貞一號翰怡""吳興劉氏嘉業堂藏書印""張叔平"等印　善 4/206

1283

慈湖先生遺書抄六卷

　(宋)楊簡撰　(明)楊世思輯

　明萬曆潘汝楨刻本

　二冊

　　框高 22.0 釐米,寬 13.6 釐米

　　半葉八行二十字,白口,左右雙邊

　　有抄配　　　　　　　善 4/208A

1284

方是閒居士小稿二卷

　(宋)劉學箕撰

　清抄本

　一冊

　　半葉八行二十一字,小字雙行同,無版框

　　有"勞格""經敳室"印　　善 4/225

1285

宋陳同甫文集一卷

　(宋)陳亮撰　(明)李贄鈔評

　明崇禎刻本

　一冊

　　框高 20.9 釐米,寬 14.5 釐米

　　半葉八行十八字,白口,四周單邊,行間鐫評　　　　　　　　　善 4/221

1286

涉齋集十八卷

　(宋)許及之撰

　清同治七年(1869)孫氏抄本　清孫衣言校並跋

　二冊

　　框高 16.8 釐米,寬 11.9 釐米

　　半葉十行二十二字,小字雙行同,細黑口,左右雙邊

　　有"經敳室"印　　　　　善 4/204

1287

水心文集二十九卷

（宋）葉適撰

清乾隆二十年（1755）溫州府學刻本　清孫衣言批校

十五冊

　框高 18.9 釐米,寬 14.4 釐米

　半葉十行二十字,白口,單黑魚尾,左右雙邊

　有"經斅室"印　　　　　　善 4/209

1288

水心文集二十九卷

（宋）葉適撰

清乾隆二十年（1755）溫州府學刻本　清孫衣言校

十三冊

　框高 18.9 釐米,寬 14.4 釐米

　半葉十行二十字,白口,單黑魚尾,左右雙邊

　缺一卷（卷十八）

　有"經斅室"印　　　　　　善 4/210

1289

水心文集二十九卷

（宋）葉適撰

清乾隆二十年（1755）溫州府學刻本　清孫衣言校

十冊

　框高 18.9 釐米,寬 14.4 釐米

　半葉十行二十字,白口,單黑魚尾,左右雙邊

　缺九卷（卷十三至十五、二十二至二十三、二十六至二十九）

　有"經斅室"印　　　　　　善 4/211

1290

水心先生別集十六卷

（宋）葉適撰

清抄本　清孫詒讓校

八冊

　半葉九行十八字,無版框

　有"樂意軒吳氏藏書""慈學齋收藏圖籍""瑞安孫仲容珍藏書畫文籍印"等印

　　　　　　善 4/212

1291

水心先生別集十六卷

（宋）葉適撰

清龔顯曾抄本　清許祖澇 龔顯曾跋

四冊

　半葉九行十八字,小字雙行字數不等,無版框

　有"觀羣書齋藏本""詠樵過眼""經斅室"等印　　善 4/213

1292

葉水心文集校注不分卷

（清）孫衣言撰

稿本

一冊

　框高 17.1 釐米,寬 11.9 釐米

　半葉十二行二十四字,小黑口,左右雙邊

　有"瑞安孫仲容珍臧書畫文籍印"印

　　　　　　善 4/214

1293

黃勉齋先生文集八卷

（宋）黃榦撰

清康熙四十八年（1709）張伯行正誼堂刻宋四家文集本

二冊

　框高 19.4 釐米,寬 13.8 釐米

　半葉十行二十二字,小字雙行同,白口,單黑魚尾,四周單邊

　有"鰲峰書院藏書"印　　善 4/216

1294

西巖集一卷

（宋）翁卷撰

清抄本

一册

　框高 19.9 釐米，寬 13.6 釐米

　半葉八行二十一字，白口，四周雙邊

　有朱筆校，有“經敱室”印　　善 4/219

1295

龍洲道人集十卷

（宋）劉過撰

清乾隆十八年（1753）鮑氏知不足齋抄本

清鮑廷博校並跋　羅振常跋

二册

　框高 17.1 釐米，寬 11.9 釐米

　半葉十行二十四字，白口，四周單邊

　有“鮑氏收藏”“世異之印”“綠飲”“志”

“天都鮑氏困學齋圖籍”“皇二子”“昭餘

渠晉鶴字夢翔珍藏祕籍”“鹽官吳氏寶雲

樓珍藏書畫印”“羅振常讀書記”等印

　　　　　　　　　　　　善 4/222

1296

龍洲道人詩集十五卷

（宋）劉過撰

清抄本

四册

　半葉十一行二十一字，無版框

　有“黃丕烈印”“復翁”“士禮居藏”“祕

册”“張月霄印”“愛日精盧藏書”“瑞安孫

仲容珍藏書畫文籍印”等印　　善 4/223

1297

白石詩集一卷詞集一卷

（宋）姜夔撰

諸家評論一卷

清雍正五年（1727）洪正治刻本

一册

　框高 16.6 釐米，寬 13.2 釐米

　半葉十行十九字，小字雙行同，白口，單

黑魚尾，左右雙邊　　　　　善 4/244A

1298

程端明公洺水集二十六卷首一卷

（宋）程珌撰

明嘉靖三十五年（1556）程元晒刻本

六册

　框高 18.2 釐米，寬 12.8 釐米

　半葉十一行二十一字，白口，單白魚尾，

左右雙邊

　有抄配（卷十八至二十六），有“禦兒南

城呂氏家藏印”“汪魚亭藏閱書”“八千卷

樓藏書記”“難尋幾世好書人”“四庫著

錄”“宮保尚書”等印　　　　善 4/220

1299

漫塘文集三十六卷

（宋）劉宰撰

附錄一卷

明萬曆三十二年（1604）范崙等刻本

六册

　框高 21.2 釐米，寬 13.9 釐米

　半葉九行十九字，小字雙行同，白口，單

黑魚尾，四周單邊

　有“經敱室”印　　　　　　善 4/218

1300

篔窗集十卷

（宋）陳耆卿撰

清抄本

二册

　半葉八行二十一字，小字雙行同，無版

框　　　　　　　　　　　　善 4/227

1301

宋寶章閣直學士忠惠鐵庵方公文選六卷

（宋）方大琮撰　（明）李時成輯

明萬曆八年(1580)李時成刻本

四册

　　框高 21.3 釐米,寬 15.3 釐米

　　半葉十行二十字,小字雙行同,白口,單
黑魚尾,四周雙邊

　　有"鎦承幹印""南林劉氏求恕齋鑑"
"張叔平"等印　　　　　　　　　善 4/228

1302

朣軒集十六卷

　　(宋)王邁撰

　　清抄本

　　三册

　　半葉九行二十一字,無版框

　　佚名朱筆校　　　　　　　　　善 4/229

1303

秋崖先生小藁四十五卷又三十八卷

　　(宋)方岳撰

　　明嘉靖五至六年(1526-1527)方謙刻本

　　十二册

　　框高 18.2 釐米,寬 12.3 釐米

　　半葉十二行二十字,黑口,雙黑間三黑
魚尾,四周單邊

　　存四十五卷(小藁四十五卷)

　　有"劉承幹字貞一號翰怡""吳興劉氏嘉
業堂藏書印""張叔平"等印　　　善 4/230

1304

秋崖先生小藁四十五卷又三十八卷

　　(宋)方岳撰

　　明嘉靖五至六年(1526-1527)方謙刻本

　　十册

　　框高 18.2 釐米,寬 12.3 釐米

　　半葉十二行二十字,黑口,雙黑間三黑
魚尾,四周單邊

　　有"經敳室"印　　　　　　　　善 4/231

1305

蒙齋集二十卷

　　(宋)袁甫撰

　　清乾隆四十一年(1776)武英殿聚珍版書
本

　　八册

　　框高 19.2 釐米,寬 12.7 釐米

　　半葉九行二十一字,小字雙行同,白口,
單黑魚尾,四周雙邊　　　　　善 4/228A

1306

學詩初藁一卷

　　(宋)王同祖撰

　　清抄本

　　一册

　　半葉八行十六字,小字雙行同,無版框

　　有"經敳室"印　　　　　　　　善 4/236

1307

秋聲集六卷

　　(宋)衞宗武撰

　　清抄本

　　四册

　　半葉十行二十一字,小字雙行同,無版
框　　　　　　　　　　　　　　善 4/226

1308

蒙川先生遺藁四卷

　　(宋)劉黻撰

　　清抄本　　清孫詒讓校

　　二册

　　半葉九行二十字,小字雙行同,無版框

　　有"瑞安孫仲容斠讀四部羣書之印"印

　　　　　　　　　　　　　　　　善 4/232

1309

蒙川遺稿四卷

　　(宋)劉黻撰

　　清抄本

二冊

　　框高 19.8 釐米,寬 13.6 釐米

　　半葉九行二十一字,小字雙行同,白口,四周雙邊

　　佚名校,有"經敃室"印　　　善 4/233

1310

蒙川遺稿四卷

　　(宋)劉黻撰

年譜一卷

　　(清)林大椿撰

　　清咸豐七年(1857)劉永沛等木活字印本

　　清孫詒讓校並跋

二冊

　　框高 22.0 釐米,寬 14.8 釐米

　　半葉八行十八字,小字雙行同,白口,單黑魚尾,四周雙邊

　　有"孫詒讓印""經敃室"印　　善 4/234

1311

蛟峰集七卷

　　(宋)方逢辰撰

山房先生遺文一卷

　　(宋)方逢振撰

蛟峰外集三卷山房先生外集一卷

　　(明)方中輯

　　明天順七年(1463)方中刻弘治嘉靖遞修本

二冊

　　框高 20.5 釐米,寬 12.8 釐米

　　半葉十行二十二字,小字雙行同,大黑口,三黑魚尾,四周雙邊

　　有"汪士鐘臧""汪振勳印""紳之號眉泉""慤學齋收藏圖籍"等印　　善 4/237

1312

方蛟峰先生文集六卷

　　(宋)方逢辰撰

宋山房先生文集一卷

198

　　(宋)方逢振撰

方蛟峰先生外集一卷

　　清順治十五年(1658)方氏刻本

三冊

　　框高 19.9 釐米,寬 12.5 釐米

　　半葉九行二十二字,小字雙行同,白口,單黑魚尾,左右雙邊

　　有"星渚干元仲珍藏書籍""元仲珍藏""九葉傳經""子子孫孫引無極""子子孫孫寶用"等印　　善 4/238

1313

新刊重訂疊山謝先生文集二卷

　　(宋)謝枋得撰

　　明嘉靖三十四年(1555)林光祖刻本

二冊

　　框高 17.8 釐米,寬 13.0 釐米

　　半葉九行二十字,白口,雙黑魚尾,四周單邊

　　有"古修堂珍藏圖書""吳興劉氏嘉業堂藏書記""張叔平"等印　　善 4/235

1314

九華詩集一卷

　　(宋)陳巖撰

　　清抄本

一冊

　　半葉八行二十一字,小字雙行同,無版框

　　佚名校,有"慤學齋收藏圖籍"印

　　　　　　　善 4/240

1315

霽山先生集五卷首一卷拾遺一卷

　　(宋)林景熙撰　　(元)章祖程注

　　清孫氏述舊齋抄本　　清孫詒讓 孫鏘鳴校

二冊

　　框高 17.5 釐米,寬 11.4 釐米

　　半葉十行二十四字,小字雙行同,白口,

雙黑魚尾,左右雙邊

　　有"經敱室""止菴讀過"等印

　　　　　　　　　　　　　　善 4/239

1316

吾汶藁十卷

　　(宋)王炎午撰

　　近代抄本

　　二冊

　　　半葉九行十八字,小字雙行同,無版框

　　　　　　　　　　　　　　善 4/242

1317

熊勿軒先生文集六卷

　　(宋)熊禾撰　(清)張伯行訂

　　清康熙四十八年(1709)榕城張伯行刻正
誼堂叢書本　劉徽題識

　　二冊

　　　框高 18.5 釐米,寬 14.0 釐米

　　　半葉十行二十二字,白口,單黑魚尾,四
周單邊

　　　有"性學真傳""正誼堂藏板""東山藏
書"等印　　　　　　　　　善 4/241

金元別集之屬

1318

莊靖先生遺集十卷

　　(金)李俊民撰

　　清顧氏藝海樓抄本

　　三冊

　　　框高 20.7 釐米,寬 14.0 釐米

　　　半葉八行二十字,小字雙行同,白口,單
黑魚尾,左右雙邊

　　　佚名校,有"李慎餘堂藏書"印

　　　　　　　　　　　　　　善 4/250

1319

遺山先生文集四十卷

　　(金)元好問撰

附錄一卷

　　(明)儲罐輯

　　清康熙四十六年(1707)華希閔劍光閣刻
本　清汪昉跋

　　六冊

　　　框高 18.2 釐米,寬 14.8 釐米

　　　半葉十一行二十字,小字雙行字數不
等,大黑口,雙黑魚尾,左右雙邊

　　　有"劍光閣""曾在汪子偉處""汪叔民"
"毘陵汪氏所藏""汪昉""耒民""則古昔
齋""老學""夢衲盦""毘陵汪氏則古昔垒
藏書"等印　　　　　　　　善 4/251

1320

魯齋遺書十四卷

　　(元)許衡撰　(明)江學詩　怡愉輯

　　明萬曆二十四年(1596)江學詩　怡愉刻清
雍正增刻本

　　四冊

　　　框高 22.2 釐米,寬 15.4 釐米

　　　半葉十行二十二字,白口,單黑魚尾,四
周雙邊

　　　有"瑞安孫仲容珍藏書畫文籍印"印

　　　　　　　　　　　　　　善 4/251C

1321

野趣有聲畫二卷

　　(元)楊公遠撰

　　清抄本

　　一冊

　　　半葉十行二十一字,無版框

　　　有"經敱室"印　　　　　善 4/252

1322

剡源戴先生文集三十卷

　　(元)戴表元撰

　　明刻本

　　五冊

框高 18.5 釐米,寬 13.1 釐米

半葉十二行二十三字,白口,單黑魚尾,左右雙邊

有"愻學齋收藏圖籍""瑞安孫仲容珍藏書畫文籍印""古鹽馬氏""金元功藏書記""笏齋珍藏之印"等印　　善 4/253

1323

靜修先生丁亥集六卷遺文六卷遺詩六卷詩文拾遺七卷續集三卷

(元)劉因撰

附錄二卷

(元)賈彝編

明弘治十八年(1505)崔昌刻本

四册

框高 22.4 釐米,寬 14.8 釐米

半葉九行二十字,小字雙行同,大黑口,雙黑魚尾,四周雙邊

有"海陵張氏石琴收藏善本""桐軒主人藏書印""太原叔子藏書記""蓮涇""瑞安孫仲容珍藏書畫文籍印"等印　善 4/255

1324

靜修先生丁亥集六卷遺文六卷遺詩六卷詩文拾遺七卷續集三卷

(元)劉因撰

附錄二卷

(元)賈彝編

明弘治十八年(1505)崔昌刻後印本

十二册

框高 22.6 釐米,寬 15.0 釐米

半葉九行二十字,小字雙行同,大黑口,雙黑魚尾,四周雙邊

有"吳興劉氏嘉業堂藏書記""張叔平""御賜抗心希古""程超印"等印

善 4/256

1325

申齋劉先生文集十五卷

(元)劉岳申撰

清抄本

四册

半葉十一行行字不等,無版框

有"古鹽馬氏""愻學齋收藏圖籍""笏齋珍藏之印"等印　　　善 4/259

1326

桂隱詩集四卷文集四卷

(元)劉詵撰

附錄一卷

清抄本

四册

半葉十行二十字,小字雙行同,無版框

有墨筆批校,有"瑞安孫仲容珍藏書畫文籍印""古潭州袁臥雪廬收藏""燕庭藏書""劉喜海""燕庭"等印　善 4/254

1327

周此山詩集四卷

(元)周權撰

明抄本

四册

框高 17.1 釐米,寬 13.2 釐米

半葉九行十六字,白口,四周單邊

有"印谿黃子羽氏藏書記""琴西""臣衣言印"等印　　　　　善 4/257

1328

周此山先生詩集四卷

(元)周權撰

清乾隆鮑氏知不足齋抄本　清鮑士恭　張煜跋

二册

框高 23.2 釐米,寬 15.1 釐米

半葉八行十六字,黑口,單黑魚尾,四周雙邊

有"鮑士恭印""知不足齋抄册""張煜"等印　　　　　善 4/258

1329

梅花字字香前集一卷後集一卷

（元）郭豫亨撰

清抄本

一冊

　半葉八行二十一字,無版框

　有署名"芬"者校,有"愻學齋收藏圖籍"印　　　　善 4/260

1330

范德機詩集七卷

（元）范梈撰

明山陰祁氏曠翁澹生堂抄本

二冊

　框高 17.5 釐米,寬 13.8 釐米

　半葉九行十八字,黑口,雙花魚尾,左右雙邊

　有"經籹室""呂正""幽暎書屋""河東使者""國琇私印""馬氏仲孟"等印

　　　　善 4/263

1331

揭文安公集六卷

（元）揭傒斯撰

清韻綠山房抄本　清趙彥俪校並跋

一冊

　框高 18.9 釐米,寬 14.4 釐米

　半葉十行二十一字,白口,單黑魚尾,左右雙邊

　有"石研齋秦氏印""西圖蔣氏手校鈔本""蔣忠棫印""希祖一字茂卿""臣恩復""秦伯敦夫""瑞安孫仲容珍藏書畫文籍印"等印　　　　善 4/264

1332

谷響集三卷

（元）釋善住撰

清抄本

三冊

　半葉八行二十至二十一字,小字雙行同,無版框

　有"愻學齋收藏圖籍""江東羅氏所藏"印　　　　善 4/281

1333

文忠集六卷

（元）王結撰

清抄本

一冊

　半葉十一行二十二字,小字雙行同,無版框

　有"經籹室"印　　　　善 4/261

1334

馬石田文集十五卷

（元）馬祖常撰

附錄一卷

清抄本

四冊

　半葉十行二十字,小字雙行同,無版框

　有"經籹室""袁氏又愷""袁又愷藏書""廷檮之印""五硯樓""趙氏靜涵""五硯樓袁氏收藏金石圖書印"印　　善 4/262

1335

竢庵李先生文集三十卷

（元）李存撰

附錄一卷

清抄本

三冊

　半葉十三行二十四字,無版框

　有"經籹室"印　　　　善 4/267

1336

圭齋文集十六卷

（元）歐陽玄撰

明成化七年(1471)劉釪刻本

四冊

201

框高 20.4 釐米,寬 13.6 釐米

半葉十一行二十一字,黑口,四黑魚尾,四周雙邊

有"慈學齋收藏圖籍"印　　　善 4/266

1337

李五峰文集不分卷

(元)李孝光撰

清辨志書塾抄本　清孫衣言 孫詒讓校

一册

框高 14.4 釐米,寬 11.0 釐米

半葉十行十六字,白口,單黑魚尾,四周雙邊

有"李芷綬家文苑""經敂室"等印

善 4/271

1338

五峯集十卷

(元)李孝光撰

清同治九年(1870)孫鏘鳴抄本　清孫鏘鳴校並跋

一册

框高 17.8 釐米,寬 13.0 釐米

半葉十二行二十字,小字雙行字數不等,黑口,雙黑魚尾,四周雙邊

有"經敂室""鈍宦經眼"等印

善 4/272

1339

存復齋文集六卷

(元)朱德潤撰

清抄本

二册

半葉十行二十四字,無版框

有朱筆校,有"雲輪閣""慰蒼玅璽善本""荃孫""玉雨堂印""貴陽趙氏壽萱軒臧""韓氏臧書""壽萱軒""姜寅清""亮夫""友年所見""无竟先生獨志堂物""古書流通處""味滄以讀"等印　　善 4/265

1340

師山先生文集八卷遺文五卷

(元)鄭玉撰

附錄一卷濟美錄四卷

明嘉靖十四年(1535)鄭燭等刻清遞修本

五册

框高 19.1 釐米,寬 12.9 釐米

半葉十行二十字,白口,單白魚尾,四周單邊

有"瑞安孫仲容珍藏書畫文籍印""吉光片羽""存什一於千百"等印　　善 4/273

1341

師山先生文集八卷遺文五卷

(元)鄭玉撰

附錄一卷濟美錄四卷

明嘉靖十四年(1535)鄭燭等刻清道光二十三年(1843)善道堂重修本

八册

框高 19.0 釐米,寬 12.9 釐米

半葉十行二十字,白口,單白魚尾,四周單邊

缺四卷(濟美錄四卷)

有"鐺承幹印""南林劉氏求恕齋璽""張叔平"等印　　　善 4/274

1342

圭齋盧先生集二卷

(元)盧琦撰　(明)董應舉等選

明萬曆三十七年(1609)莊毓慶刻本

二册

框高 20.5 釐米,寬 14.4 釐米

半葉九行十八字,白口,單黑魚尾,四周雙邊　　　善 4/269

1343

圭齋盧先生集二卷

(元)盧琦撰　(明)董應舉等選

清抄本

一册
　　半葉九行十八字,無版框
　　有"慈學齋收藏圖籍"印　　　善 4/270

1344
清閟閣全集十二卷
　　(元)倪瓚撰
　　清康熙五十二年(1713)曹培廉城書室刻本
　　四册
　　　　框高 17.9 釐米,寬 13.8 釐米
　　　　半葉十一行二十一字,小字雙行字數不等,白口,單黑魚尾,四周單邊
　　　　　　　　　　　　　　　　善 4/280A

1345
倪雲林先生詩集六卷
　　(元)倪瓚撰　　(明)蹇曦編
附錄一卷
　　明萬曆十九年(1591)倪珵刻本
　　六册
　　　　框高 19.8 釐米,寬 13.0 釐米
　　　　半葉九行二十字,白口,單黑魚尾,四周單邊
　　　　有"吳興劉氏嘉業堂藏書記""張叔平"印　　　　　　善 4/280

1346
青陽先生文集六卷
　　(元)余闕撰
　　明正德十五年(1521)胡汝登刻本
　　四册
　　　　框高 18.6 釐米,寬 14.0 釐米
　　　　半葉十一行十九字,白口,雙黑魚尾,四周雙邊
　　　　有"吳興劉氏嘉業堂藏書記""張叔平""重光""子宣"等印　　　善 4/268

1347
栖碧先生黃楊集三卷補遺一卷
　　(元)華幼武撰
附錄一卷
　　明萬曆四十六年(1618)華氏刻本
　　二册
　　　　框高 18.5 釐米,寬 12.5 釐米
　　　　半葉九行十八字,白口,單黑魚尾,左右雙邊
　　　　有"吳興劉氏嘉業堂藏""平陽季子收藏圖書""摛藻堂藏書印""張叔平""抱經樓"等印　　　善 4/279

1348
玉山草堂集二卷集外詩一卷
　　(元)顧瑛撰
　　明崇禎十一年(1638)汲古閣刻元人十種詩本
　　四册
　　　　框高 18.8 釐米,寬 14.2 釐米
　　　　半葉九行十九字,小字雙行同,白口,左右雙邊
　　　　缺一卷(集外詩一卷)
　　　　有"幽幽泰""鶴膽""張叔平""吳興劉氏嘉業堂藏書記"等印　　　善 4/276

1349
聞過齋集八卷
　　(元)吳海撰
　　清抄本
　　二册
　　　　半葉十一行二十二字,無版框
　　　　有"瑞安孫仲容珍藏書畫文籍印"印
　　　　　　　　　　　　　　　　善 4/275

1350
東山趙先生文集九卷詩集二卷
　　(元)趙汸撰
　　清辨志書塾抄本

四册

　　框高 14.6 釐米,寬 11.1 釐米

　　半葉十行二十一字,黑口,單黑魚尾,四周雙邊

　　有墨筆校,有"經籹室"印　　　善 4/278

1351

雲松巢集三卷

　　(元)朱希晦撰

　　清同治五年(1866)孫氏抄本　　清孫衣言校並跋

　　一册

　　框高 19.9 釐米,寬 13.6 釐米

　　半葉八行二十字,小字雙行同,白口,四周雙邊

　　有"經籹室"印　　　善 4/277

明別集之屬

1352

朱楓林集十卷

　　(明)朱升撰

　　明萬曆四十四年(1616)安徽休寧朱時新朱時登刻本

　　六册

　　框高 21.0 釐米,寬 13.6 釐米

　　半葉九行二十字,白口,單白魚尾,四周單邊

　　有"經籹室"印　　　善 4/304

1353

朱楓林集十卷

　　(明)朱升撰

　　明萬曆四十四年(1616)安徽休寧朱時新朱時登刻本

　　二册

　　框高 21.0 釐米,寬 13.6 釐米

　　半葉九行二十字,白口,單白魚尾,四周單邊

　　有"楓林氏""開國元勳""吳興劉氏嘉業堂藏書記"等印　　　善 4/305

1354

宋學士文集七十五卷

　　(明)宋濂撰

　　明正德九年(1514)張縉刻本

　　三十六册

　　框高 20.3 釐米,寬 14.7 釐米

　　半葉十四行二十三字,白口,左右雙邊

　　有"吳興劉氏嘉業堂藏書記""張叔平"印　　　善 4/283

1355

新刊宋學士全集三十三卷

　　(明)宋濂撰

附錄一卷

　　明嘉靖三十年(1551)韓叔陽刻本

　　十八册

　　框高 20.1 釐米,寬 14.2 釐米

　　半葉十一行二十四字,小字雙行同,白口,單白魚尾,左右雙邊

　　有"鄭氏注韓居珍藏記""鄭杰之印""人杰""注韓居士""游思竹素園""名人杰字昌英""程子鏊印""知足即是當樂安隱"等印　　　善 4/284

1356

新刊宋學士全集三十三卷

　　(明)宋濂撰

附錄補遺一卷

　　明嘉靖三十年(1551)韓叔陽刻明崇禎清順治遞修本

　　十二册

　　框高 19.7 釐米,寬 14.2 釐米

　　半葉十一行二十四字,小字雙行同,白口,單白魚尾,左右雙邊

　　有佚名跋並手錄楊維楨翰苑集序等文,

有"山陰孫世偉臧""正心山齋"印

善 4/285

1357

太師誠意伯劉文成公集二十卷

（明）劉基撰

明隆慶六年（1572）謝廷傑　陳烈刻本

二十冊

　　框高 20.5 釐米,寬 14.5 釐米

　　半葉十行二十三字,小字雙行同,白口,四周雙邊

　　有"劉承幹字貞一號翰怡""吳興劉氏嘉業堂藏書印""張叔平"印　　善 4/286

1358

西隱文藁十卷

（明）宋訥撰

附錄一卷

　　明萬曆六年（1578）河南滑縣劉師魯刻本

四冊

　　框高 21.3 釐米,寬 15.4 釐米

　　半葉九行二十一字,白口,單黑魚尾,四周單邊

　　有"紫峰""笑竹""吳興劉氏嘉業堂藏書記""吳興劉氏嘉業堂臧""張叔平"等印　　善 4/290

1359

朱一齋先生文集前十卷後五卷廣遊文集一卷

（明）朱善撰

明成化二十二年（1486）朱維鑑刻本

四冊

　　框高 17.8 釐米,寬 14.7 釐米

　　半葉十二行二十四至二十九字,黑口,雙黑魚尾,四周單邊間左右雙邊

　　有"經散室""海容"印　　善 4/289

1360

春草齋集詩集五卷文集六卷

（明）烏斯道撰

附名公讚春草集歌詠一卷

（明）烏獻明輯

明崇禎二年（1629）蕭基刻本

四冊

　　框高 21.4 釐米,寬 14.7 釐米

　　半葉九行二十字,小字雙行同,白口,左右雙邊

　　有"吳興抱經樓臧""阮福源印""四明沈氏雙泉艸堂珍賞印""鄞蜎寄廬孫氏臧書""銕僊家臧""抱經樓臧善本"等印

善 4/300

1361

陶學士先生文集二十卷

（明）陶安撰

事蹟一卷

　　明弘治十三年（1500）項經刻遞修本

十二冊

　　框高 19.9 釐米,寬 13.0 釐米

　　半葉十行十八字,小字雙行同,黑口,雙黑魚尾,四周雙邊

　　有"淡泉""大司寇章""凝雲深處清暇奇觀""海瀕逸民平泉鄭履淮凝雲樓書畫之印""吳興劉氏嘉業堂臧""吳興劉氏嘉業堂臧書記""張叔平"等印　　善 4/287

1362

陶學士先生文集二十卷

（明）陶安撰

事蹟一卷

　　明弘治十三年（1500）項經刻遞修本

六冊

　　框高 19.7 釐米,寬 12.7 釐米

　　半葉十行十八字,小字雙行同,黑口,雙黑魚尾,四周雙邊

　　有"經散室""古林""檇李曹溶""隸筠

融""華綺""天和"印　　　　善4/288

1363

王忠文公文集二十四卷

（明）王褘撰　（明）劉傑輯

明嘉靖元年（1522）張齊刻本

十六册

　　框高18.8釐米,寬12.3釐米

　　半葉十行二十字,白口,單黑魚尾,左右

雙邊,有刻工

　　有"莆陽鄭氏藏書記""臧氏家臧""吳

興劉氏嘉業堂臧書記""張叔平"等印

　　　　　　　　　　　　　善4/291

1364

林登州遺集二十三卷

（明）林弼撰

附錄一卷

清康熙四十五年（1706）林興刻本

六册

　　框高20.2釐米,寬14.2釐米

　　半葉九行十八字,小字雙行同,白口,單

黑魚尾,左右雙邊

　　有"南林劉氏求恕齋鉨""鏂承幹印"

"張叔平"等印　　　　　善4/294

1365

高皇帝御製文集二十卷

（明）明太祖朱元璋撰

明嘉靖十四年（1535）揚州徐九臯　王惟賢

刻本

十一册

　　框高20.3釐米,寬14.8釐米

　　半葉十行二十字,小字雙行同,白口,四

周單邊

　　有"禮培私印""埽塵齋積書記""吳興

劉氏嘉業堂臧書記""張叔平"等印

　　　　　　　　　　　　　善4/282

1366

蘇平仲文集十六卷

（明）蘇伯衡撰

明正統七年（1442）黎諒刻本

八册

　　框高21.0釐米,寬13.4釐米

　　半葉十二行二十四字,黑口,雙黑魚尾,

四周雙邊

　　有"經畖室""夢塘珍藏""我是痴人"等

印　　　　　　　　　　　善4/292

1367

重刻張來儀靜居集四卷

（明）張羽撰

明萬曆三十七年（1609）汪汝淳刻合刻國

初四先生全集本

四册

　　框高21.3釐米,寬14.3釐米

　　半葉十行二十字,小字雙行同,白口,單

黑魚尾,四周單邊

　　有"張叔平""吳興劉氏嘉業堂臧""吳

興劉氏嘉業堂臧書記""起潛""吳子魚"

"世昭""長洲汪世昭萬卷山莊藏"等印

　　　　　　　　　　　　　善4/297

1368

重刻徐幼文北郭集六卷

（明）徐賁撰

明萬曆三十七年（1609）汪汝淳刻合刻國

初四先生全集本

四册

　　框高21.4釐米,寬13.8釐米

　　半葉十行二十字,小字雙行同,白口,單

黑魚尾,四周單邊

　　四庫底本,有孫溶等校改粘簽,有"翰林

院印"印　　　　　　　　　善4/298

1369

青邱高季迪先生詩集十八卷首一卷補遺一

卷扣舷集一卷鳧藻集五卷附錄一卷

(明)高啓撰　　(清)金檀輯注

清雍正六年(1728)金檀刻文瑞樓彙刻本

二十册

　框高 17.9 釐米,寬 14.6 釐米

　半葉十一行二十二字,小字雙行三十三字,白口,單黑魚尾,左右雙邊

　永嘉潘鑑宗先生遺贈　　　　善 4/296A

1370

高季迪先生大全集十八卷

(明)高啓撰

清康熙許廷鑅竹素園刻本

八册

　框高 19.6 釐米,寬 14.5 釐米

　半葉十行二十字,白口,單黑魚尾,左右雙邊

　有"耕讀堂"印　　　　　　　善 4/295

　又一部,十二册,係酉山堂後印本

　　　　　　　　　　　　　善 4/295A

1371

缶鳴集十二卷

(明)高啓撰

明刻本

八册

　框高 19.1 釐米,寬 13.9 釐米

　半葉十一行二十字,小字雙行同,白口,單黑魚尾,左右雙邊

　有署名"需尊"者跋,有"劉承幹印""翰怡""楊愼菴藏""吳興劉氏嘉業堂藏""張叔平"等印　　　　　　　　　善 4/296

1372

白石山房逸藁二卷

(明)張孟兼(張丁)撰

附錄一卷

清抄本

一册

半葉十行十九至二十字,無版框

　佚名墨筆校(浮簽)　　　　善 4/293

1373

三山翰林院典籍高漫士木天清氣詩集不分卷

(明)高棅撰

明怡顏堂抄本

四册

　框高 18.6 釐米,寬 13.5 釐米

　半葉十行二十二字,白口,單黑魚尾,左右雙邊　　　　　　　　　善 4/299

1374

遜志齋集三十卷拾遺十卷

(明)方孝孺撰

附錄一卷

明成化十六年(1480)郭紳刻本

十册

　框高 20.8 釐米,寬 12.9 釐米

　半葉十行二十二字,黑口,雙黑魚尾,四周雙邊

　缺一卷(附錄一卷)

　有"吳郡趙頤光家文苑"印　善 4/302

1375

東里文集二十五卷

(明)楊士奇撰

明刻本

六册

　框高 18.9 釐米,寬 12.8 釐米

　半葉十行二十字,白口,雙花魚尾,四周雙邊

　有"瑞安孫仲容珍藏書畫文籍印"印

　　　　　　　　　　　　　善 4/310

1376

解學士先生集三十一卷

(明)解縉撰

明天順元年(1457)黄諫刻本

六册

　框高 18.3 釐米,寬 13.0 釐米

　半葉十二行二十至二十一字,小字雙行同,黑口,雙黑魚尾,四周雙邊

　有"高唐王府圖書""玉棟字子隆號筠圃一號雲浦""讀易樓藏書記"等印

善 4/301

1377

近山詩集一卷

　(明)李文撰

耕逸稿一卷

　(明)李璜撰

呼鶴山人吟稿一卷

　(明)李恭撰

　清乾隆八年(1743)李蒸抄本

　一册

　半葉十四行二十八字,無版框

　有"李蒸之印""森芳""天衢皆利往吾道泰方行"等印　　　善 4/303

1378

南齋先生魏文靖公摘藁十卷

　(明)魏驥撰

附錄一卷

　明弘治十一年(1498)洪鐘刻清康熙八年(1669)王余高重修本

　十册

　框高 21.5 釐米,寬 13.9 釐米

　半葉十行二十一字,黑口,雙黑魚尾,四周雙邊

　缺一卷(附錄一卷)

　有"張叔平""劉承幹印""南林劉氏求恕齋鉨""集虛林印""也齋"等印

善 4/306

1379

盤谷集五卷

(明)劉鳸撰

　清光緒九年(1883)劉鳳儀抄本　劉鳳儀跋

　一册

　半葉十四行行字不等,無版框

　有"經斅室"印　　　　　善 4/311

1380

文清公薛先生文集二十四卷

　(明)薛瑄撰

行實錄五卷

　清雍正十二年(1734)薛敦儉等刻本

　十六册

　框高 20.1 釐米,寬 13.7 釐米

　半葉十行二十字,白口,單黑魚尾,四周雙邊

　有"吳興劉氏嘉業堂藏書記""張叔平"印　　　　　　　　　　善 4/307

1381

畏菴集十卷附錄一卷

　(明)周旋撰

　明成化十九年(1483)刻本

　二册

　框高 21.5 釐米,寬 13.9 釐米

　半葉十行二十字,大黑口,雙黑魚尾,四周雙邊

　有"樗廬珍藏""經斅室""味秋經目"印

善 4/312

1382

畏菴集十卷附錄一卷

　(明)周旋撰

　明成化十九年(1483)刻本

　三册

　框高 21.5 釐米,寬 13.9 釐米

　半葉十行二十字,大黑口,雙黑魚尾,四周雙邊

有抄配(卷六數葉、卷七至十、附錄)

善4/313

1383

徐文長評于節閹奏疏四卷文集一卷詩集三卷評于忠肅二卷補遺一卷

(明)于謙撰　(明)徐渭評

明刻本

四冊

　　框高21.3釐米,寬14.8釐米

　　半葉九行二十字,白口,單白魚尾,四周單邊

　　缺一卷(評于忠肅卷一)

　　有"吳興劉氏嘉業堂藏書記""張叔平"印　善4/309

1384

重刻完菴劉先生詩集二卷

(明)劉珏撰

明萬曆二十二年(1594)孫承榮刻本

二冊

　　框高21.5釐米,寬14.7釐米

　　半葉十行二十一字,白口,單黑魚尾,四周雙邊

　　有"張叔平""吳興劉氏嘉業堂藏書記""吳興劉氏嘉業堂藏""一日思君十二時""牡丹生人"等印　善4/314

1385

商文毅公集十一卷

(明)商輅撰

明隆慶六年(1572)鄭應齡刻本

四冊

　　框高18.9釐米,寬14.5釐米

　　半葉十行二十字,白口,單黑魚尾,四周雙邊

　　有"東山藏書""經散室""修德"等印

善4/315

1386

商文毅公集十卷

(明)商輅撰

明萬曆三十年(1602)劉體元刻本

四冊

　　框高19.5釐米,寬14.5釐米

　　半葉十行二十字,白口,單黑魚尾,四周雙邊

　　有"孔繼涑印""孔子七十一世孫昭薰琴南氏印""南林劉氏求恕齋璽""鎦承幹印""張叔平"等印　善4/316

1387

毅庵集選十卷

(明)姚綬撰

明嘉靖三十七年(1558)姚堦刻姚氏世刻本　清陳其榮跋

二冊

　　框高18.1釐米,寬14.7釐米

　　半葉九行十七字,小黑口,左右雙邊

　　有"雙溪陳氏""嘉興陳其榮珍藏記""張叔平""吳興劉氏嘉業堂藏"等印

善4/321

1388

黎陽王襄敏公集四卷

(明)王越撰

太傅王襄敏公年譜一卷

(明)王紹雍　王正蒙撰

明萬曆十三年(1585)但貴元刻本

十二冊

　　框高21.0釐米,寬14.5釐米

　　半葉十行二十字,白口,單黑魚尾,四周雙邊

　　缺一卷(年譜一卷)

　　有"劉承幹印""南林劉氏求恕齋璽""張叔平"等印　善4/318

1389

謝文莊公集六卷

（明）謝一夔撰

明嘉靖四十一年（1562）謝廷傑刻本

四册

　　框高 19.0 釐米,寬 14.2 釐米

　　半葉十行二十字,白口,單黑魚尾,左右
雙邊　　　　　　　　　　　　善 4/320

1390

張東海先生詩集四卷文集五卷

（明）張弼撰

明正德十三年（1518）周文儀刻本

四册

　　框高 19.0 釐米,寬 14.1 釐米

　　半葉十二行二十二字,小字雙行同,白
口,左右雙邊

　　書衣有署名"翼盦"者題識　　善 4/324

1391

楊文懿公文集二十六卷

（明）楊守陳撰

明萬曆十六年（1588）楊德政刻本

二十四册

　　框高 21.8 釐米,寬 14.8 釐米

　　半葉九行二十字,白口,四周雙邊

　　有"劉承幹印""南林劉氏求恕齋璽"
"張叔平"等印　　　　　　　善 4/317

1392

石田先生詩鈔八卷文鈔一卷

（明）沈周撰　　（明）瞿式耜輯

事略一卷

（清）錢謙益輯

明崇禎十七年（1644）瞿氏耕石齋刻本

清趙彥修跋

四册

　　框高 18.8 釐米,寬 12.8 釐米

　　半葉十行二十二字,小字雙行同,白口,

四周單邊

　　存八卷（詩鈔八卷）

　　有"張叔平""吳興劉氏嘉業堂藏書記"
"天水圖書金石之藏""遂禾""吳興劉氏
嘉業堂藏""青松交""借樹山房""半日靜
坐半日讀書間""晚間道人""嘉生""君子
居""彥""修"等印　　　　　善 4/319

1393

一峰先生文集十四卷

（明）羅倫撰

明嘉靖二十八年（1549）張言　林應芳刻本

六册

　　框高 19.5 釐米,寬 14.0 釐米

　　半葉十行十九字,白口,單白魚尾,四周
單邊

　　有"樂意軒吳氏藏書""吳興劉氏嘉業堂
藏""張叔平"等印　　　　　善 4/323

1394

敬齋集三卷

（明）胡居仁撰

明刻本

四册

　　框高 20.5 釐米,寬 14.6 釐米

　　半葉九行二十字,白口,單黑魚尾,四周
單邊

　　有"吳興劉氏嘉業堂藏""積水齋藏書"
"張叔平"等印　　　　　　　善 4/337

1395

匏翁家藏集七十七卷補遺一卷

（明）吳寬撰

明正德三年（1508）吳奭刻本

十册

　　框高 19.8 釐米,寬 14.9 釐米

　　半葉十二行二十四字,小字雙行同,白
口,左右雙邊

　　有"崦西艸堂""潘茉坡圖書印""潘氏

桐西書屋之印""吳興劉氏嘉業堂藏書記"
"張叔平"等印　　　　　　　　　善4/330

1396

未軒公文集十二卷

（明）黃仲昭撰

附錄一卷

明嘉靖三十四年（1555）黃希白等刻本

八冊

框高18.3釐米,寬13.5釐米

半葉十行二十字,小字雙行同,白口,四
周單邊

有"吳興劉氏嘉業堂藏書記""張叔平"
等印　　　　　　　　　　　　　善4/328

1397

定山先生集十卷

（明）莊昶撰

附錄一卷

清康熙四十一年（1702）江寧莊清佐刻乾
隆印本

十六冊

框高19.7釐米,寬14.1釐米

半葉十行二十字,白口,單黑魚尾,四周
單邊

有"慈谿眇餘樓藏""張叔平"等印

善4/329

1398

楓山章先生文集九卷

（明）章懋撰

明嘉靖九年（1530）張大綸刻本

八冊

框高18.5釐米,寬13.8釐米

半葉十行二十字,白口,單黑魚尾,左右
雙邊

有"雀山""應鼎和印""介宜"印

善4/325

1399

楓山章先生文集九卷

（明）章懋撰

明嘉靖八至九年（1529-1530）張大綸刻章
翰重修本

八冊

框高18.5釐米,寬13.8釐米

半葉十行二十字,白口,單黑魚尾,左右
雙邊

有"吳興劉氏嘉業堂藏""張叔平"等印

善4/326

1400

楓山章先生文集四卷

（明）章懋撰

實紀一卷

明嘉靖二十一年（1542）虞守愚刻本

四冊

框高21.0釐米,寬14.2釐米

半葉十行二十一字,白口,四周單邊

缺一卷（實紀一卷）

有"吳興劉氏嘉業堂藏書記""張叔平"
等印　　　　　　　　　　　　　善4/327

1401

馬東田漫稿六卷

（明）馬中錫撰　（明）孫緒評

明嘉靖十七年（1538）文三畏刻本

八冊

框高18.0釐米,寬13.5釐米

半葉十行十七字,小字雙行同,白口,四
周雙邊

有"妙因居士""南林劉氏求恕齋鑒"
"張叔平"等印　　　　　　　　　善4/333

1402

思玄集十六卷

（明）桑悅撰　（明）徐威註

附刻一卷

明萬曆四十四年(1616)翁憲祥刻本

五册

　　框高 22.4 釐米,寬 14.3 釐米

　　半葉十行二十一字,小字雙行同,白口,單黑魚尾,四周單邊

　　有"博洽堂""鎮洋繆氏凝修堂藏書""瑺川吳氏收藏圖書""南林劉氏求恕齋璽""繆朝荃蘅甫氏印信長壽""劉承幹印""張叔平"等印　　　　善 4/322

1403

文肅公圭峯羅先生文集三十七卷

　　(明)羅玘撰

附錄一卷

　　明崇禎七年(1634)羅氏代文堂刻本

　　二十册

　　　　框高 20.5 釐米,寬 14.2 釐米

　　　　半葉九行十八字,白口,單白魚尾,四周單邊,有刻工

　　　　有"謏聞齋""臣錫麒印""張叔平""屏山仲氏珍藏""敦惇顧氏珍藏""林泉""林泉流覽所及""鏐承幹印""南林劉氏求恕齋璽"等印　　　　善 4/336

1404

震澤先生集三十六卷

　　(明)王鏊撰

　　明嘉靖刻萬曆鶴來堂印本

　　六册

　　　　框高 17.4 釐米,寬 14.3 釐米

　　　　半葉十一行二十字,小字雙行同,白口,單黑魚尾,左右雙邊

　　　　有"吳興劉氏嘉業堂藏書記""張叔平"等印　　　　善 4/331

1405

王文恪公集三十六卷

　　(明)王鏊撰

鵑音一卷白社詩草一卷

　　(明)王禹聲撰

名公筆記一卷

　　明萬曆王氏三槐堂刻本

　　八册

　　　　框高 21.8 釐米,寬 14.3 釐米

　　　　半葉九行二十字,小字雙行同,白口,單白魚尾,四周單邊

　　　　有"桂林況周頤藏書""嘉業堂"等印

　　　　　　　　　　　　　善 4/332

1406

見素集二十八卷奏議七卷素翁續集十二卷

　　(明)林俊撰

宸翰錄三卷清朝特典五卷編年紀略一卷卹錄紀事一卷雲莊公畫像贊一卷

　　(明)林達編

自考集七卷

　　(明)林達撰

　　明萬曆十三年(1585)林及祖　林大黼刻增修後印本

　　二十册

　　　　框高 18.7 釐米,寬 13.2 釐米

　　　　半葉十行二十二字,白口,四周單邊間左右雙邊

　　　　缺二卷(清朝特典卷四、自考集卷六)

　　　　有"鏐承幹印""南林劉氏求恕齋璽""張叔平"等印　　　　　　善 4/335

1407

欝洲遺稿十卷

　　(明)梁儲撰

　　明回天閣刻本

　　四册

　　　　框高 17.5 釐米,寬 13.4 釐米

　　　　半葉九行二十字,白口,單黑魚尾,左右雙邊

　　　　有"屈氏望仙山房藏書""屈麥畦藏""子孫永保""布衣暖菜根香讀書滋味長""吳興劉氏嘉業堂藏""吳興劉氏嘉業堂藏

書記”“張叔平”等印　善 4/334

1408
祝氏集畧三十卷
(明)祝允明撰
明嘉靖三十六年(1557)張景賢刻本
十六册
框高 19.2 釐米,寬 14.0 釐米
半葉十行二十字,小字雙行同,白口,單白魚尾,左右雙邊,有刻工
有“治膺書庫”“治膺室”“閩中徐惟起臧書印”“吳郡葉氏訪求鄉先哲遺書記”“碩果堂”“徐熥真賞”“鄭杰之印”“鄭氏注韓居珍藏記”等印　善 4/338

1409
渼陂續集三卷
(明)王九思撰
明嘉靖二十四至二十五年(1545-1546)翁萬達刻清康熙乾隆重修本
三册
框高 17.7 釐米,寬 13.5 釐米
半葉十行二十一字,白口,四周單邊
有“吳興劉氏嘉業堂臧書記”“張叔平”等印　善 4/340

1410
袁中郎先生批評唐伯虎彙集四卷
(明)唐寅撰　(明)袁宏道評
唐六如先生畫譜三卷
(明)唐寅輯
外集一卷
(明)祝允明撰
紀事一卷傳贊一卷
明萬曆刻本
二册
框高 20.7 釐米,寬 14.1 釐米
半葉九行二十字,小字雙行同,白口,單黑魚尾,四周單邊
缺三卷(畫譜三卷)
有“我師士人”“張叔平”“劉承幹字貞一號翰怡”“吳興劉氏嘉業堂臧”等印
善 4/344

1411
甫田集三十五卷
(明)文徵明撰
附錄一卷
(明)文嘉撰
明嘉靖刻清修本
六册
框高 18.7 釐米,寬 13.8 釐米
半葉十一行二十一字,白口,單黑魚尾,左右雙邊
有“毛晉”“毛晉私印”“汲古主人”“趙仲子”“劉樹君臧書印”“張叔平”“吳興劉氏嘉業堂臧書記”等印　善 4/378

1412
靜觀堂集十四卷
(明)顧潛撰
清雍正十年(1732)崑山顧氏桂雲堂刻玉峯雍里顧氏六世詩文集本
八册
框高 19.8 釐米,寬 13.8 釐米
半葉十行二十一字,小字雙行同,白口,單黑魚尾,左右雙邊
有“慈谿畊餘樓臧”“馮氏辨齋臧書”“張叔平”“吳興劉氏嘉業堂臧”“吳興劉氏嘉業堂臧書記”等印　善 4/343

1413
練溪集四卷
(明)凌震撰
明嘉靖三十年(1551)凌約言刻本
二册
框高 19.7 釐米,寬 14.8 釐米
半葉十行二十字,白口,單黑魚尾,四周

單邊

　　有"張叔平""鎧承幹印""南林求恕齋
璽"等印　　　　　　　　　　　善 4/379

1414

空同先生集六十三卷

（明）李夢陽撰

明嘉靖刻本

二十册

　　框高 19.2 釐米,寬 15.7 釐米

　　半葉十一行二十字,小字雙行同,白口,
單黑魚尾,左右雙邊

　　有"葉德榮甫世藏""葉氏藏書""張叔
平""吳興劉氏嘉業堂藏書記"等印

善 4/339

1415

何文定公文集十一卷

（明）何瑭撰

明萬曆四年（1576）賈待問刻本

四册

　　框高 20.2 釐米,寬 13.0 釐米

　　半葉十行二十一字,白口,左右雙邊

善 4/346

1416

内臺集七卷

（明）王廷相撰

明嘉靖十五年（1536）司馬泰等刻本

四册

　　框高 18.0 釐米,寬 14.0 釐米

　　半葉十行十八字,白口,四周單邊

　　存四卷（卷一至四）

　　有"張叔平""吳興劉氏嘉業堂藏""吳
興劉氏嘉業堂藏書記""金星軺藏書記"
"家在黄山白岡之間"等印　　　善 4/347

1417

太師張文忠公集十九卷

214

（明）張孚敬撰

明萬曆四十六年（1618）張汝紀刻本

八册

　　框高 21.3 釐米,寬 14.5 釐米

　　半葉十行二十字,白口,單黑魚尾,左右
雙邊

　　存十一卷（詩稿四卷、詩稿續一卷、文稿
六卷）

　　有"鎧承幹印""南林劉氏求恕齋璽"
"張叔平"等印　　　　　　　　　善 4/377

1418

康對山先生集四十六卷

（明）康海撰

明萬曆十年（1582）潘允哲刻本

二十八册

　　框高 20.0 釐米,寬 14.2 釐米

　　半葉九行二十字,白口,單黑魚尾,左右
雙邊

　　有"安樂堂藏書記""張叔平""吳興劉
氏嘉業堂藏""吳興劉氏嘉業堂藏書記"
"明善堂覽書畫印記"等印　　　善 4/345

1419

邊華泉集八卷

（明）邊貢撰

明嘉靖刻清補刻本

六册

　　原版框高 19.5 釐米,寬 14.0 釐米,補
版框高 18.5 釐米,寬 13.9 釐米

　　半葉十行二十二字,白口,四周單邊

　　有"吳興劉氏嘉業堂藏書記""張叔平"
印　　　　　　　　　　　　　　善 4/342

1420

**浮湘藁四卷山中集四卷憑几集五卷續集二
卷息園存藁十四卷又九卷緩慟集一卷國寶
新編一卷近言一卷**

（明）顧璘撰

明嘉靖吳郡沈氏繁露堂刻本

十八册

　　框高 18.2 釐米,寬 13.1 釐米

　　半葉九行十六字,小字雙行同,白口,單黑魚尾,四周單邊

　　存二十二卷(浮湘藁四卷、山中集四卷、息園存藁十四卷)

　　有"南林劉氏求恕齋鑒""晉江曾魯珍藏書籍印""鎦承幹印""張叔平"等印

善 4/341

1421

周恭肅公集十六卷

(明)周用撰

附錄一卷

　明嘉靖二十八年(1549)周國南川上草堂刻本

　六册

　　框高 19.2 釐米,寬 14.2 釐米

　　半葉十行二十字,小字雙行同,白口,單黑魚尾,四周雙邊

　　有"鎦承幹印""南林求恕齋鑒""四明盧氏抱經樓藏書印""張叔平"等印

善 4/360

1422

崔東洲集二十卷續集十一卷

(明)崔桐撰

　明嘉靖二十九年(1550)曹金刻三十四年(1555)周希哲續刻本

　十六册

　　框高 18.8 釐米,寬 13.9 釐米

　　半葉十行二十字,白口,單黑魚尾,左右雙邊

　　有"張叔平""鎦承幹印""南林求恕齋鑒"等印

善 4/370

1423

張南湖先生詩集四卷

(明)張綖撰

附錄一卷

　明嘉靖三十二年(1553)張守中刻本

　二册

　　框高 18.4 釐米,寬 13.1 釐米

　　半葉十行十九字,小字雙行同,白口,單黑魚尾,四周單邊

　　存二卷(卷一至二)

　　有"靖廷""張叔平""太原仲子"等印

善 4/365

1424

儼山文集一百卷目錄二卷外集四十卷續集十卷

(明)陸深撰

　明嘉靖二十五至三十年(1546-1551)陸楫刻本

　二十册

　　框高 18.6 釐米,寬 14.1 釐米

　　半葉十行二十字,小字雙行同,白口,雙白魚尾,左右雙邊

　　缺五十卷(外集四十卷、續集十卷)

　　有"吳興劉氏嘉業堂藏""周雪客家藏書""張叔平"等印

善 4/356

1425

水南集十七卷

(明)陳霆撰

　明嘉靖四十三年(1564)陳翀刻本

　十二册

　　框高 19.0 釐米,寬 14.6 釐米

　　半葉十行十八字,小字雙行同,白口,單黑魚尾,四周雙邊

　　有"張叔平""吳興劉氏嘉業堂藏""海寧陳鱣觀""泉塘耀松楊祉昌經眼""仲魚圖像"等印

善 4/348

1426

藍侍御集十卷

（明）藍田撰

明萬曆十五年（1587）藍思紹刻本

五冊

　　框高 22.0 釐米，寬 13.5 釐米

　　半葉九行二十字，白口，單黑魚尾，左右

雙邊

　　有"張叔平""吳興劉氏嘉業堂藏書印"

印　　　　　　　　　　　　　　善 4/386

1427

洹詞十二卷

（明）崔銑撰

明嘉靖趙府味經堂刻清乾隆三十六年

（1771）黄邦寧重修本

六冊

　　框高 17.2 釐米，寬 14.0 釐米

　　半葉十行二十字，小黑口，四周雙邊

　　有"經敍室"印　　　　　　善 4/354

1428

崔氏洹詞十七卷附錄四卷

（明）崔銑撰

明嘉靖三十三年（1554）周鎬等刻本

十冊

　　框高 19.4 釐米，寬 14.1 釐米

　　半葉十一行二十四字，白口，單黑魚尾，

四周單邊

　　有"張叔平""高氏鄰西閣藏書印""駱

雲程印""長永駱天游朗齋珍賞""吳興劉

氏嘉業堂藏""曾經東山柳蓉邨過眼印"等

印　　　　　　　　　　　　　　善 4/353

1429

涇野先生文集三十八卷

（明）呂柟撰

明萬曆二十年（1592）李楨刻本

二十冊

　　框高 20.5 釐米，寬 14.5 釐米

　　半葉九行二十字，白口，單黑魚尾，四周

單邊

　　有"張叔平""吳興劉氏嘉業堂藏書記"

印　　　　　　　　　　　　　　善 4/361

1430

二谷山人集二十四卷緱山侯氏譜二卷

（明）侯一元撰

明嘉靖刻本

十冊

　　框高 15.4 釐米，寬 11.2 釐米

　　半葉八行十六字，白口，左右雙邊，有刻

工

　　有"經敍室"印　　　　　　善 4/404

1431

二谷山人詩集十卷

（明）侯一元撰

明嘉靖刻本

四冊

　　框高 15.5 釐米，寬 11.2 釐米

　　半葉八行十六字，白口，左右雙邊

　　有"經敍室""謙牧堂藏書記""兼牧堂

書畫記"等印　　　　　　　　善 4/405

1432

鳥鼠山人小集十六卷後集二卷近取編二卷願學編二卷擬漢樂府八卷可泉擬涯翁擬古樂府二卷附錄二卷補遺一卷雍音一卷唐雅八卷

（明）胡纘宗撰

榮哀錄二卷

明嘉靖刻清順治十三年（1656）周盛時修

補本

二十冊

　　框高 17.1 釐米，寬 13.5 釐米

　　半葉十一行二十字，白口，四周單邊

　　存二十八卷（小集十六卷、後集二卷、擬

漢樂府八卷、擬古樂府二卷）

　　有"吳興劉氏嘉業堂藏書記""張叔平"

印　　　　　　　　　　　善4/362

1433
鳥鼠山人小集十六卷
（明）胡纘宗撰
明嘉靖刻本
十二冊
　　框高16.7釐米,寬13.5釐米
　　半葉十一行二十字,白口,單黑魚尾,四
周單邊
　　有"吳興劉氏嘉業堂藏書記"印
　　　　　　　　　　　　善4/362A

1434
鳥鼠山人後集二卷
（明）胡纘宗撰
明嘉靖刻本
三冊
　　框高18.0釐米,寬13.7釐米
　　半葉九行十九字,白口,四周單邊
　　有"吳興劉氏嘉業堂藏書記"印
　　　　　　　　　　　　善4/362B

1435
鈐山詩選七卷
（明）嚴嵩撰　（明）楊慎輯並批點
明嘉靖刻本
四冊
　　框高17.9釐米,寬13.3釐米
　　半葉九行十八字,小字雙行同,白口,單
白魚尾,四周雙邊　　　　　善4/355

1436
夏桂洲先生文集十八卷
（明）夏言撰
年譜一卷
　　明崇禎十一年(1638)吳一璘刻清康熙五
十八年(1719)吳橋重修本
　　十六冊

　　框高20.1釐米,寬14.4釐米
　　半葉十行十九字,白口,四周單邊
　　有"張叔平""劉承幹字貞一號翰怡"
"吳興劉氏嘉業堂藏書印""修凝齋珍藏"
"先世手澤"等印　　　　　善4/373

1437
何氏集二十六卷
（明）何景明撰
明嘉靖沈氏野竹齋刻本
十二冊
　　框高16.4釐米,寬13.6釐米
　　半葉十行十八字,白口,單黑魚尾,左右
雙邊
　　有"瑞軒""吳興劉氏嘉業堂藏""吳興
劉氏嘉業堂藏書記""我鈞印""張叔平"
等印　　　　　　　　　　　善4/349

1438
何大復先生詩集十二卷
（明）何景明撰　（清）金鎮評選
清康熙五年(1666)修永堂刻本
六冊
　　框高19.6釐米,寬13.3釐米
　　半葉九行十八字,小字雙行同,白口,單
黑魚尾,四周單邊
　　有"龍山蟄廬藏書之章"印　善4/352

1439
何大復先生集三十八卷
（明）何景明撰
附錄一卷
　　明萬曆五年(1577)陳堂 胡秉性刻本
　　八冊
　　框高18.8釐米,寬14.1釐米
　　半葉十行二十字,白口,單黑魚尾,四周
單邊
　　有"丹徒趙彥修季梅甫印""張叔平"
"秋根書堂藏書""晚間""吳興劉氏嘉業

堂藏書記"等印　　　　　　善 4/351

1440

何仲默集十卷

(明)何景明撰

明嘉靖費燨等刻本

四册

　　框高 17.7 釐米,寬 14.0 釐米

　　半葉九行二十字,小字雙行字數不等,白口,四周單邊

　　有"隨緣""張叔平""吳興劉氏嘉業堂藏書記"等印　　　　善 4/350

1441

莊渠先生遺書十六卷

(明)魏校撰

明嘉靖四十年(1561)王道行　張焯刻本

十册

　　框高 18.9 釐米,寬 13.3 釐米

　　半葉十行二十一字,白口,單黑魚尾,左右雙邊

　　有"吳興劉氏嘉業堂藏書記""張叔平"等印　　　　善 4/357

1442

梓溪文鈔內集八卷外集十卷

(明)舒芬撰

清刻本

十六册

　　框高 18.4 釐米,寬 13.5 釐米

　　半葉九行十八字,小字雙行同,白口,單黑魚尾,左右雙邊

　　有"劉承幹字貞一號翰怡""吳興劉氏嘉業堂藏書印""張叔平"印　　善 4/369

1443

張文定公觀光樓集十卷紆玉樓集十卷環碧堂集十八卷養心亭集八卷靡悔軒集十二卷四友亭集二十卷

(明)張邦奇撰

明刻本

二十六册

　　框高 20.2 釐米,寬 14.4 釐米

　　半葉十行二十一字,小字雙行同,白口,單白魚尾,左右雙邊

　　缺三十二卷(紆玉樓集十卷、環碧堂集卷十七至十八、四友亭集二十卷)

　　有"張叔平""吳興劉氏嘉業堂藏書記""姑蘇吳岫家藏"等印　　　善 4/358

1444

張文定公文選三十九卷

(明)張邦奇撰

明嘉靖二十九年(1550)張時徹刻本

七册

　　框高 20.1 釐米,寬 14.8 釐米

　　半葉十行二十一字,小字雙行同,白口,四周雙邊

　　有"四明盧氏抱經樓藏書印""張叔平""吳興劉氏嘉業堂藏書記"等印　　　　善 4/359

1445

龍湖先生文集十四卷

(明)張治撰

明嘉靖刻本

四册

　　框高 19.0 釐米,寬 14.6 釐米

　　半葉十行十八字,白口,單白魚尾,左右雙邊

　　缺三卷(卷一至二、十四)

　　有"沈際可印""清白吏子孫"印　　　　善 4/375

1446

張龍湖先生文集十五卷詩餘一卷

(明)張治撰

清雍正四年(1726)彭思聿刻本

八册

　　框高 19.6 釐米,寬 13.0 釐米

　　半葉十行二十字,白口,單黑魚尾,左右雙邊

　　有"九峰舊廬珍鹽書畫之記""杭州王氏九峰舊廬藏書之章"等印　　善 4/376

1447

升菴先生文集八十一卷目錄四卷

（明）楊慎撰　　（明）楊有仁輯

明萬曆二十九年(1601)王藩臣　蕭如松刻本

十六册

　　框高 21.5 釐米,寬 14.2 釐米

　　半葉十行二十字,小字雙行同,白口,單黑魚尾,左右雙邊

　　有"經敳室"印　　　　　善 4/363

1448

升菴先生文集八十一卷目錄四卷

（明）楊慎撰

明萬曆二十九年(1601)王藩臣　蕭如松刻本

二十四册

　　框高 21.5 釐米,寬 14.2 釐米

　　半葉十行二十字,小字雙行同,白口,單黑魚尾,左右雙邊

　　有"張叔平""劉承幹字貞一號翰怡""碩果齋""吳興劉氏嘉業堂藏書印""舉家入山"等印　　　　善 4/364

1449

嵩渚文集一百卷目錄二卷

（明）李濂撰

明嘉靖刻本

二十册

　　框高 17.6 釐米,寬 13.5 釐米

　　半葉十行二十字,小字雙行同,單白魚尾,四周單邊

有"江西汪石琴家藏本""榮氏讀未見書齋珍藏""龍丘南巷余氏藏書記""瑞安孫仲容珍藏書畫文籍印"印　　善 4/368

1450

薛西原集二卷

（明）薛蕙撰

明嘉靖十四年(1535)李宗樞刻本　於士襄批並題識

四册

　　框高 19.0 釐米,寬 13.6 釐米

　　半葉十行二十字,小字雙行同,白口,四周單邊

　　有"士襄之印""張叔平""南林求恕齋鹽""鐳承幹印"等印　　善 4/367

1451

薛考功集十卷

（明）薛蕙撰

明刻本

四册

　　框高 17.9 釐米,寬 14.2 釐米

　　半葉九行十八字,白口,單黑魚尾,左右雙邊

　　有"張叔平""鐳承幹印""南林劉氏求恕齋鹽"等印　　　善 4/366

1452

五嶽山人集三十八卷

（明）黃省曾撰

明嘉靖黃姬水刻萬曆二十四年(1596)董漢儒重修本

二十册

　　框高 18.0 釐米,寬 14.0 釐米

　　半葉十行十九字,白口,單白魚尾,左右雙邊

　　有"劉承幹字貞一號翰怡""吳興劉氏嘉業堂藏書印""張叔平"等印　　善 4/394

1453

小山類藁選二十卷

（明）張岳撰

張襄惠公輯略一卷

明萬曆十五年（1587）吳文華刻清遞修本

六冊

　　框高 21.0 釐米，寬 13.3 釐米

　　半葉九行二十字，白口，單黑魚尾，四周

雙邊，有刻工

　　有"張叔平""南林劉氏求恕齋鑒"等印

善 4/374

1454

夢澤集十七卷

（明）王廷陳撰

明嘉靖四十一年（1562）王廷瞻刻本

四冊

　　框高 20.1 釐米，寬 14.1 釐米

　　半葉十行二十字，小字雙行同，白口，單

黑魚尾，四周單邊

　　有"瑞安孫仲容珍藏書畫文籍印""王松

廬圖書印"印　　　　　　　　　善 4/371

1455

夢澤集十七卷

（明）王廷陳撰

明嘉靖四十一年（1562）王廷瞻刻明清重

修本

四冊

　　框高 20.0 釐米，寬 13.9 釐米

　　半葉十行二十字，小字雙行同，白口，單

黑魚尾，四周單邊

　　有"劉承幹字貞一號翰怡""吳興劉氏嘉

業堂藏書印""張叔平"等印　　善 4/372

1456

雅宜山人集十卷

（明）王寵撰

明刻本

八冊

　　框高 17.4 釐米，寬 13.6 釐米

　　半葉十行十八字，白口，單白魚尾，左右

雙邊

　　有"張叔平""吳興劉氏嘉業堂藏書記"

印　　　　　　　　　　　　　　善 4/380

1457

四溟山人全集二十四卷

（明）謝榛撰

明萬曆二十四年（1596）趙府冰玉堂刻本

十六冊

　　框高 19.0 釐米，寬 14.0 釐米

　　半葉十行二十字，小字雙行同，白口，單

黑魚尾，左右雙邊，有刻工

　　有"張叔平""劉承幹字貞一號翰怡"

"吳興劉氏嘉業堂藏書印"印　　善 4/431

1458

歐陽南野先生文集三十卷

（明）歐陽德撰

明嘉靖三十七年（1558）梁汝魁刻本

二十冊

　　框高 19.9 釐米，寬 15.0 釐米

　　半葉十行二十字，小字雙行同，白口，單

黑魚尾，四周單邊

　　有"篁菴氏""瑞安孫仲容珍藏書畫文籍

印"印　　　　　　　　　　　　善 4/382

1459

甌東私錄六卷

（明）項喬撰

明嘉靖三十一年（1552）刻本

四冊

　　框高 20.1 釐米，寬 13.8 釐米

　　半葉十行二十字，白口，單黑魚尾，四周

雙邊

　　有"瑞安孫仲容珍藏書畫文籍印"印

善 4/393A

1460

甌東錄十卷

（明）項喬撰

清孫氏玉海樓抄本　清孫衣言　孫詒讓批校

十册

框高 19.5 釐米,寬 12.0 釐米

半葉十行二十四字,小黑口,雙黑魚尾,左右雙邊

有"經散室"印　　　　　　　善 4/392

1461

甌東私錄十卷

（明）項喬撰

明嘉靖刻本

五册

框高 21.0 釐米,寬 13.7 釐米

半葉十行二十字,白口,單黑魚尾,四周雙邊

存五卷（卷一至二、五至七）

有"瑞安孫仲容珍藏書畫文籍印"印

善 4/393

1462

芝園集三十六卷

（明）張時徹撰

明嘉靖刻本

十四册

框高 19.1 釐米,寬 14.8 釐米

半葉十行十九字,白口,四周雙邊

存三十卷（卷一至三十）

有"張叔平""劉承幹字貞一號翰怡""吳興劉氏嘉業堂藏書印""四明盧氏抱經樓藏書印"印　　　　善 4/385

1463

芝園定集五十一卷

（明）張時徹撰

明嘉靖刻本

三十二册

框高 19.5 釐米,寬 14.7 釐米

半葉十一行二十二字,白口,左右雙邊

有"張叔平""吳興劉氏嘉業堂藏書印""劉承幹字貞一號翰怡"等印　　善 4/384

1464

蘇門集八卷

（明）高叔嗣撰

明嘉靖四十二年（1563）張正位刻本

四册

框高 17.7 釐米,寬 14.0 釐米

半葉十行二十字,白口,單白魚尾,四周單邊

有"張叔平""劉承幹字貞一號翰怡""吳興劉氏嘉業堂藏書印"印　善 4/383

1465

袁永之集二十卷

（明）袁褎撰

明嘉靖二十六年（1547）袁尊尼刻後印本

六册

框高 18.0 釐米,寬 13.6 釐米

半葉十行十八字,白口,單白魚尾,左右雙邊

有"張叔平""劉承幹字貞一號翰怡""吳興劉氏嘉業堂藏書印""叔潤藏書"等印　　　　　　　　　善 4/387

1466

海石先生文集二十八卷目錄二卷

（明）錢薇撰

侍御公奏疏一卷遺詩一卷

（明）錢嘉徵撰

明萬曆四十一至四十二年（1613–1614）錢端映刻清康熙錢燔　錢焞增修後印本

十册

框高 20.5 釐米,寬 14.0 釐米

半葉九行十九字,白口,單黑魚尾,左右

雙邊

　　有"童氏仲華""振藻"等印　　善 4/395

1467

世經堂集二十六卷

　（明）徐階撰

　明萬曆徐氏家塾刻本

　二十四冊

　　框高 19.6 釐米,寬 13.8 釐米

　　半葉十行二十字,白口,單黑魚尾,四周雙邊

　　有"張叔平""劉承幹字貞一號翰怡""吳興劉氏嘉業堂藏書印"印　　善 4/381

1468

念菴羅先生集十三卷

　（明）羅洪先撰

　明嘉靖四十二年(1563)劉玠刻本

　八冊

　　框高 20.7 釐米,寬 14.2 釐米

　　半葉十一行二十字,白口,單白魚尾,四周單邊,有刻工

　　有"張叔平""吳興劉氏嘉業堂藏""雙永山人"等印　　善 4/389

1469

念菴羅先生集十三卷

　（明）羅洪先撰

　明嘉靖四十三年(1564)甄津刻本

　六冊

　　框高 20.7 釐米,寬 14.3 釐米

　　半葉十一行二十字,白口,單黑魚尾,四周單邊　　善 4/390

1470

璉川詩集八卷

　（明）施峻撰

　明嘉靖三十八年(1559)李敏德　楊鐸刻本

　四冊

　　框高 19.0 釐米,寬 13.2 釐米

　　半葉八行十六字,白口,單白魚尾,左右雙邊

　　有"張叔平""鑑承幹印""南林劉氏求恕齋鉨""姚光佑印""姚未子""駱弘珪""字仲悔"等印　　善 4/398

1471

樗菴王先生集七卷

　（明）王燁撰

　明萬曆刻本

　六冊

　　框高 19.5 釐米,寬 13.6 釐米

　　半葉十行二十字,白口,單白魚尾,四周單邊

　　有"張叔平""鑑承幹印""南林劉氏求恕齋鉨""甫巨林集虛記"等印　　善 4/403

1472

靳兩城先生集二十卷

　（明）靳學顏撰

　明萬曆十七年(1589)靳雷刻本　清吳以誠評

　八冊

　　框高 19.8 釐米,寬 13.8 釐米

　　半葉九行十八字,白口,雙黑魚尾,四周雙邊

　　有"劉承幹字貞一號翰怡""吳興劉氏嘉業堂藏書印""張叔平"等印　　善 4/399

1473

王氏存笥稿二十卷

　（明）王維楨撰

　明嘉靖刻本

　十二冊

　　框高 21.5 釐米,寬 14.0 釐米

　　半葉十行二十二字,白口,四周雙邊

　　有"吳興劉氏嘉業堂藏書印""劉承幹字貞一號翰怡""張叔平"等印　　善 4/400

1474

王槐野先生存笥稿二十卷續集九卷

（明）王維楨撰

明萬曆七年（1579）尹應元　徐學禮刻本

八册

　　框高 20.8 釐米,寬 14.1 釐米

　　半葉九行二十字,白口,雙白魚尾,四周
單邊

　　缺九卷（續集九卷）　　　　善 4/401

1475

槐野先生存笥稿三十八卷

（明）王維楨撰

附錄一卷

明萬曆三十四年（1606）黃陛　王九敘刻本

十二册

　　框高 20.3 釐米,寬 15.7 釐米

　　半葉十行二十字,白口,單黑魚尾,左右
雙邊　　　　　　　　　　　　　善 4/402

1476

歸先生文集三十二卷

（明）歸有光撰

附錄一卷

明萬曆四年（1576）翁良瑜雨金堂刻本

十二册

　　框高 18.8 釐米,寬 14.1 釐米

　　半葉十行二十字,白口,單黑魚尾,四周
雙邊

　　有“張叔平”“劉承幹字貞一號翰怡”
“吳興劉氏嘉業堂藏”等印　　善 4/430

1477

蟻蠓集五卷

（明）盧柟撰

明萬曆三十年（1602）張其忠刻清重修本

五册

　　框高 21.8 釐米,寬 15.0 釐米

　　半葉九行十八字,白口,單黑魚尾,四周

雙邊

　　有“張叔平”“劉承幹字貞一號翰怡”
“吳興劉氏嘉業堂藏”等印　　善 4/433

1478

荊川文集十八卷

（明）唐順之撰

清康熙五十一年（1712）唐執玉刻本

二十册

　　框高 19.5 釐米,寬 14.3 釐米

　　半葉十行二十一字,黑口,單黑魚尾,左
右雙邊

　　有“劉承幹字貞一號翰怡”“吳興劉氏嘉
業堂藏書印”“張叔平”“積古齋”等印

　　　　　　　　　　　　　　　善 4/391

1479

趙文肅公文集二十三卷

（明）趙貞吉撰

明萬曆十三至十四年（1585-1586）趙德仲
刻本

　　二十册

　　框高 19.6 釐米,寬 14.9 釐米

　　半葉九行十八字,小字雙行同,白口,單
黑魚尾,四周雙邊

　　有“鑑承幹印”“南林劉氏求恕齋璽”
“我鈞印”“張叔平”等印　　　善 4/397

1480

遵巖先生文集二十五卷

（明）王慎中撰

明隆慶五年（1571）嚴鎡刻本

　　二十册

　　框高 19.0 釐米,寬 14.1 釐米

　　半葉十行二十字,小字雙行同,白口,單
黑魚尾,四周單邊,有刻工

　　有“劉承幹字貞一號翰怡”“吳興劉氏嘉
業堂藏書印”“張叔平”等印　善 4/388

1481

李文定公貽安堂集十卷

（明）李春芳撰

附錄一卷

明萬曆十七年（1589）李戴刻本　清許嘉猷批並跋

八冊

框高 20.5 釐米，寬 14.2 釐米

半葉九行十八字，小字雙行同，白口，單黑魚尾，左右雙邊

有"張叔平""吳興劉氏嘉業堂藏書記""嘉猷號曰順菴""許氏順盦""洗心盦""臺有歌風門多立雪""臣嘉猷印""公主明""識字而畊""泗上令尹""無田不退寧非貪""猶作江南未歸客""介于石""抽颸到岸"等印　　　善 4/419

1482

白華樓藏稿十一卷續稿十五卷吟稿十卷

（明）茅坤撰

明萬曆刻本

十六冊

框高 20.2 釐米，寬 14.4 釐米

半葉九行十八字，白口，單白魚尾，左右雙邊

有"史可法""道鄰""張叔平""吳興劉氏嘉業堂藏書記"等印　　　善 4/406

1483

茅鹿門先生文集三十六卷

（明）茅坤撰

明萬曆刻本

三十二冊

框高 20.7 釐米，寬 15.2 釐米

半葉十行十九字，白口，單黑魚尾，左右雙邊

有"經敄室"印　　　善 4/407

1484

仲蔚先生集二十四卷

（明）俞允文撰

附錄一卷

明萬曆十年（1582）程善定西野書屋刻本

八冊

框高 20.0 釐米，寬 14.6 釐米

半葉九行十八字，白口，單白魚尾，四周單邊

有"張叔平""吳興劉氏嘉業堂藏書印""抱經樓"等印　　　善 4/432

1485

白雪樓詩集十二卷

（明）李攀龍撰

明隆慶四年（1570）新都汪時元刻本

十冊

框高 20.5 釐米，寬 14.5 釐米

半葉九行十八字，白口，單白魚尾，四周單邊

有"吳興劉氏嘉業堂藏書印""劉承幹字貞一號翰怡""張叔平""伯玉父""許氏星臺藏書"等印　　　善 4/411

1486

滄溟先生集三十卷

（明）李攀龍撰

附錄一卷

明隆慶六年（1572）王世貞刻本

八冊

框高 19.7 釐米，寬 14.9 釐米

半葉十行二十字，小字雙行同，白口，單黑魚尾，左右雙邊

有"葛祚增""曾藏洞庭葛香士家""瑞安孫仲容珍藏書畫文籍印""香士"等印　　　善 4/413

1487

滄溟先生集三十卷

（明）李攀龍撰

附錄一卷

明萬曆三十四年（1606）睢陽陳陞刻本

十六冊

　　框高21.8釐米,寬15.8釐米

　　半葉十行二十字,小字雙行同,白口,單黑魚尾,左右雙邊

　　有"趙冬元印""吳興劉氏嘉業堂藏書印""劉承幹字貞一號翰怡""張叔平"等印　　　善4/412

1488

海忠介公文集十卷

（明）海瑞撰

明末曾櫻刻本

二冊

　　框高21.0釐米,寬15.0釐米

　　半葉九行十八字,白口,四周單邊

　　有"張叔平""吳興劉氏嘉業堂藏書印""劉承幹字貞一號翰怡"等印　　善4/420

1489

劉子威集三十二卷續集二十卷

（明）劉鳳撰

明萬曆刻本

二十四冊

　　框高19.1釐米,寬13.8釐米

　　半葉九行十八字,小字雙行同,白口,單黑魚尾,左右雙邊

　　缺二十卷（續集二十卷）

　　有"張叔平""鎦承幹印""南林劉氏求恕齋璽"等印　　　善4/410

1490

盱江羅近溪先生全集十卷鄉約一卷

（明）羅汝芳撰

語要一卷

（明）陶望齡輯

孝仁訓一卷

（明）楊起元集

明萬曆四十六年（1618）劉一焜刻本

五冊

　　框高21.9釐米,寬14.8釐米

　　半葉九行十八字,眉欄鐫評行三字,白口,單黑魚尾,四周雙邊

　　缺一卷（語要一卷）

　　有"四明盧氏抱經樓藏書印""南林劉氏求恕齋璽""張叔平"等印　　　善4/413A

1491

楊忠愍手蹟不分卷

（明）楊繼盛撰

清抄本

二冊

　　半葉九行行字不等,小字雙行,無版框
　　　　　　　　　　　　　　　　善4/415

1492

自知堂集二十四卷

（明）蔡汝楠撰

明嘉靖刻本

十六冊

　　框高18.9釐米,寬13.8釐米

　　半葉十行二十字,白口,單白魚尾,左右雙邊

　　有"張叔平""南林劉氏求恕齋璽"等印
　　　　　　　　　　　　　　　　善4/396

1493

萬文恭公摘集十二卷外集一卷

（明）萬士和撰

明萬曆二十年（1592）萬春素履齋刻清康熙可師堂印本

六冊

　　框高19.8釐米,寬14.7釐米

　　半葉十行二十字,白口,單黑魚尾,左右雙邊

　　有"張叔平""鎦承幹印""南林求恕齋

璽”等印　　　　　　善 4/408

1494

周叔夜先生集十一卷

（明）周思兼撰

明萬曆十年（1582）華亭周氏刻本

八册

　框高 19.0 釐米,寬 13.2 釐米

　半葉九行十七字,白口,單黑魚尾,左右
雙邊

　有“張叔平”“鎦承幹印”“南林劉氏求
恕齋璽”等印　　　　　善 4/416

1495

海隅集二十二卷

（明）徐學謨撰

明萬曆六年（1578）方九功刻本

八册

　框高 18.5 釐米,寬 14.3 釐米

　半葉十行十九字,小字雙行同,白口,單
黑魚尾,左右雙邊

　有“張叔平”“梁熙之印”“吳興劉氏嘉
業堂藏書印”“劉承幹字貞一號翰怡”
“雅”等印　　　　　善 4/423

1496

徐文長三集二十九卷四聲猿一卷

（明）徐渭撰

明萬曆二十八年（1600）商濬刻四十七年
（1619）印本

十八册

　框高 21.0 釐米,寬 14.3 釐米

　半葉九行二十字,小字雙行同,白口,單
黑魚尾,四周單邊

　缺一卷（四聲猿一卷）

　有“荆州田氏藏書之印”“有宋荆州田氏
七萬五千卷堂”“潛山所有”“偉裔所收善
本”“伏羲在東精力所聚”“伏羲得之日
本”“景偉廋印”“吳興劉氏嘉業堂藏書

記”“張叔平”等印　　　　善 4/436

1497

徐文長文集三十卷補遺一卷

（明）徐渭撰　　（明）袁宏道評點

明刻本

十二册

　框高 21.2 釐米,寬 14.7 釐米

　半葉九行二十字,小字雙行同,白口,單
白魚尾,四周單邊

　有“吳興劉氏嘉業堂藏書印”“張叔平”
“鳴野山房”“劉承幹字貞一號翰怡”等印
　　　　　善 4/434

1498

徐文長文集三十卷補遺一卷

（明）徐渭撰　　（明）袁宏道評點

明刻本

六册

　框高 21.3 釐米,寬 14.8 釐米

　半葉九行二十字,小字雙行同,白口,單
白魚尾,四周單邊

　有“吳興劉氏嘉業堂藏書記”“張叔平”
等印　　　　　善 4/435

1499

徐文長逸稿二十四卷自著畸譜一卷

（明）徐渭撰

明天啓三年（1623）張維城刻本

四册

　框高 20.7 釐米,寬 14.5 釐米

　半葉九行二十字,小字雙行同,白口,單
白魚尾,四周單邊

　有“吳興劉氏嘉業堂藏書記”印
　　　　　善 4/435

1500

蘭汀存藁八卷

（明）梁有譽撰

附錄一卷

清康熙二十四年(1685)梁氏詒燕堂刻本

二册

　框高 18.3 釐米,寬 13.0 釐米

　半葉九行十八字,白口,單黑魚尾,四周
單邊

　存五卷(卷一至五)

　有"劉承幹字貞一號翰怡""吳興劉氏嘉
業堂藏書印""張叔平""馮十三印""石經
閣""寶蓮亭主"等印　　　　善 4/421

1501

滸東先生文集十四卷

(明)張鹵撰

清乾隆七年(1742)張氏孝思堂刻本

八册

　框高 16.8 釐米,寬 13.7 釐米

　半葉十行十八字,小字雙行同,白口,單
黑魚尾,左右雙邊　　　　善 4/425A

1502

敬所王先生文集三十卷

(明)王宗沐撰

明萬曆元年至二年(1573–1574)劉良弼刻
本

三十二册

　框高 19.5 釐米,寬 13.8 釐米

　半葉九行十八字,白口,單黑魚尾,四周
單邊

　有"張叔平""南林劉氏求恕齋鑒""鏐
承幹印""方永禎印""德符"等印

　　　　善 4/409

1503

**甔甀洞藁五十四卷目錄二卷甔甀洞續藁詩
部十二卷文部十五卷目錄二卷**

(明)吳國倫撰

明萬曆刻本

三十二册

　框高 20.4 釐米,寬 14.6 釐米

　半葉十行二十字,小字雙行同,白口,單
黑魚尾,四周單邊,有刻工

　有"張叔平""吳興劉氏嘉業堂藏書印"
"安樂堂藏書記""明善堂覽書畫印記"
"劉承幹字貞一號翰怡""四庫坿存"等印

　　　　善 4/422

1504

宗子相先生集二十五卷

(明)宗臣撰

明常郡葉氏天華閣刻本

十六册

　框高 21.0 釐米,寬 14.7 釐米

　半葉九行十八字,白口,單黑魚尾,左右
雙邊

　有"秀水莊氏蘭味軒收藏印""金""昌
期""回仙""延閣藏書""張叔平""吳興劉
氏嘉業堂藏書印""劉承幹字貞一號翰怡"
等印　　　　善 4/424

1505

新刻張太岳先生詩文集四十七卷

(明)張居正撰

明萬曆四十年(1612)唐國達廣慶堂刻本

十六册

　框高 21.8 釐米,寬 14.6 釐米

　半葉十行二十字,小字雙行同,白口,單
黑魚尾,四周單邊　　　　善 4/414

1506

太函集一百二十卷目錄六卷

(明)汪道昆撰

明萬曆刻本

四十册

　框高 20.3 釐米,寬 14.1 釐米

　半葉十行二十字,白口,單黑魚尾,左右
雙邊

　有"吳興劉氏嘉業堂藏書記""張叔平"

等印　　　　　　　　　　善 4/418

1507

弇州山人四部稿一百七十四卷目錄十二卷

（明）王世貞撰

明萬曆五年（1577）王氏世經堂刻本

三十二冊

　　框高 20.4 釐米，寬 15.6 釐米

　　半葉十行二十字，白口，單黑魚尾，四周雙邊

　　有"經敂室""冒服衷印""祈祖""冒儵然印""求真"等印　　善 4/417A

1508

弇州山人續稿二百七卷目錄十卷附十一卷

（明）王世貞撰

明萬曆刻本

四十二冊

　　框高 20.1 釐米，寬 13.5 釐米

　　半葉十行二十字，小字雙行同，白口，單黑魚尾，左右雙邊

　　缺十二卷（卷二百七、附十一卷）

　　有抄配（卷一百六十二），有"張叔平""南林劉氏求恕齋鹽""鏵承幹印""經訓堂王氏之印""青浦王昶字曰德甫""一字述菴別號蘭泉""華壽堂圖書印"等印

　　　　　　　　　　　　善 4/417

1509

許文穆公集六卷

（明）許國撰

明萬曆許立言　許立禮刻本

六冊

　　框高 21.7 釐米，寬 14.6 釐米

　　半葉十行二十字，小字雙行同，白口，單白魚尾，四周單邊

　　有"臣涷寰印""鏡宇"等印　　善 4/429

1510

李卓吾先生遺書二卷

（明）李贄撰

附錄一卷

　　明萬曆四十年（1612）刻本

　　三冊

　　　　框高 19.3 釐米，寬 14.0 釐米

　　　　半葉九行十八字，白口，單黑魚尾，左右雙邊

　　　　馬叙倫先生贈書，有"賜本""臣誥恭藏""天馬山房藏書印""夷初""石屋"等印　　　　　　　　　　　善 4/425

1511

海嶽山房存稿詩五卷文十五卷別稿五卷

（明）郭造卿撰

附錄一卷

　　明萬曆三十五至四十一年（1607–1613）于慎行　葉向高刻吳勉學師古齋印本

　　十六冊

　　　　框高 19.7 釐米，寬 14.1 釐米

　　　　半葉九行十八字，白口，單黑魚尾，左右雙邊

　　　　缺五卷（別稿五卷）

　　　　有"張叔平"印　　　　善 4/437

1512

王文肅公文集五十五卷

（明）王錫爵撰

　明刻本

　二十三冊

　　　框高 24.1 釐米，寬 15.2 釐米

　　　半葉九行十八字，白口，單黑魚尾，四周單邊

　　　有"張叔平""吳興劉氏嘉業堂藏書印""劉承幹字貞一號翰怡"等印　　善 4/427

1513

王文肅公文草十四卷

（明）王錫爵撰

明萬曆四十三年（1615）王時敏刻本

八冊

　　框高 23.9 釐米,寬 15.0 釐米

　　半葉九行十八字,小字雙行字數不等,白口,單黑魚尾,四周單邊

　　有"張叔平""劉承幹字貞一號翰怡""吳興劉氏嘉業堂臧"等印　　　善 4/428

1514

松石齋集三十卷又六卷

　（明）趙用賢撰

　明萬曆四十六年（1618）趙綺美等刻本

　二十四冊

　　框高 20.6 釐米,寬 14.4 釐米

　　半葉九行十八字,白口,單黑魚尾,左右雙邊

　　缺六卷（又六卷）

　　有"張叔平""劉承幹字貞一號翰怡""吳興劉氏嘉業堂臧書印"印　　　善 4/440

1515

王百穀集四十二卷

　（明）王穉登撰

　明萬曆四十七年（1619）葉應祖刻本

　八冊

　　框高 21.4 釐米,寬 14.8 釐米

　　半葉十行二十字,白口,單黑魚尾,四周單邊

　　存十八卷（采真篇二卷、法因集四卷、客越志二卷、雨航紀一卷、越吟二卷、青雀集二卷、梅花什一卷、明月篇二卷、竹箭編二卷）

　　有"鑼承幹印""南林劉氏求恕齋鏨""張叔平"等印　　　善 4/438

1516

王奉常集詩十五卷目錄三卷文五十四卷目錄二卷

（明）王世懋撰

明萬曆刻本

十五冊

　　框高 19.8 釐米,寬 13.8 釐米

　　半葉十行二十字,白口,單黑魚尾,左右雙邊

　　缺十八卷（詩十五卷、目錄三卷）

　　有"張叔平""吳興劉氏嘉業堂臧書印""劉承幹字貞一號翰怡"等印　　　善 4/426

1517

郊居遺稿十卷

　（明）沈懋學撰

　明萬曆三十三年（1605）何喬遠刻本

　九冊

　　框高 20.7 釐米,寬 13.3 釐米

　　半葉九行十八字,白口,單黑魚尾,四周雙邊

　　有"柳泉""扶九""李鵬翰印""兼山""李扶九"等印　　　善 4/444

1518

新輯文潔鄧先生佚稿八卷

　（明）鄧以讚撰

　明萬曆三十一年（1603）鄧以誥　萬尚烈刻本

　四冊

　　框高 20.7 釐米,寬 15.1 釐米

　　半葉十行十八字,白口,單黑魚尾,左右雙邊

　　有"張叔平""鑼承幹印""南林劉氏求恕齋鏨"等印　　　善 4/439

1519

來恩堂草八卷

　（明）姚舜牧撰

　清光緒姚氏悶進齋抄本

　三冊

　　框高 17.8 釐米,寬 13.7 釐米

半葉十三行二十二字,紫格,黑口,雙黑
魚尾,左右雙邊

　佚名朱墨筆校,有浮簽,有抄配

　　　　　　　　　　　　善 4/441

1520

劉大司成文集十六卷

（明）劉應秋撰

明萬曆劉同升刻本

十二冊

　框高 19.9 釐米,寬 13.9 釐米

　半葉九行十八字,小字雙行同,白口,單
黑魚尾,左右雙邊

　有"鏸承幹印""南林劉氏求恕齋璽"
"張叔平""廣東肇陽羅道關防"等印

　　　　　　　　　　　　善 4/449

1521

西林全集二十卷目錄二卷

（明）安紹芳撰

明萬曆四十七年（1619）刻墨顛齋印本

八冊

　框高 20.6 釐米,寬 13.0 釐米

　半葉八行十八字,小字雙行同,白口,四
周單邊

　有"鏸承幹印""南林劉氏求恕齋璽"
"曾經東山柳蓉邨過眼印""句吳""求諸
名公序未到容補""張叔平"等印

　　　　　　　　　　　　善 4/472

1522

快雪堂集六十四卷

（明）馮夢禎撰

明萬曆四十四年（1616）黃汝亨　朱之蕃等
刻本

三十二冊

　框高 20.8 釐米,寬 14.0 釐米

　半葉九行十八字,白口,單黑魚尾,四周
單邊

有"鏸承幹印""南林劉氏求恕齋璽"
"張叔平""洪頤煊印""臨海洪氏蘭雪軒
臧書"等印　　　　　　　　善 4/445

1523

孫宗伯集十卷

（明）孫繼皋撰

明萬曆陳一教　劉毅等刻本

十六冊

　框高 20.9 釐米,寬 15.3 釐米

　半葉九行十九字,白口,單黑魚尾,四周
單邊

　有"劉承幹字貞一號翰怡""吳興劉氏嘉
業堂藏書印""張叔平"等印　　善 4/442

1524

玉茗堂全集四十六卷

（明）湯顯祖撰

明天啓刻本

四冊

　框高 21.3 釐米,寬 13.3 釐米

　半葉七行十八字,白口,四周單邊

　存六卷（尺牘六卷）　　　善 4/453

1525

趙忠毅公集二十四卷

（明）趙南星撰

明崇禎十一年（1638）范景文　姜大受刻本

十六冊

　框高 19.9 釐米,寬 14.5 釐米

　半葉九行十九字,小字雙行同,白口,單
黑魚尾,四周單邊

　有"鏸承幹印""南林劉氏求恕齋璽"
"曾經東山柳蓉邨過眼印"等印

　　　　　　　　　　　　善 4/443

1526

鄒子願學集八卷

（明）鄒元標撰

明萬曆四十七年(1619)郭一鶚 龍遇奇刻
本　清莫友芝跋

五册

　　框高 21.7 釐米,寬 14.5 釐米

　　半葉九行十九字,小字雙行同,白口,單
黑魚尾,四周單邊

　　有"莫友芝圖書印""莫氏子偲""莫彝
孫印""莫繩孫印""吳興劉氏嘉業堂藏書
記""張叔平"等印　　　　　　善 4/448

1527

三易集二十卷

(明)唐時升撰

明崇禎三年(1630)謝三賓刻清西園梅花
書屋印嘉定四先生集本

　　六册

　　框高 18.4 釐米,寬 13.2 釐米

　　半葉十行十八字,細黑口,左右雙邊

　　佚名題識,有"陸紹衡印""商尹""書升
曾讀""莘廬""張叔平""吳興劉氏嘉業堂
藏書記""鐵石道人"等印　　　善 4/473

1528

鄒太史文集八卷

(明)鄒德溥撰

明刻清安成紹恩堂印本

　　六册

　　框高 19.7 釐米,寬 12.7 釐米

　　半葉九行二十字,白口,單黑魚尾,左右
雙邊

　　有"吳興劉氏嘉業堂藏書記""張叔平"
印　　　　　　　　　　　　　善 4/452

1529

雪濤閣集十四卷

(明)江盈科撰

明萬曆二十八年(1600)江氏刻後印本

　　十四册

　　框高 19.9 釐米,寬 13.9 釐米

　　半葉九行十八字,白口,單黑魚尾,四周
單邊

　　有"四明盧氏抱經樓藏書印""張叔平"
"南林劉氏求恕齋鉨""鏸承幹印"等印
　　　　　　　　　　　　　　善 4/460

1530

容臺文集九卷詩集四卷別集四卷

(明)董其昌撰

明崇禎三年(1630)董庭刻本

　　六册

　　框高 19.2 釐米,寬 13.3 釐米

　　半葉八行十九字,白口,左右雙邊

　　有"閒雲埜鶴""漁坡真賞""得月樓"印
　　　　　　　　　　　　　　善 4/454

　　又一部,八册,存八卷(詩集四卷、別集
四卷),佚名墨批　　　　　　善 4/454B

1531

宗伯集八十一卷

(明)馮琦撰

明萬曆刻本

　　四十册

　　框高 20.5 釐米,寬 14.5 釐米

　　半葉九行十七字,小字雙行同,白口,單
黑魚尾,左右雙邊

　　有"吳興劉氏嘉業堂藏書印""劉承幹字
貞一號翰怡""張叔平"等印　　善 4/447

1532

馮用韞先生北海集四十六卷

(明)馮琦撰

明萬曆林有麟刻本

　　十册

　　框高 21.3 釐米,寬 14.4 釐米

　　半葉九行二十字,小字雙行同,白口,單
白魚尾,四周單邊

　　佚名藍筆批,有"吳興劉氏嘉業堂藏書
記""當湖伊嘯山鑒賞""張叔平""龍湫聽

雨樓嘯山氏臧書之章"等印　　善 4/446

1533

陳眉公集十七卷

（明）陳繼儒撰

明萬曆四十三年（1615）史辰伯刻本

五冊

　　框高 22.5 釐米,寬 14.3 釐米

　　半葉九行二十字,小字雙行同,白口,單白間黑魚尾,左右雙邊

　　有"吳興劉氏嘉業堂臧書記""張叔平"等印　　善 4/479

1534

晚香堂集十卷

（明）陳繼儒撰

明崇禎九年（1636）醉綠居刻眉公十種臧書本

八冊

　　框高 21.1 釐米,寬 13.5 釐米

　　半葉九行二十一字,小字雙行同,白口,單黑魚尾,左右雙邊

　　有"鐫承幹印""南林劉氏求恕齋璽""張叔平"等印　　善 4/480

1535

白石樵真稿二十四卷尺牘四卷

（明）陳繼儒撰

明崇禎九年（1636）醉綠居刻眉公十種臧書本

四冊

　　框高 20.7 釐米,寬 13.5 釐米

　　半葉九行二十一字,小字雙行同,白口,單黑魚尾,左右雙邊

　　存四卷(尺牘四卷)

　　有"吳興劉氏嘉業堂臧書記""張叔平""抱經樓"等印　　善 4/482

1536

眉公先生晚香堂小品二十四卷

（明）陳繼儒撰

明崇禎武林湯大節簡綠居刻本

十二冊

　　框高 21.1 釐米,寬 14.7 釐米

　　半葉九行二十字,白口,單白魚尾,四周單邊　　善 4/481

1537

蒼霞草詩八卷

（明）葉向高撰

明萬曆至崇禎福清葉氏遞刻葉臺全集本

四冊

　　框高 20.2 釐米,寬 14.5 釐米

　　半葉九行十八字,小字雙行同,白口,單黑魚尾,左右雙邊

　　有"劉承幹字貞一號翰怡""吳興劉氏嘉業堂臧書印""張叔平""綠蕉艸堂珍臧""玉佩劍氏"等印　　善 4/450

1538

蒼霞草十二卷

（明）葉向高撰

近代抄本

二十四冊

　　半葉十行二十字,無版框

　　佚名朱筆校　　善 4/451

1539

絡緯吟十二卷

（明）徐媛撰

明萬曆四十一至四十三年（1613-1615）范允臨刻本

二冊

　　框高 19.8 釐米,寬 13.3 釐米

　　半葉八行十八字,小字雙行同,白口,四周單邊

　　有"張叔平"印　　善 4/486

1540

白蘇齋類集二十二卷

（明）袁宗道撰

明萬曆舒承溪刻本

八冊

　　框高 21.2 釐米,寬 14.5 釐米

　　半葉九行二十字,小字雙行同,白口,單黑魚尾,左右雙邊

　　有"南林劉氏求恕齋鑒""鑪承幹印""張叔平"等印　　　　善 4/455

1541

霜鏡集十七卷

（明）陸寶撰

明崇禎刻本

五冊

　　框高 19.8 釐米,寬 13.9 釐米

　　半葉八行十八字,小字雙行同,白口,左右雙邊

　　有"鑪承幹印""南林劉氏求恕齋鑒""張叔平"等印　　　　善 4/487

1542

緱山先生集二十七卷

（明）王衡撰

明萬曆四十四至四十五年(1616–1617)王氏家刻本

十冊

　　框高 21.7 釐米,寬 14.1 釐米

　　半葉九行十八字,小字雙行同,白口,單黑魚尾,四周單邊

　　有"鑪承幹印""南林劉氏求恕齋鑒""張叔平"等印　　　　善 4/464

1543

汲古堂集二十八卷

（明）何白撰

明萬曆刻本

八冊

　　框高 19.9 釐米,寬 13.1 釐米

　　半葉九行十八字,小字雙行同,白口,單白魚尾,左右雙邊

　　有"瑞安孫仲容珍藏書畫文籍印"印　　　　善 4/484

1544

汲古堂續集不分卷

（明）何白撰

清初抄本

五冊

　　框高 20.4 釐米,寬 14.0 釐米

　　半葉十行二十二字,藍格,白口,四周雙邊

　　有"瑞安孫仲容珍藏書畫文籍印"印　　　　善 4/485

1545

嬾真草堂集詩二十卷文三十卷

（明）顧起元撰

明萬曆四十六年(1618)王荊岑刻本

四十八冊

　　框高 22.0 釐米,寬 14.5 釐米

　　半葉九行十八字,白口,單黑魚尾,四周單邊

　　有"吳興劉氏嘉業堂藏書印""劉承幹字貞一號翰怡""環山樓藏書印""張叔平"等印　　　　善 4/463

1546

叢青軒集六卷

（明）許獬撰

明崇禎十三年(1640)許鏞刻本

三冊

　　框高 20.5 釐米,寬 13.2 釐米

　　半葉九行十八字,白口,單黑魚尾,左右雙邊

　　缺一卷(卷六)

　　有"經㪚室"印　　　　善 4/466

1547

許鍾斗文集五卷

（明）許獬撰

明萬曆四十年（1612）洪夢錫　周應麟刻本

二冊

　　框高 19.9 釐米,寬 12.5 釐米

　　半葉九行十九字,白口,單黑魚尾,四周雙邊

　　有"劉承幹字貞一號翰怡""吳興劉氏嘉業堂藏""張叔平"等印　　善 4/465

1548

袁中郎十集十六卷

（明）袁宏道撰　　（明）周應麐編

明周應麐刻本

十冊

　　框高 22.0 釐米,寬 14.7 釐米

　　半葉九行二十字,小字雙行同,白口,單黑魚尾,左右雙邊

　　有"金""昌期""吳興劉氏嘉業堂藏書記""張叔平""許穀初印""孫謀氏"等印

　　子目:

　　破研齋集三卷

　　廣陵集一卷

　　桃源詠一卷

　　瓶史一卷

　　敝篋集二卷

　　華嵩遊草二卷

　　廣莊一卷

　　觴政一卷

　　狂言二卷

　　狂言別集二卷　　　　　善 4/455A

1549

錦帆集四卷去吳七牘一卷瓶花齋集十卷敝篋集二卷廣莊一卷解脫集四卷

（明）袁宏道撰

明萬曆三十六至三十八年（1608-1610）勾吳袁叔度書種堂刻本

八冊

　　框高 20.9 釐米,寬 14.4 釐米

　　半葉九行十八字,白口,單白魚尾,四周單邊

　　有"吳興劉氏嘉業堂藏書記"印

　　　　　　　　　　　　　善 4/456

1550

瀟碧堂集二十卷

（明）袁宏道撰

明萬曆刻本　　張叔平題識

八冊

　　框高 20.4 釐米,寬 14.4 釐米

　　半葉九行十八字,白口,單白魚尾,四周單邊

　　有抄配,有"吳興劉氏嘉業堂藏書記""張叔平"等印　　　　善 4/457

1551

錦帆集四卷去吳七牘一卷

（明）袁宏道撰

明萬曆三十七年（1609）袁叔度書種堂刻本

四冊

　　框高 20.8 釐米,寬 14.4 釐米

　　半葉九行十八字,白口,單白魚尾,四周單邊　　　　　　　善 4/458

1552

睡庵稿文集二十五卷詩集十一卷

（明）湯賓尹撰

明萬曆三十八至三十九年（1610-1611）王士烺刻本

六冊

　　框高 21.0 釐米,寬 15.5 釐米

　　半葉九行十九字,白口,單白魚尾,四周單邊

　　缺十一卷（詩集十一卷）

　　有"鎦承幹印""南林劉氏求恕齋璽"

"張百熙印""張叔平"等印　　善 4/461

1553

睡庵稿文集二十五卷詩集十一卷

（明）湯賓尹撰

明萬曆三十八至三十九年（1610-1611）王士烺刻山笑堂印本

八册

框高 21.0 釐米,寬 15.5 釐米

半葉九行十九字,白口,單白魚尾,四周單邊

缺十一卷（詩集十一卷）

有"南通楊元植藏""善根盦印"等印

善 4/462

1554

謝耳伯先生初集十六卷全集八卷

（明）謝兆申撰

明崇禎玉樹軒刻本

十册

框高 19.1 釐米,寬 14.9 釐米

半葉九行十八字,小字雙行同,白口,單白魚尾,左右雙邊

有"吳興劉氏嘉業堂藏書記""張叔平"等印　　善 4/474

1555

王惺所先生文集十卷

（明）王以悟撰

明天啓三年（1623）洛陽王氏刻本

六册

框高 20.6 釐米,寬 14.6 釐米

半葉九行二十字,白口,單黑魚尾,四周雙邊

有"瑞安孫仲容珍藏書畫文籍印"印

善 4/467

1556

藏密齋集二十四卷

（明）魏大中撰

明崇禎刻清嘉慶二十三年（1818）魏行溴補刻本

十册

框高 20.3 釐米,寬 15.6 釐米

半葉九行十八字,小字雙行同,白口,單白魚尾,四周單邊

有"鐳承幹印""南林劉氏求恕齋璽""吳興劉氏嘉業堂藏書記""張叔平"等印

善 4/471

1557

藏密齋集二十五卷

（明）魏大中撰

明崇禎刻本

六册

框高 20.5 釐米,寬 15.8 釐米

半葉九行十八字,小字雙行同,白口,單白魚尾,四周單邊

有"經敳室"印　　善 4/470

1558

鹿忠節公集二十一卷

（明）鹿善繼撰

清刻本

六册

框高 20.2 釐米,寬 14.3 釐米

半葉九行二十字,白口,單黑魚尾,四周雙邊

有"劉承幹字貞一號翰怡""吳興劉氏嘉業堂藏""張叔平"等印　　善 4/469

1559

問山亭主人遺詩正集一卷續集一卷齊音一卷

（明）王象春撰　（清）王士驥輯　（清）王士禎選

清康熙三十六硯居抄本

一册

框高 19.2 釐米,寬 13.2 釐米

半葉九行二十字,小字雙行同,藍格稿紙,白口,四周雙邊

有朱墨筆圈點,有浮簽　　　善 4/468

1560

九籥集四十七卷

(明)宋楙澄撰

明萬曆刻本

四册

框高 20.7 釐米,寬 14.8 釐米

半葉十行十九字,小字雙行同,白口,單黑魚尾,左右雙邊

存十四卷(詩四卷、文十卷)

有"張叔平""鐳承幹印""南林劉氏求恕齋璽""四明盧氏抱經樓藏書印""雪樵"等印　　　善 4/477

1561

覆瓿集十二卷

(明)徐榛撰

明萬曆四十四年(1616)徐長胤等刻本

六册

框高 21.1 釐米,寬 14.0 釐米

半葉十行二十二字,小字雙行同,白口,單黑魚尾,四周單邊　　　善 4/459

1562

酉陽山人編蓬集十卷後集十五卷

(明)唐汝詢撰

明萬曆刻清乾隆二十四年(1759)唐元素重修本

九册

框高 21.1 釐米,寬 14.8 釐米

半葉九行二十字,小字雙行同,白口,單黑魚尾,四周單邊;後集九行十八字,四周雙邊

有"吟到梅花字亦香""張叔平""鐳承幹印""南林劉氏求恕齋璽""唐閑""唐閑

之印""在衫""自娛""汲古齋""澹人""伯子""晉陽伯子""半牀書""居依杏水"等印　　　善 4/475

1563

黄石齋先生續騷四卷附黄石齋先生文鈔一卷

(明)黄道周撰

清真吾廬主人介石抄本

一册

半葉九行二十五字,無版框

有"蔡行增印""介石山人""子""家"等印　　　善 4/011

1564

駢枝別集二十卷

(明)黄道周撰

明末沈國元大來堂刻本

四册

框高 19.6 釐米,寬 13.5 釐米

半葉八行十六字,小字雙行同,白口,單黑魚尾,四周單邊,書眉鐫評

有"山陰孫世偉藏"印　　　善 4/488

1565

駢枝別集二十卷

(明)黄道周撰

明末沈國元大來堂刻本

四册

框高 19.6 釐米,寬 13.5 釐米

半葉八行十六字,小字雙行同,白口,單黑魚尾,四周單邊,書眉鐫評　　　善 4/489

1566

畢氏祭文鈔不分卷

(明)畢自耘等撰

明萬曆四十八年(1620)畢氏抄本

二册

框高 24.0 釐米,寬 16.6 釐米

半葉九行二十字,藍格,白口,四周雙邊

善 4/476

1567

鴻寶應本十七卷

（明）倪元璐撰

明崇禎刻清順治十四年（1657）唐九經補刻本

四册

框高 20.1 釐米,寬 13.9 釐米

半葉八行二十字,小字雙行同,白口,四周單邊

有"董蓉僐藏書印""子子孫孫寶之勿替""張叔平""吳興劉氏嘉業堂藏書記"等印　　　　　　　　善 4/478

1568

奇零草不分卷

（明）張煌言撰

清抄本　張釜校並跋

六册

半葉八行二十字,小字雙行同,無版框

有"慈谿畊餘樓藏""馮氏辨齋藏書""莐白""張乃熊"等印　　　善 4/490

1569

寶藥栖詩不分卷

（明）王醇撰

清抄本

一册

半葉十行二十字,小字雙行同,無版框

有"兩山之間"印　　　善 4/483

1570

正氣錄一卷

（朝鮮）高敬命撰

明萬曆朝鮮朴承宗刻本

一册

框高 21.7 釐米,寬 16.1 釐米

半葉十行十八字,白口,雙花魚尾,四周雙邊　　　　　　　善 4/494

清別集之屬

1571

牧齋初學集一百十卷目錄二卷

（清）錢謙益撰

明崇禎十六年（1643）瞿式耜刻本

二十四册

框高 21.2 釐米,寬 14.6 釐米

半葉十行十八字,小字雙行同,白口,單黑魚尾,四周單邊

有"化玉""梁氏之所守哉"等印

善 4/496

1572

牧齋初學集詩註二十卷

（清）錢謙益撰　（清）錢曾箋註

日本明治十六年（1883）擁書城木活字本

十四册

框高 18.2 釐米,寬 14.0 釐米

半葉十行二十字,小字雙行同,白口,單黑魚尾,四周單邊　　　善 4/497

1573

牧齋有學集詩註十四卷

（清）錢謙益撰　（清）錢曾箋註

日本明治十六年（1883）擁書城木活字本

葛昌楣批校

十二册

框高 18.0 釐米,寬 14.0 釐米

半葉十行二十字,小字雙行同,白口,單黑魚尾,四周單邊

有"曾在平湖葛昌楣詠莪處""詠莪又字蔭梧""葛蔭梧生平最嗜物""蔭梧校記""詠莪卅年所讀"等印　　　善 4/498

1574

石臼前集九卷後集七卷

（清）邢昉撰

清康熙刻本

六冊

　　框高 18.0 釐米,寬 13.4 釐米

　　半葉十行十九字,白口,雙黑魚尾,四周
單邊

　　有"經散室"印　　　　　　善 4/499

1575

姑山遺集三十卷

（清）沈壽民撰

清康熙有本堂刻本

六冊

　　框高 19.6 釐米,寬 14.4 釐米

　　半葉九行二十字,小字雙行同,白口,單
黑魚尾,四周單邊

　　有"梅光迪"印　　　　　　善 4/500

1576

牧雲和尚嬾齋別集十四卷

（清）釋通門撰

清順治十四年（1657）毛氏汲古閣刻本

六冊

　　框高 21.1 釐米,寬 14.7 釐米

　　半葉十行二十字,小字雙行三十一字,
白口,四周雙邊

　　有"張叔平""吳興劉氏嘉業堂藏書記"
等印　　　　　　善 4/491

1577

吳詩補註二十卷

（清）吳偉業撰　　（清）靳榮藩補註

吳詩談藪二卷拾遺一卷

（清）靳榮藩輯

清容與室抄本

四冊

　　框高 17.8 釐米,寬 13.6 釐米

　　半葉九行二十一字,小字雙行同,綠格,
白口,單黑魚尾,四周雙邊　　善 4/501

1578

亭林先生集外詩四卷

（清）顧炎武撰　　（清）孫詒讓輯

亭林詩集校文一卷

（清）孫詒讓撰

清光緒二十四年（1898）稿本　清孫詒讓
跋

一冊

　　框高 17.0 釐米,寬 11.9 釐米

　　半葉十二行二十三字,小字雙行同,藍
格,小黑口,左右雙邊

　　有"經散室"印　　　　　　善 4/495

1579

慎墨堂全集不分卷

（清）鄧漢儀撰

近代抄本

八冊

　　框高 16.5 釐米,寬 12.1 釐米

　　半葉十行二十字,小字雙行同,小黑口,
單黑魚尾,左右雙邊　　　　善 4/504

1580

官梅集一卷

（清）鄧漢儀撰

近代抄本

一冊

　　半葉九行二十字,小字雙行同,無版框
　　　　　　　　　　　　　善 4/505

1581

侯朝宗文選六卷

（清）侯方域撰　　（清）陳維崧選

清康熙刻本

四冊

　　框高 18.0 釐米,寬 14.0 釐米

半葉九行十八字,白口,單黑魚尾,左右
雙邊,行間鐫評

　佚名朱墨筆評,並補抄《爲吳氏禱子疏》
一篇　　　　　　　　　　　善 4/502

1582
道貴堂類稿十九卷
(清)徐倬撰
清康熙刻本
八册
　框高 17.3 釐米,寬 12.7 釐米
　半葉十行十九字,小字雙行二十八字,
黑口,雙黑魚尾,左右雙邊　　善 4/505E

1583
梅氏詩略前集十二卷
(清)梅清輯
清康熙三十年(1691)刻本
四册
　框高 19.7 釐米,寬 14.5 釐米
　半葉十行二十四字,小字雙行同,黑口,
單黑魚尾,左右雙邊
　有"風雅流傳""柏梘山口人家"印
　　　　　　　　　　　　善 4/665A

1584
堯峰文鈔五十卷
(清)汪琬撰
清康熙三十二年(1693)林佶寫刻本
八册
　框高 20.5 釐米,寬 14.3 釐米
　半葉十三行二十五字,小字雙行同,黑
口,單黑魚尾,左右雙邊
　有"山陰孫世偉藏"印　　善 4/503A

1585
范忠貞公文集五卷首一卷
(清)范承謨撰
清康熙四十七年(1708)刻本

四册
　框高 17.5 釐米,寬 13.5 釐米
　半葉十行十九字,小字雙行同,黑口,單
黑魚尾,四周單邊　　　　善 4/502H

1586
眉三子半農齋集八卷
(清)蔣中和撰
清康熙二十年(1681)自刻本
八册
　框高 19.9 釐米,寬 14.3 釐米
　半葉十行二十二字,白口,單白魚尾,四
周單邊
　有抄配,有"半个艸亭"印　　善 4/503D

1587
漁洋山人精華錄箋注十二卷補一卷
(清)王士禎撰　(清)金榮箋注
年譜一卷附錄一卷
　清康熙五十一年(1712)金氏鳳翻堂刻乾
隆二年(1737)印本　沈豫過錄沈德潛批語
並題識
　三册
　框高 18.3 釐米,寬 14.9 釐米
　半葉十一行二十字,小字雙行三十字,
白口,單黑魚尾,左右雙邊
　有"舊山樓""舊山慶""松寥山館藏書"
"小嶁""總宜主人""趙不騫印""不騫私
印""非昔居士""舊山翁""松廖山館""鈎
千珍藏""鈎千""懋階過眼""佞宋""終日
弄石""姑蘇閶門外楓橋小橋浜涂宅發
兑"等印　　　　　　　　善 4/505Z

1588
或語一卷
(清)張貞撰
清康熙刻渠亭山人半部槀本
四册
　框高 17.8 釐米,寬 13.4 釐米

半葉九行十八字,白口,左右雙邊

有"檇李曹氏""龔氏臧書之印""真州
吳氏有福讀書堂臧書"等印　　善 4/509

1589

邵子湘全集三十卷

(清)邵長蘅撰

邵氏家錄二卷

清康熙三十二年(1693)青門艸堂刻光緒
二十二年(1896)李超瓊後印本

十二冊

框高 18.7 釐米,寬 14.0 釐米

半葉十行二十一字,黑口,單魚尾,左右
雙邊

子目:

青門簏稾十六卷

青門旅稾六卷

青門膡稾八卷　　　　　善 4/507B

1590

有懷堂文藁二十二卷詩藁六卷

(清)韓菼撰

清康熙四十二年(1703)刻本

六冊

框高 18.5 釐米,寬 13.7 釐米

半葉十一行二十一字,小字雙行同,白
口,四周單邊　　　　　　　善 4/505A

又一部,五冊　　　　　善 4/505A/C1

1591

文貞公集十二卷

(清)張玉書撰

清乾隆五十七年(1792)京口張護松蔭堂
刻本

七冊

框高 17.7 釐米,寬 14.9 釐米

半葉十一行二十一字,小字雙行同,白
口,單黑魚尾,左右雙邊

缺一卷(卷六)　　　　　　善 4/503C

1592

橫山詩文鈔二十四卷

(清)裘璉撰

清康熙裘氏絳雲居刻本

四冊

框高 19.2 釐米,寬 13.0 釐米

半葉九行二十二字,小字雙行同,白口,
單黑魚尾,左右雙邊

子目:

橫山初集十六卷

胡二齋先生評選橫山初集一卷

易皆軒二集六卷

橫山文鈔一卷　　　　　　善 4/505F

1593

稗畦集四卷

(清)洪昇撰

清抄本

二冊

半葉十行十八字,小字雙行同,無版框
　　　　　　　　　　　　　善 4/508

1594

小方壺存稾十八卷

(清)汪森撰

清康熙刻本

二冊

框高 17.0 釐米,寬 12.8 釐米

半葉十行二十一字,小字雙行字數不
等,黑口,單黑魚尾,左右雙邊

有"拜經樓吳氏藏書印"印　　善 4/503

1595

潛虛先生文集十四卷

(清)戴名世撰

年譜一卷

(清)戴鈞衡撰

清抄本

二冊

半葉十行二十四字,無版框

存三卷(卷一至二、年譜一卷)

有"盱台王氏十四間書樓藏書印"印

善 4/506

1596

潛虛先生文集十四卷

(清)戴名世撰

年譜一卷

(清)戴鈞衡撰

清抄本

六冊

半葉十行二十一字,無版框

佚名校並題識　　　　善 4/507

1597

二十四泉草堂集十二卷

(清)王苹撰

清抄本

六冊

半葉十行二十六字,小字雙行同,無版框

有"劍泉""聽松吟館"等印　善 4/510

1598

白田草堂存稿二十四卷

(清)王懋竑撰

崇祀鄉賢祠錄一卷行狀一卷

清乾隆刻本

六冊

框高 17.5 釐米,寬 13.4 釐米

半葉十二行二十二字,小字雙行同,白口,單黑魚尾,左右雙邊

有"絜芳小圃所瓘""昆山趙詒琛號學南印""趙學南劫後藏書"等印　善 4/510A

1599

翼堂詩集二卷

(清)邱迴撰

清乾隆十四年(1749)邱氏刻本

三冊

框高 16.9 釐米,寬 11.5 釐米

半葉八行十九字,小字雙行同,白口,單黑魚尾,左右雙邊

佚名墨筆批　　　　善 4/518E

1600

集虛齋學古文十二卷附離騷經解畧一卷

(清)方楘如撰

清乾隆十九年(1754)佩古堂刻本

四冊

框高 18.3 釐米,寬 13.8 釐米

半葉十一行二十五字,白口,單黑魚尾,左右雙邊

有"浣心藏書"印　　　善 4/515

1601

墨汀文錄不分卷附錄一卷

(清)徐廷槐撰

清抄本

四冊

半葉十行二十五字,小字雙行同,無版框

佚名批,有"儆廬所藏""山陰孫世偉藏"等印　　　　善 4/517

1602

墨汀文補鈔不分卷

(清)徐廷槐撰

清抄本

一冊

半葉十行二十四字,無版框

佚名墨筆校,有"儆廬所藏""山陰孫世偉藏"等印　　　善 4/518

1603

陶人心語五卷續選十二卷可姬小傳一卷

(清)唐英撰

清乾隆古柏堂刻本

十二册

　　框高 20.2 釐米,寬 14.4 釐米

　　半葉八行十四字,小字雙行二十八字,白口,單黑魚尾,四周雙邊

　　有"抱經堂藏""小玲瓏山館珍藏圖記""晏如也""錦虹樓藏""梅心堂"等印

　　　　　　　　　　　　善 4/515B

1604

松陵唱和鈔四卷

（清）周允中等撰

清乾隆吳江周允中刻本

四册

　　框高 15.6 釐米,寬 11.2 釐米

　　半葉八行十九字,小字雙行同,白口,單黑魚尾,左右雙邊

　　有"劍禪過眼"印　　　善 4/657T

1605

冬心先生集四卷續集一卷

（清）金農撰

清戴熙抄本

二册

　　框高 12.7 釐米,寬 9.8 釐米

　　半葉十行十八字,黑口,四周單邊

　　有"冬熙""戴熙""醇士""升印"等印

　　　　　　　　　　　　善 4/511

1606

西塞雜著二卷

（清）徐聚倫撰

清乾隆四年(1739)徐育臨刻本

一册

　　框高 19.9 釐米,寬 12.8 釐米

　　半葉九行二十二字,小字雙行同,白口,單黑魚尾,四周雙邊　　善 4/514

1607

小蘭陔詩集八卷

（清）謝道承撰

清乾隆三十八年(1773)謝生翹刻本

二册

　　框高 18.5 釐米,寬 13.8 釐米

　　半葉九行十九字,小字雙行同,白口,單黑魚尾,左右雙邊　　善 4/510D

1608

松泉詩集二十六卷文集二十二卷

（清）汪由敦撰

清乾隆四十三年(1778)汪承霈刻本

二十四册

　　框高 18.1 釐米,寬 14.0 釐米

　　半葉十一行二十一字,小字雙行二十九字,白口,左右雙邊

　　有抄配,有"禹門所有""自強齋存"等印　　　　　　　　　　善 4/512

1609

學福齋集文二十卷詩集三十七卷首一卷

（清）沈大成撰

清乾隆三十九年(1774)刻本

二十册

　　框高 16.7 釐米,寬 12.6 釐米

　　半葉十行二十一字,小字雙行同,黑口,單黑魚尾,左右雙邊　　善 4/513

1610

丁辛老屋集二十卷

（清）王又曾撰

清乾隆四十一年(1776)曹自鎣刻本

八册

　　框高 20.3 釐米,寬 13.5 釐米

　　半葉十一行二十二字,小字雙行同,白口,單黑魚尾,左右雙邊　　善 4/518J

1611

白莼詩集十六卷附海嶽遊人酬贈集一卷

（清）張開東撰

清乾隆五十四年（1789）張兆騫棄存園刻本

十册

　　框高 19.0 釐米，寬 12.6 釐米

　　半葉十行二十一字，小字雙行字數不等，白口，四周單邊

　　缺二卷（卷十六、海嶽遊人酬贈集一卷）

　　有"品題天下名勝"印　　　善 4/518D

1612

籜石齋詩集五十卷

（清）錢載撰

清乾隆刻本

六册

　　框高 20.0 釐米，寬 14.1 釐米

　　半葉十二行二十三字，小字雙行字數不等，白口，單黑魚尾，左右雙邊

　　有"屈彊""平湖屈氏一卷書塾所藏""鄉邦文獻所繫"印　　　善 4/518G

1613

楚粵吟二卷

（清）劉伊撰

清乾隆澹竹山房刻本

二册

　　框高 16.3 釐米，寬 11.5 釐米

　　半葉九行十九字，小字雙行同，白口，單黑魚尾，四周雙邊　　　善 4/518I

1614

爽籟山房集二卷

（清）程之章撰

清乾隆二十四年（1759）自刻本

二册

　　框高 18.4 釐米，寬 13.3 釐米

　　半葉九行十九字，小字雙行同，白口，單

黑魚尾，四周單邊

　　有"俞氏藏本""魏椤""工爵"等印

　　　　　　　　　　　　　　　善 4/518A

1615

靈巖山人詩集三十四卷

（清）畢沅撰

清乾隆五十五年（1790）自刻本

二十册

　　框高 19.8 釐米，寬 14.2 釐米

　　半葉十一行二十二字，小字雙行字數不等，白口，單黑魚尾，左右雙邊

　　有"宴坐養味齋書畫記"印　善 4/518H

1616

南浦嬾鈔四卷

（清）韓綏之撰

清乾隆五十七年（1792）緘齋木活字本

三册

　　框高 22.0 釐米，寬 13.3 釐米

　　半葉八行二十字，白口，單黑魚尾，四周雙邊　　　　　　　　　　　　善 4/519B

1617

詩瓢八卷

（清）書誠撰　（清）書達輯

清抄本

二册

　　半葉九行二十二字，小字雙行同，無版框

　　有"秋好軒主人岳小琴珍藏書畫金石書籍印""琴南珍賞"等印　　　善 4/516

1618

樹經堂詠史詩集注八卷

（清）謝啓昆撰　（清）沈蘭徵輯注

清宣統三年（1911）聯唫草閣抄本

八册

　　框高 16.1 釐米，寬 9.7 釐米

半葉八行二十一字,小字雙行三十字,
白口,四周單邊　　　　　　善 4/519

1619
蘭言詩鈔四卷
（清）李瑞輯
清抄本
四册
　半葉七行二十字,小字雙行字數不等,
無版框
　有"尚志堂印""尚志堂記"等印
　　　　　　　　　　　　善 4/642A

1620
船山詩草二十卷
（清）張問陶撰
清抄本
八册
　半葉十行二十字,小字雙行同,無版框
　有"荃孫""雲輪閣"印　　善 4/519A

1621
沈氏詩詞稿一卷
（清）沈淞撰
清道光二十二年(1842)稿本
一册
　半葉八行二十一字,無版框
　有"呂暉遠印"印　　　　善 4/520

1622
衍石先生未刻稿一卷
（清）錢儀吉撰
清光緒四年(1878)伯雲抄本　清楊象濟
跋
　一册
　框高 17.0 釐米,寬11.3 釐米
　半葉十行二十字,小字雙行同,藍格,白
口,四周單邊
　佚名墨筆校,有"傲廬所臧""山陰孫世

"偉臧"等印　　　　　　　善 4/527

1623
瑞芍軒詩鈔二卷詞稿一卷
（清）許乃穀撰
清抄本
二册
　半葉九行十九字,小字雙行同,無版框
　佚名題識,有朱墨筆校　　善 4/521

1624
念樓全集十卷
（清）劉寶楠撰
近代抄本
十册
　框高 16.7 釐米,寬12.0 釐米
　半葉十行二十字,小字雙行同,小黑口,
單黑魚尾,左右雙邊　　　善 4/522

1625
閩省近事竹枝詞一卷
（清）三山樵叟撰　　（清）雲溪老漁續補
清抄本
一册
　框高 12.7 釐米,寬8.4 釐米
　半葉七行十六字,紅格,黑口,四周單邊
　　　　　　　　　　　　善 3/181

1626
野航詩艸一卷
（清）戴熙撰
清道光二年(1822)稿本　清魏謙升題識
並批點　清雨乃批　清稚韋　高學沅題識
　一册
　框高 18.0 釐米,寬12.1 釐米
　半葉十行二十三字,白口,單黑魚尾,四
周雙邊
　有"醇士""戴熙印""稚韋""謙升之印"
"升""沅""吳玠""吳玠之印""我鷗""我

鷗珍賞”“雨乃”等印　　　　　善 4/523

1627
冬熙室小集一卷
（清）戴熙撰
清道光五年（1825）稿本
一册
　框高 14.7 釐米,寬 9.9 釐米
　半葉十行十九字,小字雙行同,黑口,四周單邊
　有“冬熙”“冬熙室印”“鹿牀”“臣熙私印”“醇士”“魏謙升讀”“高學沅讀”等印
　　　　　　　　　　　善 4/524

1628
鹿牀小稿一卷
（清）戴熙撰
清道光十年（1830）稿本　清魏謙升題識並批點
一册
　框高 14.9 釐米,寬 9.9 釐米
　半葉八行十八字,黑口,四周單邊
　有“謙升”印　　　　　善 4/525

1629
戊戌集一卷訪粤集二卷
（清）戴熙撰
清道光十九年（1839）稿本　清陳唐甫（陳符運）批
一册
　框高 17.7 釐米,寬 10.6 釐米
　半葉九行十九至二十字,小字雙行字數不等,藍格,白口,四周單邊　善 4/526

1630
錦潭詩草一卷
（清）慎元持撰
繡餘吟一卷
陳寶珠撰

清抄本
一册
　半葉八行二十字,無版框
　有墨筆點校,有浮簽　　　　善 4/528

1631
雲坡詩鈔一卷
（清）費鈞撰
清咸豐六年（1856）怡田抄本　清怡田題識
一册
　框高 19.7 釐米,寬 12.8 釐米
　半葉九行行字不等,小字雙行,藍格,白口,單黑魚尾,四周雙邊　善 4/529

1632
勞崇光與岑毓英尺牘一卷
（清）勞崇光撰
清抄本
一册
　半葉八行十六至十九字,無版框
　　　　　　　　　　　善 4/532

1633
邵位西遺詩一卷
（清）邵懿辰撰
清同治七年（1868）孫衣言抄本　清孫衣言批並題識
一册
　框高 19.2 釐米,寬 11.6 釐米
　半葉十行二十四字,藍格,小黑口,雙黑魚尾,左右雙邊　善 4/530

1634
邵位西遺詩一卷
（清）邵懿辰撰
清玉海樓抄本
一册
　框高 17.1 釐米,寬 13.5 釐米

半葉十行二十二字,黑口,雙黑魚尾,左右雙邊　　　　　　善 4/531

1635

坐看雲起樓詩集六卷

（清）許國年撰

清光緒九年（1883）稿本　清吳大廷墨筆批

二冊

框高 19.0 釐米,寬 14.3 釐米

半葉十一行二十一字,小字雙行同,白口,單黑魚尾,左右雙邊

有"沅陵吳桐雲浣誦一過""桐雲"等印　　　　　　善 4/537

1636

滇省十不平論一卷附往來函牘一卷

（清）岑毓英等撰

清抄本

一冊

半葉九行二十三字,無版框　　善 2/248

1637

蘿菴游賞小志一卷白華絳跗閣詩一卷

（清）李慈銘撰

清同治二年（1863）秋泉氏抄本

一冊

框高 12.9 釐米,寬 10.2 釐米

半葉十行行字不等,小字雙行,紅格,白口,單黑魚尾,四周雙邊

有"楳福遊仙""臣""瀾"等印

善 4/534

1638

李蒓客文稿不分卷

（清）李慈銘撰

清抄本

一冊

框高 14.3 釐米,寬 9.9 釐米

半葉九行行字不等,小字雙行,藍格,黑口,單黑魚尾,四周雙邊

有"一片冰心在玉壺"印　　　善 4/534A

1639

復堂札言錄存一卷

（清）譚獻撰

近代抄本

一冊

框高 14.2 釐米,寬 9.2 釐米

半葉八行十八字,綠格,黑口,四周單邊

有"美人香艸"印　　　　　善 4/535

1640

雙清閣袖中詩本二卷擁翠詞稿一卷寄鷗館梅花百詠一卷

（清）朱福清撰

清光緒十九年（1893）稿本

一冊

框高 19.0 釐米,寬 11.2 釐米

半葉九行二十一字,小字雙行同,紅格,白口,單黑魚尾,四周雙邊　　　善 4/538

1641

蕭敬孚未刊稿不分卷

（清）蕭穆撰

清抄本

二冊

框高 17.0 釐米,寬 11.3 釐米

半葉十行十八字,藍格,小黑口,四周單邊　　　　　　善 4/541

1642

醉吟草一卷止軒序跋一卷

（清）王繼香撰

清光緒二十五年（1899）稿本

三冊

框高 17.0 釐米,寬 13.1 釐米

半葉十二行二十五字,小字雙行同,黃

格,白口,四周單邊

有"樂天讀過""寶聖""太平天國"印

善4/536

1643

皇清咏史樂府前集十一卷後集一卷

(清)曾文玉輯

清光緒稿本

十二冊

半葉八行二十字,無版框

有"曾臧沈燕謀家"印　　善4/539

1644

朱又芻先生遺文不分卷

(清)朱啓勳撰

清光緒稿本

二冊

框高13.9釐米,寬9.4釐米

半葉八行十八字,綠格,白口,四周單邊

善4/540

總集類

1645

詩詞雜俎

(明)毛晉輯

明天啓崇禎間毛氏汲古閣刻本

六冊

框高19.1釐米,寬13.6釐米

半葉八行十九字,白口,左右雙邊,有刻工

有"經敽室"印

存十一種二十四卷

子目:

衆妙集一卷　(宋)趙師秀輯

剪綃集二卷　(宋)李龔撰

石湖詩集一卷　(宋)范成大撰

月泉吟社一卷　(宋)吳渭輯

谷音二卷　(元)杜本輯

河汾諸老詩集八卷　(元)房祺輯

三家宮詞三卷　(明)毛晉輯

　王建宮詞一卷　(唐)王建撰

　花蕊夫人宮詞一卷　(後蜀)花蕊夫人(費氏)撰

　王珪宮詞一卷　(宋)王珪撰

二家宮詞二卷　(明)毛晉輯

　宋徽宗宮詞一卷　(宋)宋徽宗趙佶撰

　楊太后宮詞一卷　(宋)楊太后撰

斷腸詞一卷　(宋)朱淑真撰

漱玉詞一卷　(宋)李清照撰

龍輔女紅餘志二卷　(元)龍輔撰

善5/048

1646

詩詞雜俎

(明)毛晉輯

明天啓崇禎間毛氏汲古閣刻本

二冊

框高19.2釐米,寬13.7釐米

半葉八行十九字,小字雙行同,白口,左右雙邊

存四種五卷

子目:

衆妙集一卷　(宋)趙師秀編

漱玉詞一卷　(宋)李清照撰

斷腸詞一卷　(宋)朱淑真撰

龍輔女紅餘志二卷　(元)龍輔撰

善5/049

1647

詩詞雜俎

(明)毛晉輯

明天啓崇禎間毛氏汲古閣刻本

四冊

框高20.3釐米,寬14.2釐米

半葉八行十八字,小字雙行同,白口,四

周單邊

存二種五卷

子目：

三家宮詞三卷　（明）毛晉輯

　王建宮詞一卷　（唐）王建撰

　花蕊夫人宮詞一卷　（後蜀）花蕊夫

　人（費氏）撰

　王珪宮詞一卷　（宋）王珪撰

二家宮詞二卷　（明）毛晉輯

　宋徽宗宮詞一卷　（宋）宋徽宗趙佶

　撰

　楊太后宮詞一卷　（宋）楊太后撰

善 5/049Z

1648

漢魏諸名家集

（明）汪士賢輯

明萬曆至天啓新安汪氏刻本

八冊

　框高 19.9 釐米,寬 14.2 釐米

　半葉九行二十字,小字雙行同,白口,單

白魚尾,左右雙邊

　有“經敵室”印

　存十種六十二卷

　子目：

嵇中散集十卷　（魏）嵇康撰

阮嗣宗集二卷　（魏）阮籍撰

晉二俊文集二十卷　（宋）徐民瞻輯

　陸士衡集十卷　（晉）陸機撰

　陸士龍文集十卷　（晉）陸雲撰

潘黃門集六卷　（晉）潘岳撰

謝康樂集四卷　（南朝宋）謝靈運撰

鮑明遠集十卷　（南朝宋）鮑照撰

謝惠連集一卷　（南朝宋）謝惠連撰

顏延之集一卷　（宋）顏延之撰

陶貞白集二卷　（梁）陶弘景撰

任彥升集六卷　（梁）任昉撰

善 5/039

1649

唐三高僧詩集四十七卷

（明）毛晉編

明末毛氏汲古閣刻本

十二冊

　框高 19.2 釐米,寬 13.6 釐米

　半葉八行十九字,小字雙行同,白口,左

右雙邊

　丁毓琇題記,有“丁毓琇印”“蔡亭王祖

佑印”“匏如珍藏書籍私記”“瑞軒”“獨山

莫氏銅井文房藏書印”“莫棠楚生父印”等

印

　子目：

杼山集十卷補遺一卷　（唐）釋皎然撰

白蓮集十卷　（唐）釋齊己撰

禪月集二十五卷補遺一卷　（唐）釋貫

休撰　　　　　　　　　善 5/046

1650

李杜全集八十三卷

（明）鮑松編

明正德八年(1513)自刻本　清丁耀亢跋

二十冊

　框高 18.3 釐米,寬 13.8 釐米

　半葉十行二十字,白口,四周單邊

　有“新樂王書”“丁耀亢印”“陸舫”等印

　子目：

李翰林集三十卷　（唐）李白撰

杜工部集五十卷外集一卷文集二卷

　（唐）杜甫撰　　　　　善 5/044

1651

合刻分體李杜全集

（明）劉世教輯

明萬曆四十年(1612)刻本

三十二冊

　框高 20.3 釐米,寬 14.6 釐米

　半葉九行十八字,小字雙行同,白口,單

白魚尾,左右雙邊

有"文潮珍藏""維新""繼仲"等印

子目：

李翰林全集四十二卷目錄四卷　（唐）

李白撰　年譜一卷　（宋）薛仲邕編

杜工部全集六十六卷目錄六卷　（唐）

杜甫撰　年譜一卷　（宋）黃鶴編

善5/045

1652

唐六名家集

（明）毛晉編

明崇禎毛氏汲古閣刻本

四冊

框高19.1釐米,寬13.6釐米

半葉九行二十一字,小字雙行四十二字,白口,左右雙邊

有"結弌盧藏書印""吳興劉氏嘉業堂藏書記""張叔平""金元功藏書記"等印

子目：

韋蘇州集十卷拾遺一卷　（唐）韋應物撰

王建詩八卷　（唐）王建撰

鮑溶詩六卷集外詩一卷　（唐）鮑溶撰

常建詩集三卷附錄一卷　（唐）常建撰

韓內翰別集一卷補遺一卷　（唐）韓偓撰

姚少監詩集十卷　（唐）姚合撰

善5/042

1653

王氏彙刻唐人集三十六卷

（清）王遹春輯

清嘉慶十五至十八年(1810-1813)福鼎王氏麟後山房刻本　彭年批並跋

十四冊

框高17.5釐米,寬13.1釐米

半葉十行二十字,小字雙行同,黑口,雙黑魚尾,左右雙邊

有"彭年"印

子目：

唐歐陽四門集八卷附錄一卷　（唐）歐陽詹編

唐林邵州遺集一卷附錄一卷　（唐）林蘊撰

徐正字集四卷附錄一卷　（唐）徐寅撰

翰林集四卷附錄一卷　（唐）韓偓撰

香奩集三卷附錄一卷　（唐）韓偓撰

唐黃御史集八卷附錄一卷　（唐）黃滔撰

麟角集一卷附錄一卷　（唐）王棨撰

善5/052

1654

唐人集□□種□□卷

明銅活字印本

十八冊

框高18.9釐米,寬12.8釐米

半葉九行十七字,小字雙行同,小黑口,左右雙邊

有"瑞安孫仲容珍藏書畫文籍印"印

存三十八種一百十七卷

子目：

唐太宗皇帝集二卷　（唐）唐太宗李世民撰

唐玄宗皇帝集二卷　（唐）唐玄宗李隆基撰

虞世南集一卷　（唐）虞世南撰

許敬宗集一卷　（唐）許敬宗撰

李嶠集三卷　（唐）李嶠撰

皇甫冉集三卷　（唐）皇甫冉撰

皇甫曾集二卷　（唐）皇甫曾撰

權德輿集二卷　（唐）權德輿撰

陳子昂集二卷　（唐）陳子昂撰

王勃集二卷　（唐）王勃撰

戴叔倫集二卷　（唐）戴叔倫撰

駱賓王集二卷　（唐）駱賓王撰

盧綸集六卷　（唐）盧綸撰

武元衡集三卷　（唐）武元衡撰

蘇廷碩集二卷　（唐）蘇頲撰

嚴維集二卷　（唐）嚴維撰

顧況集二卷　（唐）顧況撰

楊烱集二卷　（唐）楊烱撰

錢考功集十卷　（唐）錢起撰

張九齡集六卷　（唐）張九齡撰

沈佺期集四卷　（唐）沈佺期撰

盧照鄰集二卷　（唐）盧照鄰撰

李端集四卷　（唐）李端撰

李嘉佑集二卷　（唐）李嘉佑撰

李益集二卷　（唐）李益撰

耿湋集三卷　（唐）耿湋撰

韋蘇州集十卷　（唐）韋應物撰

張說之集八卷　（唐）張說撰

羊士諤集二卷　（唐）羊士諤撰

杜審言集二卷　（唐）杜審言撰

孫逖集一卷　（唐）孫逖撰

郎士元集二卷　（唐）郎士元撰

包何集一卷　（唐）包何撰

包佶集一卷　（唐）包佶撰

韓君平集三卷　（唐）韓君平撰

秦隱君集一卷　（唐）秦隱君撰

司空曙集二卷　（唐）司空曙撰

劉隨州集十卷　（唐）劉長卿撰

善 5/040

1655

唐宋八大家文鈔一百六十六卷

（明）茅坤輯

明崇禎元年（1628）刻本　清孫衣言批校並題識

二十八冊

框高 20.4 釐米，寬 14.3 釐米

半葉九行二十字，書眉鐫評行五字，白口，單白魚尾，四周單邊

有“錢謙益”“牧翁蒙叟”印

缺二十二卷（歐陽文忠公新唐書抄二卷、五代史抄二十卷）

子目：

唐大家韓文公文抄十六卷　（唐）韓愈撰

唐大家柳柳州文抄十二卷　（唐）柳宗元撰

宋大家歐陽文忠公文抄三十二卷　（宋）歐陽修撰

宋大家蘇文公文抄十卷　（宋）蘇洵撰

宋大家蘇文忠公文抄二十八卷　（宋）蘇軾撰

宋大家蘇文定公文抄二十卷　（宋）蘇轍撰

宋大家曾文定公文抄十卷　（宋）曾鞏撰

宋大家王文公文抄十六卷　（宋）王安石撰　　　　善 4/586

1656

唐人選唐詩

（明）毛晉輯

明崇禎元年（1628）毛氏汲古閣刻本

七冊

框高 19.2 釐米，寬 13.6 釐米

半葉八行十九字，小字雙行同，白口，左右雙邊

有“吳興沈氏萬卷樓珍瓕”“吳興劉氏嘉業堂藏書記”“張叔平”等印

存五種七卷

子目：

御覽詩一卷　（唐）令狐楚輯

篋中集一卷　（唐）元結輯

中興閒氣集二卷　（唐）高仲武輯

搜玉小集一卷　（唐）□□輯

極玄集二卷　（唐）姚合輯　　善 5/041

1657

中唐十二家詩集

（明）朱之蕃輯

明萬曆刻本

十八冊

框高 21.8 釐米,寬 14.5 釐米

半葉八行十九字,白口,單黑魚尾,四周單邊間雙邊

存九種九卷

子目:

唐張司業詩集一卷　　(唐)張籍撰

唐盧戶部詩集一卷　　(唐)盧綸撰

唐賈浪仙長江詩集一卷　　(唐)賈島撰

唐李義山詩集一卷　　(唐)李商隱撰

毘陵詩集一卷　　(唐)獨孤及撰

唐孫集賢詩集一卷　　(唐)孫逖撰

唐崔補闕詩集一卷　　(唐)崔峒撰

唐王建詩集一卷　　(唐)王建撰

唐劉賓客外集一卷　　(唐)劉禹錫撰

善 4/617

1658

唐人八家詩

(明)毛晉編

明崇禎十二年(1639)海虞毛氏汲古閣刻本

十冊

框高 19.5 釐米,寬 13.8 釐米

半葉十二行二十字,小字雙行四十字,黑口,單黑魚尾,左右雙邊

有"城西李氏家藏""李莊仲書畫珍藏""幽篁裏人""白衣生""漢鳴""呂鋏""熙周""洽思""東萊"等印

子目:

丁卯集二卷　　(唐)許渾撰

碧雲集三卷　　(五代)李中撰

薛許昌詩集十卷　　(唐)薛能撰

甲乙集十卷　　(五代)羅隱撰

臺閣集一卷　　(唐)李嘉祐撰

長江集十卷　　(唐)賈島撰

李義山集三卷　　(唐)李商隱撰

李文山詩集三卷　　(唐)李群玉撰

善 5/043

1659

十種唐詩選十七卷

(清)王士禎編

清康熙三十一年(1692)南芝堂刻本

十二冊

框高 16.7 釐米,寬 13.4 釐米

半葉十行十九字,小字雙行二十五字,黑口,單黑魚尾,左右雙邊

有"韜盦""董琦之印"等印

子目:

河嶽英靈集選一卷　　(唐)殷璠輯

中興間氣集一卷　　(唐)高仲武輯

國秀集一卷　　(唐)芮挺章輯

篋中集一卷　　(唐)元結輯

搜玉集一卷　　(唐)□□輯

御覽詩集選一卷　　(唐)令狐楚輯

極玄集選一卷　　(唐)姚合輯

又玄集選一卷　　(唐)韋莊輯

才調集選三卷　　(唐)韋縠輯

唐文粹詩選六卷　　(宋)姚鉉輯

附唐賢三昧集三卷　　(清)王士禎編

善 5/051

1660

江湖小集

(宋)陳起編

明抄本

五冊

半葉七行十四字,無版框

有"晉江黃氏父子藏書"印

存十三卷

子目:

靜佳龍尋藁一卷　　(宋)朱繼芳撰

梅屋第三稿一卷第四稿一卷　　(宋)許棐撰

靜佳乙藁一卷　　(宋)朱繼芳撰

雪林刪餘一卷　　(宋)張至龍撰

癖齋小集一卷　　(宋)杜旃撰

雅林小藁一卷　　(宋)王琮撰

適安藏拙餘藁一卷　（宋）武衍撰

山居存稿一卷　（宋）陳必復撰

北窗詩藁一卷　（宋）余觀復撰

心游摘藁一卷　（宋）劉翼撰

融春小編一卷　（宋）許棐撰

雪林删餘一卷　（宋）張至龍撰

善 4/628

1661

宋十五家詩選

（清）陳訏編

日本文政十年（1827）江戶昌平阪學問所刻本

十六册

框高 19.1 釐米,寬 14.0 釐米

半葉十一行二十二字,小字雙行同,黑口,雙黑魚尾,左右雙邊　　　善 4/631

1662

宋百家詩存

（清）曹庭棟編

清乾隆六年（1741）嘉善曹氏二六書堂刻本

二十册

框高 17.4 釐米,寬 13.1 釐米

半葉十一行二十一字,小字雙行同,白口,單黑魚尾,左右雙邊

子目:

弓第一

慶湖集一卷　（宋）賀鑄撰

東觀集一卷　（宋）魏野撰

弓第二

穆參軍集一卷　（宋）穆脩撰

景文詩集一卷　（宋）宋祁撰

伐檀集一卷　（宋）黃庶撰

公是集一卷　（宋）劉敞撰

陳副使遺藁一卷　（宋）陳泊撰

弓第三

傳家集一卷　（宋）司馬光撰

文潞公集一卷　（宋）文彥博撰

無爲集一卷　（宋）楊傑撰

弓第四

鄱陽集一卷　（宋）彭汝礪撰

樂靜居士集一卷　（宋）李昭玘撰

姑溪集一卷　（宋）李之儀撰

弓第五

青山集一卷　（宋）郭祥正撰

倚松老人集一卷　（宋）饒節撰

弓第六

龍雲集一卷　（宋）劉弇撰

紫薇集一卷　（宋）呂本中撰

竹友集一卷　（宋）謝邁撰

棣華館小集一卷　（宋）楊甲撰

弓第七

西渡詩集一卷　（宋）洪炎撰

竹谿集一卷　（宋）李彌遜撰

松隱集一卷　（宋）曹勛撰

弓第八

雅林小藁一卷　（宋）王琮撰

醉軒集一卷　（宋）姚孝錫撰

傅忠肅集一卷　（宋）傅察撰

華陽集一卷　（宋）張綱撰

茗溪集一卷　（宋）劉一止撰

栟櫚集一卷　（宋）鄧肅撰

弓第九

雪溪集一卷　（宋）王銍撰

綱山月魚集一卷　（宋）林亦之撰

太倉稊米集一卷　（宋）周紫芝撰

洺水集一卷　（宋）程珌撰

漁溪詩藁一卷　（宋）俞桂撰

弓第十

樂軒集一卷　（宋）陳藻撰

歸愚集一卷　（宋）葛立方撰

默堂集一卷　（宋）陳淵撰

秋堂遺藁一卷　（宋）柴望撰

于湖集一卷　（宋）張孝祥撰

小山集一卷　（宋）劉翰撰

弓第十一

蠹齋鉛刀編一卷　（宋）周孚撰

雪窗小稾一卷　（宋）張良臣撰

矘翁集一卷　（宋）敖陶孫撰

巽齋小集一卷　（宋）危稹撰

龍洲道人集一卷　（宋）劉過撰

梅屋吟稾一卷　（宋）鄒登龍撰

弓第十二

招山小集一卷　（宋）劉仙倫撰

皇莘曲一卷　（宋）鄧林撰

順適堂吟稾一卷　（宋）葉茵撰

玉楮集一卷　（宋）岳珂撰

弓第十三

野谷詩集一卷　（宋）趙汝燧撰

白石道人集一卷　（宋）姜夔撰

靜佳詩集一卷　（宋）朱繼芳撰

鷗渚微吟一卷　（宋）趙崇鉘撰

弓第十四

翠微南征錄一卷　（宋）華岳撰

秋江煙草一卷　（宋）張弋撰

檜庭吟稾一卷　（宋）葛起耕撰

沃州鴈山吟一卷　（宋）呂聲之撰

橘潭詩稾一卷　（宋）何應龍撰

杜清獻集一卷　（宋）杜範撰

芸居乙稾一卷　（宋）陳起撰

山居存稾一卷　（宋）陳必復撰

弓第十五

方泉集一卷　（宋）周文璞撰

方壺存稾一卷　（宋）汪莘撰

雪林刪餘一卷　（宋）張至龍撰

端平集一卷　（宋）周弼撰

庸齋小集一卷　（宋）沈說撰

露香拾稾一卷　（宋）黃大受撰

弓第十六

雪篷詩稾一卷　（宋）姚鏞撰

東齋小集一卷　（宋）陳鑒之撰

竹莊小稾一卷　（宋）胡仲參撰

骹稾一卷　（宋）利登撰

適安藏拙餘稾一卷　（宋）武衍撰

芸隱詩集一卷　（宋）施樞撰

竹溪詩集一卷　（宋）林希逸撰

弓第十七

無懷小集一卷　（宋）葛天民撰

抱拙小稾一卷　（宋）趙希棓撰

華谷集一卷　（宋）嚴粲撰

瓜廬集一卷　（宋）薛師石撰

吾竹小稾一卷　（宋）毛翊撰

雪坡小稾一卷　（宋）羅與之撰

雪泉詩集一卷　（宋）薛嵎撰

弓第十八

靖逸小稾一卷　（宋）葉紹翁撰

斗野支稾一卷　（宋）張蘊撰

端隱吟稾一卷　（宋）林尚仁撰

實齋詠梅集一卷　（宋）張道洽撰

梅屋集一卷　（宋）許棐撰

雪磯叢稾一卷　（宋）樂雷發撰

癖齋小集一卷　（宋）杜旃撰

弓第十九

可齋詩稾一卷　（宋）李曾伯撰

學吟一卷　（宋）朱南杰撰

竹所吟稾一卷　（宋）徐集孫撰

野趣有聲畫一卷　（宋）楊公遠撰

佩韋齋集一卷　（宋）俞德鄰撰

西麓詩稾一卷　（宋）陳允平撰

弓第二十

菊潭詩集一卷　（宋）吳惟信撰

古梅吟集一卷　（宋）吳龍翰撰

月洞吟一卷　（宋）王鎡撰

滄洲集一卷　（宋）羅公升撰

柳塘外集一卷　（宋）釋道璨撰

采芝集一卷　（宋）釋斯植撰

　善4/631A（原綫851.3572/5504）

1663

陳沈兩先生稿

（明）陳仁錫輯

明萬曆四十三年（1615）陳仁錫閱帆堂刻本

四册

框高 22.3 釐米,寬 14.2 釐米

半葉九行十九字,小字雙行同,白口,單白魚尾,四周雙邊

有"埜鹿居士""嘉惠堂丁氏藏書之記""八千卷樓藏書印""吳興劉氏嘉業堂藏書記""張叔平""錢唐丁氏正修堂藏書""誦芬""嘉惠堂藏閲書""八千卷樓""光緒庚寅嘉惠堂所得"等印

子目:

陳白陽集十卷附錄一卷　(明)陳淳撰

石田先生集十一卷　(明)沈周撰

善 5/053

1664

皇明十六家小品

(明)丁允和　陸雲龍編

明崇禎六年(1633)錢塘陸雲龍刻本

八册

框高 20.1 釐米,寬 13.8 釐米

半葉九行十九字,小字雙行同,白口,四周單邊

有"吳興劉氏嘉業堂藏書記""張叔平"印

存五種十卷

子目:

翠娛閣評選曹能始先生小品二卷　(明)曹學佺撰

翠娛閣評選李本寧先生小品二卷　(明)李維禎撰

翠娛閣評選文太青先生小品二卷　(明)文翔鳳撰

翠娛閣評選陳明卿先生小品二卷　(明)陳仁錫撰

翠娛閣評選王季重先生小品二卷　(明)王思任撰　　善 5/050

1665

六家文選六十卷

(梁)蕭統輯　(唐)李善　呂延濟　劉良

張銑　呂向　李周翰注

明嘉靖十三至二十八年(1534-1549)袁褧嘉趣堂刻本

三十二册

框高 24.2 釐米,寬 18.8 釐米

半葉十一行十八字,小字雙行二十六字,白口,左右雙邊,有刻工

有"蔡氏家藏"等印　　善 4/549

1666

六家文選六十卷

(梁)蕭統輯　(唐)李善　呂延濟　劉良

張銑　呂向　李周翰注

明嘉靖十三至二十八年(1534-1549)袁褧嘉趣堂刻本

三十册

框高 24.2 釐米,寬 18.8 釐米

半葉十一行十八字,小字雙行二十六字,白口,左右雙邊,有刻工

有"積學齋徐乃昌藏書""餘姚謝氏永耀樓藏書""南陵徐乃昌校勘經籍記""徐乃昌讀""積餘秘笈識者寶之"等印

善 4/550

1667

文選六十卷

(梁)蕭統輯　(唐)李善注

清乾隆二十七年(1762)楊氏儒纓堂刻本

十六册

框高 21.6 釐米,寬 15.1 釐米

半葉十二行二十五字,小字雙行三十七字,白口,單黑魚尾,左右雙邊

佚名過錄何焯、俞瑒批及跋　善 4/551

1668

新刊文選考註前集十五卷後集十四卷

(梁)蕭統輯　(唐)李善　呂延濟　劉良

張銑　呂向　李周翰考註

清康熙二十七年(1688)張緝宗贈言堂刻

本

二十四册

框高 22.0 釐米,寬 14.2 釐米

半葉九行十八字,小字雙行同,上欄鐫評行五字,白口,單黑魚尾,四周單邊

佚名朱墨批點,有"吳興劉氏嘉業堂藏書記""張叔平"等印　　善 4/553

1669

文選纂註十二卷

(梁)蕭統輯　(明)張鳳翼纂註

明萬曆刻本

十二册

框高 18.8 釐米,寬 12.9 釐米

半葉十一行二十二字,小字雙行同,白口,單白魚尾,左右雙邊

有"周氏漁農""吳興劉氏嘉業堂藏書記""張叔平"等印　　善 4/552

1670

古詩十九首

清康熙五十一年(1712)趙執信寫本　清趙執信跋

一册

框高 20.9 釐米,寬 11.2 釐米

半葉五行十二字,四周單邊

有"壬寅""維則曾觀""趙""秋谷"等印

善 3/283

1671

選詩補註八卷

(元)劉履撰

補遺二卷續編四卷

(元)劉履輯

明嘉靖三十一年(1552)顧存仁養吾堂刻本

十二册

框高 19.1 釐米,寬 14.0 釐米

半葉十行十九字,小字雙行同,白口,單

白魚尾,左右雙邊

有"南陔堂""吳興劉氏嘉業堂藏書記""張叔平"等印　　善 4/554

1672

文苑英華一千卷

(宋)李昉等輯

明隆慶元年(1567)福建胡維新　戚繼光刻本

二百册

框高 21.1 釐米,寬 15.7 釐米

半葉十一行二十二字,小字雙行同,白口,單白魚尾,四周單邊

有抄配(卷一至十)　　善 4/577

1673

文苑英華律賦選四卷

(清)錢陸燦輯

清康熙二十五年(1686)吹藜閣銅活字本

八册

框高 20.6 釐米,寬 14.5 釐米

半葉十行十八字,黑口,雙黑魚尾,四周單邊

佚名朱筆批校,眉葊題識,有"邵裴子鑒書記""汪光祖印""其武"印　善 4/578

1674

古文苑二十一卷

(宋)章樵注

明成化十八年(1482)建陽張世用刻本

六册

框高 20.2 釐米,寬 15.0 釐米

半葉十行十八字,小字雙行同,白口,四周單邊

有"檇李項藥師藏""萬卷堂藏書記""忠貞世效""秀水朱氏潛采堂圖書""祝氏藏書""森玉堂圖書印""劉承幹字貞一號翰怡""吳興劉氏嘉業堂藏書印""張叔平"等印　　善 4/579

1675

玉臺新詠十卷

（陳）徐陵輯

明崇禎六年（1633）趙均小宛堂刻本　清孔廣陶題識

二冊

框高 20.8 釐米,寬 14.2 釐米

半葉十五行三十字,小黑口,左右雙邊

求恕居士（劉承幹）手題書衣,有"鎮亭山房""萬卷樓旬純珍藏""張叔平""吳興劉氏嘉業堂藏""錢經藩""慈溪錢經藩逸琴氏收藏精本書籍印記""陸璿曾讀"等印

善 4/555

1676

玉臺新詠十卷

（陳）徐陵輯　（明）馮舒　馮班校訂

清康熙五十三年（1714）馮鰲硯豐齋刻本

四冊

框高 17.1 釐米,寬 14.2 釐米

半葉九行十九字,小字雙行字數不等,白口,四周雙邊

佚名批點,有"仲離山畔人家""元白劉三家嗣出""錢""臣杰""聖修""臣韓對印""物至知知"等印　　善 4/556

1677

玉臺新詠十卷

（陳）徐陵輯　（明）馮舒　馮班校訂

清康熙五十三年（1714）馮鰲硯豐齋刻乾隆二十六年（1761）華綺保元堂印本

六冊

框高 17.1 釐米,寬 14.2 釐米

半葉九行十九字,小字雙行字數不等,白口,四周雙邊

有"克父珍藏""邵裴子鏨書記"印

善 4/557

1678

玉臺新詠十卷

（陳）徐陵輯

清康熙四十六年（1707）古吳孟璟刻本

六冊

框高 10.2 釐米,寬 7.6 釐米

半葉八行十六字,小字雙行同,小黑口,單黑魚尾,左右雙邊

有"陳漢第印""伏廬"等印

善 4/557A

1679

漢魏詩紀二十卷

（明）馮惟訥輯

談藝錄一卷

（明）徐禎卿撰

明嘉靖三十八年（1559）徐禎卿刻本

六冊

框高 21.7 釐米,寬 16.0 釐米

半葉九行二十二字,小字雙行同,白口,單黑魚尾,四周雙邊　　善 4/565

1680

詩紀一百五十六卷目錄三十六卷

（明）馮惟訥輯

明萬曆吳琯等刻本

四十冊

框高 20.3 釐米,寬 13.5 釐米

半葉九行十九字,小字雙行同,白口,單黑魚尾,四周雙邊　　善 4/563

1681

詩紀一百五十六卷目錄三十六卷

（明）馮惟訥輯

明萬曆吳琯等刻本

四十冊

框高 20.3 釐米,寬 13.5 釐米

半葉九行十九字,小字雙行同,白口,單黑魚尾,四周雙邊

有"吳興劉氏嘉業堂藏書記""怡亭"
"萬卷樓藏""張叔平""熙徵""韓氏藏書"
等印　　　　　　　　　　　　　善 4/564

1682

漢魏詩乘二十卷吳詩一卷總錄一卷

（明）梅鼎祚輯

明萬曆十一年（1583）劉文顯　徐家慶等刻
本

四册

　　框高 19.8 釐米,寬 13.9 釐米

　　半葉十行二十字,小字雙行同,白口,單
黑魚尾,左右雙邊

　　有"莫友芝圖書印""莫彝孫印""莫繩
孫印""莫友芝""吳興劉氏嘉業堂藏書
記""張叔平""柳蓉春經眼印"等印

　　　　　　　　　　　　　　　善 4/562

1683

樂府詩集一百卷目錄二卷

（宋）郭茂倩輯

元至正元年（1341）集慶路儒學刻明修本

十六册

　　框高 22.5 釐米,寬 15.5 釐米

　　半葉十一行二十字,小字雙行同,小黑
口,三黑魚尾,左右雙邊,有刻工

　　存九十卷（卷十一至一百）,間有抄配

　　有"瑞安孫仲容珍藏書畫文籍印"印

　　　　　　　　　　　　　　　善 4/558

1684

樂府詩集一百卷目錄二卷

（宋）郭茂倩輯

明崇禎十二年（1639）毛氏汲古閣刻清康
熙第一次校訂重印本

三十册

　　框高 18.6 釐米,寬 14.4 釐米

　　半葉十一行二十一字,小字雙行同,單
黑魚尾,小黑口,左右雙邊

缺十八卷（卷二十三至四十）

　　　　　　　　　　　　　　善 4/558A

1685

樂府詩集一百卷目錄二卷

（宋）郭茂倩輯

明崇禎十二年（1639）毛氏汲古閣刻清康
熙毛扆校訂重印本

十二册

　　框高 18.6 釐米,寬 14.4 釐米

　　半葉十一行二十一字,小字雙行同,小
黑口,單黑魚尾,左右雙邊

　　有"劉承幹字貞一號翰怡""吳興劉氏嘉
業堂藏書印""張叔平""大城劉氏藏書
記"等印　　　　　　　　　　　善 4/559

1686

樂府詩集一百卷目錄二卷

（宋）郭茂倩輯

明崇禎十二年（1639）毛氏汲古閣刻清康
熙毛扆校訂重印本

十六册

　　框高 18.6 釐米,寬 14.4 釐米

　　半葉十一行二十一字,小字雙行同,小
黑口,單黑魚尾,左右雙邊

　　有"山陰孫世偉藏""鄭盦"等印

　　　　　　　　　　　　　　　善 4/560

1687

古樂苑不分卷

（明）韓錫輯

明天啓五年（1625）稿本　姜亮夫跋

四册

　　框高 20.5 釐米,寬 13.2 釐米

　　半葉八行二十字,小字雙行同,眉上注
行四字,紅格,白口,四周單邊

　　有署名"補公"者跋,有"韓錫私印""韓
氏晉之""亮夫""姜寅清"等印　善 4/567

1688

瀛奎律髓四十九卷

（元）方回輯

清康熙五十一年(1712)吳寶芝刻本

十六册

　　框高 16.5 釐米,寬 13.1 釐米

　　半葉十行十九字,小字雙行二十八字,小黑口,雙黑魚尾,左右雙邊

　　佚名朱筆批　　　　　　　　善 4/561

1689

瀛奎律髓四十九卷

（元）方回輯

清康熙五十一年(1712)吳寶芝刻本

十册

　　框高 16.5 釐米,寬 13.1 釐米

　　半葉十行十九字,小字雙行二十八字,小黑口,雙黑魚尾,左右雙邊

　　佚名過錄吳紹澯跋及許士模批跋

　　　　　　　　　　　　善 4/561A

1690

采菽堂古詩選三十八卷補遺四卷

（清）陳祚明輯

清康熙四十五至四十八年(1706–1709)翁嵩年刻乾隆十三年(1748)屈以伸印本

十二册

　　框高 18.2 釐米,寬 13.7 釐米

　　半葉十行二十字,小字雙行同,白口,單黑魚尾,左右雙邊

　　有"羅士玨庭珠氏書畫印""雪""香""風字硯館""羅氏庭珠""恬淡子""秀水莊氏蘭味軒收藏印""種德堂珍藏""榮樂堂""顧圖河印""蛾術軒書畫記""得者寶之"等印　　　　　　善 4/572

　　又一部,二册,存補遺四卷　善 4/572/C1

1691

阮亭選古詩三十二卷

（清）王士禛輯

清康熙天藜閣刻本

五册

　　框高 19.1 釐米,寬 14.0 釐米

　　半葉十行二十一字,小字雙行同,大黑口,單黑魚尾,左右雙邊

　　佚名朱墨批,有"伏廬""陳漢第印""仁龢陳豪""何焯之印""屺瞻""潘耒"等印

　　　　　　　　　　　　善 4/569

1692

古詩箋三十二卷

（清）王士禛輯　（清）聞人倓箋

清乾隆三十一年(1766)芷蘭堂刻文萃堂印本　清孫衣言過錄翁方綱、姚鼐、陳蘭祥批語並題識

十四册

　　框高 17.1 釐米,寬 13.6 釐米

　　半葉十行二十一字,小字雙行同,白口,單黑魚尾,左右雙邊

　　缺二卷（七言詩卷八至九）,五言詩卷七、九、十有缺葉

　　有"經敳室"印　　　　　善 4/570

1693

姑蘇新刻彤管遺編前集四卷後集十卷續集三卷附集一卷別集二卷

（明）酈琥輯

明隆慶元年(1567)自刻本

十二册

　　框高 17.5 釐米,寬 12.8 釐米

　　半葉十行十八字,白口,單黑魚尾,四周雙邊,有刻工　　　　　　　　善 4/568

1694

詩宿二十八卷詩人考世二卷

（明）劉一相輯

明萬曆三十六年(1608)刻本

二十四册

框高 22.1 釐米,寬 15.3 釐米

半葉九行十九字,白口,單黑魚尾,四周雙邊

有"思勉主人""駿公""馬維烈印""讀書樂""吳興劉氏嘉業堂藏書記""張叔平"等印　　　　　　　　　善 4/566

1695

詩歸五十一卷

(明)鍾惺 譚元春輯

明萬曆刻本

六冊

框高 20.5 釐米,寬 14.1 釐米

半葉九行十八字,小字雙行同,白口,單白魚尾,左右雙邊

存三十六卷(唐詩歸三十六卷)

善 4/621

1696

四家宮詞二卷

(明)林志尹輯　(明)楊慎評

明刻本

一冊

框高 19.8 釐米,寬 14.7 釐米

半葉八行十九字,白口,單黑魚尾,四周單邊

有"陋室軒""瑞霖""湘雲""吳興劉氏嘉業堂藏書記""張叔平"等印

子目:

王建宮詞　(唐)王建撰

花蕊夫人宮詞　(後蜀)花蕊夫人(費氏)撰

王珪宮詞　(宋)王珪撰

　以上三種合一卷

宋徽宗宮詞一卷　(宋)宋徽宗趙佶撰

善 5/047

1697

本事詩十二卷

(清)徐釚輯

清乾隆二十二年(1757)汪肯堂刻本

二冊

框高 18.2 釐米,寬 13.3 釐米

半葉十一行二十一字,小字雙行三十三字,白口,單黑魚尾,左右雙邊

善 4/570A

1698

五七言今體詩鈔十八卷

(清)姚鼐輯

清嘉慶十三年(1808)程邦瑞刻本　清孫衣言批

二冊

框高 18.6 釐米,寬 13.6 釐米

半葉十行二十一字,小字雙行三十一字,大黑口,單黑魚尾,左右雙邊

有"經敩室"印　　　　　　　善 4/571

1699

四朝詩別裁摘錄不分卷

(清)程卓之輯

稿本

十冊

框高 13.4 釐米,寬 8.2 釐米

半葉六行十六字,小字雙行同,眉評行八字,紅格,白口,四周雙邊

存二種(唐詩別裁、宋詩別裁)

善 4/573

1700

五古詩粹三卷

(清)符葆森編

稿本

一冊

框高 17.2 釐米,寬 13.5 釐米

半葉十一行行字不等,小字雙行,綠格,白口,左右雙邊

有"寄歐館主"印　　　　　　善 4/574

1701

歌詞類輯一卷

（朝鮮）佚名輯

朝鮮三色抄本

二册

半葉九行行字不等，小字雙行，無版框

有“李敬烈印”印　　　　善 4/575

1702

唐宋八子百選六卷

（朝鮮）朝鮮正祖李算輯

朝鮮刻本

二册

框高 25.3 釐米，寬 18.8 釐米

半葉十行十八字，白口，單花魚尾，四周

雙邊　　　　善 4/576

1703

辭賦標義十八卷

（明）俞王言輯

明萬曆二十九年（1601）金溥渾樸居刻本

六册

框高 24.2 釐米，寬 14.8 釐米

半葉六行十七字，小字雙行同，白口，單

白魚尾，四周單邊，行間夾注，眉欄鐫評

善 4/594

1704

賦苑八卷

（明）李鴻輯

明萬曆刻本　　清董士錫批校並跋

十五册

框高 21.7 釐米，寬 14.2 釐米

半葉十行二十字，白口，四周單邊，有刻

工

缺一卷（卷四）

有“劉承幹字貞一號翰怡”“吳興劉氏嘉

業堂藏書印”“華章志印”“遜來”“張叔

平”印　　　　善 4/600

1705

四六法海十二卷

（明）王志堅輯

明天啓七年（1627）昆山王志堅刻清乾隆

二十三年（1758）王鶚修補本

十二册

框高 20.8 釐米，寬 14.2 釐米

半葉九行二十字，白口，單白魚尾，四周

單邊

佚名朱筆批校，有“山陰孫世偉藏”“元

有本廠”印　　　　善 4/605

1706

駢體文鈔三十一卷

（清）李兆洛輯

清光緒八年（1882）刻本

八册

框高 17.7 釐米，寬 13.2 釐米

半葉十三行二十二字，小字雙行同，黑

口，雙黑魚尾，左右雙邊

佚名過錄清譚獻批校並跋　善 4/606

1707

駢體文鈔三十一卷

（清）李兆洛輯

清同治六年（1867）婁江徐氏刻本　清徐

心農過錄莊士敏校

十二册

框高 18.0 釐米，寬 13.3 釐米

半葉十三行二十二字，小字雙行同，黑

口，左右雙邊　　　　善 4/607

1708

駢體文林初目一卷

（清）譚獻撰

清末抄本

一册

框高 13.8 釐米，寬 9.2 釐米

半葉八行十八字，白口，四周單邊，眉上

墨批

有"思誠齋讀書記"印　　　善 4/608

1709

儷文抄二卷

（朝鮮）金錫冑輯

朝鮮銅活字本

二册

框高 21.3 釐米,寬 13.9 釐米

半葉十行二十字,小字雙行同,白口,雙黑魚尾,左右雙邊

有"相齋聞氏""守拙"印　　　善 4/611

1710

西山先生真文忠公文章正宗二十四卷

（宋）真德秀輯

明初刻本

二十四册

框高 18.5 釐米,寬 12.5 釐米

半葉十行二十一字,小字雙行同,黑口,雙黑魚尾,四周雙邊

間配其他明刻本,有"吳興劉氏嘉業堂藏書記""張叔平"印　　　善 4/582

1711

真文忠公續文章正宗二十卷

（宋）真德秀輯

明嘉靖二十一年（1542）晉藩刻本　清張廷濟跋

二十册

框高 19.4 釐米,寬 13.2 釐米

半葉十行二十一字,小字雙行同,白口,四周單邊,有刻工

有"秀水王景曾所藏金石書籍印""潁川陳氏家藏圖書""雲樵童印""太丘後裔""劉承幹字貞一號翰怡""吳興劉氏嘉業堂藏書印""張叔平""張叔未""廷濟"等印

善 4/583

1712

西山先生真文忠公文章正宗二十六卷

（宋）真德秀輯　（明）唐順之批點

明嘉靖歸仁齋刻本

十四册

框高 19.0 釐米,寬 13.1 釐米

半葉十行二十一字,小字雙行同,白口,四周單邊

存十四卷（卷一至十四）

有"汪士鐘印""閬源真賞""句吳華氏留讀艸廬藏本""莫友芝圖書印""莫繩孫印"等印　　　善 4/581

1713

西山先生真文忠公文章正宗讀本一卷續文章正宗讀本一卷

（宋）真德秀輯　（清）李翰熙編校

清康熙三十五年（1696）殖學齋刻寶翰樓印本

二十四册

框高 20.4 釐米,寬 11.7 釐米

半葉九行二十五字,小字雙行同,白口,四周單邊

有"宋元善本""翰林館課第一書"印

善 4/584

1714

古文類選十六卷

（明）王三省輯

明嘉靖十五年（1536）相州清慎堂刻本

十册

框高 19.9 釐米,寬 14.8 釐米

半葉十行二十字,白口,四周單邊

有"熙安""高唐郝氏塹本""網羅天下放失舊聞"印　　　善 4/587

1715

唐會元精選批點唐宋名賢策論文粹八卷

（明）唐順之輯並批點

明嘉靖二十八年(1549)書林桐源胡氏刻本

十二冊

框高 19.5 釐米,寬 14.2 釐米

半葉十行二十字,白口,單黑魚尾,左右雙邊

有"吳興劉氏嘉業堂藏書記""張叔平"印　　　善 4/588

1716

正續名世文宗十六卷

(明)王世貞輯　(明)錢允治續輯　(明)陳繼儒校註

明萬曆四十五年(1617)刻本

六冊

框高 22.6 釐米,寬 14.0 釐米

半葉九行二十字,小字雙行同,白口,單白魚尾,左右雙邊,有刻工

有"吳興劉氏嘉業堂藏書記""燕庭藏書""張叔平"印　　　善 4/585

1717

名世文宗二十卷外集四卷

(明)胡時化輯

明萬曆五年(1577)馮叔吉願聞堂刻本

三十二冊

框高 21.9 釐米,寬 14.4 釐米

半葉十行二十字,小字雙行同,白口,四周雙邊,眉欄鐫音釋

有抄配(卷一以萬曆七年李充實刻本配補)　　　善 4/596

1718

文則四卷

(明)張雲路輯

明嘉靖三十四年(1555)自刻本

四冊

框高 20.2 釐米,寬 14.7 釐米

半葉九行二十二字,白口,單白魚尾,四

周雙邊

有"吳興劉氏嘉業堂藏書記""張叔平""杏花春雨樓""古鹽官州馬素邨書畫記""華山主人""南操""從來善士命多寒""孝成名立行尚言乏""酒民""空作昂藏一丈夫"等印　　　善 4/589

1719

詞致錄十六卷

(明)李天麟輯

明萬曆十五年(1587)古燕李氏刻本

十六冊

框高 19.7 釐米,寬 14.0 釐米

半葉十行二十字,白口,單白魚尾,四周單邊,有刻工

有"笠澤費氏珍藏""四明礠街李氏""小蓮藏過""小蓮李沆""彭氏甘亭""吳興劉氏嘉業堂藏書記""張叔平""映淵藏本""平遠樓""玉德館主過眼"等印　　　善 4/603

1720

新刊李九我先生編纂大方萬文一統內外集二十二卷

(明)李廷機輯

明萬曆建邑書林余象斗雙峰堂刻本

八冊

框高 23.6 釐米,寬 14.9 釐米

半葉十行二十字,小字雙行同,眉欄鐫評行四字,黑口間白口,單黑魚尾,四周雙邊

有"吳興劉氏嘉業堂藏書記""南州徐氏圖書""張叔平""當湖徐氏思補齋珍藏""萬卷古今消永日""苕南徐開厚恭壽氏書印"等印　　　善 4/590

1721

新鐫焦太史彙選中原文獻經集六卷史集六卷子集七卷文集四卷通考一卷

（明）焦竑輯　　（明）陶望齡評　　（明）朱之
蕃註
　明萬曆二十四年（1596）汪元湛等刻本
　一册
　　框高 19.8 釐米,寬 14.2 釐米
　　半葉十行二十一字,小字雙行同,眉上
鐫評行六字,白口,四周單邊
　　存三卷(子集卷一至三)　　善 4/592

1722
不多集二十二卷
　（明）吳士奇輯
　明萬曆四十年（1612）刻本
　二十册
　　框高 21.5 釐米,寬 14.8 釐米
　　半葉九行二十字,白口,單黑魚尾,四周
單邊,有刻工
　　有"吳興劉氏嘉業堂藏書記""張叔平"
印　　　　　　　　　　　　　善 4/593

1723
古文品外錄二十四卷
　（明）陳繼儒輯
　明末刻本
　八册
　　框高 20.7 釐米,寬 14.3 釐米
　　半葉九行二十一字,小字雙行同,白口,
單白間單黑魚尾,四周單邊　　善 4/599

1724
秦漢文鈔六卷
　（明）閔邁德等輯
　明萬曆刻朱墨套印本
　四册
　　框高 20.5 釐米,寬 14.7 釐米
　　半葉九行十九字,眉上鐫評行五字,白
口,四周單邊
　　缺二卷(卷三至四)
　　有"武進屠掄字元初藏書""粹齋平生真

賞""清白傳家""粹齋""商山陳焄珍藏書
畫印"等印　　　　　　　　　　善 4/591

1725
漢魏別解十六卷
　（明）黃澍　葉紹泰選
　明崇禎十一年（1638）香谷山房刻本
　八册
　　框高 21.5 釐米,寬 12.4 釐米
　　半葉九行二十六字,眉上鐫評行三字,
白口,四周單邊
　　有"吳興劉氏嘉業堂藏書記"印
　　　　　　　　　　　　　　　善 4/598

1726
删補古今文致十卷
　（明）劉士鏻輯　　（明）王宇增删
　明天啓刻本
　十册
　　框高 20.8 釐米,寬 13.7 釐米
　　半葉九行二十字,眉上鐫評行四字,白
口,單黑魚尾,四周單邊　　善 4/595

1727
古文提奇五卷總論序一卷
　（明）顏茂猷輯
　明崇禎刻朱墨套印本
　十册
　　框高 19.8 釐米,寬 14.2 釐米
　　半葉九行二十字,小字雙行同,眉上鐫
評行四字,白口,四周單邊
　　有"坐茂樹以終日臨清流而賦詩"印
　　　　　　　　　　　　　　　善 4/597

1728
文選二卷
　□□輯
　明刻本
　二册

框高 19.8 釐米,寬 13.8 釐米

半葉十行二十字,白口,單黑魚尾,四周單邊

有"吳興劉氏嘉業堂藏書記""張叔平"印　　　　善 4/601

1729

古文辭類纂七十四卷

(清)姚鼐輯

清道光元年(1821)合河康氏刻本　清孫衣言批並跋並轉錄龍啓瑞臨梅曾亮批點

十二册

　框高 18.2 釐米,寬 13.5 釐米

　半葉十三行二十二字,小字雙行同,大黑口,雙黑魚尾,左右雙邊

　有"經敃室"印　　　　善 4/602

1730

六朝文絜四卷

(清)許槤評選

清道光五年(1825)許氏亨金寶石齋刻朱墨套印本

二册

　框高 17.2 釐米,寬 11.6 釐米

　半葉九行十八字,小字雙行同,黑口,單黑魚尾,左右雙邊

　有"朱鈞校讀""徐氏家藏""潯樂居""洞庭漁者""徐恭立""雲衢""碧梧桐館""美人香艸""徐氏恭立藏書""宛陵梅氏"等印　　　　善 4/607A

1731

西漢文苑十卷

(明)申用嘉輯

明萬曆二十八年(1600)寶綸堂刻本

六册

　框高 20.9 釐米,寬 14.6 釐米

　半葉九行二十字,白口,單黑魚尾,左右雙邊

有"張叔平""劉承幹字貞一號翰怡""吳興劉氏嘉業堂藏書印"等印

　　　　善 4/644

1732

東漢文二十卷

(明)張采輯

明崇禎委宛齋刻本

十册

　框高 20.9 釐米,寬 14.6 釐米

　半葉九行十九字,小字雙行同,白口,單黑魚尾,左右雙邊

　存十卷(卷一至十)

　有"張叔平"印　　　　善 4/645

1733

西漢文鑑二十一卷東漢文鑑二十卷

(宋)陳鑑輯

明刻本

八册

　框高 18.4 釐米,寬 13.1 釐米

　半葉九行十八字,小字雙行同,白口,四周單邊　　　　善 4/643

1734

兩漢策要十二卷

(宋)陶叔獻輯

清乾隆五十六年(1791)吳門張朝樂刻穆大展近文齋承刻本

八册

　框高 23.3 釐米,寬 13.5 釐米

　半葉六行行字不等,黑口,雙黑魚尾,四周雙邊　　　　善 4/613T

1735

三國文紀二十四卷

(明)梅鼎祚輯

明崇禎刻文紀本

十册

框高 20.8 釐米,寬 14.7 釐米

半葉十行二十字,小字雙行同,白口,單黑魚尾,左右雙邊

有"張叔平""吳興劉氏嘉業堂藏書印""吳興劉氏嘉業堂藏書記""宋實穎印""篤素堂藏書"等印　　　　　善 4/646

1736

高氏三宴詩集三卷

(唐)高正臣撰

附香山九老詩一卷

(唐)白居易輯

清抄本

一冊

框高 19.4 釐米,寬 11.8 釐米

半葉十行二十四字,小字雙行同,藍格,小黑口,雙黑魚尾,左右雙邊

有"中容校定善本""經散室"印

善 4/648A

1737

才調集十卷

(後蜀)韋縠集

清康熙四十三年(1704)垂雲堂刻宛委堂印本　清許復淳題識並臨馮舒、馮班、馮武批

十冊

框高 18.0 釐米,寬 12.9 釐米

半葉八行十九字,小字雙行二十八字,行間鐫評,白口,單黑魚尾,左右雙邊

有"古虞曾氏明瑟山莊珍藏""古虞曾氏明瑟山莊攷藏""馬友軍印""曾繼""吟亭學人"等印　　　　　善 4/614

1738

王荊公唐百家詩選二十卷

(宋)王安石輯

清康熙四十三年(1704)宋犖　丘迴刻四十七年(1708)緯蕭草堂印本

四冊

框高 18.5 釐米,寬 14.2 釐米

半葉十行十八字,小字雙行字數不等,白口,單黑魚尾,左右雙邊　　　善 4/614A

1739

唐音十卷

(元)楊士弘輯

明刻重修藍印本

八冊

框高 17.5 釐米,寬 12.3 釐米

半葉十行十八字,白口,左右雙邊間四周雙邊

有"青丘子""高啟之印""雙溪""震澤""黃錫蕃印""王梁印信""大學士章""太原伯子""耳谿""西溪艸堂""小隱山林""墨林山人""停雲""賜研齋""白陽山人""復父氏""濟之"等印　　　善 4/615

1740

唐詩絕句類選四卷總評一卷人物一卷

(明)敖英　凌雲輯

明凌雲刻三色套印本

八冊

框高 20.4 釐米,寬 14.8 釐米

半葉八行十九字,小字雙行同,白口,四周單邊,眉上及行間鐫評

有"馮榮之章""功楣""蕉林藏書""芝閣藏書""吳興劉氏嘉業堂藏書記""張叔平""馮氏名榮""西皋別墅""觀其大畧"等印　　　　　善 4/623

1741

新刻李袁二先生精選唐詩訓解七卷

(明)李攀龍輯

明萬曆四十六年(1618)余獻可居仁堂刻本

八冊

框高 23.3 釐米,寬 13.8 釐米

半葉九行二十字,小字雙行同,眉欄鑴
評行三字,白口,單黑魚尾,四周單邊

有"丁福保讀書記"印　　　善 4/616

1742

唐詩紀一百七十卷目錄三十四卷

(明)黃德水 吳琯輯

明萬曆十三年(1585)吳琯刻方天眷重修
本

十六册

框高 20.1 釐米,寬 13.8 釐米

半葉九行十九字,小字雙行同,白口,單
黑魚尾,四周雙邊

有"文選樓""竹垞真賞""揚州阮氏琅
嬛僊館藏書印""張叔平""吳興劉氏嘉業
堂藏書記"等印　　　善 4/618

1743

唐詩所四十七卷

(明)臧懋循輯

明萬曆刻本

四十册

框高 20.5 釐米,寬 13.7 釐米

半葉十行二十一字,小字雙行同,白口,
左右雙邊

有"吳興劉氏嘉業堂藏書記""張叔平"
等印　　　善 4/619

1744

唐詩三集合編七十四卷首一卷

(明)沈子來輯

明天啓四年(1624)沈氏寧遠山房刻本

十六册

框高 22.0 釐米,寬 14.4 釐米

半葉九行二十字,小字雙行同,白口,四
周單邊

佚名朱筆批點,有"聊以寄懷""張叔
平""張淵""行遠""吳興劉氏嘉業堂藏書
記"等印　　　善 4/620

1745

唐賢三昧集三卷

(清)王士禛輯

清康熙刻本

三册

框高 16.8 釐米,寬 13.2 釐米

半葉十行十九字,小字雙行字數不等,
黑口,單黑魚尾,左右雙邊

佚名朱墨筆批點　　　善 4/625

1746

全唐詩九百卷目錄十二卷

(清)曹寅 彭定求等輯

清康熙四十四至四十六年(1705-1707)揚
州詩局刻本

一百二十册

框高 16.6 釐米,寬 11.7 釐米

半葉十一行二十一字,小字雙行三十二
字,小黑口,雙黑魚尾,左右雙邊

有"臣笫""文章侍從之臣""提督順天
等府學政關防"(滿漢文)、"鮑氏詒經堂
藏書章""己丑進士""和州鮑氏詒經堂藏
書之章""魚麥堂""榮光樓藏書"等印
　　　　　　　　善 4/624

1747

全唐詩九百卷目錄十二卷

(清)曹寅 彭定求等輯

清康熙四十四至四十六年(1705-1707)揚
州詩局刻乾隆重修本

一百册

框高 16.6 釐米,高 11.5 釐米

半葉十一行二十一字,小字雙行三十二
字,小黑口,雙黑魚尾,左右雙邊

缺二十册:第一函第一至二册(目錄十
二卷,卷一至十),第四函第一至七册、第
十册,第五函第一至十册;第一函第四册
係抄配　　　　　　　　善 4/624A

1748

中晚唐詩叩彈集十二卷續集三卷

（清）杜詔　杜庭珠輯

清康熙四十三年（1704）采山亭刻本

五冊

框高 19.6 釐米，寬 15.1 釐米

半葉十一行二十字，小字雙行三十至三十一字，白口，單黑魚尾，左右雙邊

善 4/622A

1749

唐七律選四卷

（清）王錫等輯　（清）毛奇齡訂

清康熙學者堂刻本

二冊

框高 18.9 釐米，寬 14.1 釐米

半葉十行二十字，小字雙行同，白口，左右雙邊　　善 4/626

1750

唐詩金粉十卷

（清）沈炳震輯

清乾隆刻本

四冊

框高 19.0 釐米，寬 14.8 釐米

半葉十一行行字不等，小字雙行三十三字，白口，單黑魚尾，左右雙邊　善 3/361

1751

重訂唐詩別裁集二十卷

（清）沈德潛輯

清乾隆二十八年（1763）教忠堂刻本

十二冊

框高 17.0 釐米，寬 13.6 釐米

半葉十行十九字，小字雙行二十九字，白口，單黑魚尾，左右雙邊

佚名過錄清朱琰批並跋，有“文房至寶”印　　善 4/627

又一部，五冊，佚名朱筆批點，有“筠軒”

“陸仁溥”“雨亭”“臣霖”等印

善 4/627/C1

1752

重校正唐文粹一百卷

（宋）姚鉉輯

明嘉靖三年（1524）徐焴刻本

二十冊

框高 20.0 釐米，寬 14.4 釐米

半葉十四行二十五字，小字雙行同，白口，單黑魚尾，左右雙邊

有抄配　　善 4/647

1753

唐文粹一百卷

（宋）姚鉉輯

明嘉靖五至八年（1526-1529）晉藩養德書院刻本

四十冊

框高 21.2 釐米，寬 14.6 釐米

半葉十三行二十一字，白口，四周單邊

有抄配（卷四十一至四十五、九十一至九十五以明嘉靖三年徐焴刻本配補）

有“經𡩋室”印　　善 4/648

1754

唐文薈鈔十八卷續鈔八卷

（清）吳鍾駿輯

稿本　清何紹基校並題辭　丁福保　姜亮夫題識

十一冊

框高 19.6 釐米，寬 12.6 釐米

半葉九行二十五字，小字雙行字數不等，藍格，白口，單黑魚尾，四周雙邊

缺二卷（卷十五至十六）

有“何紹基印”“子貞”“善本”“丁福保印”“丁福保讀書記”“丁福保校讀印”“中祜”“亮夫”等印　　善 4/649

1755

月泉吟社一卷

（元）吳渭輯

明天啓崇禎間毛氏汲古閣刻詩詞雜俎本

一册

　　框高 18.8 釐米,寬 13.8 釐米

　　半葉八行十九字,白口,左右雙邊

　　　　　　　　　　　　　　善 4/630

1756

宋文鑑一百五十卷目錄三卷

（宋）呂祖謙輯

明嘉靖八年（1529）晉藩養德書院刻本

三十二册

　　框高 19.6 釐米,寬 13.0 釐米

　　半葉十三行二十一字,黑口,雙黑魚尾,

左右雙邊

　　有抄配（卷六十五至七十二、八十至八

十八、九十七至一百五、一百十三至一百

二十、一百三十六至一百四十三）,有“寶

帶河頭”“臣華”“紫昀”“子載”“浙西鄭曉

圖書”“玉霄”等印　　　　　善 4/650

1757

新雕宋朝文鑑一百五十卷目錄三卷

（宋）呂祖謙輯

明天順八年（1464）嚴州府刻弘治十七年

（1504）胡韶重修嘉靖五年（1526）王文聚淳

保遞修本

四十册

　　框高 19.3 釐米,寬 12.7 釐米

　　半葉十三行二十一字,小字雙行同,黑

口,雙黑魚尾,左右雙邊

　　有“曾經東山柳蓉邨過眼印”“張叔平”

“吳興劉氏嘉業堂藏”“劉承幹字貞一號翰

怡”等印　　　　　　　　　善 4/651

1758

中州集十卷首一卷中州樂府一卷

（金）元好問輯

明末毛氏汲古閣刻本　李梅題識

十册

　　框高 19.1 釐米,寬 13.6 釐米

　　半葉八行十九字,小字雙行同,白口,左

右雙邊

　　有“瓢溪梅氏家藏”“張叔平”“吳興劉

氏嘉業堂藏書記”“劉芷瑞印”“綏青”“汲

古閣”“毛氏正本”“彥修”“秋根書堂藏

書”等印　　　　　　　　　善 4/632

1759

中州集十卷首一卷中州樂府一卷

（金）元好問輯

明末毛氏汲古閣刻本

十一册

　　框高 19.1 釐米,寬 13.6 釐米

　　半葉八行十九字,小字雙行同,白口,左

右雙邊

　　有“經斅室”印　　　　　　善 4/633

1760

忠義集七卷

（元）趙景良輯

明崇禎毛氏汲古閣刻本

一册

　　框高 19.0 釐米,寬 13.6 釐米

　　半葉八行十九字,小字雙行同,白口,左

右雙邊

　　有“毛氏正本”“汲古閣”“康綸鈞字鳳

書號伊西”“康觀濤字用于號海槎”“經斅

室”等印　　　　　　　　　善 4/655

1761

皇元風雅前集六卷後集六卷

（元）傅習　孫存吾輯

元刻本

六册

　　框高 17.2 釐米,寬 12.1 釐米

半葉十三行二十一字,小黑口,雙黑魚
尾,左右雙邊
　　佚名墨筆批注,有"經敨室"印
　　　　　　　　　　　　善 4/635

1762
元詩選初集一百十四卷首一卷二集一百三卷三集一百三卷
　　(清)顧嗣立輯
　　清康熙三十三年(1694)顧嗣立秀野草堂刻二集四十一年(1702)三集五十九年(1720)續刻本
　　四十冊
　　　　框高 19.0 釐米,寬 14.7 釐米
　　　　半葉十三行二十三字,白口,雙黑魚尾,左右雙邊　　　　善 4/635b

1763
國朝文類七十卷目錄三卷
　　(元)蘇天爵輯
　　元至元至正間西湖書院刻明修本
　　二十冊
　　　　框高 22.0 釐米,寬 16.1 釐米
　　　　半葉十行十九字,小黑口,雙黑魚尾,左右雙邊
　　　　有"瑞安孫仲容珍藏書畫文籍印"印
　　　　　　　　　　　　善 4/653

1764
元文類七十卷目錄三卷
　　(元)蘇天爵輯
　　明嘉靖十六年(1537)晉藩虛益堂刻遞修本
　　二十冊
　　　　框高 20.3 釐米,寬 15.1 釐米
　　　　半葉十行十九字,小字雙行同,白口,單黑魚尾,四周單邊
　　　　有"吳興劉氏嘉業堂藏書記""張叔平"等印　　　　善 4/654

1765
皇明風雅四十卷詩人名氏一卷
　　(明)徐泰輯
　　明嘉靖十二年(1533)張沂刻本
　　八冊
　　　　框高 19.6 釐米,寬 14.0 釐米
　　　　半葉十行二十字,白口,單黑魚尾,左右雙邊
　　　　有"瑞安孫仲容珍藏書畫文籍印""拜經樓吳氏藏書印"印　　　　善 4/636

1766
皇明詩選十三卷
　　(明)陳子龍(清)李雯 宋徵輿輯
　　明崇禎刻清初蔣復貞重修後印本　邵裴子跋
　　五冊
　　　　框高 19.2 釐米,寬 14.5 釐米
　　　　半葉九行十八字,小字雙行同,白口,單黑魚尾,四周單邊
　　　　有"蘭室藏書""邵裴子鑑書記"等印
　　　　　　　　　　　　善 4/637

1767
列朝詩集乾集二卷甲集前編十一卷甲集二十二卷乙集八卷丙集十六卷丁集十六卷閏集六卷
　　(清)錢謙益輯
　　清順治九年(1652)毛氏汲古閣刻本
　　三十二冊
　　　　框高 20.7 釐米,寬 13.2 釐米
　　　　半葉十五行二十八字,小字雙行同,白口,四周雙邊　　　　善 4/638

1768
明詩別裁集十二卷
　　(清)沈德潛 周準輯
　　清乾隆四年(1739)刻本
　　三冊

框高 17.4 釐米,寬 13.8 釐米

半葉十行十九字,小字雙行二十九字,白口,單黑魚尾,左右雙邊

佚名朱筆批,有"陸鑽私印""陸榮河印""秀水陸氏鬱林山館收藏之印"印

善 4/639

1769

車書樓彙輯各名公四六爭奇八卷

(明)許以忠輯

明萬曆四十八年(1620)刻本

十册

框高 22.3 釐米,寬 14.8 釐米

半葉九行十八字,小字雙行同,白口,單黑魚尾,四周單邊

有"皖南張師亮筱漁氏校書於篤素堂"印

善 4/604

1770

皇明文衡一百卷目錄二卷

(明)程敏政輯

明嘉靖八年(1529)宗文堂刻本

十六册

框高 18.2 釐米,寬 13.0 釐米

半葉十二行二十三字,小字雙行同,白口間黑口,雙黑魚尾,四周單邊

有"瑞安孫仲容珍藏書畫文籍印""瑞安孫氏㬢學齋藏書記"等印

善 4/656

1771

明文鈔六編

(清)高嵣輯

清乾隆五十一年(1786)刻本

十六册

框高 19.8 釐米,寬 15.3 釐米

半葉九行二十五字,小字雙行同,眉上鐫評行五字,白口,單黑魚尾,四周雙邊

有"讀書最樂"印

善 4/657B

1772

蕉陰問字圖題詞一卷

(清)許震蕃輯

清同治十年(1871)許震蕃抄本

一册

框高 19.0 釐米,寬 14.0 釐米

半葉十一行二十八字,小字雙行同,白口,單黑魚尾,左右雙邊

善 4/642

1773

國朝閨秀香咳集十卷附錄一卷

(清)許夔臣輯

清嘉慶九年(1804)稿本　姜亮夫題識

四册

框高 20.0 釐米,寬 12.7 釐米

半葉八行二十一字,小字雙行同,白口,單黑魚尾,四周雙邊

有"閒雲埜鶴""夔臣印""虁閬""戴鑑""石坪""磨黑堂人"等印

善 4/641

1774

卜硯集二卷蘇文忠公生日設祀詩一卷

(清)畢沅輯

清乾隆四十九年(1784)畢沅青門節院刻本

一册

框高 17.6 釐米,寬 13.7 釐米

半葉十一行二十一字,小字雙行同,黑口,左右雙邊

存一卷(蘇文忠公生日設祀詩一卷)

有"子修眼福""子修""橋李沈銘彝鑑藏之印"印

善 4/641A

1775

河汾諸老詩集八卷

(元)房祺輯

明末汲古閣刻詩詞雜俎本

一册

框高 19.2 釐米,寬 13.6 釐米

半葉八行十九字,小字雙行同,白口,左右雙邊　　　　善 4/634

1776

玉山名勝集二卷

(元)顧瑛輯

清彭氏知聖道齋抄本

二冊

　框高 21.0 釐米,寬 15.1 釐米

　半葉十行二十二字,白口,單黑魚尾,四周雙邊

　有"結弌盧藏書印""知聖道齋藏書""南昌彭氏""遇讀者善"等印　善 4/661

1777

玉山名勝外集一卷

(元)顧瑛輯

清抄本

一冊

　半葉十一行二十一字,無版框

　有"經散室"印　　　　善 4/662

1778

太倉文略四卷

(明)陸之裘輯

明嘉靖二十二年(1543)王夢祥刻本

四冊

　框高 17.0 釐米,寬 14.0 釐米

　半葉十一行二十字,小字雙行同,白口,單黑魚尾,左右雙邊　　善 4/663

1779

永嘉四靈詩□□卷

清抄本　清孫詒讓跋

一冊

　半葉十行十八字,無版框

　存四卷(徐照詩上、中、下卷,徐璣詩上卷)

　有"玉壺天地小蓬萊""愻學齋收藏圖

籍""孫仲容""儲石所見"等印　善 4/629

1780

慎江文徵六十一卷

(明)周天錫輯

清同治八年(1869)孫詒讓述舊齋抄本

清孫詒讓跋

十二冊

　框高 17.4 釐米,寬 11.4 釐米

　半葉十行二十字,藍格,白口,雙黑魚尾,左右雙邊

　有"幼味過目""愻學齋收藏圖籍""孫仲容"等印　　　　善 4/666

1781

西湖麗句一卷

清抄本

二冊

　半葉九行二十四字,書眉抄評語,無版框

　有"柯溪藏書""小李山房""小李山房圖籍"等印　　　善 4/667

1782

宣城右集二十八卷

(明)湯賓尹輯

明天啓六年(1626)刻本

十二冊

　框高 20.8 釐米,寬 15.5 釐米

　半葉九行十九字,小字雙行同,白口,單黑魚尾,四周單邊

　有抄配(卷一至六),有"雪苑宋氏蘭揮藏書記""南陵徐乃昌審定善本"等印

　　　　　　　　　　善 4/665

1783

全蜀秇文志六十四卷

(明)楊慎輯

補續五十六卷

（明）杜應芳　胡承詔輯

明萬曆刻本

四十册

　框高 24.7 釐米,寬 15.7 釐米

　半葉九行二十字,白口,單黑魚尾,四周

單邊

　有"廣東肇陽羅道關防"（滿漢文）、"吳

興劉氏嘉業堂藏書記""張叔平"等印

　　　　　　　　　　　　　善 4/664

1784

義谿世稿十二卷

　（明）李堅輯　　（明）丁瑞春續輯

明萬曆三年（1575）刻本

八册

　框高 19.8 釐米,寬 14.2 釐米

　半葉十行二十字,白口,單黑魚尾,四周

單邊

　有"吳興劉氏嘉業堂藏書記""蟬隱廬所

得善本""張叔平"等印　　　善 4/668

1785

三蘇先生文粹七十卷

　（宋）蘇洵　蘇軾　蘇轍撰

明刻本

八册

　框高 18.8 釐米,寬 14.0 釐米

　半葉十四行二十六字,白口,單白魚尾,

左右雙邊

　有"吳興劉氏嘉業堂藏書記""劉承幹字

貞一號翰怡""張叔平"等印　　善 4/668A

1786

樊悠合藁二卷

　（朝鮮）金尚鉉輯

清光緒五年（1879）朝鮮壽泉亭活字本

一册

　框高 23.4 釐米,寬 16.8 釐米

　半葉十行二十一字,小字雙行同,白口,

單白魚尾,四周單邊　　　　　善 4/669

1787

古今振雅雲箋十卷

　（明）徐渭輯

明末刻本

十册

　框高 22.9 釐米,寬 13.5 釐米

　半葉九行十八字,小字雙行同,眉欄鐫

評行五字,白口,單黑魚尾,四周單邊

　有"曼殊圖書之印""學耕堂珍賞"等印

　　　　　　　　　　　　　善 4/609

1788

翰海十二卷

　（明）沈佳胤輯

明崇禎徐含靈刻本

十册

　框高 20.6 釐米,寬 14.3 釐米

　半葉九行二十字,小字雙行同,眉上鐫

評行三字,白口,單黑魚尾,四周單邊

　有"質公""公心"印　　　　善 4/610

1789

國朝七名公尺牘八卷

　（明）屠隆輯

明萬曆三十一年（1603）文斐堂刻本

十六册

　框高 21.0 釐米,寬 15.1 釐米

　半葉九行二十字,白口,單白魚尾,左右

雙邊

　有"江左豎儒""建安""吳興劉氏嘉業

堂藏書記""張叔平"等印　　善 4/657

1790

新刊群公五先生手簡六卷

　□□輯　　（明）徐傅增輯

清抄本

一册

半葉十行二十字,無版框

有"瑞安孫仲容珍藏書畫文籍印"印

善 4/652

詩文評類

1791

楊升菴先生批點文心雕龍十卷

（梁）劉勰撰　（明）楊慎批點　（明）梅慶
生音註

明萬曆三十七年（1609）梅慶生刻天啓二
年（1622）重修明末陳長卿印本

四册

框高 20.4 釐米,寬 14.8 釐米

半葉九行十八字,小字雙行同,白口,單
黑魚尾,左右雙邊

佚名朱筆批點,有"寶德堂藏書"印

善 4/670

1792

楊升菴先生批點文心雕龍十卷

（梁）劉勰撰　（明）楊慎批點　（明）張墉
洪吉臣等注

清康熙三十四年（1695）抱青閣刻本　葉
德輝題識

二册

框高 20.8 釐米,寬 14.8 釐米

半葉九行十八字,小字雙行同,白口,單
黑魚尾,四周單邊

有"抱青閣藏板""卓犖觀群書誦習矜所
獲""葉氏德輝鑒藏""郋園""德輝私印"
等印　　　　　　　　　　善 4/671

1793

文心雕龍十卷

（梁）劉勰撰　（清）黃叔琳輯注

清乾隆六年（1741）黃氏養素堂刻本　清
孫詒讓跋並倩人錄黃丕烈、顧廣圻批校

二册

框高 15.3 釐米,寬 11.3 釐米

半葉九行十九字,小字雙行二十八字,
白口,單黑魚尾,左右雙邊,眉上鐫評

有"中容校定善本""中容過眼""紹廉
經眼"等印　　　　　　　　　善 4/672

1794

文心雕龍十卷

（梁）劉勰撰　（清）黃叔琳輯注

清乾隆六年（1741）黃氏養素堂刻本　屈
彊（屈爔）批

二册

框高 15.4 釐米,寬 11.4 釐米

半葉九行十九字,小字雙行二十七字,
白口,單黑魚尾,左右雙邊,眉上鐫評

有"鳳苞之印""楊氏傅九""屈彊""彈
山一民""彈山劫後僅存之書"等印

善 4/673

1795

漁隱叢話前集六十卷後集四十卷

（宋）胡仔撰

清乾隆五至六年（1740–1741）楊佑啓耘經
樓刻本

十册

框高 18.5 釐米,寬 13.2 釐米

半葉十三行二十一至二十三字,小字雙
行三十一字,上下黑口,雙黑魚尾,左右雙
邊

有"越中徐筠""字亦庭號香□"等印

善 4/673A

1796

詩人玉屑二十卷

（宋）魏慶之輯

明處順堂刻清初印本

四册

框高 19.3 釐米,寬 13.0 釐米

半葉十一行二十一字,黑口,雙黑魚尾,
四周雙邊間左右雙邊
　　有"經籹室"印　　　　　　善4/674

1797

**南溪筆錄羣賢詩話前集一卷後集一卷續集
一卷**
　(明)王恕輯
　明正德五年(1510)程啓充刻本
　三册
　　框高16.7釐米,寬12.4釐米
　　半葉九行十六字,白口,四周單邊
　　有"衛泳之印""廷檮之印""袁又愷氏"
等印　　　　　　　　　　善4/675

1798

詩藪內編六卷外編六卷雜編六卷續編二卷
　(明)胡應麟撰
　明萬曆刻本　周善培題識
　三册
　　框高19.8釐米,寬14.4釐米
　　半葉十行二十字,小字雙行同,小黑口,
單黑魚尾,左右雙邊
　　有"閩中徐惟起臧書印""吳興劉氏嘉業
堂臧書記""張叔平"等印　　　善4/678

1799

詩藪內編六卷外編六卷續編二卷雜編六卷
　(明)胡應麟撰
　清抄本
　四册
　　半葉九行二十字,無版框
　　缺六卷(外編六卷)
　　有"經籹室""湘民"等印　　善4/678D

1800

新刻官板舉業卮言五卷首一卷
　(明)武之望等撰
　明萬曆二十七年(1599)繡谷周氏萬卷樓

刻本
　二册
　　框高21.6釐米,寬14.5釐米
　　半葉九行十八字,小字雙行同,白口,單
黑魚尾,四周單邊
　　缺一卷(卷五)
　　有"史在權印""孫謀""半園逸叟"等印
　　　　　　　　　　　　　　善4/676

1801

木石居精校八朝偶雋七卷
　(明)蔣一葵撰
　明木石居刻本
　一册
　　框高20.5釐米,寬13.9釐米
　　半葉八行十九字,白口,四周單邊
　　有"吳興劉氏嘉業堂藏書記""木樨香館
范氏藏書""張叔平"等印　　善4/677

1802

湯霍林先生袞選大方家談文一卷
　(明)湯賓尹輯
　明尺波山房抄本
　一册
　　半葉十二行三十三字,無版框
　　有"樂聖軒"等印　　　　　善4/679

詞類

叢編之屬

1803

詞苑英華
　(明)毛晉輯
　明末毛氏汲古閣刻本
　二十四册
　　框高17.8釐米,寬12.3釐米
　　半葉九行二十字,小字雙行同,白口,雙

黑魚尾,左右雙邊

有"浥露軒陳氏珍藏印""瓠室"等印

子目:

花菴絕妙詞選十卷　（宋）黃昇輯

中興以來絕妙詞選十卷　（宋）黃昇輯

草堂詩餘四卷　（宋）武陵逸史編

花間集十卷　（後蜀）趙崇祚輯

尊前集二卷　（宋）□□輯

詞林萬選四卷　（明）楊慎輯

詩餘圖譜三卷　（明）張綖輯

秦張兩先生詩餘合璧二卷　（明）王象
　　晉輯

　少游詩餘一卷　（宋）秦觀撰

　南湖詩餘一卷　（明）張綖撰

善 5/054

1804

詞苑英華

（明）毛晉輯

明末毛氏汲古閣刻本

十八冊

框高 17.8 釐米,寬 12.3 釐米

半葉九行二十字,小字雙行同,白口,雙
黑魚尾,左右雙邊

有"適吾廬藏書""緗業印信"等印

存五種三十卷

子目:

草堂詩餘四卷　（宋）武陵逸史輯

詞林萬選四卷　（明）楊慎輯

尊前集二卷　（宋）□□輯

花菴絕妙詞選十卷　（宋）黃昇輯

中興以來花菴絕妙詞選十卷　（宋）黃
　　昇輯　　　　　　　　　善 5/055

1805

詞苑英華

（明）毛晉輯

明末毛氏汲古閣刻本

一冊

框高 17.9 釐米,寬 12.2 釐米

半葉九行二十字,小字雙行同,白口,雙
黑魚尾,左右雙邊

有"花茵坐""選庠""柏山邨民珍藏"
"觀伯""楚鴻宋子""思玉之印"等印

存一種四卷

子目:

詞林萬選四卷　（明）楊慎輯

善 5/055A

1806

詞學叢書

（清）秦恩復輯

清嘉慶至道光江都秦氏享帚精舍刻本

清孫衣言校並題識

十二冊

框高 14.7 釐米,寬 10.4 釐米

半葉十行二十字,小字雙行同,白口,單
黑魚尾,左右雙邊

子目:

樂府雅詞三卷拾遺二卷　（宋）曾慥輯
　　清嘉慶二十一年(1816)刻本

陽春白雪八卷外集一卷　（宋）趙聞禮
　　輯　清道光九年(1829)刻本

詞源二卷　（宋）張炎撰　清道光八年
　　(1828)刻本

日湖漁唱一卷補遺一卷續補遺一卷
　　（宋）陳允平撰　清道光九年(1829)
　　刻本

精選名儒草堂詩餘三卷　（元）鳳林書
　　院輯　清嘉慶十六年(1811)刻本

詞林韻釋一卷　（宋）□□撰　清嘉慶
　　十五年(1810)刻本　　　善 5/057

1807

宋名家詞九十一卷

（明）毛晉輯

明毛氏汲古閣刻本

三十二冊

框高 18.8 釐米,寬 14.4 釐米

半葉八行十八字,小字雙行同,白口,左右雙邊

有"龔葊圃家珍藏""星鳳堂珍藏""經散室""瑞安孫仲容珍藏書畫文籍印"等印

子目:

珠玉詞一卷　　(宋)晏殊撰

六一詞一卷　　(宋)歐陽修撰

樂章集一卷　　(宋)柳永撰

東坡詞一卷　　(宋)蘇軾撰

山谷詞一卷　　(宋)黃庭堅撰

淮海詞一卷　　(宋)秦觀撰

小山詞一卷　　(宋)晏幾道撰

東堂詞一卷　　(宋)毛滂撰

放翁詞一卷　　(宋)陸游撰

稼軒詞四卷　　(宋)辛棄疾撰

片玉詞二卷補遺一卷　　(宋)周邦彥撰

梅溪詞一卷　　(宋)史達祖撰

白石詞一卷　　(宋)姜夔撰

石林詞一卷　　(宋)葉夢得撰

酒邊詞二卷　　(宋)向子諲撰

溪堂詞一卷　　(宋)謝逸撰

書舟詞一卷　　(宋)程垓撰

樵隱詞一卷　　(宋)毛开撰

竹山詞一卷　　(宋)蔣捷撰

坦菴詞一卷　　(宋)趙師俠撰

惜香樂府十卷　　(宋)趙長卿撰

西樵語業一卷　　(宋)楊炎正撰

近體樂府一卷　　(宋)周必大撰

竹屋癡語一卷　　(宋)高觀國撰

夢窗甲稿一卷乙稿一卷丙稿一卷丁稿一卷絕筆一卷補遺一卷　　(宋)吳文英撰

竹齋詩餘一卷　　(宋)黃機撰

金谷遺音一卷　　(宋)石孝友撰

散花菴詞一卷　　(宋)黃昇撰

和清真詞一卷　　(宋)方千里撰

後村別調一卷　　(宋)劉克莊撰

蘆川詞一卷　　(宋)張元幹撰

于湖詞三卷　　(宋)張孝祥撰

洺水詞一卷　　(宋)程珌撰

歸愚詞一卷　　(宋)葛立方撰

龍洲詞一卷　　(宋)劉過撰

初寮詞一卷　　(宋)王安中撰

龍川詞一卷補一卷　　(宋)陳亮撰

姑溪詞一卷　　(宋)李之儀撰

友右詞一卷　　(宋)蔡伸撰

石屏詞一卷　　(宋)戴復古撰

海野詞一卷　　(宋)曾覿撰

逃禪詞一卷　　(宋)楊无咎撰

空同詞一卷　　(宋)洪瑹撰

介菴詞一卷　　(宋)趙彥端撰

平齋詞一卷　　(宋)洪咨夔撰

文溪詞一卷　　(宋)李公昂撰

丹陽詞一卷　　(宋)葛勝仲撰

孈窟詞一卷　　(宋)侯寘撰

克齋詞一卷　　(宋)沈端節撰

芸窗詞一卷　　(宋)張榘撰

竹坡詞三卷　　(宋)周紫芝撰

聖求詞一卷　　(宋)呂濱老撰

壽域詞一卷　　(宋)杜安世撰

審齋詞一卷　　(宋)王千秋撰

東浦詞一卷　　(宋)韓玉撰

琴趣外篇六卷　　(宋)晁補之撰

知稼翁詞一卷　　(宋)黃公度撰

無住詞一卷　　(宋)陳與義撰

後山詞一卷　　(宋)陳師道撰

蒲江詞一卷　　(宋)盧祖皋撰

烘堂詞一卷　　(宋)盧炳撰　　善 5/056

別集之屬

1808

珠玉詞一卷

　(宋)晏殊撰

小山詞一卷

　(宋)晏幾道撰

明抄本　舊目題清何焯校

一册

半葉八行二十字,無版框

有"瑞安孫仲容珍藏書畫文籍印""何""汪士鐘藏""何焯""汪振勳印""鴛湖華氏聚經書屋審定繕本""何焯手筆""修汲軒""梅泉"等印　　　善 4/243

1809

白石道人歌曲六卷白石歌詞別集一卷

(宋)姜夔撰

清乾隆二年(1737)厲鶚小玲瓏山館抄本 清厲鶚　袁克文　羅振常跋

一册

框高 18.9 釐米,寬 14.0 釐米

半葉九行二十字,小字雙行同,小黑口,單黑魚尾,四周單邊

有"詩狂酒客畫史琴仙""行素堂藏書記""江陰繆僧保印""世異之印""意启借觀""爲善最樂""小玲瓏山館""馬佩兮家珍藏""曾臧沈燕謀家""太鴻""蟬隱廬祕籍印""沈燕謀藏書記""高氏校閱精鈔善本印""振常印信""僧保珍藏""雙蒼樓"等印　　　善 4/244

1810

澗泉詩餘一卷

(宋)韓淲撰

撫掌詞一卷

(宋)歐良輯

清抄本　張崟校

一册

半葉十行二十字,無版框

有"玉函山房藏書""葉裳書屋""亮夫""姜寅清"等印　　　善 4/246

1811

夢窗甲稿一卷乙稿一卷丙稿一卷丁稿一卷補遺一卷續補遺一卷

(宋)吳文英撰

清咸豐十一年(1861)秀水杜文瀾刻曼陀羅華閣叢書本　清孫衣言校並題識

二册

框高 16.7 釐米,寬 12.0 釐米

半葉九行二十一字,小字雙行同,白口,單黑魚尾,左右雙邊

有"經斅室"印　　　善 4/245

1812

夢窗甲稿一卷乙稿一卷丙稿一卷丁稿一卷補遺一卷

(宋)吳文英撰

校勘夢窗詞劄記一卷

(清)王鵬運撰

清光緒二十五年(1899)王鵬運四印齋刻本　鄭文焯批校並跋

二册

框高 14.5 釐米,寬 10.7 釐米

半葉十行二十字,小字雙行同,黑口,單黑魚尾,左右雙邊

有"落痕上階綠艸色入簾青""如見面""餘事人""周昌富收藏金石書畫之章""老芝經眼""樵風""大鶴山人題記""鶴語""吳小城東墅""石芝西堪校秘書記""天放翁""書帶艸堂校勘記""老芝"等印　　　善 4/245Z

1813

蘋洲漁笛譜二卷集外詞一卷

(宋)周密撰

清乾隆四年(1739)揚州江昱抄本　清江昱批並跋

二册

半葉九行十七字,無版框

有"江昱""賓谷""松泉居士""江儀吉印""松泉""瑞安孫仲容珍藏書畫文籍印"等印　　　善 4/248

1814

草窗詞二卷補二卷

（宋）周密撰

清咸豐十一年（1861）秀水杜文瀾刻曼陀羅華閣叢書本　清孫衣言校並跋

一册

框高 16.1 釐米,寬 11.9 釐米

半葉九行二十一字,小字雙行同,白口,單黑魚尾,左右雙邊

有"經敀室"印　　　　　善 4/247

1815

無絃琴譜二卷

（元）仇遠撰

清道光九年（1829）孫爾準刻本　祝廷錫校

一册

框高 16.0 釐米,寬 12.3 釐米

半葉十行二十字,小字雙行同,白口,單黑魚尾,左右雙邊

有"知非樓所藏書""曾爲祝小雅閲"等印　　　　　善 4/249

1816

蘋華詞一卷

（清）朱鏡清撰

稿本

一册

框高 17.7 釐米,寬 10.5 釐米

半葉八行二十字,小字雙行同,藍格,白口,單黑魚尾,四周雙邊

馬敘倫先生贈書,有"朱鏡清印"印

善 4/543

總集之屬

1817

花間集四卷

（後蜀）趙崇祚輯　（明）湯顯祖評

明萬曆刻朱墨套印本

四册

框高 20.0 釐米,寬 14.6 釐米

半葉八行十八字,白口,四周單邊,眉上鎸評

有"誦清閣藏書印""經鋤堂藏書""僕菴""仲子""馮鼎延聖調印""越江馮藏書""嚴長明用晦甫圖書記""歸求艸堂訂本"等印　　　　　善 4/658

1818

花菴絕妙詞選十卷中興以來絕妙詞選十卷

（宋）黃昇輯

明末毛氏汲古閣刻清代後印詞苑英華本湘蘭批校並題識

六册

框高 17.8 釐米,寬 12.1 釐米

半葉九行二十字,小字雙行同,白口,雙黑魚尾,左右雙邊

有"湘蘭親記""東陵七十二世孫""福建余日興號本廠精造各色剔破名紙""三餘軒藏""猶菓"等印　　　善 4/612

1819

絕妙好詞七卷

（宋）周密輯

清康熙二十四年（1685）柯煜刻三十七年（1698）高士奇清吟堂補刻小瓶廬印本　馬敘倫題識

四册

框高 18.0 釐米,寬 12.7 釐米

半葉九行二十字,小字雙行同,黑口,雙黑魚尾,左右雙邊

馬敘倫先生贈書,有"夷初""天馬山房藏書印"等印　　　　　善 4/659

1820

絕妙好詞箋七卷

（宋）周密輯　（清）查爲仁 厲鶚箋

清乾隆十五年(1750)查氏澹宜書屋刻本

清沈棠臣批點

四册

框高 17.8 釐米,寬 12.7 釐米

半葉九行二十一字,小字雙行同,白口,單黑魚尾,四周單邊

馬敘倫先生贈書,有"松陵朱柳塘珍藏"印　　　　善 4/660

1821

汪硯山集詞藁一卷

(清)汪鋆等撰　(清)吳丙湘輯

稿本

一册

各人用箋粘於素紙之上,行字數不一

有"約園主人""甲申""小汀王葵""子鴻倚聲""子鴻詞翰""詩癖""章鋆之印""採南""汪鋆硯山""其名曰鵬""雲鵬"等印　　　善 4/660Z

詞譜之屬

1822

詩餘圖譜三卷

(明)張綖撰

秦張兩先生詩餘合璧二卷

(明)王象晉輯

明末毛氏汲古閣刻詞苑英華本

四册

框高 18.8 釐米,寬 14.2 釐米

半葉九行十九字,小字雙行同,白口,左右雙邊

有"延陵伯子""吳都吳氏世德堂記""文樂堂藏書記""吳江陳燮朱理氏印"等印　　　善 4/682

1823

詞譜四十卷

(清)王奕清等撰

清康熙五十四年(1715)內府刻朱墨套印本

三十九册

框高 19.4 釐米,寬 12.6 釐米

半葉八行二十一字,小字雙行同,白口,雙黑魚尾,四周雙邊

缺一卷(卷三十八)

有"芸樓""黟山李氏鑒書"等印

善 4/681

1824

詞律二十卷

(清)萬樹撰

清康熙二十六年(1687)萬氏堆絮園刻埽葉山房印本　清陶鏞跋

十二册

框高 18.0 釐米,寬 14.4 釐米

半葉七行二十一字,小字雙行同,白口,單黑魚尾,左右雙邊

陶在東先生贈書,有"經過會稽陶鏞之家""葊蘿邨吏""陶鏞之印""陶令"等印

善 4/685A

1825

詞律二十卷

(清)萬樹撰

清康熙二十六年(1687)萬氏堆絮園刻尺木堂印本

十五册

框高 17.2 釐米,寬 14.3 釐米

半葉七行二十一字,小字雙行同,白口,單黑魚尾,左右雙邊

缺六卷(卷一至六)　　　善 4/685B

詞韻之屬

1826

榕園詞韻一卷

(清)吳寧編

清乾隆四十九(1784)冬青山館刻本

二册

　　框高 15.6 釐米,寬 12.0 釐米

　　半葉八行十八字,小字雙行同,黑口,單

黑魚尾,左右雙邊

　　有"忠孝世家"印　　　　　　善 4/685C

曲類

1827

雪中人一卷

(清)蔣士銓撰

清乾隆蔣氏紅雪樓刻紅雪樓九種曲本

一册

　　框高 17.0 釐米,寬 12.4 釐米

　　半葉九行二十二字,小字單行同,眉上

鐫評行四字,白口,單黑魚尾,四周單邊

　　有"南蘭陵董亮貽""仲明""毘陵董生"

印　　　　　　　　　　　善 4/545A

1828

六十種曲

(明)毛晉輯

明毛氏汲古閣刻本

六十册

　　框高 19.8 釐米,寬 13.2 釐米

　　半葉九行十九字,黑口,左右雙邊

　　子目:

　　子集

　　　雙珠記二卷四十六齣　(明)沈鯨撰

　　　尋親記二卷三十四齣　(明)□□撰

　　　東郭記二卷四十四齣　(明)孫仁孺

　　　　撰

　　　金雀記二卷三十齣　(明)□□撰

　　　焚香記二卷四十齣　(明)王玉峯撰

　　丑集

　　　荊釵記二卷四十八齣　(明)朱權撰

　　　霞箋記二卷三十齣　(明)□□撰

　　精忠記二卷三十五齣　(明)姚茂良

　　　撰

　　浣紗記二卷四十五齣　(明)梁辰魚

　　　撰

　　琵琶記二卷四十二齣　(元)高明撰

寅集

　　西廂記二卷三十六齣　(明)李日華

　　　撰

　　幽閨記二卷三十九齣　(元)施惠撰

　　明珠記二卷四十三齣　(明)陸采撰

　　玉簪記二卷三十三齣　(明)高濂撰

　　紅拂記二卷三十四齣　(明)張鳳翼

　　　撰

卯集

　　還魂記二卷五十五齣　(明)湯顯祖

　　　撰

　　紫釵記二卷五十三齣　(明)湯顯祖

　　　撰

　　邯鄲記二卷三十齣　(明)湯顯祖撰

　　南柯記二卷四十四齣　(明)湯顯祖

　　　撰

　　西廂記二卷二十齣　(元)王實甫撰

辰集

　　春蕪記二卷二十九齣　(明)汪錂撰

　　琴心記二卷四十四齣　(明)孫柚撰

　　玉鏡臺記二卷四十齣　(明)朱鼎撰

　　懷香記二卷四十齣　(明)陸采撰

　　綵毫記四十二齣　(明)屠隆撰

巳集

　　運甓記二卷四十齣　(明)吾丘端撰

　　鸞鎞記二卷二十七齣　(明)葉憲祖

　　　撰

　　玉合記二卷四十齣　(明)梅鼎祚撰

　　金蓮記二卷三十六齣　(明)陳汝元

　　　撰

　　四喜記二卷四十二齣　(明)謝讜撰

午集

　　三元記二卷三十六齣　(明)沈受先

　　　撰

投梭記二卷三十二齣　（明）徐復祚
　撰

鳴鳳記二卷四十一齣　（明）王世貞
　撰

飛丸記二卷三十三齣　（明）□□撰

紅梨記二卷三十齣　（明）徐復祚撰

未集

八義記二卷四十一齣　（明）徐元撰

西樓記二卷四十齣　（清）袁于令撰

迷魂記二卷四十三齣　（明）湯顯祖
　撰　（明）碩園刪定

繡襦記二卷四十一齣　（明）徐霖撰

青衫記二卷三十齣　（明）顧大典撰

申集

錦箋記二卷四十齣　（明）周履靖撰

蕉帕記二卷三十六齣　（明）單本撰

紫簫記二卷三十四齣　（明）湯顯祖
　撰

水滸記二卷三十二齣　（明）許自昌
　撰

玉玦記二卷三十六齣　（明）鄭若庸
　撰

酉集

灌園記二卷三十齣　（明）張鳳翼撰

種玉記二卷三十齣　（明）汪廷訥撰

雙烈記二卷四十四齣　（明）張四維
　撰

獅吼記二卷三十齣　（明）汪廷訥撰

義俠記二卷三十六齣　（明）沈璟撰

戌集

千金記二卷五十齣　（明）沈采撰

殺狗記二卷三十六齣　（明）徐畖撰
　（明）龍子猶（馮夢龍）訂定

玉環記二卷三十四齣　（明）□□撰

龍膏記二卷三十齣　（明）楊珽撰

贈書記二卷三十二齣　（明）□□撰

亥集

曇花記二卷五十五齣　（明）屠隆撰

白兔記二卷三十三齣　（明）□□撰

香囊記二卷四十二齣　（明）邵璨撰

四賢記二卷三十八齣　（明）□□撰

節俠記二卷三十一齣　（明）□□撰

善 5/058

1829

牡丹亭還魂記二卷

（明）湯顯祖撰

明刻清懷德堂印本

六冊

　框高 21.0 釐米，寬 13.2 釐米

　半葉十行二十二字，小字雙行同，白口，
四周單邊　　　　　　　　　　善 4/493

1830

寒香亭傳奇四卷

（清）李凱撰　（清）范梧評

清乾隆五十年(1785)懷古堂刻本

四冊

　框高 12.3 釐米，寬 9.8 釐米

　半葉九行二十字，小字雙行同，白口，單
黑魚尾，左右雙邊　　　　　　善 4/545

1831

笠翁傳奇十種二十卷

（清）李漁撰

清初書聯屋刻本

二十冊

　框高 19.5 釐米，寬 13.5 釐米

　半葉九行二十字，小字雙行同，白口，四
周單邊

　子目：

憐香伴傳奇二卷三十六齣

風箏誤傳奇二卷三十齣

意中緣傳奇二卷三十齣

蜃中樓傳奇二卷三十齣

凰求鳳傳奇二卷三十齣

奈何天傳奇二卷三十齣

比目魚傳奇二卷三十二齣

玉搔頭傳奇二卷三十齣

巧團圓傳奇二卷三十四齣

慎鸞交傳奇二卷三十五齣　　　善 5/059

1832

桃花扇傳奇二卷

（清）孔尚任撰

清康熙西園刻本

八冊

　　框高 19.7 釐米，寬 13.5 釐米

　　半葉十行十九字，白口，四周單邊，眉上

鑴注　　　　　　　　　　　善 4/544

1833

勸善金科十本二十卷首一卷

（清）張照等撰

清乾隆內府五色抄本　聖藩居士跋

十冊

　　半葉八行二十一字，小字雙行同，無版

框

　　有"海豐吳子苾藏""石連涉獵""壽平"

"海豐吳氏珍藏""山東海豐吳式芬誦孫"

"子苾""式芬""吳式芬""吳式芬印""頌

孫""誦孫""聖藩居士"等印　　善 4/546

1834

旗亭記二卷三十六齣

（清）金兆燕撰

清乾隆二十四年（1759）盧見曾雅雨堂刻

本

　二冊

　　框高 18.0 釐米，寬 14.3 釐米

　　半葉十行二十一字，小字雙行同，白口，

單黑魚尾，四周單邊，眉上鑴評　善 4/547

1835

白雪齋選訂樂府吳騷合編四卷

（明）張楚叔　張旭初輯

衡曲塵譚一卷

（明）張楚叔撰

魏良輔曲律一卷

（明）魏良輔撰

明崇禎十年（1637）張師齡刻本

十冊

　　框高 20.3 釐米，寬 14.5 釐米

　　半葉九行二十字，白口，單白魚尾，四周

單邊

　　永嘉潘鑑宗先生遺贈，有"陸地舟藏書"

印　　　　　　　　　　　　善 4/613

1836

吳元定重訂楊升菴夫人樂府四卷

（明）黃峨撰

清初抄本

一冊

　　半葉十二行二十一字，無版框

　　有"宋筠""蘭揮""友竹軒""宋氏蘭揮

藏書善本"等印　　　　　　　善 4/492

1837

秋水菴花影集五卷

（明）施紹莘撰

清乾隆十七年（1752）博古堂刻本

四冊

　　框高 19.4 釐米，寬 13.3 釐米

　　半葉八行二十字，小字雙行同，書眉鑴

評行五字，白口，四周單邊

　　有"吳縣潘氏圖書""潘承弼藏書記"

"餘姚胡氏惟謙□盧廮"印　　善 4/493A

1838

酒酣耳熱不分卷

清三十六峯草堂抄本　鄭騫題識

四冊

　　框高 17.0 釐米，寬 10.2 釐米

　　半葉八行行字不等，白口，四周單邊

　　有"琴舫珍藏"印　　　　　善 4/548

1839

一笠菴北詞廣正譜十八卷附南戲北詞正謬一卷

（清）徐慶卿撰　　（清）李玉更定

清康熙青蓮書屋刻文靖書院印本

十册

　框高 20.3 釐米,寬 14.4 釐米

　半葉六行二十五字,小字雙行同,白口,單黑魚尾,左右雙邊　　　　善 4/683

1840

雅趣藏書不分卷

（清）錢書撰

清康熙崇文堂刻朱墨套印本

四册

　框高 20.7 釐米,寬 13.5 釐米

　半葉九行二十五字,白口,四周單邊

　有"江南省狀元境崇文堂王氏書坊發兌"印　　　　善 4/680

1841

審音鑑古錄九種六十六折

（清）□□輯

清刻道光十四年（1834）王繼善補版重印本

十六册

　框高 24.0 釐米,寬 15.4 釐米

　半葉十行二十四字,小字雙行同,白口,單黑魚尾,四周雙邊,書眉鐫評　善 4/684

叢　部

1842

百川學海一百種一百七十九卷

（宋）左圭編

明弘治十四年（1501）華珵刻本

四十二册

　　框高 20.2 釐米，寬 14.7 釐米

　　半葉十二行二十字，白口，左右雙邊

　　有抄配，有"華爰收藏書畫""中容過眼""景明""吳翌鳳家藏文苑""某莽""銕保之印""元禮""經𣪧室"等印

　　子目：

　　甲集

　　　　聖門事業圖一卷　（宋）李元綱撰

　　　　漁樵對問一卷　（宋）邵雍撰

　　　　學齋佔畢四卷　（宋）史繩祖撰

　　　　獨斷二卷　（漢）蔡邕撰

　　　　李涪刊誤二卷　（唐）李涪撰

　　　　九經補韻一卷　（宋）楊伯嵒撰

　　　　中華古今注三卷　（後唐）馬縞撰

　　　　釋常談三卷

　　乙集

　　　　隋遺錄二卷　（唐）顏師古撰

　　　　翰林志一卷　（唐）李肇撰

　　　　宋朝燕翼詒謀錄五卷　（宋）王栐撰

　　　　春明退朝錄三卷　（宋）宋敏求撰

　　　　淳熙玉堂雜紀三卷　（宋）周必大撰

　　　　揮麈錄二卷　題（宋）楊萬里撰

　　　　丁晉公談錄一卷

　　　　王文正公筆錄一卷　（宋）王曾撰

　　　　開天傳信記一卷　（唐）鄭棨撰

　　丙集

　　　　厚德錄四卷　（宋）李元綱撰

　　　　韓忠獻公遺事一卷　（宋）強至撰

　　　　文正王公遺事一卷　（宋）王素撰

　　　　濟南先生師友談記一卷　（宋）李廌撰

　　　　可談一卷　（宋）朱彧撰

　　　　河東先生龍城錄二卷　題（唐）柳宗元撰

　　　　前定錄一卷續前定錄一卷　（唐）鍾輅撰

　　　　國老談苑二卷　（宋）王君玉撰

　　　　晁氏客語一卷　（宋）晁說之撰

　　　　道山清話一卷

　　丁集

　　　　畫簾緒論一卷　（宋）胡太初撰

　　　　官箴一卷　（宋）呂本中撰

　　　　袪疑說一卷　（宋）儲泳撰

　　　　因論一卷　（唐）劉禹錫撰

　　　　宋景文公筆記三卷　（宋）宋祁撰

　　　　鼠璞一卷　（宋）戴埴撰

　　　　善誘文一卷　（宋）陳錄撰

　　戊集

　　　　東坡先生志林集一卷　（宋）蘇軾撰

　　　　螢雪叢說二卷　（宋）俞成撰

　　　　蘇黃門龍川略志十卷　（宋）蘇轍撰

　　　　西疇老人常言一卷　（宋）何坦撰

　　　　欒城先生遺言一卷　（宋）蘇籀撰

　　　　東谷所見一卷　（宋）李之彥撰

　　　　雞肋一卷　（宋）趙崇絢撰

　　　　孫公談圃三卷　（宋）孫升述　（宋）劉延世撰

　　己集

　　　　王公四六話二卷　（宋）王銍撰

　　　　四六談塵一卷　（宋）謝伋撰

　　　　文房四友除授集一卷

耕祿藁一卷　（宋）胡錡撰

子略四卷目一卷　（宋）高似孫撰（缺目一卷）

騷略三卷　（宋）高似孫撰

獻醜集一卷　（宋）許棐撰

庚集

選詩句圖一卷　（宋）高似孫撰

石林詩話三卷　（宋）葉夢得撰

六一居士詩話一卷　（宋）歐陽修撰

東萊呂紫微詩話一卷　（宋）呂本中撰

珊瑚鈎詩話三卷　（宋）張表臥撰

劉攽貢父詩話一卷　（宋）劉攽撰

後山居士詩話一卷　題（宋）陳師道撰

許彥周詩話一卷　（宋）許顗撰

司馬溫公詩話一卷　（宋）司馬光撰

庚溪詩話二卷　（宋）陳巖肖撰

竹坡老人詩話三卷　（宋）周紫芝撰

辛集

法帖釋文十卷　（宋）劉次莊撰

海岳名言一卷　（宋）米芾撰

寶章待訪錄一卷　（宋）米芾撰

米元章書史一卷　（宋）米芾撰

書斷四卷　（唐）張懷瓘撰

續書譜一卷　（宋）姜夔撰

書譜一卷　（唐）孫過庭撰

試筆一卷　（宋）歐陽修撰

法帖刊誤二卷　（宋）黃伯思撰

高宗皇帝御製翰墨志一卷　（宋）宋高宗趙構撰

法帖譜系二卷　（宋）曹士冕撰

壬集

端溪硯譜一卷

硯譜一卷

歙州硯譜一卷歙硯說一卷辨歙石說一卷

硯史一卷　（宋）米芾撰

古今刀劍錄一卷　（梁）陶弘景撰

香譜二卷　（宋）洪芻撰

茶經三卷　（唐）陸羽撰

煎茶水記一卷　（唐）張又新撰

茶錄一卷　（宋）蔡襄撰

東溪試茶錄一卷　（宋）宋子安撰

酒譜一卷　（宋）竇苹撰

本心齋疏食譜一卷　（宋）陳達叟撰

筍譜一卷　（宋）釋贊寧撰

菌譜一卷　（宋）陳仁玉撰

蟹譜二卷　（宋）傅肱撰

癸集

荔枝譜一卷　（宋）蔡襄撰

橘錄三卷　（宋）韓彥直撰

南方草木狀三卷　（晉）嵇含撰

竹譜一卷　（晉）戴凱之撰

菊譜一卷　（宋）劉蒙撰

菊譜一卷　（宋）范成大撰

菊譜一卷　（宋）史正志撰

梅譜一卷　（宋）范成大撰

洛陽牡丹記一卷　（宋）歐陽修撰

牡丹榮辱志一卷　（宋）丘璿撰

揚州芍藥譜一卷　（宋）王觀撰

海棠譜三卷　（宋）陳思撰

師曠禽經一卷　題（晉）張華註

名山洞天福地記一卷　（前蜀）杜光庭撰　　　　　　　善5/001

1843

百川學海一百種一百七十九卷

（宋）左圭編

明弘治十四年（1501）華珵刻本　邵章題識

一冊

框高19.0釐米，寬14.6釐米

半葉十二行二十字，小字雙行同，黑口，左右雙邊

有“邵章”“陳漢第”“伏廬老人”等印

存四種六卷

子目：

硯史一卷　（宋）米芾撰

硯譜一卷

端溪硯譜一卷

歙州硯譜一卷歙硯說一卷辨歙石說一
　卷　　　　　　　　　　善5/002

1844

漢魏叢書

（明）程榮輯

明萬曆二十年（1592）新安程榮刻本

三册

　框高20.0釐米，寬14.2釐米

　半葉九行二十字，小字雙行同，白口，單
白魚尾，左右雙邊

　存三種二十二卷

　子目：

　白虎通德論二卷　（漢）班固撰

　風俗通義十卷　（漢）應劭撰

　王子年拾遺記十卷　題（前秦）王嘉撰
　　（梁）蕭綺錄　　　　　善5/003

1845

漢魏叢書

（明）程榮輯

明萬曆二十年（1592）新安程榮刻本

一册

　框高20.0釐米，寬14.2釐米

　半葉九行二十字，小字雙行同，白口，單
白魚尾，左右雙邊

　存二種八卷

　子目：

　商子五卷

　人物志三卷　（魏）劉邵撰　（北魏）劉
　　昞注　　　　　　　　善5/003A

1846

廣漢魏叢書七十六種四百三十九卷

（明）何允中輯

明萬曆二十年（1592）刻本

九十九册

　框高20.1釐米，寬14.4釐米

　半葉九行二十字，小字雙行同，白口，單
白魚尾，左右雙邊

　有"賁閣""五車一極"等印

　子目：

　經翼

　易傳三卷　（漢）京房撰　（吳）陸績
　　注

　焦氏易林四卷　（漢）焦延壽撰

　周易畧例一卷　（魏）王弼撰　（唐）
　　邢璹注

　古三墳一卷　（晉）阮咸注

　詩傳孔氏傳一卷　（周）端木賜撰

　詩說一卷　（漢）申培撰

　韓詩外傳十卷　（漢）韓嬰撰

　大戴禮記十三卷　（漢）戴德撰　（北
　　周）盧辯注

　春秋繁露十七卷　（漢）董仲舒撰

　白虎通德論四卷　（漢）班固撰

　獨斷一卷　（漢）蔡邕撰

　忠經一卷　（漢）馬融撰

　孝傳一卷　（晉）陶潛撰

　方言十三卷　（漢）揚雄撰　（晉）郭
　　璞注

　釋名四卷　（漢）劉熙撰

　博雅十卷　（魏）張揖撰　（隋）曹憲
　　音釋

　小爾雅一卷　（漢）孔鮒撰

　別史

　吳越春秋六卷　（漢）趙曄撰　（元）
　　徐天祐音注

　越絕書十五卷　（漢）袁康撰

　十六國春秋十六卷　（北魏）崔鴻撰

　元經薛氏傳十卷　（隋）王通撰
　　（唐）薛收傳　（宋）阮逸注

　汲冢周書十卷　（晉）孔晁注

　竹書紀年二卷　（梁）沈約注

　穆天子傳六卷　（晉）郭璞注

漢武帝内傳一卷　（漢）班固撰

飛燕外傳一卷　（漢）伶玄撰

雜事祕辛一卷　（漢）□□撰

羣輔錄一卷　（晉）陶潛撰

神僊傳十卷　（晉）葛洪撰

高士傳三卷　（晉）皇甫謐撰

英雄記鈔一卷　（魏）王粲撰

子餘

　參同契一卷　（漢）魏伯陽撰

　陰符經一卷　（漢）張良等注

　素書一卷　（漢）黃石公撰　（宋）張
　　商英注

　心書一卷　（蜀）諸葛亮撰

　新語二卷　（漢）陸賈撰

　新書十卷　（漢）賈誼撰

　新序十卷　（漢）劉向撰

　新論十卷　（北齊）劉晝撰

　淮南鴻烈解二十一卷　（漢）劉安撰
　　（漢）高誘注

　孔叢二卷附詰墨一卷　（漢）孔鮒撰

　法言十卷　（漢）揚雄撰　（宋）宋咸
　　注

　申鑒五卷　（漢）荀悅撰　（明）黃省
　　曾注

　中論二卷　（漢）徐幹撰

　中說二卷　（隋）王通撰

　潛夫論十卷　（漢）王符撰

　天祿閣外史八卷　（漢）黃憲撰

　說苑二十卷　（漢）劉向撰

　論衡三十卷　（漢）王充撰

載籍

　搜神記八卷　（晉）干寶撰

　神異經一卷　（漢）東方朔撰　（晉）
　　張華注

　海内十洲記一卷　（漢）東方朔撰

　述異記二卷　（梁）任昉撰

　續齊諧記一卷　（梁）吳均撰

　別國洞冥記四卷　（漢）郭憲撰

　西京雜記六卷　（晉）葛洪撰

拾遺記十卷　（前秦）王嘉撰　（梁）
　蕭綺錄

博物志十卷　（晉）張華撰　（宋）周
　日用等注

古今注三卷　（晉）崔豹撰

風俗通義十卷　（漢）應劭撰

人物志三卷　（魏）劉邵撰　（北魏）
　劉昞注

文心雕龍十卷　（漢）劉勰撰

詩品三卷　（梁）鍾嶸撰

書品一卷　（梁）庾肩吾撰

顏氏家訓二卷　（北齊）顏之推撰

鹽鐵論十二卷　（漢）桓寬撰　（明）
　張之象注

三輔黃圖六卷　（漢）□□撰

華陽國志十四卷　（晉）常璩撰　（缺
　卷七至八）

洛陽伽藍記五卷　（北魏）楊衒之撰

水經二卷　（漢）桑欽撰

星經二卷　（漢）甘公　石申撰

荊楚歲時記一卷　（梁）宗懍撰

南方草木狀三卷　（晉）嵇含撰

竹譜一卷　（晉）戴凱之撰

古今刀劍錄一卷　（梁）陶弘景撰

鼎錄一卷　（梁）虞荔撰　　善5/004

1847

廣漢魏叢書

（明）何允中輯

明萬曆二十年(1592)刻本

六十八册

　框高20.1釐米,寬14.4釐米

　半葉九行二十字,小字雙行同,白口,單
白魚尾,左右雙邊

　存六十九種

　子目:

　經翼

　　易傳三卷　（漢）京房撰　（吳）陸績
　　　注

焦氏易林四卷　（漢）焦延壽撰

周易畧例一卷　（魏）王弼撰　（唐）
　　邢璹注

古三墳一卷　（晉）阮咸注

韓詩外傳十卷　（漢）韓嬰撰（缺卷一
　　至三）

大戴禮記十三卷　（漢）戴德撰　（北
　　周）盧辯注

春秋繁露十七卷　（漢）董仲舒撰

白虎通德論四卷　（漢）班固撰

獨斷一卷　（漢）蔡邕撰

忠經一卷　（漢）馬融撰

孝傳一卷　（晉）陶潛撰

方言十三卷　（漢）揚雄撰　（晉）郭
　　璞注

釋名四卷　（漢）劉熙撰

博雅十卷　（魏）張揖撰　（隋）曹憲
　　音釋

小爾雅一卷　（漢）孔鮒撰

別史

吳越春秋六卷　（漢）趙曄撰　（元）
　　徐天祐音注

越絕書十五卷　（漢）袁康撰

十六國春秋十六卷　（北魏）崔鴻撰

元經薛氏傳十卷　（隋）王通撰
　　（唐）薛收傳　（宋）阮逸注

汲冢周書十卷　（晉）孔晁注

竹書紀年二卷　（梁）沈約注

穆天子傳六卷　（晉）郭璞注

漢武帝內傳一卷　（漢）班固撰

飛燕外傳一卷　（漢）伶玄撰

雜事祕辛一卷　（漢）□□撰

羣輔錄一卷　（晉）陶潛撰

神僊傳十卷　（晉）葛洪撰

高士傳三卷　（晉）皇甫謐撰

英雄記鈔一卷　（魏）王粲撰

子餘

參同契一卷　（漢）魏伯陽撰

陰符經一卷　（漢）張良等注

素書一卷　（漢）黃石公撰　（宋）張
　　商英注

心書一卷　（蜀）諸葛亮撰

新語二卷　（漢）陸賈撰

新書十卷　（漢）賈誼撰

新序十卷　（漢）劉向撰

新論十卷　（北齊）劉晝撰

淮南鴻烈解二十一卷　（漢）劉安撰
　　（漢）高誘注

孔叢二卷附詰墨一卷　（漢）孔鮒撰

法言十卷　（漢）揚雄撰　（宋）宋咸
　　注

申鑒五卷　（漢）荀悅撰　（明）黃省
　　曾注

中論二卷　（漢）徐幹撰

中說二卷　（隋）王通撰

潛夫論十卷　（漢）王符撰

天祿閣外史八卷　（漢）黃憲撰

說苑二十卷　（漢）劉向撰

論衡三十卷　（漢）王充撰

載籍

搜神記八卷　（晉）干寶撰

神異經一卷　（漢）東方朔撰　（晉）
　　張華注

海內十洲記一卷　（漢）東方朔撰

述異記二卷　（梁）任昉撰

續齊諧記一卷　（梁）吳均撰

別國洞冥記四卷　（漢）郭憲撰

西京雜記六卷　（晉）葛洪撰

拾遺記十卷　（前秦）王嘉撰　（梁）
　　蕭綺錄

博物志十卷　（晉）張華撰　（宋）周
　　日用等注

古今注三卷　（晉）崔豹撰

風俗通義十卷　（漢）應劭撰

人物志三卷　（魏）劉邵撰　（北魏）
　　劉昞注

文心雕龍十卷　（漢）劉勰撰

詩品三卷　（梁）鍾嶸撰

書品一卷　（梁）庾肩吾撰

顏氏家訓二卷　（北齊）顏之推撰

鹽鐵論十二卷　（漢）桓寬撰　（明）

　張之象注

三輔黃圖六卷　（漢）□□撰

華陽國志十四卷　（晉）常璩撰

洛陽伽藍記五卷　（北魏）楊衒之撰

水經二卷　（漢）桑欽撰

星經二卷　（漢）甘公　石申撰

善5/005

1848

祕書廿一種

（清）汪士漢輯

清乾隆五十三年(1788)菁華書屋刻本

二十冊

框高14.1釐米,寬10.3釐米

半葉十行二十字,小字雙行同,白口,單黑魚尾,四周單邊

存十九種

子目:

拾遺記十卷　（前秦）王嘉撰

白虎通德論二卷　（漢）班固撰

山海經十八卷　（晉）郭璞傳

博物志十卷　（晉）張華撰

續博物志十卷　（晉）李石撰

桂海虞衡志一卷　（宋）范成大撰

博異記一卷　（唐）谷神子(鄭還古)撰

高士傳三卷　（晉）皇甫謐撰

劍俠傳四卷

集異記一卷　（唐）薛用弱撰

竹書紀年二卷　（梁）沈約注

中華古今注三卷　（後唐）馬縞撰

古今注三卷　（晉）崔豹撰

三墳一卷　（晉）阮咸注

風俗通義四卷　（漢）應劭撰

列仙傳二卷　（漢）劉向撰

楚史檮杌一卷

晉史乘一卷

續齊諧記一卷　（梁）吳均撰

善5/006A

1849

說鈴

（清）吳震方輯

清康熙刻學古堂印本

十八冊

框高20.0釐米,寬14.3釐米

半葉十一行二十五字,小字雙行同,黑口,雙黑魚尾,左右雙邊

有"學古堂"等印

存四十八種六十三卷

子目:

前集

冬夜箋記一卷　（清）王崇簡撰

隴蜀餘聞一卷　（清）王士禎撰

分甘餘話二卷　（清）王士禎撰

安南雜記一卷　（清）李仙根撰

畫壁詩一卷　（清）范承謨撰

筠廊偶筆二卷　（清）宋犖撰

筠廊二筆一卷　（清）宋犖撰

金鰲退食筆記二卷　（清）高士奇撰

扈從西巡日錄一卷　（清）高士奇撰

塞北小鈔一卷　（清）高士奇撰

松亭行紀二卷　（清）高士奇撰

天祿識餘二卷　（清）高士奇輯

封長白山記一卷　（清）方象瑛撰

使琉球紀一卷　（清）張學禮撰

坤輿外紀一卷　（比利時）南懷仁撰

閩小紀二卷　（清）周亮工撰

滇行紀程一卷續抄一卷　（清）許纘曾撰

東還紀程一卷續抄一卷　（清）許纘曾撰

粵述一卷　（清）閔叙輯

粵西偶記一卷　（清）陸祚蕃撰

滇黔紀遊二卷　（清）陳鼎撰

京東考古錄一卷　（清）顧炎武撰

山東考古錄一卷　（清）顧炎武撰

救文格論一卷　（清）顧炎武撰

雜錄一卷　（清）顧炎武撰

臺灣紀略一卷　（清）林謙光撰

臺灣雜記一卷　（清）季麒光撰

安南紀遊一卷　（清）潘鼎珪撰

峒谿纖志一卷　（清）陸次雲撰

泰山紀勝一卷　（清）孔貞瑄撰

匡廬紀游一卷　（清）吳闡思撰

登華記一卷　（清）屈大均撰

游雁蕩山記一卷　（清）周清原撰

嶺南雜記二卷　（清）吳震方撰

後集

讀史吟評一卷　（清）黃鵬揚撰

揚州鼓吹詞序一卷　（清）吳綺園撰

觚賸一卷　（清）鈕琇輯

天香樓偶得一卷　（清）虞兆湰撰

蚓菴瑣語一卷　（清）王逋撰

見聞錄一卷　（清）徐岳撰

冥報錄二卷　（清）陸圻撰

現果隨錄一卷　（清）釋戒顯撰

果報聞見錄一卷　（清）楊式傳撰

信徵錄一卷　（清）徐慶撰

曠園雜志二卷　（清）吳陳琰撰

甌江逸志一卷　（清）勞大與撰

言鯖二卷　（清）呂種玉撰

述異記三卷　（清）東軒主人撰

　　　　　　　　　　　　善5/006

1850

莊騷合刻

（清）曹同春輯

清康熙二十八至二十九年(1689–1690)曹
同春刻康熙間曹家攤重修文粹堂印本

四册

　框高19.6釐米,寬11.8釐米

　半葉九行二十四字,小字雙行同,白口,
左右雙邊

　子目:

莊子釋意三卷　（清）高秋月撰

楚辭約註不分卷　（清）高秋月　曹同春
撰　　　　　　　　　　　善5/006B

1851

文瀾閣四庫全書

（清）永瑢　紀昀等纂修

清乾隆內府寫本

三册

　框高21.1釐米,寬13.9釐米

　半葉八行二十一字,紅格,白口,四周雙
邊

　有"古稀天子之寶""乾隆御覽之寶"印

　存三種九卷

　子目:

武經總要後集　（宋）曾公亮撰(存卷十
　三至十四)

網山集　（宋）林亦之撰(存卷一至四)

矩山存稿　（宋）徐經孫撰(存卷一至
　三)　　　　　　　　　　善5/007

1852

守山閣叢書校勘記六種

（清）顧觀光　錢熙祚撰　（清）□□輯

清玉海樓抄本　清孫詒讓批並跋

二册

　半葉十一行二十五字,小字雙行同,無
版框

　有"經敳室""瑞安孫仲容珍臧書畫文籍
印"印

　子目:

吳越春秋校勘記一卷　（清）顧觀光撰

列女傳校勘記一卷　（清）顧觀光撰

文子校勘記一卷　（清）顧觀光撰

鶡子校勘記一卷　（清）錢熙祚撰

尹文子校勘記一卷　（清）錢熙祚撰

慎子校勘記附逸文一卷　（清）錢熙祚
　撰　　　　　　　　　　　善5/009

1853

滂喜齋叢書

（清）潘祖蔭輯

清同治至光緒吳縣潘氏京師刻本　清孫詒讓校並題識

一冊

框高 17.5 釐米,寬 13.3 釐米

半葉十行二十一字,小字雙行同,黑口,單黑魚尾,左右雙邊

存二種二卷

子目:

求古錄禮記補遺一卷　（清）金鶚撰

太誓答問一卷　（清）龔自珍撰

善 5/008

1854

四子合輯

（清）□□輯

清抄本

一冊

半葉十行行字不等,無版框

子目:

鄧析子二卷

慎子一卷

胡非子一卷

隨巢子一卷　　　　善 5/012

1855

德州田氏叢書

（清）田同之編

清康熙至乾隆田氏家刻彙印本

二十七冊

框高 15.4 釐米,寬 13.1 釐米

半葉十行十九字,小字雙行同,黑口,單黑魚尾,左右雙邊

存十四種一百十二卷

子目:

蒙齋年譜一卷續一卷　（清）田雯撰

補一卷　（清）田肇麗撰

古歡堂集二十二卷　（清）田雯撰

古歡堂詩集十五卷　（清）田雯撰

長河志籍考十卷　（清）田雯撰

黔書二卷　（清）田雯撰

水東草堂詩一卷　（清）田需撰

嵩津草堂詩六卷　（清）田霡撰

嵩津草堂乃了集一卷　（清）田霡撰

有懷堂文集一卷詩集一卷　（清）田兆麗撰

西圃叢辨三十二卷　（清）田同之撰

西圃文說三卷詩說一卷詞說一卷（清）田同之撰

硯思集六卷　（清）田同之撰

二學堂文渶四卷　（清）田同之撰

晚香詞三卷　（清）田同之撰

善 5/014

1856

歸雲別集十種外集十種

（明）陳士元撰

明萬曆十一至十七年(1583–1589)陳氏刻本

十一冊

框高 19.1 釐米,寬 13.5 釐米

半葉十行二十字,小字雙行同,白口,四周單邊

存外集八種三十二卷

子目:

象教皮編六卷

廣禹貢楚絕書二卷

荒史六卷

世曆四卷

江漢叢談二卷

俚言解二卷

諸史夷語音義四卷

岳記六卷　　　　善 5/021

1857

沈歸愚詩文全集

（清）沈德潛撰

清乾隆教忠堂刻本

四十八冊

　　框高 17.3 釐米,寬 13.5 釐米

　　半葉十行十九字,小字雙行同,白口,單

黑魚尾,左右雙邊

　　有"山陰孫世偉臧"印

　　存十二種

　　子目:

　　歸愚文鈔二十卷餘集八卷　清乾隆二

　　　十四年(1759)、三十二年(1767)刻

　　　本

　　歸愚詩鈔二十卷　清乾隆十六年

　　　(1751)刻本

　　歸愚詩鈔餘集十卷　清乾隆三十一年

　　　(1766)刻本

　　南巡詩一卷

　　黃山遊草一卷

　　台山遊草一卷

　　歸愚詩餘一卷　清乾隆三十二年

　　　(1767)刻本

　　說詩晬語二卷

　　歸田集三卷

　　八秩壽序壽詩一卷

　　九秩壽序壽詩一卷

　　浙江通省志圖說一卷　　　　善 5/022A

1858

楊園張先生全集

（清）張履祥撰

清康熙刻本

十六冊

　　框高 20.4 釐米,寬 14.9 釐米

　　半葉十行二十四字,小字雙行同,黑口,

單黑魚尾,左右雙邊

　　有"平湖屈氏一卷書塾所臧""鄉邦文獻

所繫""屈燨""伯剛"等印

　　存十種四十六卷

　　子目:

楊園先生文集十八卷

楊園先生初學備忘二卷

楊園先生言行見聞錄四卷

楊園先生補農書二卷　　（明）沈□撰

　　（清）張履祥補

楊園先生訓門人語三卷

楊園先生近古錄四卷

楊園先生備忘四卷

楊園先生訓子語二卷

楊園先生經正錄四卷附學規一卷

　（清）張履祥輯

　　訓學齋規一卷　（宋）朱熹撰

　　白鹿洞書院學規一卷　（宋）朱熹撰

　　居家雜儀一卷　（宋）司馬光撰

　　藍田呂氏鄉約一卷　（宋）呂大均撰

楊園先生喪葬雜錄一卷　（清）張履祥

　　輯

附葬親社約一卷　（清）唐灝儒撰

　　　　　　　　　　　　　　善 5/023

1859

西堂全集

（清）尤侗撰

清康熙刻文理堂印本

十四冊

　　框高 18.1 釐米,寬 13.8 釐米

　　半葉十行二十一字,小字雙行同,黑口,

單黑魚尾,左右雙邊

　　存二種六十一卷

　　子目:

西堂文集

　　西堂雜俎一集八卷

　　西堂雜俎二集八卷

　　西堂雜俎三集八卷

西堂詩集

　　西堂剩稾二卷

　　西堂秋夢錄一卷

　　西堂小草一卷

　　論語詩一卷

右北平集一卷

看雲草堂集八卷

述祖詩一卷

于京集五卷

哀絃集一卷

擬明史樂府一卷　（清）尤珍注

外國竹枝詞一卷　（清）尤珍注

百末詞五卷詞餘一卷

性理吟一卷　（宋）朱熹撰

後性理吟一卷　（清）尤侗撰

附湘中草六卷　（清）湯傳楹撰

　　　　　　　　　　善 5/024

1860

惜抱軒全集

（清）姚鼐撰

清嘉慶至道光刻本　清孫衣言批並跋

十二册

框高 18.0 釐米,寬 14.2 釐米

半葉十行二十一字,小字雙行同,黑口,
單黑魚尾,左右雙邊

有"瑞安孫仲容珍藏書畫文籍印"印

存八種七十卷

子目:

惜抱軒文集十六卷文後集十卷詩集十
　卷詩後集一卷詩外集一卷

左傳補注一卷

公羊傳補注一卷

穀梁傳補注一卷

國語補注一卷

惜抱軒筆記八卷

惜抱軒法帖題跋三卷

惜抱軒九經說十七卷　　　善 5/025

1861

燕禧堂五種十五卷

（清）任大椿撰

清乾隆刻本

六册

框高 18.1 釐米,寬 14 釐米

半葉八行十九字,小字雙行同,白口,單
黑魚尾,四周單邊

框高 17.6 釐米,寬 13.8 釐米

半葉九行二十字,小字雙行同,白口,單
黑魚尾,左右單邊

有"江都李氏選樓廱書""李祖聖印"等
印

子目:

字林考逸八卷　（清）任大椿撰

深衣釋例三卷　（清）任大椿撰

列子釋文二卷　（唐）殷敬順撰　（宋）
　陳景元補逸

列子釋文考異一卷　（清）任大椿撰

釋繒一卷　（清）任大椿撰　善 5/024T

書名筆畫索引

五畫

六畫

七畫

八畫

九畫

十畫

十二畫

十三畫

十四畫

十七畫

十八畫

十九畫

著者筆畫索引

王伯大	1133,1134	王崇簡	1849
王宏翰	0950	王　符	1846,1847
王　良	0648	王　偁	0309,0310
王君玉	1842	王象之	0708
王者輔	0363,0566	王象春	1559
王　苹	1597	王象晉	1803,1822
王英明	0951	王　逸	1054,1055,1056
王雨謙	0918	王　涯	0960
王命新	0620	王紹雍	1388
王炎午	1316	王紹蘭	0107,0108,0353
王宗沐	0341,1502	王　琦	1101,1150
王宗涑	0083	王　琮	1660,1662
王宗稷	1209,1210	王　越	1388
	1213,1214,1215	王朝栗	0153
王宜亨	0588	王朝佐	0475
王　建	1645,1647	王　植	0881,0963
	1652,1657,1696	王儆通	0588
王　荔	1048	王欽若	1016,1017
王南國	0627	王　曾	1842
王　林	1842	王　榮	1653
王　勃	1654	王遐春	1653
王思任	1664	王　弼	0002,0003,0011
王思義	0561		0797,1846,1847
王　俅	0689	王　結	1333
王禹偁	1168	王　蓍	0988
王禹聲	1405	王　棽	0884
王奕清	1823	王　粲	1846,1847
王炳虎	0648	王　筠	0102,0201
王　炯	0570	王鈺孫	0491
王　珪	0840,1198	王慎中	1480
	1645,1647,1696	王　肅	0740,0741
王　素	1842	王　嘉	1844,1846,1847,1848
王　逋	1849	王聞遠	0734
王　峻	0590	王鳴盛	0040
王　臬	0988	王　槩	0988
王　涇	0512	王　銍	0351,0352,1662,1842
王　恕	1797	王鳳采	0600
王　通	0761,1846	王　燁	1471
	1846,1847,1847	王實甫	1828

七畫

李曾伯	1662	吾丘端	1828
李　賀	1148,1149,1150	扶　安	0334
李登明	0622	呂大均	1858
李　瑞	1619	呂大臨	0691
李夢陽	1072,1414	呂文櫹	0138
李　廌	1842	呂本中	1662,1842,1842
李慈銘	1637,1638	呂延濟	1665,1666,1668
李群玉	1658	呂　向	1665,1666,1668
李經羲	0403	呂　忱	0186,0187
李嘉佑	1654	呂　柟	1429
李嘉祐	1117,1658	呂祖謙	0053,0409,0439
李　算	0421,0535,1702		0440,1214,1756,1757
李　端	1654	呂留良	0150
李　漁	0453,1831	呂種玉	1849
李　肇	1842	呂聲之	1662
李　綱	0537,0538	呂濱老	1807
李維楨	0435,1664	呂　瀛	0575,0576
李　璡	1377	吳士玉	1052
李　賢	0271,0272	吳士奇	1722
	0273,0559,0560	吳士鑑	0698,0703
李　嶠	1654	吳大澂	0699
李德裕	1146,1147	吳文英	1807,1811,1812
李　衛	0677	吳玉搢	0171
李遵唐	0579,0580	吳丙湘	1821
李翰熙	1713	吳式芬	0695
李　衡	0015	吳光西	0497
李　濂	1449	吳廷華	0073,0564
李　壁	1204,1205	吳任臣	0934
李　覯	1189,1190	吳　均	1846,1847,1848
李鍾俾	0563	吳見思	0449
李　鴻	1704	吳長元	1243
李彌遜	1662	吳承恩	0504
李　贄	1212,1218,1510	吳　祕	0756
李贄鈔	1285	吳　泰	1191
李　燾	0179	吳　振	0555
李攀龍	1485,1486,1487,1741	吳師道	0375,0376
李　籍	0957	吳　海	1349
李　鐸	0600	吳陳琰	1849
李　龔	1645	吳國倫	1503

周拱辰	1068		
周思兼	1494		**九畫**
周亮工	1849		
周　旋	1381,1382	封　演	0865
周清原	1849	羮秋散人	0944
周　密	0872,1813	荀　況	0743
	1814,1819,1820	荀　悅	0351,0352
周紫芝	1662,1807,1842		0757,1846,1847
周景柱	0577	胡太初	1842
周　弼	1662	胡文英	0805,0806
周　準	1768	胡方平	0027
周嘉猷	0612	胡　仔	1795
周魯封	0992	胡仲參	1662
周履靖	1828	胡安國	0136
周　煇	0680	胡　宏	1260
周應麐	1548	胡秉虔	0235
周　禮	0336	胡居仁	1394
周　瓘	0532	胡承詔	1783
周　權	1327,1328	胡　柯	1181,1182,1183
京　房	1846,1847	胡時化	1717
怡　愉	1320	胡　淦	0568
法　敏	0613	胡　宿	1175
河上公	0796	胡啓甲	0602
宗　臣	0785,1504	胡　渭	0045
宗　懍	1846	胡鳴玉	0897
郎士元	1654	胡　銓	1259
郎　瑛	0875	胡　廣	0016,0017
房玄齡	0278,0279,0280		0037,0054,0779
	0818,0819,0820,0821	胡學峰	0683
房　祺	1645,1775	胡　錡	1842
屈大均	0654,1849	胡　謐	0145
屈　原	1053,1067	胡應麟	0877,1798,1799
屈　復	1152	胡纘宗	1432,1433,1434
孟元老	0651	南緫宇惠	0797
孟　郊	1123,1124	南懷仁	1849
孟浩然	1092	柯　挺	0445
孟　軻	0142	查志隆	0668
		查爲仁	1820
		柳　永	1807

陸　賈	0750,1846,1847	陳　起	1660,1662
陸增祥	0688	陳耆卿	1300
陸德明	0002,0003,0049	陳振孫	0730,0731,1136
	0090,0121,0164	陳　造	1275
	0240,0797,0800,0801	陳師道	1230,1231
陸　機	1075,1648		1232,1807,1842
陸錫熊	0583	陳　訏	1661
陸　績	1846,1847	陳　朗	0945
陸　贄	0534,0535,1125,1126	陳祥道	0111,0112
陸　翽	0650	陳　埴	0774,0775
陸耀遹	0688	陳　樫	0328
陸　寶	1541	陳許廷	0427
陳士元	1856	陳　淳	0773,1663
陳士鏻	0814	陳彭年	0188,0189
陳大經	0634		0190,0210,0211
陳子昂	1654	陳蒉纕	0593
陳子龍	1766	陳達叟	1842
陳友仁	0070,0071	陳　鼎	0471,1849
陳仁玉	1842	陳景元	1861
陳仁錫	0148,0273,0273	陳景雲	1128
	0277,0340,0372	陳傅良	1277,1278,1279,1280
	0786,1036,1663,1664	陳　淵	1662
陳文謨	0605	陳　琢	0178
陳允平	1662,1806	陳夢槐	1213
陳世寶	1032	陳與義	1253,1254,1807
陳必復	1660,1662	陳詩庭	0902
陳次公	1189	陳　煥	0173,0174
陳汝元	1828	陳際泰	0742
陳克鋐	0576	陳　壽	0275,0276,0277
陳　枚	0504	陳　模	0790
陳　東	1252	陳　霆	1425
陳性定	0666	陳維崧	1581
陳　建	0358	陳　褒	0095
陳建侯	0174	陳　澔	0094
陳　思	0461,1039,1842	陳學海	0614
陳禹謨	0451,1010	陳　錄	1842
陳　亮	1184,1285,1807	陳鍾昃	0601
陳　泊	1662	陳　濟	0330,0331,0332,0333
陳祚明	1690	陳　璿	0661

陳　騤	0524
陳　藻	1662
陳　鏦	0150
陳蘭森	0556
陳寶珠	1630
陳繼儒	1533,1534,1535
	1536,1716,1723
陳懿典	0804
陳鑒之	1662
陳　巖	1314
陳巖肖	1842
陳　鑑	1733
陰中夫	1040,1041
陰時夫	1040,1041
陶元藻	0652
陶弘景	0847,0848,1081
	1648,1842,1846
陶　安	1361,1362
陶叔獻	1734
陶宗儀	0678,0679,0873
陶望齡	1490,1721
陶　潛	0935,1076,1077,1078
	1079,1846,1846,1847,1847
陶鴻慶	0811
桑　悅	1402
桑　欽	1846,1847
孫一奎	0835
孫之騄	0035,0158
孫元衡	0615
孫　升	1842
孫仁孺	1828
孫存吾	1761
孫同元	0813
孫廷銓	0448
孫延釗	0737
孫衣言	1292
孫奇逢	0149
孫和相	0581
孫　柚	1828

孫星衍	0034,0623
孫星華	0557,1175
孫　逖	1654,1657
孫過庭	0987,1842
孫　強	0188,0189,0190
孫景烈	0638
孫詒讓	0033,0081,0101,0161
	0203,0204,0205,0206
	0212,0213,0649,0696
	0700,0701,0702,0712
	0716,0719,0722,0723
	0823,0824,0845,0906
	0907,0908,0909,0955,1578
孫際昌	0985
孫　緒	1401
孫　奭	0002,0003,0143
孫　樵	1163
孫繼皋	1523
孫　覿	1250
孫　鑛	0135,0794,0866
納蘭常安	0419

十一畫

黄大受	1662
黄公度	1261,1807
黄文玉	0993
黄以周	0921
黄可潤	0566
黄丕烈	0077,0089,0092
黄石公	1846,1847
黄　生	0250
黄仲昭	1396
黄伯思	1842
黄叔琳	1793,1794
黄　昇	1803,1803
	1804,1807,1818
黄宗炎	0029
黄宗羲	0021,0397

351

十二畫

十六畫

二十二畫

藏印筆畫索引

四畫

五畫

六畫

七畫

八畫

九畫

十一畫

十六畫